国家社科基金项目(批准号12BYY079)

邵则遂 著

周秦两汉
楚方言词研究

中国社会科学出版社

图书在版编目（CIP）数据

周秦两汉楚方言词研究 / 邵则遂著. -- 北京：中国社会科学出版社，2025.3. -- ISBN 978－7－5227－3814－7

Ⅰ. H111；H172.3

中国国家版本馆 CIP 数据核字第 2024E8X489 号

出 版 人	赵剑英	
责任编辑	郭晓鸿	
特约编辑	杜若佳	
责任校对	师敏革	
责任印制	戴　宽	

出　　版	中国社会科学出版社
社　　址	北京鼓楼西大街甲 158 号
邮　　编	100720
网　　址	http://www.csspw.cn
发 行 部	010－84083685
门 市 部	010－84029450
经　　销	新华书店及其他书店
印　　刷	北京明恒达印务有限公司
装　　订	廊坊市广阳区广增装订厂
版　　次	2025 年 3 月第 1 版
印　　次	2025 年 3 月第 1 次印刷
开　　本	710×1000　1/16
印　　张	28.25
插　　页	2
字　　数	436 千字
定　　价	159.00 元

凡购买中国社会科学出版社图书，如有质量问题请与本社营销中心联系调换
电话：010－84083683
版权所有　侵权必究

课题组成员：
　　王　薇　唐　磊　都　林　朱远璋　吴　敏
　　王亚男　马艺萌　李小凡　谭楚阳

摘 要

本书旨在总结前人的研究成果，把先秦两汉典籍中记载的楚方言词搜寻出来，归纳它们的词义，尽可能在传世文献中找到用例，并在楚地出土简帛、楚铜器铭文中寻找例证，与现代汉语方言和南方少数民族语言进行比较，对楚方言词作出科学解释。通过共时与历时的比较，鉴别古楚方言材料，并探讨这些材料中所反映的楚方言词的特点。

第一章探讨古楚方言的发展演变。汉代的八大方言中，对晋代共同语影响最大的是楚方言。永嘉丧乱前楚方言可以与河北、东齐、关中、中原、巴蜀、吴诸方言并列，自为一种独立的方言。晋时的吴、楚方言渐为隋唐之后的闽、吴、粤、湘方言所覆盖，但唐时楚地还有古楚方言的重大影响。宋、元、明时期的大移民已根本改变古楚方言的格局。明代的三楚之音已与湖南、湖北的现代方言接近，属于北方话中的南方话。本章还梳理了两汉古楚方言词语音的概貌。

第二章讨论古楚方言同源词。本书共列举了八组。以古文献记载为依据，以楚地出土文物、现代南方方言为佐证，按照音近义通的原则确定同源词。如"抟"（挎）系列词，多是元部字，都有"圆"的意义。

第三章分析古楚方言记音字。扬雄《方言》所记的部分楚方言词，已在先秦和两汉通语文献中使用，只不过是以别字（同音字）形式出现。本章旨在打通两者之间的联系。

第四章例举并分析部分历代传世文献中的古楚方言词。扬雄等先贤认定的楚方言词，据本书研究，有的已在先秦通语文献如《诗经》《论语》《孟子》中出现。这应该是周秦辅轩使者的记载。严君平所见的"千言",林闾翁的"梗概",都被扬雄所继承,并又经他调查核定。

第五章讨论楚方言词与楚地出土简帛的关系。前人研究楚地简帛比较重视文字,词汇研究还大有可为。本书将传世文献和出土文献互证,认为楚地简帛特别是医药、律令文献中多有楚方言词汇。除了从语言方面证明,还注意联系楚地器物。

第六章则是古楚官职名称考释。从古楚国官职设置的背景以及古楚国官职名称和出处着手阐述古楚国官职的概况并对古楚官职进行个例考释,主要考察"尹"类官职、"司"类官职和"公"类官职,并分别对这三类官职进行比较。

第七章重点关注古楚方言器物词考释。试图对楚方言器物词作一个系统的研究。考察它们的源流以及从先秦两汉直至今天的演变情况,这些对于汉语词汇发展的研究有所裨益。

第八章是验证行用至今的古楚方言词。利用现代汉语方言调查成果,打通古楚方言与今方言的联系,据古通今,以今证古。古楚方言词传承至今的,有今湖南湖北的西南官话,也有粤、闽、客、赣、吴方言。

第九章是古楚方言词个案研究。着重讨论了楚方言词"粗籹""沈沈""沓""鸟""州""陂""睇""父""行""桯""箸""梦""逞""揞""寨""沤""颔"等,将其置于"方—古—异"三角中全面检视,通过历时比较和共时比较,归纳出该词自先秦直至现代的演变情况。

第十章为结语。

目 录

引 言 1

第一章 古楚方言概说 1
第一节 楚方言起源 3
第二节 楚方言发展 6
第三节 楚方言总貌 12

第二章 楚方言同源词 18
第一节 "搏"系列 19
第二节 "貑"系列 24
第三节 "溇"系列 32
第四节 "辽"系列 42
第五节 "翕"系列 45
第六节 "灙"系列 55
第七节 "籲"系列 65
第八节 "煨"系列 66

第三章 楚方言记音字 68

第四章 历代古楚方言词例举 75

第五章　楚方言词与楚地简帛 ·· 170
　　第一节　名词 ··· 171
　　第二节　动词 ··· 189
　　第三节　形容词 ·· 197
　　第四节　虚词 ··· 201

第六章　古楚官职名称考释 ·· 206
　　第一节　楚官职中的"尹类" ··· 206
　　第二节　楚官职中的"司类" ··· 214
　　第三节　楚官职中的"公类" ··· 221

第七章　楚方言器物词 ··· 225
　　第一节　生活器具 ·· 225
　　第二节　农具与农业生产 ··· 236
　　第三节　纺织品生产工具 ··· 240
　　第四节　房屋与建筑 ··· 243
　　第五节　交通与舟、车马器 ·· 247
　　第六节　兵器 ··· 256

第八章　楚方言词今证 ··· 260

第九章　楚方言词个案研究 ·· 278
　　第一节　粔籹 ··· 278
　　第二节　沈沈 ··· 287
　　第三节　沓 ·· 293
　　第四节　鸟 ·· 301
　　第五节　州 ·· 309
　　第六节　陂 ·· 313
　　第七节　睇 ·· 321

第八节 父……………………………………………………328

第九节 行……………………………………………………331

第十节 程……………………………………………………337

第十一节 箬…………………………………………………346

第十二节 梦…………………………………………………355

第十三节 逞…………………………………………………363

第十四节 揞…………………………………………………368

第十五节 搴…………………………………………………369

第十六节 沤…………………………………………………372

第十七节 颔…………………………………………………380

第十八节 浦…………………………………………………387

第十九节 陵…………………………………………………393

第二十节 坂…………………………………………………406

第十章 结语……………………………………………………421

参考文献………………………………………………………422

后 记…………………………………………………………436

引 言

楚方言是先秦两汉时期最大的汉语方言。汉代扬雄《方言》对楚语记载特别详细，标明地名者，楚语居半，其中第十卷几乎全为楚语，全书共计 300 余条。此外，在《说文解字》《淮南子》许慎注和高诱注、《楚辞》王逸注、《尔雅》郭璞注、《周礼》郑注、《礼记》郑注、《左传》杜注、《国语》韦注、《汉书音义》《水经注》《文选》李善注、《离骚草木疏》《初学记》等书中记载了 200 余条楚方言词。这是就各书明言楚方言的数字统计的，至于楚辞和楚国的竹简、帛书中不见于他书的词语，其中多数可能就是楚国的方言。楚方言属于长江流域的文化，是华夏文化的重要分支，研究楚方言对传统文化的整理和继承有重要意义。

一 研究现状

清末以降，章太炎、郭沫若、闻一多、汤炳正、刘赜、骆鸿凯、姜亮夫、朱季海、姜书阁、刘永济、郭在贻等研究《楚辞》语词，为楚方言词的考证提供了理论与方法上的指导，取得了丰硕的成果。专门对楚语词汇进行考证的，是李翘（1925）考证了 68 个楚方言词。袁庆述（1981）对《楚辞》中的古楚方言词进行了较系统的整理、归纳和研究。李裕民（1986）《楚方言初探》首次对楚方言语音、词汇、语法作了系统研究。易祖洛（1986）结合现代方言，对《楚辞》中的 43 个词进行方言佐证。运用民族语言的资料，解决旧注中对楚方言词解释的分歧，也是楚方言词今证的重要途径。龙文玉、麻荣远（1983）指出，《楚辞》中一些争论不休的难字生词是苗语的常用词,《楚辞》中被称为"楚地方言"的词语绝大多数是苗语词。专门对楚方言词进行义疏的主要是姜书阁（1981）。梅祖麟（1981）提出,古代楚方言"夕"字的"月"义,正保存了汉藏语和甲骨文最古老的用法。谭步云（1998）运用现代词汇词义学理论系统地对楚方言词进行了研究。李恕豪（2002）对扬雄《方言》中仅见于楚地的 67 个词一一进行溯源研究,指出《方言》中仅见于楚地的词语,其大多数是从全民语言或楚方言以外的方言中继承或者演变而来的。华学诚（2003）《周秦汉晋方言研究史》、（2006）《扬雄方言校释汇证》对楚方言词的整理和研究作了卓有成效的工作。李敬忠（1987）、吴小奕（2005）、贾学鸿（2005）、郑伟（2007）广泛使用了传世和出土文献以及少数民族语言材料,对楚方言词个案的描写和研究比较深入。

美国人司理仪《〈方言〉一书中的汉代方言》绘有 11 幅地图,第 9 幅图表示楚方言的移动和发展方向；日本人远藤光晓在《扬雄〈方言〉逐条地图集》的基础上制定了言语境界线,指出了汉代方言间的断绝性和连续性。

总体而言,上古楚方言词的研究在词的考证方面取得了重大成绩,但大多围绕《楚辞》展开；楚方言词与现代方言、少数民族语言的研究还停留在相关材料的发掘和收集层面,甚至还只是些简单的比对；对楚地流传的其他作品以及楚地出土的文献没有引起足够的重视,而且在楚语语源的探讨、楚方言词的进一步确证、楚简帛不见于他书词汇的梳理与研究、楚方言词的词汇演变系统性的研究等方面皆需深入。华学诚先生说:"希望能出这样的成果：即结合现代方言,科学勾画出扬雄所记载的方言词自汉代直至今天的演变情况,尽管只有很少的一部分词语能够有条件作这样的研究,但这样的研究也意义重大,包括对汉语史研究的意义和科学诠释的意义。"本书也算是在这一方面的一次尝试。

二 研究意义

1. 深化"楚方言"的研究

目前对楚方言还没有一个概论性的专著。语音方面由于材料的稀少而难以进行深入的研究。秦汉文献记载楚方言词甚多，可以充分利用。全面系统地研究楚方言词，对《楚辞》《淮南子》《老子》《庄子》等著作中词语的考释也有一定的作用。

2. 有助于对出土简帛文字的考释

秦汉文献中明言是楚方言的有528条，而《楚辞》和楚简帛中不见于他书的词汇，有些可能就是楚方言。通过对传世文献和出土文献的比较对勘，可以对某些词获得确诂，从而有助于对出土简帛文字的考释。

3. 对汉语词汇发展史有所贡献

本书试图对楚方言词的源流、历时演变作一个系统的研究。考察它们从先秦两汉直至今天的演变情况，以期对汉语方言词的科学诠释、汉语词汇发展史的研究能有所裨益。

三　研究内容、思路及方法

1. 本书研究的主要内容是考察楚方言词从先秦两汉至今的历时演变

（1）全面系统地整理楚方言词；凡唐以前文献认定的楚方言词都是本书的考察对象，将其列成表，并编成一个小型词典。

（2）找出前人未曾言明的楚方言词。如《楚辞·九章·天问》："天何所沓？"王逸注："沓，合也"，未指明是楚方言词。本书据《尔雅》郭璞注："遝，及也，荆楚人皆曰遝"等故训材料，厘定其义位是"婚合"，而且是个楚方言词。

（3）补充前人对楚方言词的释义。如《楚辞·九章·橘颂》"圆果抟兮"的"抟"不是一般的"圆"，而是一种球状圆、天体圆、圆溜溜的"圆"。

（4）辨析楚简帛中所见的楚方言词，系统整理古文献考定的楚方言词，并给以准确释义。

（5）弄清楚方言词与南方少数民族语词的关系。从扬雄《方言》和许慎《说文解字》所记载的"古楚语"成分里，可以看出有些词语是和壮侗语、苗瑶语有同源的亲属关系。

（6）研究楚方言词的历时演变，即利用汉语传世文献和楚地出土简帛，结合现代汉语方言、南方少数民族语言，考察这些楚方言词自汉代直至今天的演变。基本情况是：有五分之一的楚方言词已进入先秦文献；因为《楚辞》——主要是屈赋的影响，有五分之二的楚方言词被两汉文献吸收；有五分之一的楚方言词还在魏晋、南北朝、唐宋人作品中出现；最后五分之一的楚方言词，主要是特殊名词，还保留在现代南方方言中。

2. 基本思路

第一，总结前人的研究成果，把先秦两汉典籍中记载的楚方言词搜寻出来，归纳它们的词义，尽可能在传世文献中找到用例，并在楚地出土简帛、楚铜器铭文中寻找例证，与现代汉语方言和南方少数民族语言进行比较，对楚方言词作出科学解释。拟在前贤研究基础上，联系楚国疆域变迁直至灭国和同期移民的历史，参考扬雄《方言》地理名词并举及方言词汇情况，确定秦汉楚方言区的范围；在此基础上，一一确认秦汉楚方言区文献；然后搜集、鉴别、整理其中的语言资料，并对之进行细致描写；接下来通过共时与历时的比较，鉴别出楚方言资料，并探讨这些资料中所反映出的楚方言词的特点。

第二，将挑选出来的词放在《四库全书》《汉籍全文检索》等数据库中进行检索，观察其在先秦两汉、魏晋、唐宋元明、现代的词义变化，并充分利用前人和时贤的训诂成果，如《说文解字》《方言》郭璞注，《玉篇》《一切经音义》《广韵》《集韵》《本草纲目》《俚言解》《俗用杂字》《蜀语》《通雅》《现代汉语词典》《现代汉语方言大词典》，作为考定断代词义的依据。

3. 研究方法

（1）方言区域文献研究法。解决古代语言资料的性质问题，即它所反映的语言面貌的时代和地域，必须依靠古代区域文献。汉代记录当时方言最为详尽的是扬雄的《方言》，另外《说文》及经师注语中也有一些零星的记载，根据这些材料复原汉代的方言分区，楚方言区作为一个独立的方言区是没有争议的。

（2）"方—古—异"多角度比较。将楚方言词置于"方—古—异"三角中全面检视。"方"，即现代汉语方言；"古"即古代文献资料；"异"，即中国南方少数民族语言。利用现代汉语方言、古代文献、少数民族语言研究成果对楚方言词进行考核梳理，通过共时历时比较，得出较为合理的结论。

（3）传世文献与出土文献互证。传世文献有古代经典、训诂专书和传注材料，出土文献主要指楚地简帛，把二者结合起来考察。

4. 本书的重点、难点和创新之处

重点是楚方言词全面系统的整理，数条楚方言词的历时演变研究。

难点是楚方言词的科学诠释，与南方少数民族语言的关系。

创新之处是综合运用了现代汉语方言、少数民族语言研究成果，对楚简帛、楚铜器铭文中楚方言词有新的发现。历时材料延伸到了晋、唐、宋、明、现代，重点利用了古代楚地作者的语料，如《楚辞》、《老子》、《庄子》、《淮南子》、《列子》、《世说新语》、《荆楚岁时记》、《襄阳耆旧记》、陆羽《茶经》、唐《本草》、唐代荆襄诗人作品、南方佛典、宋代南方竹枝词、李时珍《本草纲目》等。从历时演变角度系统地考察特定地域历史方言词尚属首次。在一个区域方言内讨论同源词前人还没有做过，古楚方言材料丰富，适合做这项工作。

四 语料说明

本书关于古楚方言词的界定主要依据扬雄《方言》和古人曾明确指出过的，如《说文解字》、《淮南子》（许慎注和高诱注）、《楚辞》（王逸注）、《尔雅》（郭璞注）、《周礼》（郑注）、《礼记》（郑注）、《左传》（杜注）、《国语》（韦注）、《汉书音义》、《水经注》、《文选》（李善注）、《离骚草木疏》、《初学记》等曾经指出的。也有少数是作者根据楚地出土文献、传世文献、现代南方方言厘定的。现代汉语方言语料主要来自李荣主编《现代汉语方言大词典》，许宝华、宫田一郎《汉语方言大词典》以及笔者母方言（湖北天门）和调查所得。

第一章　古楚方言概说

楚国的疆域,《史记·孔子世家》记楚昭王时令尹子西说:"楚之祖封于周,号为子男五十里。"楚人最早的活动中心就在今湖北南漳县境。《左传·昭公十二年》记楚人的追忆:"昔我先王熊绎,辟在荆山,筚路蓝缕。"西周初年,楚人以江汉流域土壤肥美的一大片沃原为根据地,建立国家,属于南方蛮夷之邦。楚族受国号曰楚,封于丹阳,地属湖北秭归。春秋到战国,楚国蓬勃发展,持续了七百年,疆域不断拓展。战国前期,楚威王之时,东取越浙江以西地,使江东沃野成为楚有。又南遣庄跃入滇,据地数千里。《战国策·楚策一》苏秦说楚威王曰:"楚,天下之强国也。""楚地西有黔中巫郡,东有夏州海阳,南有洞庭苍梧,北有汾阳之塞郇阳,地方五千里,带甲百万,车千乘,骑万匹,粟支十年,此霸王之资也。"自从楚族兴国以后,南方的群"蛮"、群"舒"都被统率起来了,其中最著名的有鄘、罗、夔、邓等国。在西周,楚被称为"荆蛮",经常成为周王朝征讨的对象。《诗·小雅·采芑》:"蠢尔蛮荆,大邦为仇。""征伐玁狁,蛮荆来威。"其境北接汝颍,南接衡湘,西连巴,东并吴。方城带其内,长江梗其中,汉水、淮水、沅、湘之属,迄其上下。成王时,楚国"跨今十二省,占县四百三十余。东临海,南界越、扬越、西南夷,西界夷、秦,北界韩、魏、宋、齐"。用今天的疆域名称表示:春秋时期楚国疆域西北到武关(今陕西商县东),东南到昭关(今安徽含山北),北到今河南南阳,南到洞庭湖以南,后沿称这一地区为楚。于此,楚地之广几同余国,实为当时无以伦比之第一大国。此亦即为其全盛时期。[①]

[①] 张正明:《楚文化史》,上海人民出版社1987年版,第1页。

《史记·货殖列传》："楚则有三俗：夫自淮北、沛、陈汝南、南郡，此西楚也。彭城以东，东海、吴、广陵，此东楚也。衡山、九江、江南、豫章、长沙，是南楚也，其俗大类西楚。"可见南楚与楚郢所在的西楚俗类而语近，东楚则并入楚国甚迟，且相去辽远，语言亦多殊异。①

夏、商、周、楚文化互为影响，互成同一体系。

楚文化因楚国和楚人而得名，是周代的一种区域文化。从楚文化形成之日起，华夏文化就分成了南北两支：北支为中原文化，雄浑如砥柱而下的黄河；南支即楚文化，清奇如穿三峡而出的长江。宋人黄伯思在《新校楚词序》中说："屈宋之文皆书楚语，作楚声，纪楚地，明楚物，故谓之楚词。若些、只、谇、蹇、奋、侘傺者，楚语也。顿挫悲壮、或韵或否者，楚声也。沅、湘、江、澧、修门、夏首者，楚地也。兰、茝、荃、荪、蕙、若、苹、蘅者，楚物也。"② 李学勤"所谓楚文化，实际就是商周以来长江中游地区的文化"，"是长江中游的地区古文化"。③

《岳阳风土记》记载："荆湖民俗，岁时会集或祷词，多击鼓，令男女踏歌，谓之歌场，疾事不事医药，惟灼龟、打瓦或以鸡子占卜，求祟所在，使俚巫治之，皆古楚俗也。"袁中郎曰："楚之言，酸也愁也，其山水所产之人，多牢骚不平。""楚声多怨。""楚人长才气盛。"袁中道曰："变之必自楚人始。季周之诗，变于屈子。三唐之诗，变于杜陵。皆楚人也。夫楚人者，才情未必胜于吴越，而胆胜之。"刘师培《南北文学不同论》："大抵北方之地，土厚水深，民生其间，多尚实际；南方之地，水势浩洋，民生其际，多尚虚无。民崇实际，故所著之文，不外记事、析理二端；民尚虚无，故所著之文，或为言志、抒情之体。"胡云翼《新著中国文学史》："(《楚辞》)富有浪漫的神秘思想，其原因是由于南方得天然的恩惠本较丰厚，多高山、大泽、深林、沃野。人民的生活较易为力，故多流于冥思幻想，求解宇宙之谜，其俗信巫鬼，重淫祀，崇仰神明的环境如此，故其信仰的表

---

① 姜书阁：《屈赋楚语义疏》（上、下），《求索》1981 年第 1 期。
② 《宋文鉴》卷九十一，《四部丛刊》本。
③ 李学勤：《辉煌的中华早期文明》，《光明日报》2007 年 9 月 7 日。

现，自然而然的流于虚无的浪漫神秘倾向。"

第一节　楚方言起源

在西周时，楚的统治阶级和上层人士，不仅接受诸夏汉语，而且使用诸夏汉字。春秋战国时代，有一种近于共同语的"雅言"，即是黄河流域"诸夏"的语言发展而形成的。现存周宣王时代的楚钟（楚公钟），其铭刻的字体、文例均与商周金文一致。这种共同语亦即《论语·述而篇》所说"子所雅言，诗书执礼，皆雅言也"的"雅言"。一般为太师、国史和列国聘问的行人之官所操用。在西周时期，无论是各国交往或一个诸侯统辖一个异言异俗的广大地区，都必须有一种共同的语言不可。因此《左传》中记载的行人辞令，齐秦吴楚大体相同，看不出明显的方言痕迹，就是《诗经》的"二南"和十三国风（《诗经》十五"国风"，只缺楚风，但有"二南"，多咏江汉汝坟的事，其地域皆属楚国，可能是"楚风"的先声），不但语法结构相同，连用韵也无大差异。但至迟到后来的《楚辞》也大体上是用诸夏的文言写的。可见楚族文化早和周族相距很近了。自此直到西汉都没有多大变化。扬雄《方言》既本之旧书雅记，又有为周章质问，采访所得的俗语，计得汉代方言中以"通语""凡语"最多，单言楚语的有 45 次，跟其他地区并引的有 133 次，其中并引的有陈楚、楚宋、楚魏、陈楚宋魏、宋魏陈楚江淮等，可见楚的观念甚广，包括地区很多。《史记·货殖传》就有西楚、东楚和南楚之称。实际上《方言》所谓楚，不外江汉、荆楚、江淮之间。《方言》中还言南楚甚详，有 108 次。南楚似包括沅、湘、湘潭、九嶷、苍梧等地。不过，《方言》所记载的仅是词汇的不同，并没有公认的言语的明确界限，而只能反映出楚方言的遗迹以及其跟通语相抗的语言成分分布范围而已。可见各地纵有方言、土语存在，但在书面上却是一致的。文献记载中所谓"楚辞""楚声"也不过是反映这种现象，楚语仅仅是诸夏汉语中一种古方言而已。

楚族在夏殷之际已经形成，到周成王时熊绎被封在楚地，有了"楚"这个正式国号兼族名。应该说，至迟在周成王时楚语已经形成。西周春秋时期出现了不少用楚语"兮"唱的楚歌。据《左传·庄公二十八年》记载，楚人攻战喊话都操"楚言"。《左传·成公九年》："晋侯观于军府，见钟仪，问之曰：'南冠而絷者谁也？'有司对曰：'郑人所献楚囚也。'使税之。公曰：'能乐乎？'对曰：'先父之职官也，敢有二事！使与之琴，操南音。'范文子曰：'楚囚，君子也；言称先职，不背本也；乐操土风，不忘旧也。'""操南音"即操土风，也就是演奏楚国地方声调的乐曲，晋人范文子一听就明白，可见有鲜明的地方特色。所谓楚声者，应是基于楚国的方言，加上楚地音乐声调诵读方式的一种声情表现。可知春秋时期楚方言已经是一大方言。古人早有明言楚方言特异之处。《山海经·海内东经》郭璞注："历代久远，古今变易，语有楚夏，名号不同。"楚语的原生形态是长江中游苗蛮集团的土语。商周之际，楚族自黄河流域南迁，进入江汉地区，楚族在与苗蛮土著文化融合的同时，形成了新的语言形态——楚语。洞庭湖以南的南楚地区，原来是百越民族生活的地方。楚人征服和来到这一地区后，楚语和楚文化逐渐取代了原有的越语和越文化。在长期的同化过程中，楚、越的语言和文化必然曾在不同程度上融合。由此，南楚方言实际上是以早期的楚方言为主，在不同程度上吸收了许多越语（在西边还有巴语）的成分而形成的一种很有特色的方言。①

《孟子·滕文公上》：楚人许行"今也南蛮鴃舌之人，非先王之道"。南朝宋刘义庆《世说新语·轻诋》第二十六："支道林入东，见王子猷兄弟，还，人问：'见诸王何如？'答曰：'见一群白颈乌，但闻唤哑哑声。'"唐时还有人认为吴楚语音是"鴃舌"之音。唐柳宗元《与萧翰林俛书》："楚、越间声音特异，鴃舌啅噪，今听之怡然不怪，已与为类矣。"（柳宗元是北方人，祖籍山西，出生长安。）鴃，《广韵》古穴切。鸟名，通称伯劳。《大戴礼记·夏小正》："鴃则鸣。鴃者，百鹩也。"王聘珍解诂引邵晋涵《尔雅正义》："李巡云：'百劳一名鵙，通作鴃。'"陆法言《切

---

① 李恕豪：《扬雄〈方言〉与方言地理学研究》，巴蜀书社2003年版，第167页。

韵序》："吴楚则时伤清浅，燕赵则多涉重浊。"唐兰《论唐末以前的轻重和清浊》认为：前元音为轻浅，后元音为重浊；开口呼为轻浅，合口呼为重浊。具体地说，就是吴楚地区读前元音、开口呼的字多，而燕赵地区读后元音、合口呼的字多。"鴃舌"可能是像鸟叫，湖北西南官话区的人说鄂南话（咸宁赣语）像鸟叫，特点是前元音和前鼻音多，缺少后鼻音。

到战国时期，楚方言已经发展成为影响很大的方言语系，与华夏通语及北方各国存在很大差异，尤其出现了"书楚语，作楚声，纪楚地，名楚物"的《楚辞》，使楚文学带上了浓厚的地方色彩。到秦汉时期，由于中央集权统一国家的形成，南北文化的进一步交流，楚语楚文化处于转化期。随着楚文化同北方文化的融合，楚语多数词汇都融会入华夏共同语中去了，一部分词汇死去，无人再用，仅有少数词语仍然活在后世楚地人的语言中。

《颜氏家训·音辞篇》有云："夫九州之人，言语不同，生民已来，固常然矣。自春秋标齐言之传，离骚目楚辞之经，此盖其较明之初也。"又云："古今言语，时俗不同，著述之人，楚夏各异。"这是说楚方言不同华夏，本有其特性。屈原作《离骚》，以楚方言入辞赋，世人称之为《楚辞》。昭武黄长睿说："屈宋诸骚，若些只羌谇，蹇纷侘傺，楚语也；悲壮顿挫，或韵或否，楚声也；沅湘江澧，修门夏首，楚地也；兰茝荃药，蕙若苹蘅，楚物也；故谓之楚辞云。"后来宋玉、唐勒、景差之徒，祖述屈原，都以楚音为准，异于常读。

张正明认为，最早的楚语与华夏语是不同的语言，并举例：《左传·宣公四年》："楚人谓乳'穀'，谓虎'於菟'。"据陈士林的研究，"穀"是古越语词，"於菟"是古彝语词。"由于楚人长期与诸夏交往，使用诸夏的文字，诵读诸夏的典籍，有很多楚人就学会了夏言，而楚言也逐渐与夏言靠近了。"可见楚方言是在华夏文化和语言长期持续的影响下，由一种异族语言逐渐向华夏语靠近，而最后成为华夏语的一种方言的。周振鹤、游汝杰认为："楚方言以早期的楚语为底层，自然包括了许多早期楚语甚至其他南方民族语言中的词语。因此，楚方言具有一定的混合性质。"丁启阵《秦汉方言》说："楚方言范围最广，吴越以外的南方几乎都为楚方言区，中心地区是湖南、湖北两省。南楚方言即今之广东、广西、云南等地，是少数民族杂居的地方。"

由此可见，楚语跟诸夏汉语有共同结构，所不同的是，仅在个人的言语活动中，有时使用原土著楚语的底层词而已。如"虎兔"、"於菟"以及安徽六安县有咎陶冢，民间呼为"公琴"。郦道元说，楚人谓"冢"谓"琴"等等，如少数民族语言的"佘氏红瑶语"实际上是合于汉语结构，可视为当地汉语方言，但还保留着不少瑶语词汇。这表明被征服者的语言构成征服者的语言的底层，并且决定它的独特性。

第二节 楚方言发展

西汉时期的楚方言，分楚和南楚。此时的楚方言与秦晋语有较大差别，与江淮、吴扬的说法常一致，《方言》中常称"荆吴"。到了东汉时期，长江以北地区的方言用词差别逐渐缩小。据周振鹤、游汝杰先生研究，《说文》中"提到次数最多的是'楚'，共23处，这说明当时楚方言的差异可能是最明显的；其次是秦19次（不包括秦晋并提的5次），再是'齐16次，也是很突出的。'"[①] 上面提到的"楚声歌"到西汉时期还很流行。《史记·项羽本纪》："夜闻汉军四面皆楚歌。项王乃大惊曰：'汉军皆已得楚乎？是何楚人之多也！'于是项王乃悲歌慷慨，自为诗曰：'力拔山兮气盖世，时不利兮骓不逝；骓不逝兮可奈何？虞兮虞兮奈若何？'"这正是一首楚声歌。《留侯世家》载四皓见高祖，去后，高祖竟不易太子，戚夫人泣，高祖曰："为我楚舞，吾为若楚歌。"汉高祖的《大风歌》、汉武帝的《瓠子歌》（二首）和《秋风辞》亦皆楚声歌，是为楚辞之遗调。《汉书·王褒传》："宣帝时，修武帝故事，徵能为《楚辞》九江被公，召见诵读。"可见当时还有人能用楚声的腔调诵读《楚辞》。直至隋代，《隋书·经籍志》："隋时有释道骞善读之，能为楚声，音韵清切，至今传《楚辞》者，

---

① 周振鹤、游汝杰：《方言与中国文化》，上海人民出版社1996年版，第101页。

皆祖骞公之音。"释道骞有《楚辞音》一卷,与徐邈等四种《楚辞音》并著于隋《经籍志》中。

丁启阵《秦汉方言》云:汉代的各大方言基本上都有一些词语到晋代成了共同语的成分,或者通用变得更加广泛了。但是相比之下,汉代的八大方言中,对晋代共同语("通语""今""今俗")影响最大的是楚方言。

东晋南北朝的士大夫阶层又有所谓"楚言"。南朝宋刘义庆《世说新语·豪爽》第十三:"王大将军(敦)年少时,旧有田舍名,语音亦楚。"《宋书》庾悦、王诞等传云:"史臣曰:高祖虽累叶江南,楚言未变,雅道风流,无闻焉尔。"考刘宋皇室之世,本非清显,而又乔居于北来武装集团所萃聚的京口。既未学习建邺士人所操的洛阳雅音,也没有操用吴中庶族的吴语。所以虽累叶江南,而其旧居彭城楚地的乡音没有改变,因而受到鄙视。这里所谓洛阳雅音,是指东汉以来洛阳太学士诵读经典的雅音。因其讽诵常存古昔的读法,平常谈论则用当时的读音,这种洛阳京畿的旧音大都为《切韵》所吸收。《切韵》云:"吴楚则时伤轻浅,燕赵则多涉重浊,秦陇则去声为入,梁益则平声似去。"此文批评各地方言,独不及中原一区,可知《切韵》是以中原洛阳京畿的语音为正音标准。至于《切韵序》所谓"吴楚则时伤轻浅,燕赵则多涉重浊",据《颜氏家训·音辞篇》所云:"南方水土和柔,其音清举而切诣,失在浮浅;北方山川深厚,其音沉浊而鈋钝,得其质直。"隋时的吴、楚方言已改汉时的面貌,其源头应是汉时的北方方言。隋时的吴、楚方言从陆法言的《切韵·序》归类中可知,较为相近。当时的吴方言为今天的闽方言。

《魏书·司马睿传》:"中原冠带,呼江东之人皆为貉子,若狗貉类云。巴蜀、蛮、僚、溪、俚、楚、越,鸟声禽呼,言语不同,猴蛇鱼鳖,嗜欲皆异。"魏晋时期,楚地遗民仍被中原人视为蛮夷。

移民对方言流变影响很大。东汉末三国魏晋时期是第一次大规模的北人南迁,"流入荆州者十余万家",荆襄地区流民云集,荆州接纳了一大批文人学士,成为当时的文化中心。伴随人口的迁徙,带来语言文化的冲击,中原雅音以极大的规模和力度推进到楚语区,使楚土著方言发生了变化,"其与夏人杂居者,则与诸华不别"。但是在与外界相对隔绝的山区仍保存着土语,"其僻处山谷者,则言语不通,是好居处全异"。第二次北人南迁是在中唐安史之乱时,"襄邓百姓,两京衣冠尽投江湖",江陵在唐代号称衣冠薮泽,俗语云:"琵琶多于饭甑,措大多于鲫鱼",可见文人雅士之众。第三次在宋室南渡时,北人又一次大规模南徙。"中原士民,扶携南渡,不知其几千万人。"①

《余嘉锡论学杂著·释伧楚》:"扬、徐之地,江淮之间,本属楚境。永嘉丧乱,幽、冀、青、并、兖州及徐州之淮北流民相率过淮,亦有过江者。于是侨立郡县以司牧之。其地多中原村鄙之民,与楚人杂处,谓之'杂楚'。吴人薄之,亦呼'伧楚'。别目九江、豫章诸楚谓'傒',而于荆州之楚,以其为扬州唇齿,为上游重镇,独不受轻视,无所指目,非复如东渡以前,统骂楚人为伧矣。"

《隋书·地理志下》对湖北各地的"蛮"俗作了描述:"其人率多劲悍决烈,盖亦天性然也。南郡、夷陵、竟陵、沔阳、沅陵、清江、襄阳、春陵、汉东、安陆、永安、义阳、九江、江夏诸郡,多杂蛮左,其与夏人杂居者,则与诸华不别;其僻处山谷者,则言语不同,嗜好居处全异,颇与巴、渝同俗。诸蛮本其所出,承盘瓠之后,故服装多以班布为饰,其相呼以蛮,则为深忌。自晋室南迁之后,南郡、襄阳皆为重镇,四方凑会,故益多衣冠之绪,稍尚礼仪经籍焉。九江襟带所在,江夏、竟陵、安陆各置名州,为藩镇重寄,人物乃与诸郡不同。大抵荆州率敬鬼,犹重祠祀之事,昔屈原为制《九歌》,盖由此也。"

吴安其《汉藏文化的历史背景和汉藏语的历史分布》:"我们的看法是:'今汉语方言的格局是西晋(5世纪)至宋(12世纪)这段时间中形成的。西晋时函谷关以东的北方方言陆续向南发展,分化为今天的汉语诸方言。''晋时的吴、楚方言渐为隋唐之后的闽、吴、粤、湘方言所消灭,蜀方言为元明的北方方言所覆盖。'"②

储光羲在其《安宜园林献高使君》诗中有"楚言满邻里"之句(《全唐诗》卷137),温庭筠《烧歌》诗中有"邻翁能楚言"(《全唐诗》卷577),

---

① 李心传:《建炎以来系年要录》,中华书局1985年版,第1422页。
② 吴安其:《汉藏语同源研究》,中央民族大学出版社2002年版,第23页。

刘长卿有"方言楚俗讹"(《全唐诗》卷149《同姜睿题裴式微馀干东斋》)。

尉迟枢《南楚新闻》："李泌未相时,宿内院。阿师旦起,窃泌鞋送帝。泌曰：'鞋者,谐也。当为弼谐。事亦谐之。'"①鞋,户佳切;谐,户皆切。"鞋"为佳韵,"谐"为皆韵,本不同音。但唐时楚地已同音。

张耒《续明道杂志》："(黄州)语言轻清类荆楚,而重浊类江左。""刺史好诗兼好酒,山民名醉又名吟,而黄州呼醉为诅,呼吟为垠（逆斤切）,不知呼醉吟竟是何名也。"②《封氏闻见录》卷八："吴楚人谓'居'为'于',侯思止把'猪''鱼''驴''俱''如'读为'诛''虞''缕''居''儒'。"(《大唐新语》卷十三)都是把鱼韵字读成虞韵字,鱼、虞二韵同在遇摄,都是三等韵。"风炉子"说成"烽炉子"(《资暇集》卷下),是东韵三等韵和钟韵混用,东、钟二韵都在通摄。

宋朝,《耆旧续闻》卷七："荆楚人以南为难、荆为斤。"宋刘攽《贡父诗话》："五方语异,闽以高为歌,荆楚以南为难,荆为斤。"南,那含切;难,那干切。"南"为覃韵,"难"为寒韵。说明宋时覃韵寒韵楚地已不能分别。斤,举欣切;荆,举卿切。"斤"为欣韵,"荆"为庚韵。说明宋时楚地前后鼻音已混。《唐国史补》卷下："今荆襄人呼提为堤,晋绛人呼梭为莝（七戈反）,关中人呼稻为讨、呼釜为付,皆讹谬所习,亦曰坊中语也。"

《麈史》卷中："竟陵、荆渚间缘汉江堤以障泛水,彼人谓堤为提。"有人还以为"以自高氏据其地,俗避其姓所讳,故不曰堤耳"。堤,都奚切;提,杜奚切。"堤"为端母,"提"为定母。说明宋时楚地清浊已混。

范成大《公安渡江》诗"伴愁多楚些,吟病独吴音。"(《范石湖集》卷十五)《彭城集》卷十四《送韩文饶知均州》："汉上川原连梦泽,郧人风俗语於菟。"欧阳修《六一居士集》诗《乐哉襄阳人,送刘太尉从广赴襄阳》："嗟尔乐哉襄阳人,万屋连甍清汉滨。语言轻清微带秦,南通交广西峨岷。"苏轼《东坡乐府笺·满庭芳》："儿童尽楚语吴歌。"宋人的记

---

① 陶宗仪：《说郛》100卷本,卷七十四,上海古籍出版社1986年版,第1076页。
② 陶宗仪：《说郛》100卷本,卷四十三,上海古籍出版社1986年版,第640页。

载还有楚方言的遗迹。

元末明初，湖北的人口已发生很大变化。光绪麻城《邓氏宗谱》："至元明递嬗之际，流离转徙，丧乱初平，我祖南坡公由南昌安籍于麻城。"民国麻城《彭氏族谱》："（本邑）外籍不一而江右（江西）独多，以余所见，逮余所闻者，皆各言江西云。夫邑之来江西者，不止万族。"乾隆麻城《胡氏族谱序》："始祖胜三公生元顺帝年间，原籍江西南昌府丰城县，罗塘乃其居址。尔时初被徐兵毒，继而友谅肆虐，而江州豫章之地，日无宁所，草木皆惊。一时望风远走者，正不止我祖矣。及洪武定鼎迁府，其偕来胞兄荣一荣二，各居一处，我祖三公始析居兹土。"此时湖南、湖北的人口已有70%来源于江西，其方言已兼有南方和北方的特点。明朝张位《问奇集》："各地乡音，大约江以北入声多作平声，常有音无字。不能具载。江南多患齿音不清。然此亦官话中乡音耳，若其各处土语更未易通也。""三楚。之为知，解为改，永为允，汝为尔，介为盖，山为三，士为四，产为伞，岁为细，祖为走，睹为斗，信为心。"明代的三楚之音已与湖南、湖北的现代方言接近。

王葆心《续汉口丛谈》卷三："王景彝《琳斋诗稿·赠王继之》诗：'黔南五千里，舌音无变迁。'自注："'吾楚口音，与云贵相似，接谈如对乡人，亦理不可解也。'吾谓此理易解。吾楚自元以来，人民多迁居蜀中，又由蜀迁居云南贵州。故云贵多江介间后裔，其方言安得不相同哉。不但语音同，其节令民风，亦大都与吴楚同也。琳斋在浙时，在四安有句云：'人杂荆州与豫州。'自注：'乱后土人稀少，田地荒芜，外来者唯湖北河南省人最多。'吾知此由湖北迁往之人，其土语又必以湖北同，且杂以楚风也。大凡百姓迁徙之地皆似此。如我楚多存江西风俗，亦此理也。"同治《郧阳县志·风俗》："旧志谓：'陕西之民四，江西之民三，山东、河南北之民一，土著之民二。'后则四川、江南、山西亦多。入籍视戚族党因缘踵至，聚族于斯，语言、称谓仍操土音，气尚又名以俗为俗矣。"

郭庆藩《虚受堂文集·方言序》："书中所称南楚语，今吾楚什不存二三，而它方古语，如美为艳，琢为镌，散为厮，披展为舒勃，草木伤人为棘，饮药而毒为痨，参之近日楚言，转相符合，此又汉代方言递易之明证矣。"

湖北地区楚方言的发展，张伟然（1999）有很好的总结："春秋时期，楚言与中原夏言之间的歧义非常明显。战国以后，楚言已经由一种独特的语言渐渐演变为华夏共同语的一种方言。""有人认为可以把汉代的方言分为南北两派，南派以楚方言为核心，而同属此派的南楚、吴越、南越方言也都深受楚言的影响。可见当时的楚言与北方方言的距离仍比较遥远。周振鹤、游汝杰两位先生认为，永嘉丧乱前楚语可以与河北、东齐、关中、中原、巴蜀、吴诸方言并列，自为一种独立的方言。在唐代的时候，湖北省境方言主要分属两区，以荆襄为核心的中部地区流行楚语，而江汉平原中部以东的地区属于'吴语'，此外西部边缘则有所谓'巴语'。宋代，湖北省境的方言进一步分化为四个区域，鄂东北为淮南语，鄂西北为带有秦音的楚语，鄂西南则为受到长江上游方言影响的楚语，而鄂东南仍为带有'夷言'的古老方言。元明以后，以武汉为中心的地区逐渐形成武天片，鄂东南又受到赣语的大规模影响，这才奠定湖北省境现代的方言分布格局。"① 湖北今方言楚语区包括竹溪、竹山、安陆、应山、应城、云梦、孝感、大悟、黄陂、红安、黄冈、鄂州、麻城、罗田、英山、浠水、黄梅、广水、蕲春，主要分布在鄂东，再加上鄂西的竹溪、竹山。赵元任等《湖北方言调查报告》指出鄂东"第二期可以算作典型的楚语"。这里的"楚语"与古楚方言既有联系又有区别。苏东坡就称黄州话为"楚语"。舌尖后圆唇元音和以元音起头的韵母在今湖北"楚语"中十分丰富，这是"楚语"的一个显著特点，u类韵集中在鄂东北；在湖北其他地区，只有竹山、竹溪、郧西三县有分布。"楚语"另一特点是入声自成一个调类，在部分地区带喉舌音韵尾，而去声分阴阳。楚语保持了我国比较古老的语言成分，与吴方言、赣方言有近似之处。

---

① 张伟然：《楚语的演替与湖北历史时期的方言区域》，《复旦学报》（社会科学版）1999年第2期。

第三节 楚方言总貌

洪亮吉《晓续书斋回录》:"如扬子云《方言》,本采方国之言,故此不更录。大抵楚地最广,故方音亦唯楚地最多。今汇而录之,亦故人审音知政之一助也。"

《黄侃论学杂著·声韵略说》:"大抵地域之分,南北为其大介。昔《荀子》屡以楚夏对言;至《方言》多载南楚之语;《楚辞》一篇,纯乎楚声。《经典释文·序录》云:'方言差别固自不同;河北、江南,最为巨异。'"

据董同龢研究,《老子》的用韵和《楚辞》、宋玉赋一样,都是以楚方音为根据的。老子是楚国苦县人,苦县原先属陈,楚灭陈后才并入楚国,老子必然使用陈方言。董同龢认为,《老子》与《楚辞》、宋玉赋在用韵上的共同点有四个方面:(1)东、阳押韵;(2)之、幽通押;(3)厚、鱼通押;(4)真、耕通押。① 但是也有不同意见。如张双棣《淮南子》用韵考:"自顾炎武认为《淮南子》多楚语,而且认为《淮南子》用韵代表了江淮一带的方音。其实并不然,它的很多语音现象是时代的产物,而不是某一方言的特点。具体特点是:1.冬部独立,东冬没有合并,但二部关系密切;2.侯鱼、东阳、屋铎关系密切,但都没有合并;3.脂微歌、真文元、质物月关系密切,但都没有合并;4.真耕二部关系密切;5.鱼之二部关系密切。"

笔者通过分析总结《秦汉帛书音系》(1986)②、《战国楚方言音系》(2006)③、《秦汉时期楚方言区文献的语音研究》(2011)④和《秦汉楚方言声韵研究》

---

① 董同龢:《与高本汉先生商榷"自由押韵"说——兼论上古楚音特色》,中央研究院历史语言研究所《历史语言研究所集刊》第七本第四分。

② 刘宝俊:《秦汉帛书音系概述》,《中南民族学院学报》(社会科学版)1986年第一期。

③ 赵彤:《战国楚方言音系》,中国戏剧出版社2006年版,第35—128页。

④ 谢荣娥:《秦汉时期楚方言区文献的语音研究》,高等教育出版社2011年版,第44—125页。

(2011)①的研究成果，试梳理秦汉时期楚方言音系的概貌。

在声类部分，《秦汉楚方言声韵研究》认为秦汉楚方言的声母格局与《诗经》的声母格局基本相同。《战国楚方言音系》指出战国楚方言声母共28个，与《秦汉帛书音系》的26个单辅音声母相比，增加了舌根音ɣ-和圆唇舌根音ɣw-，其他拟音基本一致。《秦汉时期楚方言区文献的语音研究》将中古音37个声母与上古音研究的成果相结合，指出中古明母独立性突出，知组、庄组、泥、日、娘母有独立发展趋势。

在复辅音声母问题上，《秦汉帛书音系》研究得出秦汉楚方言复辅音声母19个。《战国楚方言音系》认为战国楚方言复辅音声母基本上已经简化为单辅音声母，能反映复辅音声母的材料，其时代不一定等于复辅音声母存在的时代。《秦汉楚方言声韵研究》认为秦汉楚方言有复声母的痕迹。《秦汉时期楚方言区文献的语音研究》从假设复辅音声母的材料上发现，来母与其他声母关系密切。

在韵类部分，《秦汉帛书音系》和《秦汉楚方言声韵研究》认为秦汉楚方言韵部格局与《诗经》的韵部格局基本相同，共30部。《战国楚方言音系》提出战国楚方言有31个韵部，共103个韵母，比前二者多了祭部。《秦汉帛书音系》把中古祭、泰、夬、废等去声韵归入帛书音系中的入声月部，指出帛书音系是战国秦汉时代的楚地方言音系。《秦汉时期楚方言区文献的语音研究》认为西汉时期楚方言区文人诗文用韵30韵部，东汉时期楚方言区文人诗文用韵28韵部。

在调类部分，《秦汉帛书音系》指出平、上、入三声独立性较强；去声、入声关系密切；平、上、去三声关系密切；平、上声与入声很少接触。《秦汉时期楚方言区文献的语音研究》和《战国楚方言音系》认为战国和秦汉时期楚方言只有平、上、去、入四个声调，长入字从入声韵转入了阴声韵，前者指出阴声韵与阳声韵均有平、上、去三声。

下面谈词汇。

在扬雄《方言》中，楚地名包括楚、楚部、西楚、自楚之北郊、郢、

---

① 杨建忠：《秦汉楚方言声韵研究》，中华书局2011年版，第103—167页。

◆◇◆ 周秦两汉楚方言词研究

荆、江沔、江滨、自江而北、陈、汝颍、汝、颍、江淮、淮、淮汭、涌都加在一起，除掉并举时同一条中所重复的次数，那么，表示楚方言的地名总共出现的次数为 204 次。南楚出现 62 次，其中单独出现 36 次。把表示南楚地区的地名如南楚、楚以南、楚郢以南、荆、荆之南鄙、荆郊之鄙、吴楚之外郊、荆、衡、九嶷、江湘、江沅、沅、沅澧、沅湘、湘潭、瀑涯等都加在一起，也除掉并举时同一条中重复的次数，则表示南楚方言的地名在《方言》中实际出现的次数为 108 次。①

先秦两汉时期，古楚方言单音节词共 386 条，分别为：艾、俺、諫、鄂、虉、窡、挡、絧、敦、晒、輤、莳、煆、溯、闲、苛、翚、伙、获、鐕、斟、穷、子、嗔、慈、儤、疗、恬、溇、略、盲、幰、摩、纞、髹、枒、陂、亨、踦、虔、茨、鲈、緅、懐、戎、帤、薔、晒、笘、社、圣、叔、埶、税、斯、思、睍、榴、總、胎、惕、窍、投、娃、慰、忲、嬉、薯、挦、写、恂、颜、奄、柍、踏、遥、媱、摇、愮、鸰、仪、咦、崽、臧、曾、摅、拓、鞀、媰、诼、眥、眦、曹、蝉、逞、跰、傺、摧、惮、党、翻、蔄、端、弇、柎、蔷、榖、煤、咍、闲、虘、极、纪、芝、剥、釫、劍、倦、蹶、闻、垺、苦、褴、幰、薃、蠢、戾、辚、楼、腰、枂、末、昧、翳、讴、拌、僄、凭、樸、撺、羌、敲、蚕、儌、纫、瘵、箸、蹠、笤、婴、挺、舒、桓、爽、痹、歍、贪、坛、潭、蜩、筵、搏、豚、未、婣、蚊、武、唏、禽、豨、龄、婴、嬛、轧、聿、爰、远、越、悦、詹、遹、跖、铗、扁、簟、詹、遹、跖、铗、扁、胙、晓、叶、瀛、仔、拙、莽、羆、差、貼、傺、瘳、除、钦、睼、裸、独、欤、疲、颔、捴、煌、慧、间、蠲、窥、督、憭、婪、颢、纊、攸、辟、攈、掾、钳、筍、猲、知、暧、铤、豚、豨、奚、继、臀、摛、翘、担、揸、占、赵、父、祓、舀、铤、鎞、裸、矜、戎、鎞、葰、掩、键、祎、鰭、梁、艇、舯、艖、欹、莽、革、舸、耇、艨、糵、筊、筹、褚、透、犸、鮎、鲊、吁、肖、圯、甾、骚、瞔、蔽、禀、棋、娃、楒、筷、缲、环、簋、笿、梃、硗、禳、笋、瞑、撕、甬、禹、獣、曲、植、碍、痴、箪、瓢、笱、俎、

① 李恕豪：《扬雄〈方言〉与方言地理学研究》，巴蜀书社 2003 年版，第 169 页。

第一章 古楚方言概说

蓄、䐹、饧、餀、㤶、悴、悼、奕、鎺、镂、锜、俇、蹈、逞、怜、耸、犠、㹱、毕、箧、健、盏、捃、融、耸、展、濯、耸、陂、膊、怏、铪、吁、瘥、遑、芎、华、怀、桲、抉、熬、谯、赟、攋、阜、将、京、軑、軝、蒿、姞、愁、悃、泄、垄、涵、潜、甕、橐、棘、穋、棖、突、颁、桯、箟、绀、庇、鍭、荐、睅、泡、锜、籔、媞、梦、澩、芹、跃。

双音节词共119条，分别为：倚伴、凯嚻、䣛已、无写、人兮、曲绹、曲纶、䣛荥、等突、螂蜩、结诰、迹迹、址缕、耇鮑、纷怡、㣆豢、布襦、襜褕、佗侫、闉闍、长铗、倒顿、蟋蛄、敢过、噭咷、精摇、廯猤、蛉蛄、灵子、杯治、宿莽、痛瘌、於菟、蟋蟀、熏燧、軫挚、戏泄、相仈、父老、父侈、弩父、何斟、杜狗、顿愍、氐惘、不斟、蛣螻、褴褛、諰譲、母侈、蓬薄、詑与、橪生、蟒螾、蛇医、食阁、㣆愍、田儋、支注、蚨孙、挟斯、须捷、褛裂、詀諵、厖戟、李耳、襑裕、乌头、雁头、啴呾、干都、鸡头、忱鰓、帞头、䏛艚、亭公、簙毒、箭里、䢗璇、匊専、大巾、虮螬、蜈螬、蜓虮、鵬魞、李父、襌襦、襜襦、钩格、鹿䏰、篼笼、墙居、豆答、栖戍、抱㜢、蛮岯、恒慨、揄铺、胁阋、定甲、独舂、荴媞、憎怕、眠娅、脉蜴、譠谩、赐施、䫏咨、忸怩、征伀、澜沭、箾槭、无赖、弹憸、粔籹、沉沉、梦中。

在以上 505 条古楚方言词中，只在"楚"地使用的方言词有 130 条：跀、曹、蝉、逞、䟽、僚、摧、悍、党、翻、蘮、端、袊、树、蓄、殻、煤、哈、闲、䝱、伙、芹、极、纪、芟、剥、舒、剑、倦、蹶、间、坏、苦、褴、幰、䔡、蠡、㞜、鳞、褛、腰、相、末、眛、臀、沤、拌、僄、凭、樸、擩、羌、敲、蚕、倦、刎、寰、箸、䜴、箧、䎃、挺、舒、桓、爽、癖、敫、贪、坛、潭、蜩、筳、侍、豚、未、娟、蚊、武、唏、禽、豨、龀、娶、嬛、轧、聿、爱、远、越、悦、詹、梦、遭、跖、铢、蓄、簟、诈、詹、遭、跖、铢、蓄、簟、诈、晓、叶、潆、仔、漾、佗侫、闉闍、长铗、倒顿、蟋蛄、敢过、噭咷、精摇、廯猤、蛉蛄、灵子、杯治、宿莽、痛瘌、于菟、蟋蟀、熏燧、軫挚、戏泄、相仈。

涉及"南楚"地区的方言词有 74 条：扺、莽、羆、差、贴、倢、瘆、除、軑、䀹、裸、独、欸、疲、额、揔、煌、慧、间、蠲、窥、督、憭、篓、颡、䁖、䀾、䀹、攓、揆、钳、筲、猦、知、䁖、铤、豚、豨、貔、继、瞖、攟、㧟、㧆、㨉、占、赵、父、父老、父妳、弩父、何斟、杜狗、顿愍、氐惆、不斟、蛣蟩、襤褸、譠譀、母妳、蓬薄、橶生、蝾螈、蛇医、食阎、㕮㕛、田儓、支注、蛀孙、挟斯、须捷、褛裂、詀謕、㞷戟。

涉及"江淮南楚"地区的方言词有 16 条：被、䨶、鋋、鏦、裸、矜、戎、鏃、蕲、掩、键、袆、艝、於䴘、李耳、禫裕；在"南楚江湘"使用的方言词有 18 条：樑、艇、艀、艖、欽、莽、革、舸、䈕、艕、乌头、雁头、啴哴、干都、鸡头、憾鲲、帞头、䏡䐑；在"南楚江沔之间"使用的方言词有 3 条：龘、敛、筹；在"南楚东海之间"使用的方言词有 2 条：褚、亭公；在"魏宋南楚"使用的方言词有 1 条：大巾；在"宋卫南楚"使用的方言词有 2 条：透、猦；在"陈楚之郊南楚之外"使用的方言词有 2 条：䐊、䏑。

涉及"西楚"的方言词共 5 条：吁、蚓蠑、蜈蠑、蜓蚨；其中，在"西楚梁益之间"使用的方言词有 1 条：肖。

涉及"东楚"的方言词有 2 条：圮、甾。

涉及"吴楚"的方言词共 10 条。其中，在"吴楚"地区使用的方言词有 9 条：骚、眮、蔽、禀、棋、簿毒、箭里、䧹璇、夗专；在"吴楚衡淮之间"使用的方言词有 1 条：娃。

涉及"陈楚"的方言词共 70 条。其中，在"陈楚"使用的方言词有 4 条：湿、杮、济、㶆；在"陈楚之间"使用的方言词有 8 条：摸、修、绳、第、键、悼、饗、厘孳；在"陈楚周南之间、陈楚韩郑之间"使用的方言词各 1 条，依次是：窊、鞠；在"陈楚之间南楚之外"使用的方言词有 1 条：睇；在"陈楚之郊"使用的方言词有 1 条：薎；在"宋魏陈楚（江淮）之间"使用的方言词有 29 条：槾、筷、缰、环、簧、笱、梴、䂭、襀、筝、瞑、撕、甬、禹、猷、曲、植、碍、痴、箪、瓢、鹏瓯、李父、襌襦、襜襦、钩格、鹿觡、簋笼、墙居；在"陈楚宋卫之间"使用的方言词 8 条：筲、𥥘、籣、馐、饧、餕、豆筥、栖戍；在"（自关而东）汝颍陈楚之间"使用的方言词有 5 条：憖、怒、悴、悼、奕；在"江淮陈楚之间"使用的方言词有 10 条：鋀、镂、锜、伲、鞀、逞、怜、耸、犠、㺔；在"陈宋淮楚之间"使用的方言词有 1 条：毕；在"江淮陈楚之内"使用的方言词有 1 条：篋。

在"宋楚、宋楚之间、宋楚魏之间"使用的方言词各 1 条，依次是：墙居、偗、盁。

在"荆楚"使用的方言词有 1 条：揞；涉及"荆吴"的方言词有 6 条：融、耸、濯、展、抱媱、蚤供；在"荆扬之间"使用的方言词有 2 条：耸、恒慨；在"陈楚荆扬、荆扬之鄙、荆扬青徐之间、荆扬江湖之间"使用的方言词各 1 条，依次是：陂、膊、悢、揄铺。

涉及"齐楚"的方言词共 20 条。其中，"齐楚"的方言词有 3 条：鉻、吁、癁；在"齐楚晋"使用的方言词有 1 条：逞；在"齐楚之间"使用的方言词有 3 条：荨、华、胁阅；在"齐楚之会郊"使用的方言词有 1 条：怀；在"周魏齐宋楚之间"使用的方言词有 2 条：定甲、独舂；在"齐楚江淮之间"使用的方言词有 2 条：桦、柍；在"自山而东齐楚以往"使用的方言词有 1 条：熬；在"齐楚宋卫荆陈之间"使用的方言词有 1 条：谯；在"齐楚陈宋之间"使用的方言词有 1 条：擭；在"梁宋齐楚北燕之间"使用的方言词有 1 条：阜；在"燕之北鄙齐楚之郊"使用的方言词有 2 条：将、京。

涉及"韩楚之间"的方言词有 2 条：钦、𫐓。在"楚郑"之地使用的方言词有 2 条：蔦、姡；在"楚扬"使用的方言词有 3 条：憨、悃、泄；在"楚郢以南"使用的方言词有 9 条：埕、涵、潜、茭媞、憎怛、眠娗、脉蜴、譠谩、赐施；在"楚郢江湘之间"使用的方言词有 2 条：嗜咨、忸怩。

在"江湘之间"之地使用的方言词有 11 条：㽷、橐、棘、嫪、趧、突、巅、征伀、澜沭、筲籁、无赖；在"江沔之间"之地使用的方言词有 3 条：桯、篇、绛；在"江淮之间"之地使用的方言词有 8 条：庀、鏾、荐、瞷、泡、锜、籔、媞。

第二章　楚方言同源词

王力先生说："凡音义皆近，音近义同，或义近音同的字，叫做同源词。""在语言发展的过程中，某词的语音分化或字形分化，但是词义相近，那就是同源。""值得反复强调的是，同源字必须是同音或音近的字。这就是说，必须韵部、声母都相同或相近。"[①]

王宁和黄易清认为，应该把词源意义和词汇意义严格区别开来。"同源词词源意义属于原始构词理据，居于与词汇意义不同的语义层次。词源意义处在词汇意义的下一个结构层次，根据系统论的原则，结构的上一层次的值不是下一层次元素值的简单相加，而要大于它们的和。"[②]

同源词不同于同源字。同源词是指语音相同或相近，具有同一语义来源和分化关系的词。同源词着眼于词的音义来源及音义关系上，属于词义系统问题，讨论同源词，应该从词的音与义出发。而同源字是指具有同一形体来源和字形分化关系的字。同源字着眼于字的形体来源及形义关系上，属于字形系统问题，讨论同源字必须从汉字的本体、字形出发。同源词和同源字既有区别又有联系。"音义相近的同源字，从词义角度看也是同源词；而从同一书写形式分化出来的同源词，也属于同源词的范畴。"（同注②）从共时和历时角度研究同源现象，同源字词不容易区别，本书就放在一起讨论。

[①] 王力：《同源字典》，商务印书馆1982年版，第1、20页。
[②] 王宁、黄易清：《词源意义与词汇意义论析》，《北京师范大学学报》（人文社会科学版）2002年第4期。

第二章　楚方言同源词　◆◇◆

　　扬雄《方言》所说的"转语""语之转"主要探讨方言同源词。郭璞《方言注》继承了扬雄的研究传统，揭示了《方言》中更多同源词。清代戴震、王念孙利用古音学成果揭示方言转语现象成就最大。赵振铎1989年发表的《扬雄方言里的同源词》专门探讨扬雄《方言》涉及的同源词。

　　前人主要从语系、语支等大的方面研究同源词，如汉藏语同源词、侗台语同源词。本书试图从区域方言的角度研究楚方言同源词。其厘定标准是经文献考定的楚方言词，并有音近义通的特点。下面分组讨论。

第一节　"摶"系列

　　本书试图从区域方言的角度研究古楚方言"圆"这一类同源词。其厘定标准是经文献考定的楚方言词，兼及原楚国疆域内的今方言词，并有音近义通的特点。

　　1. 摶　《楚辞·九章·橘颂》："圆果摶兮。"王逸注："摶，圜也。楚人名圜为摶。"详见第六章第三节。

　　2. 膞　《广韵》仙韵职缘切："膞，鸟胃也。"照三，元部。《马王堆汉墓医书·足臂十一脉灸经》："出外踝䯗中，上贯膞（腨）。"腨《说文》："腨，腓肠也。"（小腿肚子亦圆形）。《释名》卷二："膝头曰膞。膞，团也。因形圆而名之也。"马王堆文献"膞（腨）"指膝盖，膝盖以其形圆而得名。不少语言里，拿碗等来给膝盖命名，也是因为其形状是圆形的。

　　3. 團　《墨子·经下》："鉴团景一。"孙诒让间诂："盖谓鉴正圆则光聚于一。"南朝梁吴均（浙江安吉人）《八公山赋》："桂皎月而长团，云望空而自布。"《现代汉语词典》："团 ①把东西揉弄成球形；②成球形的东西。"湖北天门话有"团舌头"一词，指舌头隆起，说话时捋不直。团拢：〈贵阳〉围拢。〈哈尔滨〉蜷缩"他困得实在不行了，团拢在炕上睡着了"。团脐〈济南〉〈扬州〉〈杭州〉〈宁波〉〈南昌〉：(1)雌蟹肚子下面的圆形的甲。(2)指雌蟹：九月团脐十月尖（阴历九月雌蟹肥，十月雄蟹肥）。〈上海〉指雌蟹，其腹甲呈圆形，故名。团凳：〈贵阳〉凳面是圆形的凳子，新的说法叫"圆凳"。团团猫：〈武汉〉圆脸的人的昵称。团团：〈丹阳〉球形的东西：乱纸团团。〈宁波〉：围绕一个中心；呈圆弧状。〈哈尔滨〉把东西揉弄成球形"小猫儿睡觉身子都团团起来了"。

4. 糰　宋吴自牧《梦粱录·五月》："杭都风俗，自初一日至初端午日，家家买桃、柳、葵、榴、蒲、叶、伏道，又并市茭、粽、五色水糰、时果、五色瘟纸，当门供养。"宋周密《武林旧事·元夕》："节食所尚，则乳糖圆子……宜利沙、澄沙糰子。"食物命名，也可以拿形状来命名，类似的例子还有"汤圆"等。

5. 漙　《诗·郑风·野有蔓草》："野有蔓草，零露漙兮。"马瑞辰通释："《释文》'本又作团'。《文选》李善注引《毛诗》：'零露团兮。'与《释文》所引一本合。"高亨注："漙，露珠圆圆的状态。"郑属于楚，民歌用的是楚语。

6. 簿　古代楚人用灵草编结筳竹以占卜（筳，小竹枝）。《离骚》："索藑茅以筳篿兮，命灵氛为余占之。"王逸注："楚人名结草折竹以卜曰篿。"《太平御览》引《荆楚岁时记》云：秋分"掷教于社神，以占来岁丰俭。或折竹以卜"。杜"教以桐为之，形如小蛤。言教，教令也。其掷法半俯半仰者为吉也"。今人游国恩说："用两片判竹，以细绳系其端，掷地，根据它的阴阳俯仰，来占卜吉凶，过去在南方是很普遍的。"清《孝感县志》："上元夜，取茅草作两脚，又以一草为柱而挑之，置火边。乃取鸡毛附裙边，捋而祝之。神至，两脚自动为判，曰茅神，亦曰茅姑。"庞元英《文昌杂录》：知安州时"见荆乡人家多以草竹为卜"。《说文》："篿，圜竹器也。"段注："盛物之器而圜者。篿与团音同也。"钱坫《说文斠诠》："此与團字同用，今俗有團箕、團扇等器。"张舜徽《说文解字约注》："家用制器，竹木为广。木器亦多圆形。"陈启彤《广新方言》卷二："泰州谓小儿吃饭之竹碗曰篿。"篿簸：簸箕（浙江诸暨）。

7. 蕁　《广雅·释草》："蒲穗谓之蕁。"王念孙曰："（蒲穗）长五六寸，形正圆，高邮人谓之蒲棒头，以其形似之也。……蒲穗形圆，故谓之蕁，蕁之为言团团然丛聚也。"《诗·鲁颂·泮水》"蒲采其茆"疏引陆机赋云:"茆与荇菜相似,叶大如手,赤圆,有肥者著手中滑不得停。茎大如匕柄。叶可以生食,又可煮,滑美。江南人谓之蓴菜,或谓之水葵,诸陂泽水中皆有。"《王力古汉语字典》"蓴,植物名,同莼。一名水葵。另音团,指蒲草丛生。"《世说新语•言语》:"有千里蓴羹,但未下盐豉耳。"陆羽《茶经》引《后魏录》:"琅琊王肃仕南朝,好茗饮、蓴羹。"苏轼《扬州以土物寄少游》:"后春蓴苴活如酥,先社姜芽肥胜肉。"

8. 槫 《字汇•木部》:"槫,楚人谓圆为槫。"义为圆形。《银雀山汉墓竹简•孙膑兵法•十阵》:"圆阵者,所以槫也。"义为结聚。马王堆汉墓出土《相马经》:"长必槫,短必方。"义为团绕。

9. 鱄 蒲鱼,以形圆而得名。清屈大均《广东新语•介语•鲨》:"蒲鱼者,鱄也,形如盘,大者围七八尺,无鳞,口在腹下,目在额上,尾长有刺,能蜇人,肉白多骨,节节相连比,柔脆可食。"清吴震方《岭南杂记》卷下:"蒲鱼,即鱄鱼,其味甚美,而尾极毒。"粤方言多继承楚方言。湖北不少地方把鳖叫"团鱼",也因为其形状圆而得名。

10. 濑 《湘君》:"石濑兮浅浅。"王逸注:"濑,湍也。"《汉书•五帝纪》注引臣瓒曰:"濑,湍也。吴越谓之濑,中国谓之碛。宋祁曰:'吴越,旧本作吴楚。'"《淮南子•说山训》:"稻生于水而不能生于湍濑之流。"高诱注:"湍,急水也。"《越绝书》卷一《越绝荆平王内传》第二"见一女子击絮于濑水之中。"王力《古汉语字典》:"'濑'为来母月部,与'湍'透来旁纽,元月对转,两字互训。"

11. 湍 《孟子•告子》"性犹湍水也。"注:"湍者圜也,谓湍湍潆水也。"王念孙曰:"湍与圜亦声近义同。"《说文》:"湍,急濑也。从水,耑声。"段注:"急濑,濑之急也。"《淮南子•本经训》:"抑减怒濑。"高诱注:"濑,急流也。"《楚辞•九章•抽思》:"长濑湍流,泝江潭兮。"王逸注:"湍亦濑也。"旋流流动时,其形状是圆形的,"旋"就是得名于圆形。不少语言拿锅来给旋流命名,比如西班牙语 olla "锅,沙锅;河流的旋涡",比较汉语"涡",似乎也跟"锅"有关系。

12. 箈 《说文》:"箈,以判竹,圜以盛谷也。"《一切经音义》十二引《字林》:"箈,判竹为之,盛谷者。"《广韵》:"箈,盛谷圆箈笪。"

字亦作"圕"。《广雅·释诂》三:"圕,圆也。"《一切经音义》引《苍颉》:"圕,圆仓也。"《释名·释宫室》:"圕,以草作之团团然也。"《广雅·释器》"笪谓之簅。"《急就篇》颜注:"笪传皆所以盛米谷也。"《淮南子·精神训》:"守其篅笪。"注:"篅笪,受谷器也。"

13. 鍴　饮酒器,形圆,楚器。《余王义楚鍴》:"(余王义楚)自作祭鍴。"(殷寄明,2007)

14. 圜　《说文·口部》:"圜,天体也。"段注:"依许则言天当作圜,言平圜当作圎,言浑圆当作圆。"《易·说卦》:"乾为天,为圜。"《楚辞·天问》:"圜则九重,熟营度之。"《楚辞·离骚》:"何方圜之能周兮,夫孰异道而相安。"《怀沙》:"刓方以为圜兮,常度未替。"宋玉《九辩》:"圜凿而方枘兮,吾故知其鉏铻而难入。"

15. 圆　《广韵》桓韵,落官切:"圆,团圆,圆也。"谢灵运《登永嘉绿嶂山》诗:"澹潋结寒姿,团栾润霜质。"圆,圆:咯是方的,那是圆的。圆筒公(圆筒)。转个圆圆(转个圈儿)。

缳① 《方言》五:"所以悬带……宋魏陈楚江淮之间谓之缳,或谓之環。"《广雅·释器》:"缳,络也。"王念孙疏证:"凡绳之相连者为络。《庄子·胠箧篇》云:'削格罗落置罘之知多。'落与络同……缳之言绾也。"华学诚"绳索缠绕谓之'缳',缠绕之绳索亦谓之'缳',义相因也"。

16. 垸　《淮南子·时则训》:"规之为度也,转而不复,员而不垸。"高诱注:"垸,转也。"《庄子·达生》"垸"作"丸"。垸田:在湖边淤积的地方作成的圩田。(《现代汉语词典》音yúan)垸子:长江中游地区,在沿江、湖地带围绕房屋、田地等修建的像堤坝的防水构筑物。湖南、湖北等地沿岸、沿江地带围绕田地、房屋修建的矮墙叫"垸子"。(湘语)力文等《是谁造成贫困与灾难》:"湖南滨洞庭湖十一县共有垸田五百六十余万亩。"汉语房屋建筑的院子、营房等都以其形状命名。

17. 渊　《广韵》乌玄切,平先影。真部。《说文·水部》:"渊,回水也。"《九章·惜往日》:"临沅湘之玄渊兮,遂自忍而沈流。""不毕辞

---

① 鲍厚星等:《长沙方言词典》,江苏教育出版社1998年版,第185页。

而赴渊兮？惜壅君之不识。"《招魂》："旋入雷渊，靡散而不可止些。"今湖北江陵有很多地名带有"渊"字：文村渊、双凤渊、木成渊、阮家渊、石子渊、齐家渊。"渊"是回水，即旋涡，以其形状得名，参见上文"湍"字。

18. 潭　《楚辞·九章·抽思》："溯江潭兮。"王逸注："潭，渊也。楚人名渊曰潭。"谢灵运《述祖德》诗："随山疏浚潭。"注："楚人谓深水为潭。"《淮南子·原道训》："渔者争处湍濑，以曲限深潭相予。"注："回流饶鱼之处。"

19. 邅　迍邅：形容迟迟不进，困顿不得志。《广韵》："邅，移行。"《离骚》："邅吾道夫昆仑兮，路修远以周流。"王逸注："邅，转也。楚人名转曰邅。"洪兴祖补注："邅，池战切。"刘向《九叹·忧苦》："邅彼南道兮，征夫宵行。"注："言己放流，邅彼江南之道，晨夜而行，身劳苦也。"《九歌·湘君》："驾飞龙兮北征，邅吾道兮洞庭。"《九辩》："邅翼翼而无终兮，忳惛惛二愁约。"又作"邅迴"。《惜诵》："欲儃佪以干傺兮。"《怨思》："下江湘以邅迴。"注："邅迴，运转也。"《涉江》："入溆浦余儃佪兮。"王逸注："一作邅回。""儃佪"，王注："犹低佪也。"洪兴祖注："儃，知然切，不进貌。"《文选·涉江》五臣注："邅，转；回，旋也。"《思美人》："吾且儃佪以娱忧兮。"王注："儃佪一作徘徊。"徘徊亦踟蹰往来，行不进貌。"邅"是徘徊不进，亦跟圆有关系，汉语"还"是往返，也发展出圆的意思。

20. 坛　《淮南子·说林训》："腐鼠在坛。"注："楚人谓中庭为坛。"《湘夫人》："荪壁兮紫坛。"华学诚曰："楚人名'中庭'为'坛'，'中庭'即庭中，今所谓庭院。盖'坛'之言庭也，今方言中前后鼻音韵尾不分的现象也很普遍，如吴方言鼻音韵尾大多只有 n 而无 ŋ，少数有 n 而无 ŋ，湘方言中的长沙话则完全没有 ŋ 而只有 n，谓庭为'坛'正是这种语音特点的汉代方言特点。"黄树先也讨论了楚语这个词，他的解释是，古代楚语把耕部的"庭"字，读作元部的"坛"字，是 eŋ 读作 an。[①]

[①] 黄树先：《汉语耕元部语音关系初探》，《民族语文》2006 年第 5 期。

21. 盌　《方言》卷五："盂，宋楚卫之间，或谓之盌。"《庄子·天地》："适遇苑风于东海之滨。"李颐注："苑风，小貌。小鸠谓之宛，小孔谓之窓，小风谓之苑，小盂谓之盌。""盌""碗"都以其圆形得名。

22. 倦　《淮南子·道应训》："方倦龟殻，而食蛤梨。"高诱注："楚人谓倨谓倦。"意为蹲踞。蹲踞，以其弯曲得名，曲和圆形语义关系密切，黄树先（2011年）有详细的讨论①。

23. 蜷　《楚辞·离骚》："蜷局顾而不行。"王逸注："蜷局，诘曲不行貌。"《淮南子·精神训》："蜷踞而谛，通夕不寐。"王逸《九思》："蜷跼兮寒局数。"注："蜷，伛偻也。"弯曲义跟圆形的关系，参见上文"倦"。

24. 鼋　《说文》："鼋，大鳖也。"《左传·宣公四年》："楚人献鼋于宋灵公。"屈原《九歌·河伯》："乘白鼋兮逐文鱼，与女游兮河之渚。"湖北方言仍把鳖叫"团鱼"。

上面讨论的一组古楚方言词，以"團"为中心的同源字词意义有一般的圆，立体的圆，球状的圆。"團"系列字语音上音同和音近。

第二节　"豭"系列

《王力古汉语字典》②指出"豭、羖、麚、牯"为同源字："'牯'是公牛，'羖'是公羊，'豭'是公猪，'麚'是公鹿。'牯'、'羖'同音，'牯'、'羖'和'豭'、'麚'均为见母，鱼部。四字同源。"《民族研究文集》③"鸟父为雄，牡鹿为麚，牡豕为豭，牡羊为羖为羒，字义不同，但相类，诸字皆受义于大，其语源全同。"下面从古文献、楚简帛、今南方方言、南方少数民族语言四个方面考证其性质。

---

① 黄树先：《说圆》，载《汉藏语研究四十年》，黑龙江大学出版社2011年版。
② 王力等：《王力古汉语字典》，中华书局2000年版，第683页。
③ 严学宭：《民族研究文集》，民族出版社1997年版，第304页。

一 "豭、羖、麚、牯"在古文献中的用例

笔者通过汉籍全文检索系统发现,"豭、羖、麚、牯"从先秦到唐代的用例或见于楚地文献,或见于通语文献所述的楚地故事,都表"雄性动物"义。唐以后,这四个词仍在楚语区频繁使用。

豭 jiā

《周易·犬畜》:"豶豭之牙,吉。"《楚言榷论》:"豭,音坟,除掉。牙,豕之势,吾乡俗称势为鸭子,因之人们以为呼鸭子不雅驯,改称为扁咀,鸭即牙之音变。因之与牺猪相对者有牙猪。其牙亦豭之借字,豭为公猪种猪之名。……《周易》产生于关中,关中为楚言渊府。"①《春秋左氏传·定公十四年》:"卫侯为夫人南子召宋朝,会于洮,大子蒯聩献盂于齐,过宋野。野人歌之曰:'既定尔娄猪,盍归吾艾豭?'"宋国是春秋时期的诸侯国,位于我国河南商丘。宋为楚所灭,是为楚地。"艾豭"指"漂亮的种猪"。《春秋左氏传·哀公十五年》:"既食,孔伯姬杖戈而先,大子与五人介,舆豭从之。"卫国大致位于河南鹤壁、安阳、濮阳以及河北南部地区,曾建都于朝歌、楚丘、帝丘等地,句中的"豭"就是卫灵公蒯聩在卫国准备当作盟誓祭品的公猪。孔颖达疏:"豭,是豕之牡者。"《春秋左氏传·隐公十一年》:"郑伯使卒出豭,……以诅射颍考叔者。"郑与楚关系密切。《韩非子·内储说》:"郑桓公将欲袭郐,先问郐之豪杰良臣辩智果敢之士,尽与其姓名,择郐之良田赂之,为官爵之名而书之,因为设坛场郭门之外而埋之,衅之以鸡豭,若盟状。"郐国在今河南新郑西北、密县东南。《史记·仲尼弟子列传》:"子路性鄙,好勇力,志伉直,冠雄鸡,佩豭豚,陵暴孔子。"裴骃《集解》:"冠以雄鸡,佩以豭豚。二物皆勇,子路好勇,故冠带之。"子路是山东泗水人,泗水位于黄河以南,子路佩戴豭豚形象的物饰来表示勇敢,这说明"豭"已经较为广泛地应用于黄河南岸人的日常生活及口语中。李斯《会稽刻石》:"夫为寄豭,杀之无罪,男秉义程。"司马贞索隐:"豭,牡豕也。言夫淫他室,若寄豭之猪也。"会稽在今浙江绍兴。《晋书·五行志》:"成帝咸和六年六月,钱

---

① 刘先枚:《楚言榷论》,武汉大学出版社2012年版,第132—133页。

唐人家豭豕产两子，而皆人面，如胡人状，其身犹豕。京房《易妖》曰：'豕生人头豕身者，危且乱。今此豭豕而产，异之甚者也。'"钱唐，古代地名，位于我国浙江省，浙江曾属楚地。"豭"同"猳"，"猳豕"即"公猪"。章炳麟《新方言·释动物》："今湖北谓牡豕为猳猪，音如霞。"1935年《云阳县志》："牡猪曰猳猪。"许庄叔《黔雅·释生物》："今言牡豕亦曰猳猪，音如牙。""猳"指"雄性动物"。

羖 gǔ

《孔子家语》卷三："首拔五羖，爵之大夫。"这里的"五羖大夫"即"百里奚"。《史记·秦本纪》："缪公闻百里奚贤，欲重赎之，恐楚人不与，乃使人谓楚曰：'吾媵臣百里奚在焉，请以五羖羊皮赎之。'"百里奚原为楚人。明李时珍《本草纲目·兽·羊》："牡羊曰羖，曰羝。""羖"都泛指"公羊"。温廷敬《大埔县新志方言·释虫鱼鸟兽》："凡畜牡者曰羖。公为父义，公羖双声，因羊之牡为羖，遂推而凡畜兽之牡者亦称羖。"大埔县是广东省梅州市的辖县。《阜宁县新志》："羖牛，水牛之未去势者。"阜宁县是江苏省盐城市的辖县。《定海县志》："定人惟牡豕曰羖猪，亦作牯猪，余不名羖。"

百度地图上有四处带有"羖"的地名词，这些地名全部集中在南方地区，包括邵阳市洞口县的"羊羖坪"和"羊羖坳"；株洲市醴陵市的"羊羖坪"以及梧州市藤县的"暗羖"。

麚 jiā

《楚辞·招隐士》："青莎杂树兮薠草靃靡，白鹿麏麚兮或腾或倚。"《马融·长笛赋》："寒熊振颔，特麚昏髟。"《南史·列传》："南平元襄王闻其名，致书要之，不赴，曰：'非志骄富贵，但性畏庙堂，若使麋麚可骖，何以异夫骥騄。'"萧伟即南朝梁南平元襄王，今江苏常州人。唐代关中人裴迪《辋川集二十首·鹿柴》："不知深林事，但有麋麚迹。"关中今属陕西，陕西位于黄河以南。唐代吴兴人钱起《玉山东溪题李叟屋壁》："麋麚突荒院，鸤鹊步闲畴。"吴兴在今浙江省湖州市。"麚"都表示"雄鹿"。

牯 gǔ

"牯"最早出现在《玉篇》。商务印书馆出版的四部丛刊本建德周氏藏元本《大广益会玉篇》："牯，姑户切，牡牛。"唐代长洲人陆龟蒙《祝牛宫辞》："四牸三牯，中一去乳。"长洲即今苏州。明李时珍《本草纲目·兽·牛》："牛之牡者曰牯曰特。"吴承恩《西游记》第十三回："宗名父作牯，原号母称牸。能为田者功，因名特处士。"徐霞客《徐霞客游记·游天台山日记》："下牛牯岭，三里抵麓。"《醋葫芦》第十六回："宜变为牯牛，使肥大其体，为兽中之壮长云。"周锺瑄《诸罗县志》卷八："牛价腾涌，水牯健者至三十万钱。""牯"都表示"公牛"。

"牯"不但在南方方言区常见，而且被广泛应用于各地地名，比如"羊牯岭""牯牛岭"等。王守仁《王阳明集》卷十六："左一小哨自密溪搜羊牯脑山，复自密溪从中大哨进攻左溪。"徐霞客《徐霞客游记·粤西游日记》："路循寨脚东溯溪入，已东北入山七里，逾羊牯岭，抵状元峰下，内有邓家村，俱邓丞相之遗也。"屈大均《广东新语·山语》："峡中复多怪石，或有两两相抄，状如牛斗者，曰牯牛滩。则歌曰：过得牯牛，舟子白头。"《庐山纪事》卷二："九奇峰东北为牯牛岭。《山疏》：岭雄峻，如人箕踞而睨……其北有石如牛首，故名。"庐山牯岭，江西庐山号称九十九座峰岭，有一座形似牯牛身卧地上昂头仰天之岭，称为"牯牛岭"。

二 "叚、殳、䕩"的楚地简帛用例

《楚系简帛释例》[①]："帛书十一月的标识文字为'姑分长'，其神祇图近人形，头上有角，李学勤先生描绘云：'人形正立，牛首，面方形青色，露齿。若按古代物候典籍的记载，该月月名及神像应与鹿有关。'……综上：帛书十一月'姑'应读为'䕩'，其动物原形应是鹿类。'姑分长'犹言鹿解角，与《夏小正》的物候记载相符。鹿科动物有头部似牛者，故该神祇图作'牛首'。"

在《包山楚简》《望山简》《葛陵简》和《曾侯乙墓简》中多次出现了从

---

① 刘信芳：《楚系简帛释例》，安徽大学出版社 2011 年版，第 132 页。

"古"的雄性动物名，这与同样从"古"且具有"雄性动物"义的"牯"音近义通。

豿

《包山楚简二》187："所詻（属）于正令塦：剖（荆）尿乙亥，登（邓）蔡，竞驼；戊寅，倍斩豿臣。"

《包山楚简二》207："东周之客䰙（许）䋞归乍（胙）于䘏郢之䘵（岁）远䡺之月癸卯之日，苛光以长恻为右（左）尹邵𨒂贞：病腹疾，以少悘（气），尚毋又（有）咎。占之：贞吉，少未已。以其故敓（说）之。厈于埜（野）墬地宔（主）一豕古（豿），宫墬（地）宔（主）一豕古（豿）。赛于行，一白犬，酉（酒）飤（食）。占之曰：吉。"

（整理小组注）豕古，原考释：借作"豿"，《说文》："牡豕也。"

《包山楚简二》219："恒贞吉，甲寅之日，病良疟（瘥）；又（有）祱（祟），秋见琥。以其故祱（说）之。璧琥，睪（择）良月良日归之；且为𤫀瑞（佩），速𤫀之。厌一豕古（豿）于地主。赛祷行，一白犬。归冠繡（带）于二天子。"

羔占

《包山楚简二》202："占之：恒贞吉，少又（有）感于躬身，且雀（爵）立（位）迟（迟）践。以其故敓（说）之。猚祷于宫地主，一羊古。䄄于新（亲）父蔡公子冢（家），戠（特）猎，酉（酒）飤（食），馈之。䄄新（亲）母，肥冢，酉（酒）飤（食）。"

（整理小组注）羔占，原考释：读作"羖"，《说文》："夏羊牡曰羖。"《广雅·释兽》："白或通称为羒，黑或通称为羖。"刘信芳（2003A，217页）："《广韵》'羖'之俗体作'羔占'。"

《包山楚简二》214："赛祷宫侯（后）土，一羊古。移石被常（裳）之祱。至秋三月，赛祷邵（昭）王，戠（特）牛，馈之。赛祷文坪（平）夜（舆）君、郚公子春、司马子音、蔡公子冢（家），各戠（特）豢，馈之。赛祷新（亲）母，戠（特）猎，馈之。"

《包山楚简二》243："弄鹽吉之祱，与祷秋，一牺；侯（后）土、司命，各一羘。与祷大水，一牺；二天子，各一羘；危山，一羔占。与祷邵（昭）

王，截（戩）牛，馈之。"

《包山楚简二》233："塱（举）祷宫矦（后）土，一羖（殺）。"

《包山楚简二》237："塱（举）祷大水一犕，二天子各一牂，坐山一羖（殺）；塱（举）祷楚先老僮、祝䣼（融）、媸（鬻）酓（熊）各两羖（殺）。"

《包山楚简二》243："塱（举）祷大水一犕，二天子各一牂，坐山一羖（殺）。"

《望山简一》109："赛祷宫埅（地）宔（主）一羖（殺）。"

（整理小组注）羖，用于牺牲的牡羊。经史作"殺"，《广韵》"殺"之俗体作"羖"。《说文》："夏羊牡曰殺。"羖，祭祀地神所用之牺牲，于祀礼用与"羖"同。

羽

《望山简一》55："秋（太），一牂，句（后）土，司命各一羽（殺）。"

《望山简一》125："塱（举）祷迻一羽（殺）。"

《葛陵简甲二》29："☐五宔（主）山各一羽（殺）☐。"

（整理小组注）羽，读为"殺"，其字包山简作"羖"，多用作祭祀地神之牺牲，于祀礼用与"羖"同。羽，原简字形稍残，整理者为作隶定，经目验原简而定，有可能是"殺"之异构，有如"羖"之于"羖"。

駐、駐

《曾侯乙墓简三》142、176 有"駐"。（整理小组注）駐，疑读为"騢"。《说文·马部》："騢，马赤白杂色。""騢"指"赤白相间的杂毛马"。

《曾侯乙墓简三》203、197 有"駐"。（整理小组注）駐，即牡马之"牡"的专字。

综上，"豠""羖""駐"在楚简中使用频繁，其中，"豠"即"豭"、"羖"即"殺"、"駐"即"騢"，这证明"豭、殺"皆为古楚地用字。楚简中的"豠"（公猪）、"羖"（公羊）、"駐"（公马）全部从"古"表示"雄性动物"，说明"古"在楚地表"雄性动物"。

三 "豭、羖、麚、牯"在现代方言中的使用情况

张振兴《从"牯"字说汉语方言的分布》①指出:"'牯'是早期客赣方言的特征性常用字眼,后来扩散到湘语等其它南方方言。"笔者参照许宝华、宫田一郎主编的《汉语方言大词典》整理出较典型的"豭、羖、牯"用例,详见表2-1:

表2-1

地区	用例	意义
客话 广东五华	猪牯畜大做猪豭	种公猪
闽语 福建莆田	猪豭	种公猪
吴语 浙江宁波	豭豭朘	小男孩的生殖器
江淮官话 江苏阜宁	羖牛	未阉过的公牛
江淮官话 湖北浠水	羖羊	公羊
吴语 浙江定海	羖猪	公猪
徽语 江西婺源 安徽祁门	羖猫	雄猫
湘语 湖南长沙	牯子	公牛
西南官话 湖北随州 贵州赫章	牯子	公牛
赣语 江西永修	牯里	公牛
西南官话 贵州清镇	牯牯	公牛
吴语 浙江宁波/赣语 福建建宁	牯猪	公猪
西南官话 四川成都	牯棒	公牛
西南官话 云南大理	牯子牛	公牛
湘语 湖南长沙	牯崽子	小公牛

由表2-1可知,"豭、羖、牯"都有"雄性动物"义,而表示"公鹿"的"麚"可能由于人们在日常生活中少见且字形复杂,因此在现代汉语方言区的使用过程中逐渐消失。

此外,"豭、牯"不仅在闽方言区都表示"雄性动物",而且读音相近,这说明"豭、牯"在古代南方方言中很可能记录的是同一个词:

---

① 张振兴:《方言研究与社会应用》,商务印书馆2013年版,第123页。

第二章 楚方言同源词 ◆◇◆

"牯"：广东汕头[kou^{53}]　　广东梅县[ku^{21}]　　福建建瓯[ku^{11}]

"牯猪"：福建古田[ku^{52}ty^{55}]　福建寿宁[ku^{44}ty^{44}]　福建福安[ku^{42}øi^{332}]

"豭"：福建莆田[ko^{533}]

"豭马"在闽方言中指"马牯"：福建建瓯[ka^{54}ma^{55}]

"豭豨"在闽方言中指"豨豭"：福建建瓯[ka^{54}k'y^{21}]

张振兴发现，"牯"在南方方言区合成词丰富、使用地域广泛，且都表"雄性动物"义。现将一些常见用例整理如下（见表2-2）。

表2–2

地域	合成词	意义	地域	合成词	意义
于都方言	猪牯	种公猪	长沙方言	黄牯子	公的黄牛
	狗牯	成年公狗		黑黄牯子	黑色的黄公牛
	狗牯子	小公狗		骚牯子	公牛
	牛牯	没有阉割的公牛		牯牛	公牛
	牛牯子	小公牛		牛牯	公牛
	羊牯	公羊		羊牯子	公羊
	马牯	成年公马		羊牯	公羊
	老虎牯	雄性老虎	江永方言	矮牯	矮个子男人
	白贼牯	说谎的男人		聋牯	男聋子
	卵牯	骂行为下贱的男人		胖牯	胖男人
	汉牯	指在外行为不端的男人		瘦牯	瘦男人
黎川方言	牯儿	小公猪	雷州方言	生牛牯	发情的公牛
	牯猪	小公猪		细牛牯	小公牛
	牛牯	公牛		牛牯	公牛
	驴牯	公驴		牛牯仔	小公牛
	猪牯	配种用的公猪		猪牯	公猪
	狗牯儿	公狗		狗牯	未成年的公狗
	猫牯儿	公猫			小公猫
建瓯方言	马牯/豭马	公马	温州方言	水牯	公水牛
	鹅牯	公鹅		黄牯	公黄牛
	牛牯	公牛		牛牯	公牛
东莞方言	狗牯	小公狗		猪牯	公猪
	羊牯	小公羊			
	牛牯	小公牛			

· 31 ·

综上,"牯"在南方方言中已经由用于雄性动物引申至用于小男孩、成年男性甚至贬低男性上,足见"牯"在南方方言区使用的广泛程度。

笔者检索百度地图,发现我国以"羊牯岭"命名的地方全部集中在南方地区,带"牯牛""牯"的地名使用频率很高,而且也集中在南方地区。"牯"的地名组合形式非常丰富,如湘潭市雨湖区的"羊牯村";湘潭市湘乡市的"鹿牯村""鹿牯冲";广州市萝岗区的"马牯";广东省广州市从化区的"石马牯";广州市白云区的"猪牯塘";广东省深圳市宝安区的"大牛牯山";赣州市兴国县的"羊牯坑""猪羊牯""狮牯庵";赣州市赣县的"羊牯脑""狮牯场";赣州市信丰县的"黄牯坑";赣州市上犹县的"马牯寨";赣州市安远县的"鹅牯坑"以及江西省九江市修水县的"猫牯水库"等。"牯"在地名中与大量动物名组合,出现了"鹿牯村""马牯""猪牯塘""狮牯场""鹅牯坑""猫牯水库"等地名词。其中,"鹿牯""马牯""猪牯"显然分别指代"麚""马古(騳)""豭(豴)",在此基础上又出现了"狮牯""鹅牯""猫牯"等新词。

可见,"牯"是使用范围最广、数量最多的南方地名词。"豭、羖、麚、牯"都属于与古楚方言有继承关系的南方方言词。

综上,在上古时期,"豭、羖、麚、牯"都有"雄性动物"的意义,且属见母鱼部。在传世文献中,"豭、羖、牯"都有"雄性动物"义且在楚地使用,"豭""牯"在今南方方言区使用广泛,继承了古楚方言。在《包山楚简》、《望山简》、《葛陵简》和《曾侯乙墓简》等楚地出土的简帛中多次出现了从"古"的雄性动物名。"豴(豭)""羔(羖)""騳(騳)"在楚简中使用频繁,这证明"豭""羖"皆为古楚方言词。"豭""羖"多次出现在南方地区的县志中,带有"羖""牯"的词还保留在现代方言中。

第三节 "㝩"系列

"㝩"组字,音近郎斗切,有"中空"义。

第二章 楚方言同源词

筊 扬雄《方言》十三："笼，南楚江沔之间谓之篙。或谓之筊。"郭璞注："今零陵人呼笼为篙。"戴震《方言疏证》："《广雅》'篙、筊，笼也。'"《楚辞·怀沙》："凤凰在筊兮。"王逸注："筊，笼落也。"洪兴祖补注引《说文》曰："笼也。南楚谓之筊。"

籚 许慎《说文》"籚，竹高篋也。"《楚辞》刘向《九叹·愍命》："蠹于筐籚。"注："方为筐，圆为籚。"《诗经·周南·汉广》："翘翘错薪，言刈其蒌。"《说文》："蒌，艸也，可以亨鱼。"宋苏轼《慧崇春江晚景》："蒌蒿满地芦芽短，正是河豚欲上时。"蒌蒿是中空之物。

镂 《方言》五："鍑，北燕朝鲜洌水之间或谓之錪，或谓之鉼。江淮陈楚之间谓之锜。（郭璞注：或曰三角釜也，音技。）或谓之镂。吴扬之间谓之鬲。（音历）"《墨子·辞过》："女工作文采，男工作刻镂。"《史记·秦始皇纪》："饭同簋，啜土刑。"《索隐》"簋"作"塯"，云："如字，一音镂。"《玉篇》："塯，力又切，瓦饭器也。"《墨子·节用》："黍稷不二，不重，饮于土塯。"《汉书·司马相如传下》："徼牂牁，镂灵山。"颜师古注："镂，疏通之以开道也。""镂"与"漏"通。《淮南子·修务训》："禹耳参漏，是为大通。"《宋书·符瑞志上》："（禹）虎鼻大口，两耳参镂。"

塿（垗） 《方言》十三："冢，自关而东谓之丘，小者谓之塿。"郭注："培塿，亦登高之貌。洛口切。"皖歙方言称内空不实为"空娄娄"（殷寄明，2007）。高诱《淮南子·原道训》注作"部娄"。《太平御览》引《墨子》云："培塿之侧则生松柏。"陆羽《茶经》卷三："侯炮出培塿，状虾蟆背，然侯去火五寸。""培塿"指小山或小土堆。

髏 《说文·骨部》："髏，髑髅也。"《庄子·至乐》："庄子之楚，见空髑髅髐然有形。"

窭 《马王堆汉墓医书·足臂十一脉灸经》："出外踝窭（娄）中，上贯腨。"髏、窭有中空义。

蛄蝼 《方言》十一："蛄诸谓之杜蛒。南楚谓之杜狗，或谓之蛄蝼。"《楚辞·九思》："蝼蛄兮鸣东。"钱绎疏证："杜蛒杜狗一声之转。蝼蛄叠韵字。转言之则为蝼蟈。蝼蟈与蝼蝈同。"郑注《月令》："以蝼蝈为蛙。

盖据《周官·蝈氏》言之，与诸家异说，倒言之则为蛞蝼。"李善《洞箫赋》注引作"南楚谓蝼蛄为括蝼，括与蛞通。蝼蛄又转而为杜狗，合言之则为蝌。杜蛒合言之声亦近蝌。蝼蛄亦但谓之蝼。声正与蝌相近。今俗医方名蝼蛄为土狗，亦即杜狗之转也"。刘师培《尔雅·虫名音释》："𧒽，天蝼，此虫本名蝼蛄。蛄，音转为𧒽，又转为蝈。蝼，音转虫留，又转为蛉，由蛉虫而转为津姑。"《尔雅·释虫》："𧒽，天蝼。"郝懿行《义疏》："蝼蛄翅不能远飞，黄色，四足，头如狗头，俗呼土狗，即杜狗也，犹喜夜鸣，声如蚯蚓，喜就灯光。"《马王堆汉墓医书·养生方》："牡蝼者，颉罐。"牡蝼首，即蝼蛄首。《胎产书》作"牡狗首"。李海霞《汉语动词命名考释》："蝼'犹偻，挖空。蝼蛄偻土穴居'；蛄'模拟其鸣声。'"

瘘子 《武汉方言词典》："瘘子，瘘管，脓肿所生的管子，分泌物由此流出：痔疮成了瘘子。"《雷州方言词典》："瘘，痔疮。"《现代汉语词典》："瘘：人和动物体内发生脓肿时生成的管子，也有手术后安装的，管子的开口或在皮肤表面，或与其他内脏相通，病灶内的分泌物等可以从这里流出来。也叫瘘管。"《温州方言词典》："颈部的淋巴结核。"《集韵》候韵，郎豆切。《说文》"颈肿也。"

娄 《说文·女部》："娄，空也。"段注："凡中空曰娄，今俗语尚如此。"《广韵·侯韵》："娄，空也。"《管子·地员》："五殖之处曰五谷，五谷之状娄娄然，不忍水旱。"尹知章注："娄娄，疏也。"

䉛 《方言》卷五："甑，自关而东谓之甗，或谓之鬵，或谓之酢䉛。"钱绎《方言笺疏》："甑之言蒸也，蒸饭之器也，底有穿，必以竹席蔽之，米乃不漏。"《说文》："箅，蔽也，所以蔽甑底。"《考工记》："陶人为甗，实二鬴厚半寸唇寸七穿。"郑众注："甗，无底，甑，少牢馈食。"《礼·廪人》"概甑甗。"郑注："甗如甑，一孔。"《成二年公羊传》："与我纪侯之甗。"何休注云："或说甗玉甑重甗隒。"郭注："甗，甑也。山形状似之，因以名云。"《释畜》云："騉蹄趼善陞甗，山形似甑，上大下小是甗与甑同也。"《说文》："鬵，大釜也。一曰鼎大上小下若甑曰鬵，读若岑。"《墨子·备城门篇》云"灶有铁鐕容石以上者。一鐕与鬵同。酢䉛者，按酢之言酢也。"前（指《方言》）卷一云："饟食也。陈楚之内相谒而食麦饘谓之饟。楚曰餘，凡陈楚之郊、南楚之外相谒而飧曰餘。"《说文》："楚人相谒食麦曰餘，餘与酢通。"《说文》："馏，饭气蒸也。"《释言》：馈馏稔也。《大雅》洞酌疏引孙炎注云：蒸之曰馈均之曰馏。郭注云：今呼饮饭为馈。餘馏义相因也。《墨子·节用》中篇云：不重饮于土塯。《史记·秦始皇纪》云：饭土簋，啜土形。《索引》：簋作塯。《玉篇》《广韵》并云"塯，瓦饭器也，与馏同音，是塯即馏之异文，言以土为甀也"。司马贞云："塯如字，一音娄。上文云鍑，江淮陈楚之间或谓之䥖。塯、䥖声并与馏同义，亦相近也。今人以火干煮物曰炸，音与餘相近。又吴人以物入釜微煮之曰馏，声如娄，盖餘、馏或用釜或用甀，因名甀为酢馏矣。"《集韵·宥韵》："梁州谓釜曰镂。"《增补五方元音·牛韵》："镂，甀也。"章太炎《新方言·释器》："湖南谓釜曰甀。""江浙人谓食物入釜微煮曰溜。"《集韵·宥韵》："塯，瓦器。尧、舜饭土塯。"甃即甀。《集韵·宥韵》："甃，关东为甀。"桂馥《札朴·匡谬·甃馏塯》："关东谓甀为甃。"《广韵·证韵》："甀，《古史考》曰：'黄帝始作甀。'"章太炎《新方言·释器》："浙西鄙人谓小甕曰甀。"塯，《墨子·节用》"饭于土塯，啜于土形"。"馏"与"甀"同义，亦有中空义。

漉　当"漉"作为地名时，杜佑《通典·古荆州》对于"漉"的解释为："有漉水，又名渌水，出县东漉山。"又郦道元《水经注》："醴泉县漉水，亦曰渌水。"与发源于湘赣边界的浏阳河、洣水、耒水，习惯上称作湘东"小回水"。"漉"表地名所出现的文献中，几乎都为楚地。"漉"与"溇"在表示地名时有相通之处（见下文）。

先秦时期"漉"表"使干涸"之意较为普遍。许慎《说文解字》："漉，浚也。从水鹿声。渌，漉或从录。"《说文·水部》："浚，抒也。"段玉裁注："抒者，挹也，取诸水中也。"《广雅·释诂二》："浚，抒也。"王念孙疏证："谓漉取之也。"《玉篇·水部》："漉，竭也，涸也。"《礼记·月令》："（仲春之月）是月也，毋竭川泽。毋漉陂池。毋焚山林。"《尸子·明堂》："竭泽漉鱼，则神龙不下焉。"《战国策·楚策》："漉汁洒地，白汉交流。"《南史·陶潜传》："郡将候潜，逢其酒熟，取头上葛巾漉酒毕，还复著之。"陆羽《茶经》卷二："漉水囊。"又见卷三：

"若瞰泉临涧，则水方、涤方、漉水囊废。"指液体往下渗，过滤。液体从孔中穿过，过滤器如筛子、囊等都是空的，"漉"的结果也是空的。在"箻"字条，钱绎认为"漉"与"箻"相通，就是使之干（空）。湖北天门话说"漉干饭"。清同治六年《宁乡县志》："漉米物曰漉箕。"

时至今日，我国很多方言中仍然保留着"漉"的说法，笔者分别查阅了许宝华、宫田一郎（1999）主编的《汉语方言大词典》和李荣（2002）主编的《现代汉语方言大词典》，整理情况如下：

表2-3　　　　　　　　汉语方言中"漉"的用法

《汉语方言大词典》			《现代汉语方言大词典》		
分布地区	用例	"漉"的含义	分布地区	用例	"漉"的含义
湖北武汉	在沟里漉了半天冒漉到	捞取	湖北武汉	用筷子漉	捞
	到哪里去漉你	寻觅		到哪里去漉你	詈词，寻找
江苏盐城、阜宁、东台	我掉到河里的鞋子漉不到了	捞取	贵州贵阳	漉了水要干得快点	从水里捞起后使淋干
	把虾子放水里漉一下	洗			
福建南平、福鼎、宁德、顺昌、莆田、大田前路	从河里漉过去	涉水、蹚水	浙江宁波	浸湿	棉布买来先要漉水
				漉筛油	一种上等酱油，宁波特产
湖北广济	抒浚曰漉	疏通，挖深	福建厦门	漉屎	不好，糟
江苏苏州	漉湿	淋		漉栱	烂到不可收拾
湖南长沙湖南双峰	把菜从缸里漉起来	捞取		漉	拖拖拉拉或不整洁的样子
福建福州	漉面、漉饭	捞取		全身即漉（全身这么湿）	湿貌
	从河里漉过去	涉水、蹚水			
福建厦门	漉喙	洗	海南海口	煮个糜漉（煮的饭太烂）	很烂
	漉干	衣物稍微浸水之后晾干			
	漉水	践踏		共儂拍架（跟人打架）要被儂拍漉去（打得很利害）	用在某些动词后，表情况严重
	漉朔朔	水多泥烂			
	代志办甲真漉	坏、糟			

除此之外，还有一些带"漉"的词语（括号内为"漉"的含义），例如

第二章 楚方言同源词

漉拉（液体挥洒）、漉网（造纸时滤掉纸浆中水分的网）、漉血（液体慢慢渗下）、漉菽（捞取）、连漉（垂泪貌）、乌漉秃（天气阴晦）、炊鲜漉清（漉酒）、泷漉（犹淋漓）。

结合现代带"漉"字的词语和"漉"字在方言中的分布，我们可以得出以下两点。

第一，从地域分布上看，"漉"的使用主要集中于古楚方言区，如湖北、福建、湖南、江苏、贵州一带使用较为频繁。其他地区"漉"的使用频率相对较低。

第二，从词性和词义上来看，现代的"漉"在方言中大多用作动词，主要表"捞取""液体下滴"之义。除此之外，福建厦门仍有"漉岁饭"之说，表"烧隔年饭"。而"漉"表烫、烙的说法在客家方言区为较为普通，例如罗翱云《客方言·释言》"水沸伤人曰漉，漉当为烙"。

箩 《方言》卷五"箕，陈楚宋魏之间谓之箩"。《广雅》："箕，箩也。"钱绎案："箩之言漉也，所以漉米以去潘者也。今人犹有此名。"

再看"漉"与"沥"的关系。《说文解字》："沥，浚也，一曰水下滴沥。"段玉裁注："沥，漉也。从水。历声。一曰水下滴沥也。铉本有'一曰水下滴沥'六字。锴本无。今按《文选·鲁灵光殿赋》李注引'水下滴沥'之也。则铉本是。许意漉沥皆训自下而上之。滴沥则为自上而下之，故殊其意。"《篇海类编·地理类·水部》："沥，漉去水也。""沥"和"漉"是同源词，湖北天门话说"把水沥干净"。

溇 《广韵·厚韵》："溇，沟通水也。"《集韵·厚韵》："溇，沟也。"陆容《菽园杂记》卷五："如'溇'字本雨不绝貌，今南方以为沟渠之名，北人则不解道也。"《农政全书·水利·东南水利下》："若田中有溇荡，或原因取土，致田深陷者，即用河土填平。"（窬：穿穴入地，空中以出水，王先谦曰，今楚俗尚有之）《广韵》："溇，水沟。"溇，水名，今名九溪河，流经今湖南、湖北二省。〈上海松江〉田间的水沟，河渠（许宝华，1999）。

根据笔者初期对相关数据统计，"溇"地名的分布范围在历史上生活着大量的南方少数民族族群，这些地区现大多为汉族聚集区，但可确定

"溇"早期为楚地名词,后扩大为带有明显的楚语底层特性的南方少数民族地名词。

"溇"地名现今多见于江浙一带,在绍兴"溇"就是袋形的河,这些河的作用是人们作为出门或搬运东西的码头,生活中淘米、洗菜、洗衣服、器皿等,但没有过境的船只,溇的一端是不通的,另一端则与外河连通;有的溇也停靠埠船(班船),人们可以在这里乘船外出到市中心或者其他乡镇。如蒋家溇、南溇底、江家溇等村庄。

"溇"的注音情况:《广韵》《正韵》郎斗切,《集韵》《韵会》郎口切,通水沟也;《集韻》郎侯切,音娄,水名。《现代汉语词典》(2002):"溇水,水名,在湖南。"《汉语大词典》lóu 音专指溇水水名,与此相符的是《集韵》(郎侯切,音娄,水名)。

据传世文献可知,汉朝时"溇"被用为指溇水的地理专名(详见后),地域在楚地内。

"溇"字至宋在民间出现义项——河渠,通水沟渠,见《广韵》《集韵》条目,明陆容《菽园杂记》中亦记载:"亦方言如'溇'字,本雨不绝貌,今南方以为沟渠之名。"后义项扩大至运河,见《清史稿》"又谕、御史王书瑞奏、浙省溇港淤塞。亟宜开浚一折。据称浙江水利……又有溇港。湖州府属乌程县境。有三十九溇……泥沙堆积溇口淤阻"。同时有溇港、港溇一说,即取运河之义。

"溇"取河渠、运河义项时为本书所指地名词,又据其最初作地名为楚地水名专名,可推测其取该相关义项时为楚水域地名词,且此时取"郎斗切"。

综上,"溇"乃取沟渠、运河等水域义项之"溇",对应读音为"郎斗切 lǒu"。

现今县级以上地名中无"溇"地名,使用 Google 系统对现今所有县级以下乡镇村地名做了检索及分类统计。

"溇"地名主要分布在长江三角洲以及长江中下游地区。

湖北 26 处,实际地名 1 个,溇水;

湖南 10 处,实际地名 2 个,溇江、溇澧;

第二章 楚方言同源词 ◆◇◆

浙江：湖州市22处，实际地名11个，罗溇、大溇、许溇、陈溇、濮溇、晟溇、沈溇、蒋溇、幻溇、汤溇、潘溇；舟山市1处，实际地名1个，双溇；绍兴141处，实际地名39个，黄婆溇、庙溇、北里溇、双牌溇、庵潭溇、樟头溇、长堞溇、下溇、华舍西池溇、舜家溇、里东溇、暗池溇、博家溇南、菖浦溇、外东溇、风溇、长溇、中反溇、大溇、朝北溇、车溇、清墩溇、王家溇、后闸溇、荷花溇、油车溇、大凌溇、东溇、马汪溇、朱家溇、戚家溇、赵溇、张家溇、王婆溇、前家溇、大木溇、溇底沈、木杓溇、皇议溇；杭州116处，实际地名5个，百尺溇、小樟溇、百家溇、大池溇、东溇；嘉兴72处，实际地名62个，大兴溇、太子溇、溇北、溇潭头、南长溇、溇圩里、张溇、曲尺溇、南甲溇、顾家溇、溇徐里、巨溇塘、捻墓溇、鹤脚溇、西马家溇、杨花溇、河泥溇、大溇里、溇南、马溇浜、新浜溇、鸽溇浜、朱家溇、溇浜、港溇、溇上、姚溇、地蒲溇、雅雀溇、青毛溇、西溇浜、横溇浜、长溇浜、蛇皮溇、新浜溇、荷花溇、灰扒溇、碗浜溇、长溇上、长溇廊、燕子溇、蜈蚣溇、弯溇头、长溇里、小溇里、长水溇、堰溇、岳家溇、长港溇、溇廊门、溇门头、漾溇浜、一步溇、夹溇浜、蒲溇、黄泥溇、南溇、河泥溇、破屋溇、溇对浜、香沙溇、麻兜溇；

江苏：无锡22处，实际地名2个，溇金、溇上；苏州238处，实际地名38个，腰坝溇、戈家溇、蟹爪溇、溇家浜、夹溇、獭溇、下溇、八千溇、东清溇、横家溇、曲尺溇、小板溇、车场溇、横串溇、掘溇头、总溇沟、南吊溇、万家横溇、琴溇、洋沟溇、小黄泥溇、花溇、溇泾、保蒲溇、张家溇、溇里、北夹溇、北溇里、南溇里、横溇上、横溇里、双溇里、大溇里、黄泥溇、东溇里、大溇、横溇、独溇；

上海72处，实际地名27个，九千溇、泄溇、闸溇、湾溇里、张家溇、掘溇浜、歪溇、渠溇里、鸽溇浜、毛溇、木杓溇、鸭头溇、水溇、王溇、溇里、庄家溇、新溇浜、大溇浜、北横溇、溇佬、黄泥溇、哑子溇、北溇、水溇浜、枫溇、横溇角、尼姑溇。

笔者对先秦至清这个历史时期所有文献进行检索（北大语料库），对"溇"地名地域分布特点进行分类统计，详情如下：

"溇"始现于《说文》，其作为地名用字始现于《后汉书》"武陵溇中蛮叛",在今湖南域内,是楚地名,其间还记载"溇,水名,音娄。源出今澧州崇义县西北山"。可知该地名取水域义项以水为名,当时该地名指湖南溇水流域一带,同时称其地居民为"溇中蛮"。至三国时期县名楼中,是吴置,在今湖南慈利县西北一带,至六朝梁废。

魏晋南北朝时期,有溇中、帻沟溇、溇水。《三国志》:"于东界筑小城,置朝服衣帻其中,岁时来取之,今胡犹名此城为帻沟溇。沟溇者,句丽名城也。"帻沟溇在今辽宁,但是据文中所言,应为胡人所言的汉语音译,因此不作有效数据。南北朝时期,溇中时属天门郡,还有溇水在今湖南域内。

明朝时,有溇泾、溇水,出自《明史》,溇泾时属湖州,溇水时属慈利,皆为楚地名。

清朝时,有溇水、张溇、宋家溇、钱溇、杨溇、吴溇、吴宬溇、胡溇、新泾溇、湖溇、王家溇、李家溇、长溇,皆为楚地名,这些地名多出自《清史稿》及清朝时其他一些历史文献。

张溇时属江阴,在今江苏域内;宋家溇时属山阴,钱溇、杨溇、吴溇、吴宬溇、胡溇时属湖州,湖溇、新泾溇时属乌程,长溇时属会稽,皆在今浙江域内;王家溇时属滕县,在今山东南部与江苏接境;李家溇在今河南域内,以上这些地名皆为楚地名。

综上所述,"溇"取沟渠、运河等水域义项作地名,不论是 Google 系统搜集的现地域分布范围,还是其在历史文献中呈现的地域分布范围,皆与楚地域范围一致,"溇"为楚水域地名词无疑。

剅　《广韵·侯韵》:"剅,小穿。"清顾祖禹《读史方舆纪要·湖广四·沔阳州》:"剅河口在州西北六十里。剅与穴同,盖水流分洩处。"《现代汉语词典》:"〈方〉堤坝下面排水、灌水的口子;横穿河堤的水道。"音 lou(阳平)。〈北京〉剅口,剅嘴。义与《现代汉语词典》同。〈四川仁寿〉剅隐:下水道,"剅隐堵倒了,水流不出去"。今湖北仙桃有剅口镇,亦音 lou(阳平)。新洲有九剅河、闸剅垸,皆取水沟义。湖北天门方言儿歌:"抠几抠,漫剅沟。抠破皮,漫大堤。"意思是小孩不要随便在身上抓痒,否则河里会涨大水,招致水灾。湖北还有"阴剅眼"一词,指厨房通往室外的水沟。不通水时水沟是空的。还有零娄,《汉书·地理志上》记廬江郡属县有"雩娄",原注:"决水北至蓼入淮,又有灌水,亦北至蓼入决。"雩娄:故城,在今河南固始县东南。

"刿""溇""溇""渌""娄"等都是楚方言词,水渠、排水沟亦有中空义,不同的地方写法不同。

同源词有本义分化词,"娄"有"中空"义,"篓""蒌""溇""镂""髅"等字是其系列词。

同源词有借音分化词,下面一组词即是,词义是"连续不断"的意思。

褛 扬雄《方言》四:"楚谓无缘之衣曰褴,纰衣谓之褛。""江淮南楚……以布而无缘敝而纰之谓之褴褛。"楚人"筚路蓝缕"指衣不缝边。《方言》四:"褛裂、须捷、挟斯,败也。南楚凡人贫衣被丑弊谓之须捷,或谓之褛裂,或谓之褴褛,故《左传》曰'筚路蓝缕,以启山林。'"《史记·楚世家》:"筚路蓝缕以处草莽。"《集解》:"《左传》服注'蓝缕',言衣弊坏,其蒌蓝蓝然。""蓝缕"即指衣不缝边,破破烂烂,斤斤吊吊,不绝如缕。今粤语"皮褛",指皮大衣,是"中空"义。

溇 《说文·水部》:"溇,雨溇溇也。一曰汝南饮酒习之不醉。"密雨不止和饮酒不醉(今曰酒漏子)都是连续不断。樊宫烜《浙江象山方言考》:"俗凡本不如是,习之成惯,遂不可已曰溇。"(详见36页"溇"条)

謱䜏 《方言》卷十:"謱䜏,拿也。南楚曰謱䜏。"郭璞注:"言諸拿也。"《楚辞·九思·疾世》:"嗟此国兮无良,媒女诎兮謱䜏。"洪兴祖补注:"謱䜏,语乱也。"《淮南子》有"连謰"。《广韵·先韵》:"嗹,嗹嘍,言语烦絮貌。"

溇,郎斗切,上,来,侯部。

篓、蒌、娄,落侯切,平,来,侯部。

镂、瘘,卢候切,去,来,侯部。

漉、簏,卢谷切,入,来,屋部。

腰,落侯切,平,来,侯部。

馏、溜,力救切,去,来,宥部。

刿,当候切,平,端,侯部。

上述字多属来母,刿之端母,今读来母。侯屋对转,侯幽旁转。是为同源。

与郎斗切音近,表"中空""连续不断"义的词是楚方言同源词。

第四节 "辽"系列

辽 《说文》:"辽,远也。"《广雅释训》:"辽辽,远也。"《楚辞·九章·抽思》:"惟郢路之辽远兮,魂一夕而九逝。"《楚辞·九叹·忧苦》:"山修远其辽辽兮。"注:"辽辽,远貌。"

猋 《楚辞·云中君》:"猋远举兮云中。"王逸注:"猋,去疾貌也。"洪兴祖补注:"猋,卑遥切,群犬走貌。"《庄子·逍遥游》:"搏扶摇而上者九万里。"《尔雅·释天》:"扶摇谓之猋。"孙注:"回风从下上曰猋。"《释文》:"司马云:'上行风谓之扶摇。'《尔雅》云:'扶摇谓之猋。'郭璞云:'暴风从下上也。'"《大人赋》曰:"'猋风涌而云浮。'李善引此,作焱,其字从火,非也。"《礼记·月令》:"猋风暴雨总至。"《茶经》卷一:"轻飙拂水者,涵澹然。"卷三:"熛焰如钻,使炎凉不均。"熛,火势迅速上扬的样子。广东五华:火烧屋,火大风大,火势熛熛子上。(火花、热油、泥浆、水等)喷溅。萧腾蛟《榕江方言词语考源》:"今榕江谓火星或热油溅射为熛。"猋,姜亮夫《昭通方言疏证·释词》:"昭人谓疾走曰猋,凡物飞跃前亦曰猋。"杨树达《长沙方言续考》:"曹君孟其云:'《集韵》:猋,马行疾也。'长沙言马行疾曰发猋。"

逍遥 《说文新附》:"逍遥,犹翱翔也。"《诗经·郑风·清人》:"河上乎逍遥。"《经典释文》:"逍,亦作消;遥,亦作摇。"《广雅·释训》:"逍遥,儴佯。"王念孙曰:"叠韵之转也。"《离骚》:"聊逍遥以相羊。"注:"逍遥、相羊,皆游也。一作须臾。"王逸《九思·守志》:"陟玉峦兮逍遥。"注:"逍遥,须臾也。"

遥 《方言》六:"遥,远也。梁楚曰遥。"《楚辞·招魂》:"倚沼畦瀛兮遥博望。"注:"遥,远也。"《九辩》:"抄秋之遥夜兮。""遥"有长义:《庄子·秋水》:"证向之故,故遥而不闷,掇而不跂,知时无止。"

第二章 楚方言同源词

郭象注:"遥,长也。"李白《南奔书怀》:"遥夜何漫漫,空歌白石烂。"王琦注:"遥夜,长夜也。"

鹞 《尔雅·释鸟》:"江淮而南青质五彩皆备成章曰鹞。"《说文》:"鹞,鸷鸟也。"《广雅·释鸟》:"笼脱,鹞也。"王念孙曰:"鹞之言鹞,急疾之名。"《说文·隹部》:"雉,江淮而南曰摇。"《释名·释衣服》:"江淮而南青质五色皆备成章曰摇。"

媱 《方言》十:"媱,愓,游也。江沅之间谓戏为媱,或谓之愓,或谓之嬉。"

远 《方言》卷六:"邈,离也。楚或谓之远。"见《包二》207页。

精摇 《淮南子·要略篇》:"玄妙之中,精摇靡览。"许慎注:"楚人谓精进为精摇。"《方言》六:"摇,疾行也。南楚之外曰摇。"《楚辞·九章·抽思》:"愿摇起而横奔兮。"

蹈 《方言》一:"陈郑之间跳曰蹈。"《张家山汉墓竹简》:"并遥卅。""累足指,上摇之更上更下卅,曰累童。"①《方言笺疏》:"《广雅·释天》'扶摇谓之猋。'李巡注'暴风从下升上。'《管子·君臣篇》'夫水波而上尽其摇而复下。'《楚辞·九章》'愿摇起而横奔兮。'"(疾行也)

慆 《方言》十:"慆,疗,治也。江湘郊会谓医治之曰慆(郭注:俗云厌慆病)。慆又忧也。(郭注:博异义也。)或曰疗。"

憀 《方言》卷三:"南楚病愈者谓之差,或谓之慧,或谓之憀。(郭注:慧憀皆意精明)或谓之瘳。"钱绎《方言疏证》:"又《藏气法·时论篇》云:'肝病者平旦慧,下晡甚,夜半静。是间知慧皆愈也,憀知言了也。'(方言)卷二云:'了,快也。秦曰了。'《说文》:'憀,慧也。'《众经音义》卷二十引《广雅》:'憀,快也。'《方言》卷一云:'虔、寰,慧也。'注云:'慧了是了与憀同,皆精明快意之义也。'凡人病甚则昏乱无知,既差,则明了快意。故愈谓之慧,知亦谓之慧,愈谓之憀,快亦谓之憀,意并相通也。"陆羽《茶经》卷一:"设服荠苨,使六疾不

---

① 《张家山汉墓竹简》,文物出版社2006年版,第172页。

瘳，知人参为累，则荼累进矣。"百海学川本作"瘳"，涵芬楼本（《说郛》系统）作"疗"。

疗 《方言》十："慆、疗，治也。"

陶陶 《楚辞·怀沙》："滔滔孟夏兮，草木莽莽。"王逸注："滔滔，盛阳貌也。《史记》作陶陶。"洪兴祖补注："《说文》'滔，水漫漫大貌，他刀切。'又，聚也，音陶。"王逸《九思·哀岁》："冬夜兮陶陶，雨雪兮冥冥。""陶陶"指冬夜漫长，正是楚人书楚语。《抽思》："望孟夏之短夜兮，何晦明之若岁。"孟夏日长夜短。《九辩》："靓杪秋之遥夜兮，心缪悷而有哀。"《怀沙》本作"慆慆"，《诗经·东山》："慆慆不归。"毛传："久也。"异文可资佐证。清人黄生《字诂》曰："吾乡谓长曰陶，如谓日长曰：'好陶天'。此语亦有所本，《楚辞》'陶陶孟夏'。"黄生是安徽歙县人，隶属楚地。今湖北天门有俗语云："长三月，四陶陶。"意为农历三月白日长，四月白日更长。四月为初夏，正是草木茂盛之时。邻县洪湖亦说："一月长长，二月陶陶 iɑu，三月四月饿死耗恼 xɑunɑu（那种经得住饿的瘦筋巴骨的人）。"绩溪："陶，长。日子陶如路，尔根竿有一丈陶，陶短（长短）。"①

姚 《荀子·荣辱》："其功盛姚远矣。"杨倞注："姚与遥同。"《睡虎地秦墓竹简·为吏之道》："不时怒，民将姚去。"

逞 《方言》二："速、逞、摇扇，疾也。楚曰逞。"《说文·辵部》："逞，楚谓疾行为逞。《春秋传》曰：何所不逞欲。"（《左传·昭公十四年》）《广雅释诂》一："逞，疾也。"王念孙《疏证》："疾驱谓之骋，意与逞同。"（快跑义）《王力古汉语字典》："清顾山贞《客滇述》：'山岸泥滑，马不能逞。'"（举例晚出）《湘夫人》："登白𬞟兮骋望，与佳期兮夕张。"王逸注："骋，平也。"下文："荒忽兮远望，观流水兮潺湲。"

辽、憀，落萧切，平，萧韵，来。宵部。

遥、摇、姚，余昭切，平，宵韵，喻四。宵部。

鹞，弋照切，去，笑韵，喻四，宵韵，宵部。又余昭切。

---

① 李荣主编：《现代汉语方言大词典》，江苏教育出版社2002年版，第3483页。

疗，力照切，去，笑韵，来，宵部。
逞，丑郢切，上，静韵，彻，耕部。
陶，徒刀切，平，豪韵，定，幽部。
猋，甫遥切，平，宵韵，帮，宵部。
逞，丑郢切，上，静韵，彻，耕韵。

"遥"系列表快速、长义的词，是为楚方言同源词。

第五节 "翕"系列

一 "翕"的词义演变

张家山汉墓竹简："傅足离翕。"马王堆竹简《十问·帝盘庚问于耇老》："翕气以充留"，"群精皆上，翕其大明。至五而止，精神日怡"。《老子》卷三十六："将欲翕之，必姑张之。"扬雄《方言》卷三："扑、翕、叶，聚也。楚谓之扑，或谓之翕。叶，楚通语也。"这证明"翕"为古楚方言词，有"聚、合"的意思。

先秦时期，"翕"除了有"收敛，闭合"之义，还有"顺""盛"等引申义。《楚辞·哀时命》："为凤皇作鹑笼兮，虽翕翅其不容。"《荀子·议兵》："代翕代张，代存代亡。"杨倞注："翕，敛也。"《诗·小雅·常棣》："兄弟既翕，和乐且湛。"毛传："翕，合也。"《逸周书·商誓解》："朕考胥翕稷政，肆上帝曰：必伐之。"朱右曾校释："翕，顺也。"《论语·八佾》："始作，翕如也；从之，纯如也，皦如也，绎如也，以成。"何晏集解："翕如，盛也。"

秦汉时期，"翕"继续沿用"收敛、闭合、聚合"的本义，并由本义引申为"缩""一致，协调""安宁和顺"等意思。《史记·秦始皇本纪》："臣但恐诸侯合从，翕而出不意。"

"翕"取"和合、聚合"之义。西汉刘安《淮南子·坠形训》："其人翕形短颈，大肩下尻。"

"翕"有"缩"的意思。西汉刘向《新序·柯邑之盟》："天下诸侯，翕然而归之。""翕"有"一致、协调"的意思。《史记·列传》"郑庄推士，天下翕然"中的"翕"都有"安宁和顺"之义。

魏晋南北朝时期，"翕"的本义仍继续保留。《全梁文》卷五十七"俯眉翕肩，以斯故尔"中的"翕"为"缩、耸"。

隋唐时期，"翕"的词义仍沿用"缩"及其引申义。《长短经》卷七"鸷鸟将击，卑身翕翼"中的"翕"为"敛缩"。杜甫《过郭代公故宅》"定策神龙后，宫中翕清廓"中的"翕"就有"协调，一致"之义。

宋辽金时期，"翕"仍保留"聚、合"的本义。《宋史·乐志》："直方维则，翕辟攸宜。"这里的"翕"取"收缩，收敛"之义。

元明清时期，"翕"的词义仍带有"敛缩、收"之义。刘基《郁离子·鹰化为鸠》："虓然而鹰鸣焉，群鸟皆翕伏。"

"聚、合"是楚方言词"翕"的本义。但不难发现，"翕"的本义早在先秦的通语区就已经出现。那么，扬雄为什么说"翕"是方言词呢？因为扬雄采用田野调查的方法调查了方言的口语，并非根据文献得出相应结论。虽然"翕"已进入通语，但是，"翕"可能仅在方言的口语里留存，尚未进入北方话的口语。

另外，笔者还查询了前人和时贤的训诂成果来进一步验证"翕"的本义，即：

翕：翕（金文大篆）翕（小篆）

《尔雅·释诂》："翕，合也。"许慎《说文解字》："翕，起也。从羽合声。许及切。"段玉裁《说文解字注》："翕，起也。《释诂》、毛传皆云：翕，合也。许云起也者、但言合则不见起。言起而合在其中矣。翕从合者，鸟将起必敛翼也。"根据以上训诂材料和"翕"字的篆书，"翕"字的本义为"合"。但因鸟翼先合后起，后来又引申出"起"的意思。

《一切经音义》中也有不少对含有"翕"的词语的注解，比如：

翕眠：呼及反，犹眨眼也。翕，合也，亦敛也。《说文》：起也。

翕然：歆邑反，《字书》云：翕，合也，考声，云火炙物气匆起也。

翕然：歆邑反，孔注《尚书》云：翕，合也。《说文》：从羽，合声，亦转注字也。

翕欿：歆邑反，《说文》云：翕，缩鼻也，从合，羽声。

《广韵》将"翕"字注为许及切，入缉，晓。有盛、动和火炙的意思。

《集韵》："翕，众也。"

综上，笔者认为"翕"的词义演变关系图应为：

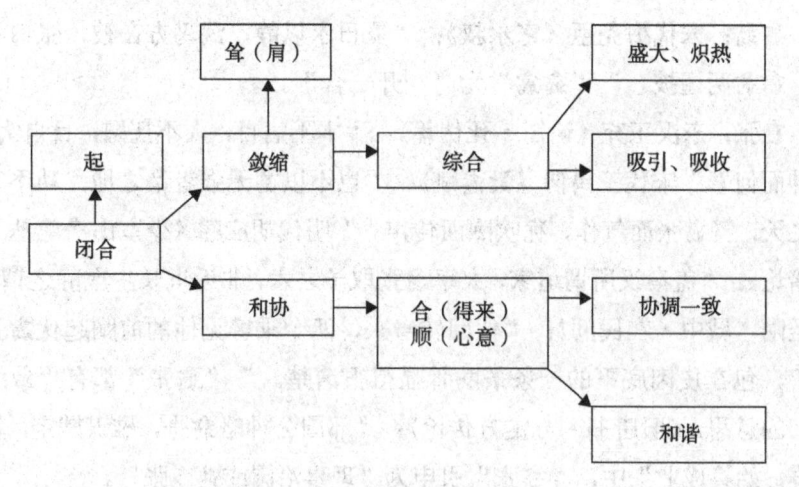

图2-1

由于"翕"的词义颇丰，导致带"翕"的词语愈来愈多。比如翕習（急速貌）、翕忽（急速貌）、翕霍（急速貌）、翕定（犹安定）、翕变（变动）、翕駢（并肩接踵）、翕焱（闪耀貌）等。每个词语都有其固定的意思，有的词与"翕"的本义相差甚远（在此不做赘述），有的词与"翕"的本义联系紧密。笔者仅将"翕"表示"敛缩""聚合"的合成词整理如下：

翕肩：《文选·扬雄〈解嘲〉》："范雎，魏之亡命也，折胁折髂，免于徽索，翕肩蹈背，扶服入橐。"吕向注："翕肩，畏惧貌。"晋代葛洪《抱朴子·刺骄》："亦有出自卑碎，由微而着，徒以翕肩敛迹，偃伊侧立，低眉屈膝，奉附权豪。"唐代王维《苗公德政碑》："于是翕肩振惊，折节受教，杜门谢绝宾客，终身不紊纪纲。""翕肩"都有"耸肩"之义，表示畏惧竦敬。

翕翼：汉代枚乘《七发》："飞鸟闻之，翕翼而不能去。" 汉代崔篆《慰志赋》："遂翕翼以委命兮，受符守乎艮维。""翕翼"有"合拢翅膀"

之义，以此比喻屈身辱志。

翕集：刘义庆《世说新语·排调》："初谢安在东山居，布衣。时兄弟已有富贵者，翕集家门，倾动人物。"唐代孙棨《北里志·杨妙儿》："后老，退为假母，居第最宽洁，宾甚翕集。"清代顾炎武《有叹》："门庭正翕集，车骑来千数。""翕集"为"聚集"义。

翕翕：宋代梅尧臣《寄永叔》："夏日永以静，渴鸟方在枝，张口不能言，翕翕两翅披。""翕翕"为"一开一合"。

翕张：东汉王充《论衡·死伪篇》："本不病目，人不抚慰，目自翕张，非神而何？"宋代王禹偁《橐籥赋》："岂不以德无强者谓之地，功不宰者谓之天，譬翕张而气作，犹吹煦而传声。"明代胡应麟《少室山房笔丛·九流绪论》："盖秦汉所谓道家，大率翕张取予之术，非近世长生虚静之谓。"叶圣陶《城中·在民间》："他回转身来，两个乘客见他的前胸起伏翕张很厉害，包在皮肉底下的一条条肋骨显得很清楚。""翕张"都有"敛缩舒张"的意思。《旧唐书·苏定方传论》："邢国公神略翕张，雄谋戡定，辅平屯难，始终成业"中，"翕张"引申为"理事治国或弛或张"。

翕散：清代魏源《默觚上·学篇》："力之大小，由于心之翕散，天地人之所同也。""翕散"为"聚散"。

翕聚：宋代罗大经《鹤林玉露》："余行天下，凡通都会府，山水固皆翕聚；至于百家之邑，十室之市，亦必倚山带溪，气象回合。"清代魏源《默觚·学篇》："人能翕其数十年之精力于技艺，则技艺且必通神，而况翕聚之于道德者乎？""翕聚"为"会聚"义。

翕敛：《易·系辞》"夫坤，其静也翕。"韩康伯注："翕，敛也。止则翕敛其气。"孔颖达疏："此经明坤之德也。坤是阴柔，闭藏翕敛，故其静也翕。"清代谭嗣同《仁学》："赤道以旋速而隆起，即南北极之所翕敛也。""翕敛"为"收敛；收缩"义。

翕心：汉代赵晔《吴越春秋·夫差内传》："夫螳螂翕心而进，志在有利。"《吴越春秋·勾践阴谋外传》："左手若附枝，右手若抱儿，举弩望敌，翕心咽烟，与气俱发，得其和平，神定思去，去止分离，右手发机，左手不知，一身异教，岂况雄雌？此正射持弩之道也。""翕心"有"小心翼翼"之义。

翕拢：王西彦《寻常事》："洪发佬开始疲惫地翕拢眼睛，不久就发出一阵呓谵。""翕拢"有"合拢，闭拢"之义。

翕辟：《易·系辞》："夫坤，其静也翕，其动也辟，是以广生焉。"唐代宋昱《樟亭观涛》："翕辟乾坤异，盈虚日月同。"清代蒲松龄《聊斋志异·促织》："巫从旁望空代祝，唇吻翕辟，不知何词。""翕辟"有"开合，启闭"之义。

翕受：《书·皋陶谟》："翕受敷施，九德咸事，俊乂在官。"孔传："翕，合也。能合受三六之德而用之，以布施政教。"但是，《晏子春秋·集释》的"今君若设文而受谏"一句，俞樾云："按'设'疑'说'字之误。'说'读为'悦'，下文云'恶文而疏圣贤人'，'恶文'与'说文'正相对成义。"于省吾云："按俞说非是。'设''翕'古字多通用，书盘庚'各设中于乃心'，汉石经'设'作'翕'，墨子修身'设壮日盛'，即'翕庄日盛'，均其证也。"他认为"《书·皋陶谟》中'翕受敷施'，伪传'翕，合也'，'合'与'受'义相因，'翕受'讕语，'翕文'亦'受文'之义"。《警世通言·旌阳宫铁树镇妖》："宽则得众，裕然有余，容而翕受，忍则安舒。"清代薛福成《云石铭》："翕受日月之精，蕴结山川之英。"章炳麟《中华民国解》："复有殊族之民受我抚治，乃得转移而翕受之。""翕受"有"合受；吸收"的意思。

二 "翕"与"胁""歙""噏""习"的关系

胁 《广韵》注其读音有二："虚业切，入业，晓"；"许欠切，去酽，晓"。《集韵》注其读音为："迄及切，入缉，晓。"

《汉书·王莽传》："动静辟胁，万物生焉。"颜师古注："辟音僻，辟，开也。胁，收敛也。"《文选·司马相如〈长门赋〉》："翡翠胁翼而来萃兮，鸾凤翔而北南。"李善注："胁，敛也。"《集释》："引援而飞，迫胁而栖。"郭庆藩注："试言长生之道，举海鸟而譬之，翂翂翐翐，是舒迟不能高飞之貌也。飞必援引徒侣，不敢先起；栖必戢其胁翼，迫引于群。""胁翼"通"翕翼"，表示"合拢翅膀"。

《孟子·滕文公》："胁肩谄笑，病于夏畦。"赵岐注："胁肩，竦体也。"《焦循·正义》："胁肩者，故为竦敬之状也；谄笑者，强为媚悦之颜也。"《汉书·列传》："胁肩累足，犹惧不见释。"师古曰："胁，翕也，谓敛之也。"《汉书·列传》："胁肩低首，累足抚衿。"师古曰："胁，翕也，谓敛也。"汉代刘向《列女传·鲁义姑姊》："夫如是则胁肩无所容，而累足无所履也。"晋代葛洪《抱朴子·名实》："宁洁身以守滞，耻胁肩以苟合。"《抱朴子·逸民》："虽器不益于旦夕之用，才不周于立朝之俊，不亦愈于胁肩低眉，谄媚权右。""胁肩"有"耸起肩膀，故示敬畏"义。

《墨子·兼爱》："胁息然后带，扶墙然后起。"《文选·宋玉〈高唐赋〉》："股战胁息，安敢妄挚。"李善注："胁息，犹翕息也。"《文选·宋玉〈高唐赋〉》："令人婪悷憯凄，胁息增欷。"李善注："并悲伤貌。胁息，缩气也。"《汉书·严延年传》："豪强胁息，野无行盗。"颜师古注："胁，敛也，屏气而息。"《魏书·匈奴等传序》："偷名窃位，胁息一隅。"《新唐书·王方翼传》："诛灭大姓，奸豪胁息。""胁息"有"敛缩气息"之义。

在现代汉语方言中，广东梅县"胁私该"中的"胁"，仍保留"敛缩、集聚"的意思，其义为"积蓄私房钱"。

歙 《老子》卷三十六："将欲歙之，必固张之；将欲弱之，必固强之。"歙，一本作"翕"。《老子》卷十三："圣人之在天下，歙歙焉，为天下浑心，百姓皆属耳目焉，圣人皆咳之。"范应元曰："歙，音吸，收敛也。"由此可见，"翕"与"歙"在楚地曾有通用的情况。笔者就此现象对"歙"的使用情况进行了考察，结果如下。

《广韵》注"歙"有两个读音，一个与"翕"一致，都为"许及切，入许，晓"。另一个为"书涉切，入叶，书"。

（1）当"歙"读"xī"时

《说文解字》："歙，缩鼻也。从欠，翕声。"这里的"歙"同"吸"。《淮南子·精神训》："开闭张歙。"徐锴《说文解字·系传》："相合起也。"《淮南子·兵略训》："用兵之道，为之以歙，而应之以张。"《庄子·山木》："有一人在其上，则呼张歙之。"陆德明《经典释文》："歙，敛也。"汉代桓宽《盐铁论·大论》:"口张而不歙,举舌而不下。"

"歙"在先秦两汉时期与"翕"词义一致,都有"聚集、敛缩"之义。其合成词也有表"闭合、聚集"的意思,如:

《荀子·非十二子》:"敛然圣王之文章具焉。"王先谦《集解》引清代王引之曰:"古无以敛然二字连文者。敛当为歙字之误也;歙然者,聚集之貌。"章炳麟《箴新党论》:"街谈巷议以为辩,讪上谤政以为高,时俗贵之,歙然犹郭解、原涉见趋于曩时也。""歙然"有"聚集"之义。

清代钱谦益《顾端文公淑人朱氏墓志》:"辟讲堂于东林,朋徒歙集。""歙集"为"聚集"。

《太平天国故事歌谣选·玉成应试扛大炮》:"歙动着嘴唇,不知说甚么话好。"靳以《小红和阿兰》:"火闪亮的时候看到她的嘴在微微歙动,好像在说话的样子。""歙动"为"嘴唇一张一合"。

(2) 当"歙"读"shè"时

"歙"同"摄",有"捉持"之义。如刘义庆《世说新语·轻诋》:"彪以手歙叔虎云:'酷吏。'词色甚强。"其词义与"翕"不符。

(3) 《集韵》注"歙"为"虚涉切,入叶晓",即"xié"时

《孟子》:"'阿意事贵,胁肩所尊,俗之情也。'歙,亦胁也。"《后汉书·张衡传》:"干进苟容,我不忍以歙肩。"李贤注:"歙,敛也。""歙肩"即"耸肩",以此形容身子微缩,作恐惧、谄媚状。

那么,"歙"是否也和"翕"一样,在现代汉语方言区仍保留本义呢?

"歙"在南、北方官话中,读音都与"xī"近似。现今只有在安徽省东南部的"歙县"还保留"shè"的读音。在云南、浙江和福建等方言区都把"缩鼻、缩鼻涕"叫"歙"。在福建,"歙"还有"焖"的意思。可见,"歙"在现代汉语方言区的使用与"翕"几乎一致,仍保留了古楚方言区"聚、合"的意思。

噏 《广韵》:"许及切,入缉,晓。"

《老子校释·道经》:"'噏'作'翕'之类,皆从古字。"《老子》:"将欲噏之,必固张之。"清代魏源《默觚上·学篇》:"何以阴噏而阳呿,何以海涵而坤负欤?""噏"为"翕",都有"收敛;闭合"之义。

《史记·司马相如列传》:"扶与猗靡,噏呷萃蔡。"裴骃《集解》引《汉书音义》:"噏呷,衣裳张起也;萃蔡,衣声也。"所以"噏呷"为"衣服摆动、张起貌"。《文选·司马相如〈子虚赋〉》:"扶舆猗靡,翕呷萃蔡,下靡兰蕙,上拂羽盖。"李善注引张揖曰:"翕呷,衣起张也。萃蔡,衣声也。"可见,"翕呷"与"噏呷"都为"衣服张起貌"。

草明《乘风破浪》:"十几张嘴没有一张噏动。"茹志鹃《剪辑错了的故事》:"(他)只是偶尔噏动着嘴,象是在跟人说话。"郭澄清《大刀记》:"两个厚墩墩的鼻翅膨胀着,噏动着,宛如一匹刚刚在沙场上驰骋过的战马。""噏动"是"一张一合地动"。"翕动"也存在同样的用法:靳以《生存——献给忘年的好友S》:"那是时时都在微微翕动,想吃一点什么的饥饿的嘴。"管桦《魏家女人》:"两个柔细的鼻孔翕动着,深深地吸了一口气。"这两个"翕动"也是"一开一合"之义。可见"噏动"与"翕动"表义相同。

习 《广韵》:"似入切,入缉,邪。"

《楚辞·九辩》:"骖白霓之习习兮,历群灵之丰丰。"朱熹《集注》:"习习,飞动貌。"晋代左思《咏史》卷八:"习习笼中鸟,举翮触四隅。"《全晋文》卷六十八:"动素羽之习习,乱白质于日光。"唐代卢照邻《释疾文·命曰》:"野有鹿兮其角烑烑,林有鸟兮其羽习习。"《全宋文》卷二十六:"习习飞蚋,飘飘纤蝇,缘幌求隙,望爝思陵。""习习"有"鸟翼开合、频频飞动"之义。这与"翕翕"的"一开一合"意思相近。

《逸周书·度训》:"子孙习服,鸟兽仁德。"孔晁注:"明丑以使之,所以成顺者也。"可见,"习服"有"顺服"的意思。《明史·孙丕扬传》:"群情翕服,而诸不得志者深衔之。" 清代陈康祺《燕下乡脞录》卷三:"武功焯耀,吏事修明,威惠溥敷,中外翕服。"周素园《贵州民党痛史》:"量能授官,振起废滞,拔简贤良,庶务厘举,舆论翕服。"这三个"翕服"也都有"顺服;悦服"的意思。可见,"习服"与"翕服"的意义一致。

《晋书·傅咸传》:"冠盖车马,填塞街衢,此之翕习,既宜弭息。"《资治通鉴·晋惠帝元康元年》引此文,胡三省注:"翕,众也,合也。习,重也,因也,仍也。言众人翕合,相因而至也。"唐代綦毋潜《题栖霞寺》："龙蛇争翕习，神鬼皆密护。"这两个"翕习"有"会聚"之义。唐代沈既济《枕中记》："时望清重，群情翕习。"元代李治《〈元遗山诗笺注〉序例》："群贤翕习，如鸟归凤。""翕习"有"翕然"义，即"一致、和顺"。

以上材料存在部分表义相同的合成词。为了更方便地看出它们在历代典籍中的通用情况，笔者做了详细统计，结果见表2-4。

表2-4

<table>
<tr><td colspan="14">表义相同的合成词在典籍中出现的次数</td></tr>
<tr><td rowspan="2">释义
合成词
朝代</td><td colspan="3">耸肩</td><td colspan="2">合拢翅膀</td><td colspan="2">聚集</td><td colspan="3">一开一合</td><td colspan="2">衣服张起</td><td colspan="2">顺服</td></tr>
<tr><td>翕肩</td><td>胁肩</td><td>歙肩</td><td>翕翼</td><td>胁翼</td><td>翕集</td><td>歙集</td><td>翕动</td><td>噏动</td><td>歙动</td><td>翕噏</td><td>习习</td><td>翕呷</td><td>噏呷</td><td>翕服</td><td>习服</td></tr>
<tr><td>先秦</td><td>0</td><td>1</td><td>0</td><td>0</td><td>1</td><td>0</td><td>0</td><td>0</td><td>0</td><td>0</td><td>0</td><td>3</td><td>0</td><td>0</td><td>0</td><td>1</td></tr>
<tr><td>秦汉</td><td>3</td><td>6</td><td>2</td><td>5</td><td>0</td><td>2</td><td>0</td><td>0</td><td>0</td><td>0</td><td>0</td><td>0</td><td>2</td><td>1</td><td>0</td><td>0</td></tr>
<tr><td>魏晋南北朝</td><td>7</td><td>12</td><td>0</td><td>2</td><td>0</td><td>3</td><td>0</td><td>0</td><td>0</td><td>0</td><td>0</td><td>0</td><td>7</td><td>2</td><td>0</td><td>1</td></tr>
<tr><td>隋唐</td><td>1</td><td>9</td><td>0</td><td>1</td><td>0</td><td>1</td><td>0</td><td>0</td><td>0</td><td>0</td><td>0</td><td>3</td><td>0</td><td>0</td><td>0</td><td>0</td></tr>
<tr><td>宋辽金</td><td>3</td><td>28</td><td>2</td><td>2</td><td>0</td><td>3</td><td>5</td><td>0</td><td>0</td><td>0</td><td>1</td><td>1</td><td>2</td><td>0</td><td>0</td><td>7</td></tr>
<tr><td>元明清</td><td>1</td><td>97</td><td>2</td><td>0</td><td>0</td><td>20</td><td>0</td><td>5</td><td>0</td><td>0</td><td>7</td><td>10</td><td>1</td><td>0</td><td>69</td><td>16</td></tr>
<tr><td>民国至今</td><td>0</td><td>14</td><td>0</td><td>0</td><td>0</td><td>0</td><td>0</td><td>2</td><td>4</td><td>2</td><td>0</td><td>2</td><td>0</td><td>0</td><td>0</td><td>0</td></tr>
</table>

*注：凡在典籍中出现了以上合成词但不表示"聚合、收敛、顺服"之义的，此表不做次数统计。

综上，"胁""习"在聚合义上是"翕"的通假字，"歙""噏"在聚合义上是"翕"的异体字。"翕"在先秦时期并没有出现以上表示"聚合、收敛"的合成词，但表义相同的"胁肩"、"胁翼"、"习习"和"习服"早在先秦就已出现，其中，"胁肩""习习"等词依然沿用至今。"歙""噏"的合成词的出现虽晚于"翕"的合成词，但其"聚、合"之义现今仍有所保留，如"噏动"等。

三 "翕"字的现代分布状况及其义项在方言区的演变关系

"翕"的"聚、合"的本义不论是在方言区还是在通语区都出现过，并为历朝所用。那么，楚方言词"翕"的本义是否还会在现代社会留存呢？

如今，"龕"仍出现在我国不少方言中。笔者以李荣主编的《现代汉语方言大词典》和许宝华、宫田一郎主编的《汉语方言大词典》为基础，将"龕"的用法整理如下，见表2-5：

表2-5

《现代汉语方言大词典》			《汉语方言大词典》		
用例	地区	含义	用例	地区	含义
龕死	福建厦门	因闷热引起的不舒服的感觉	温风龕其增热兮	河南	热烈旺盛
			龕叶	湖南	聚合
龕电影	福建厦门海南海口	拍照、照相	龕相机	福建台湾	拍摄摄取
龕饭、龕汗	福建厦门海南海口	蒙盖使不透气，以达到某种效果	龕饭	福建永春广东潮州	焖、闷
			龕风、龕火	福建厦门	封
龕茶	海南海口	用盅盖盖住	龕汗（作动词）龕瓯（作名词）龕钟（作名词）	福建厦门	盖
龕瓯、龕盅	福建厦门	茶盅的盖子
龕胸	福建厦门	闷、不舒服、疼	龕胸	福建厦门	不舒服、疼
			龕眼	广东广州	眨

由表2-5可知，在现代汉语方言词中，"龕"的词义与古楚方言"聚、合"的本义相吻合。在福建、广东和湖南等地，有大量的"龕"仍沿用古楚方言的本义，这与楚方言的发展源流相符。

随着楚灭国及其疆域的不断扩张，湖北、河南、安徽、山东、重庆、江苏甚至南海等地，都曾是楚人涉足之处。[1]楚国在其鼎盛时期，版图最大范围应拥有今湘、鄂、川、赣、皖、苏、浙、豫、陕、鲁的全部或大部，势力扩展到贵州、云南、广东、广西、福建。[2]可见，"龕"在南北方的广泛使用，不排除楚人疆域扩张的因素。当然，"龕"能打破方言局限并沿用至今形成通语，也与其本义的稳固性密切相关。正因为"龕"的本义从先秦一直流传至今，其词义发展才能围绕其本义有如此清晰的脉络。

---

[1] 何浩：《楚灭国研究》，武汉出版社1989年版，第382—390页。
[2] 何浩：《楚灭国研究》，武汉出版社1989年版，第33页。

第六节 "灊"系列

灊，读音为"fán"，《广韵》："水名。附袁切。"《淮南子·俶真训》："今夫树木者，灌以灊水，畴以肥壤，一人养之。"高诱注："灊，波暴溢也。"《说文·泉部》："灥，泉水也。从泉緐声。读若饭。"段注："泉水者，泉出之水也。《淮南书》云：'莫鉴于流潦，而鉴于澄水。'许注云：'楚人谓水暴溢为潦。''潦'即'灥'字。泉水暴溢曰灥也。""灊"通"潦"，表示"泉水、江河涌溢出来"。《文选·郭璞〈江赋〉》："磴之以灊濆，渫之以尾闾。"《玉篇·水部》："灊，水暴溢也。"唐李善注："《淮南子》曰：'莫鉴于流灊，而鉴于澄水。'许慎曰：'楚人谓水暴溢为灊。'"《集韵·元韵》："灊，楚人谓水暴溢为灊。""灊"是古楚方言词，表示"泉水、江河涌溢出来"。

一 "灊"与"濆、溢、渍、潘"的关系

濆 fèn《广韵》："水名。方问切。""濆"在上古时期多见于楚地文献，都表示"泉水、江河涌溢出来"。《列子·汤问》："有水涌出，名曰神濆，臭过兰椒，味过醪醴。"张湛注："山顶之泉曰濆。"晋郭璞《江赋》："翘茎濆蕊，濯颖散裹。"唐刘禹锡《楚望赋》："涉夏如铄，逮秋愈炽。土山焦熬，止水濆沸。"宋司马光《石昌言学士宰中牟日为诗见寄》："濆泉扬沸渭，泰华耸崔嵬。"

溢 pén《广韵》："水名。在寻阳，一曰水涌也。薄奔切。""溢"未见于先秦文献。杨树达《增订积微居小学金石论丛·长沙方言考》："《汉书·沟洫志》：'是岁，勃海、清河、信都河水溢溢，灌县邑三十一。'颜师古注：'溢，踊也。'……今长沙谓水溢曰溢。《文选·江赋注》引许慎曰：楚人谓水暴溢曰灊。扶园切。古无轻唇音，灊当读如潘，与溢为一声之转。然则溢之为楚言，其来久矣。"姜亮夫《昭通方言疏证·释地》："今昭人谓

水暴出曰溢。"罗翙云《客方言·释言》:"满溢曰溢。"汉崔瑗《河堤谒者箴》:"八野填淤,水高民居,溢溢滂汩,屡决金堤。"苏舜钦《屯田郎荥阳郑公墓志》:"暴雨十日不绝,山猇客水钟于河,河弗胜兼任,溢噎横逆,大决于凝阳。""溢"表示"泉水、江河涌溢出来",故楚方言词"溢"与"瀹"在古楚方言区音近义近,存在互通关系。不仅如此,"溢"也属于古楚地名词。这一地名在历代文献中出现多次,南朝梁何逊《日夕望江山赠鱼司马》:"溢城带溢水,溢水萦如带。"唐曹松《九江送方干归镜湖》:"客路抛溢口,家林入镜中。""溢浦""溢江"即我国现在的龙开河,又名"溢水"。该河源于江西省瑞昌县的清溢山,东流经九江,北经溢浦口流入长江。今江西省九江市所处之地即隋朝的溢口城。

渍 pēn《广韵》:"水际也,又水名,符分切。""渍"在上古时期表示"泉水、江河涌溢出来"的用例多集中在楚方言区。《楚辞·九叹》:"波逢汹涌,渍滂沛兮。"洪兴祖补注:"渍……涌也。"汉王充《论衡·对作》:"世间书传,多若等类,浮妄虚伪,没夺正是。心渍涌,笔手扰,安能不论?""心渍涌"即"心潮澎湃"。

唐杜甫《最能行》:"敲帆侧柁入波涛,撇漩捎渍无险阻。"明袁宏道《场屋后记》:"竹之内为池,珠泉渍出,芦花如雪浪。"清钱谦益《游黄山记》:"溪水清激如矢,或渍沸如轮。""渍"表示"泉水、江河涌溢出来","溢"与"渍"、"瀹"与"渍"有部分表义相同的合成词,存在互通关系。同时,"渍"属于古楚地名。《尔雅·释水》:"淮为浒。江为沱。過为洵。颍为沙。汝为渍。水决之泽。""渍"即今河南省境内的沙河。

潘 pān《广韵》:"普官切。""潘"指"水涌溢",在先秦文献中出现时,多用于记录姓氏。晋葛洪《抱朴子·任命》:"潢洿纳行潦而潘溢,渤澥吞百川而不盈。"古无轻唇音,故"潘"与"溢"音近义通。当"潘"读"pán"时表示"漩涡",与"水涌溢"义差异明显,此不赘述。

喷 pēn《广韵》:"漢也,普魂切。"《战国策·楚策》:"骥于是俯而喷,仰而鸣,声达于天。"《庄子·秋水》:"子不见夫唾者乎?喷则大者如珠,小者如雾。""喷"在先秦时期仅见于楚地文献,都表示"(液体、气体等)受压力而射出",但没有特指"泉水、江河等涌出"。

综上，"灪、潢、溢、濆、潘"音近义通，在楚地文献中都表示"泉水、江河涌溢出来"，存在互通关系。

二 "灪、潢、溢、濆、潘"与"𩰾"的关系

𩰾 bó《广韵》："蒲没切。"《说文·䰜部》："𩰾，吹声沸也。"段玉裁注："炊，各本作吹，今从《类篇》。釜灪溢，各本作釜溢，宋本作声沸，今参合定为釜灪溢。"明李实《蜀语》："釜溢曰𩰾，音孛。"《遵义府志》："釜溢曰𩰾，音孛。"黄侃《蕲春语》："《说文·䰜部》：'𩰾，炊釜溢也。'蒲没切。今吾乡有此语，音转平，略如'蒲'。"1922年《福建新通志》："谓汤溢为𩰾。"许庄叔《黔雅·释器用》："今亦谓火器灪出汤水曰𩰾。"故"𩰾"在南方方言区表示"水受热沸涌溢出"。

应钟《甬言稽诂·释地》："𩰾，有溢义。釜沸吹溢，必多泡沤。今引申将泡沤呼作'𩰾'，又讹作浡。"故"𩰾"通"浡"。"浡"在浙江宁波地区由"水受热沸腾溢出"引申为"水泡"义。与此相似的是，bubble ['bʌb(ə)l]是英语的拟声词，表示"汩汩声；冒泡声；沸腾；小水泡；泡状物"。汉语和英语都用拟音的方式传达沸腾的信息，这体现出人类给事物命名的普遍手段。

铺 pū《广韵》："普胡切。"又"芳无切"。清段玉裁《说文解字注·䰜部》"𩰾"下云："今江苏俗谓火盛水灪溢出为铺出，𩰾之转语也，正当作𩰾字。"张慎仪《方言别录》卷下："清段玉裁注《说文·三下》：'今江苏俗谓火盛水灪溢出为铺出。'"杨树达《积微居小学金石论丛·长沙方言续考》："段说是也。今长沙亦言水铺出。"姜亮夫《昭通方言疏证·释饮食》："昭人言水滚溢出曰铺。"故当"𩰾"读声母送气音表示"水受热沸涌溢出"时，"𩰾"通"铺"。

"铺"不仅有"水受热沸涌溢出"义，还有"江河涌溢"义。苏州评弹《岳飞·刘豫投金》："这面格水，越涨越高，……水要铺到岸上来哉。""铺"还有"眼泪、血液涌出"的引申义。明冯梦龙《山歌·汤婆子竹夫人相骂》："汤婆子听得，眼泪直铺。"夏敬渠《野叟曝言》卷四："何仁打躬领命，克悟忽把自己鼻头用掌一拍，铺出血来，涂了满面。"

濋 pū 明清之前"濋"没有表示"水受热沸涌溢出"的用例，故"濋"很有可能只是"铺"的记音词。

"潎、瀵、溢、溃、潘"在楚地文献中表示"泉水、江河涌溢出来"，"鬻"表示"水受热沸涌溢出"。虽然"潎、瀵、溢、溃、潘"与"鬻"意义有差别，但这些词在中古时期存在互通现象。笔者认为，这种情况与通语词"沸"有关。

"沸"可以同时表示"泉水、江河涌溢出来"和"水受热沸涌溢出"两个意思。沸，《广韵》："方味切。"《集韵》："分物切。"《诗·大雅·瞻卬》："觱沸槛泉，维其深矣。"《诗·小雅·十月之交》："百川沸腾，山冢崒崩。"《说文·水部》："沸，毕沸，滥泉。"段玉裁注："《诗·小雅》、《大雅》皆有'觱沸槛泉'之语，传云：'觱沸，泉出貌。'"《玉篇·水部》："沸，泉涌出貌。""沸"都指"泉水、江河涌溢出来"。

《诗·大雅·荡》："如蜩如螗，如沸如羹。"郑玄笺："其笑语沓沓，又如汤之沸、羹之方熟。"《黄帝内经·灵枢译解·邪客》："取其清五升，煮之，炊以苇薪火，沸置秫米一升。"《通玄真经》卷十二："故扬汤止沸，沸乃益甚，知其本者，去火而已。"《周礼·夏官司马》："则以火爨鼎水而沸之。"晋葛洪《抱朴子·广譬》："沸溢则增水而减火。"这里的"沸"指"水受热沸涌溢出"。

随着历史的发展，很多词都存在词义演变的情况，这是毋庸置疑的。但是，为什么"沸"在先秦时期就能迅速发展出可应用于两种语境的意思呢？段玉裁的《说文解字注》能给我们一些启示：

《说文·水部》："沸，毕沸，滥泉也。从水弗声。"段玉裁注："今俗以'沸'为'鬻'字。"《说文·鬲部》："鬻，涫也。从鬲沸声。"段玉裁注："今俗字'鬻'作'沸'，非也。《上林赋》曰'湁潗鼎鬻。'……此当云从'水'、'鬲'、'弗'声，非'毕沸'字也。"《说文·弼部》："鬻，吹声沸也。"段玉裁注："釜鬻溢，各本作釜溢，宋本作声沸，今参合定为釜鬻溢。"

"沸"本义为"泉水、江河涌溢出来"，而"水受热沸涌溢出"义应由从"鬲"的"鬻"表示。"沸"之所以能在两个意思间互用，是因为

"沸""瀵"同音且都应用于"水涌溢"的语境。"沸"与"瀵"即便使用同一个字,因语境不同,人们也会将二者明确区分、避免歧义。在这种情况下,由于"瀵"的字形复杂,人们便将其简化成"沸"并同时应用于两种语境。"瀵"简化后,"沸"的词义更加丰富。"沸"不仅可以与表示"泉水、江河涌溢出来"的"瀵、溢、渍、潘"相通,还可以与表示"水受热沸涌溢出"的"瀵"相通。此类情况颇多,笔者只举"沸涌""沸出""沸溢"几例,足证"瀵、溢、渍、潘、沸、浡、瀵、瀵"在中古时期互为通假。

汉王充《论衡·书虚》:"案涛入三江岸沸涌,中央无声。"宋苏辙《坟院记》:"坟之西南十余步有泉焉,广深不及寻,昼夜瀵涌。"《宋史·曾孝广传》:"洛水频岁溢涌,浸啮北岸。"郭沫若《星空·孤竹君之二子》:"造化的精神在我胸中渍涌!""沸、瀵、渍、溢"都表示"泉水、江河涌溢出来"。

段玉裁《说文解字注》:"《上林赋》'潬弗',一本作'浡'。"《汉书·司马相如传》载《难蜀父老》:"昔者洪水沸出。"《史记·司马相如列传》:"昔者鸿水浡出。"晋葛洪《抱朴子·任命》:"瀵湾纳行潦而潘溢。"《晋书·五行志》:"九年四月,宫中井水沸溢。""沸、浡、潘"都表示"泉水、江河涌溢出来",故"沸、浡、渍、瀵、溢、潘"互为通假。"瀵"与"瀵"都表示"水受热沸涌溢出","瀵"与"瀵、浡"都是重唇物部字,"瀵、瀵、浡"音近义通。

"浡"虽然是表"泉水、江河涌溢出来"的通语词,但在与"瀵""瀵"相通的过程中,"浡"出现了"水受热沸涌溢出"义,并在楚方言区使用。陈训正《甬谚名谓籀记》:"煮饭将熟,米㶸溢出釜外,谓之浡。""浡"即"水受热沸涌溢出"。同样是吴语,应钟《甬言稽诂·释食》:"甬俗称火盛水沸出为喷出。""喷"表示"水受热沸涌溢出"。可见,"浡""喷"在吴语区音近义通。

笔者参照《汉字古音手册(增订本)》把表示"泉水、江河涌溢出来"的"潏、瀵、溢、渍、潘、沸、浡"和表示"水受热沸涌溢出"的"瀵、瀵"在上古时期的声韵进行对比,得出以下结论:

"潏、瀵、溢、渍、潘、沸、浡、瀵、瀵"上古皆为重唇。"瀵、渍、溢"

· 59 ·

是滂母文部字，"灊、潘"是元部字，"沸、浡、䬌、灙"是物部字，"物"韵、"文"韵对转，"文"韵、"元"韵旁转，故"灊、瀵、渍、潘、溢、沸、浡、䬌、灙"在上古时期音近。中古时期，随着通语词"沸"与"灙"的混用，原本在上古表义有明显差异的"灊、瀵、溢、渍、潘、沸、浡"与"䬌、灙"两组词，在中古逐渐成为音近义通的一个词，故古楚方言词"灊"在中古时期有"泉水、江河涌溢出来"和"水受热沸涌溢出"两个意思。

三 "灊、瀵、溢、渍、潘、䬌"与南方少数民族语言

苗瑶语和土家语表示"沸腾"的词的声母与中古时期"灊、瀵、溢、渍、潘、䬌"的声母都是双唇不送气塞音，都表示"水受热沸涌溢出"。

毛宗武《汉瑶词典（勉语）》[①]有几例表示"液体受热沸腾喷出"的瑶族勉语，比如：

1. tshɛ:ŋ¹ke²ŋwo⁴ŋei¹wam¹bwei⁵ma:i³bwei⁵（锅里的水开了没有？）其中 bwei⁵ 表示"沸、开"。

2. tswo⁷bwei⁵bjo:t⁸tshwat⁷ta:i²a³（粥开了，沸腾出来了。）其中 bjo:t⁸ 表示"沸腾"。

3. tswo⁷bwei⁵pju:i²tshwat⁷ta:i²a³（粥开了，溢出来了。）其中 pju:i² 专用于"液体受热往上涌"。

张永祥《苗汉词典》[②]有四例表示"液体沸腾溢出"的苗语：

1. Lai³³wi¹¹e³³bu⁴⁴bo¹¹dlo¹¹da⁵⁵（锅子里的水哗啦地沸腾起来。）

Lai³³li⁵⁵lei³¹e³³bo¹¹dlo¹¹da⁵⁵gu⁵⁵（田水哗啦地流了出来。）其中，bo¹¹dlo¹¹ 表示"液体或半液体沸腾或流出来的响声和样子"。

2. Lai³³wi¹¹e³³bu⁴⁴bo¹³dlo¹³bo¹³dlo¹³（锅里的水开得咕嘟咕嘟地响。）其中 bo¹³dlo¹³ 表示"液体沸腾发出的响声"。

3. Lai³³e³³nong³⁵a⁵⁵bi¹¹bu⁴⁴（这水还没有开。）其中 bu⁴⁴ 表示"液体受热而沸腾"。

---

① 毛宗武：《汉瑶简明分类词典（勉语）》，四川民族出版社 1992 年版，第 146 页。
② 张永祥：《苗汉词典（黔东方言）》，贵州民族出版社 1990 年版，第 34、37、41 页。

4. Lai^{33}dlo^{55}ga^{35}bu^{55}ju^{55}da^{55}yang^{55}（鼎罐里的水冒出来了。）其中 bu^{55}ju^{55} 表示"液体向外向上冲出"。

张伟权《汉语土家语词典》①记录土家语 p'e^{53} 表示"沸"，p'e^{53} ts'e^{21} 表示"沸水"：

p'e^{53}le^{21}kei^{21}si^{21}kei^{21}si^{21}（热血在沸腾。）

毛宗武《汉瑶词典（勉语）》不但将第三例用"溢"解释"pju:i^2（液体受热沸腾喷出）"，而且将清声母词 pju:i^2 和浊声母词 bjo:t^8 两个不同的音同时使用在同一场景中，这说明"沸腾"和"溢出"虽然在现代汉语读音上有差异，但在瑶语中，其含义及用法无明显区别。

王辅世、毛宗武《苗瑶语古音构拟》②中表示"沸"的苗瑶语古音与上古时期表示"水受热沸涌溢出"义的"灪"及其同源词读音相似，现将各方言代表点的拟音摘录如下：

长垌：mpei　　　　　　大坪：bui

先进：mpou　　　　　　江底：bwei

石门：mpau　　　　　　湘江：bwei

青岩：mpu　　　　　　　罗香：bwei

高坡：mpo　　　　　　　长坪：bwei

宗地：mpɔ　　　　　　　梁子：vei

复员：mʔpu　　　　　　览金：vei

三江：pwei

瑶里：mpja

文界：mpɪ

七百弄：mpa

"渍、溢、潘"和"灪"都是合口一等韵，故声母变化不大，所以长垌、先进、石门、青岩、高坡、宗地、复员、七百弄、瑶里、文界、三江地区的声母与"渍、溢"相近；大坪、江底、湘江、罗香、长坪地区的声母与"灪"相近。在"灪、濞、溢、渍、潘、灪"中，只有"灪"是并母

---

① 张伟权：《汉语土家语词典》，贵州民族出版社 2006 年版，第 64 页。
② 王辅世、毛宗武：《苗瑶语古音构拟》，中国社会科学出版社 1995 年版，第 89 页。

合口三等韵。合口三等韵前的唇音声母变轻唇，所以其声母在语音演变过程中为"[b]-[bv]-[v]-[f]"[①]，故湖北、四川地区表"水受热沸涌溢出"义的词与古楚方言词"灊"同源。

综上，汉藏语系的苗瑶语族和藏缅语族（土家语）中，仍保留着与古楚方言词"灊"及其同源词声母相近意义相通的词，这说明苗瑶语和土家语中表"沸腾"义的词与古楚方言词"灊"存在同源关系。

四 "灊、瀵、溢、浡、鬻、铺、潜"在现代汉语方言区的使用

中古时期，"灊、瀵、潢、溢、浡、潘、鬻"音近义通。那么这些词在现代汉语方言区的用例是否都集中在古楚方言区呢？它们是否都表示同一个意思？

笔者结合《现代汉语方言大词典》和《汉语方言大词典》，将这些词的用例做了整理（见表2-6）。

表2-6

词	《现代汉语方言大词典》		词	《汉语方言大词典》	
	用例	地区		用例	地区
浡	糜（粥）浡出来，紧（快）掀锅仔盖	福建厦门	浡	糜浡喽（粥因沸腾而溢出来）	福建厦门 广东海康 中国台湾
	糜（粥）浡喽	海南海口			
铺	饭镬铺哉，火溇脱罢	江苏苏州	铺	水潜出来哩	江西新余
潜	稀饭潜得满处的	湖北武汉	潜	汤潜出来了	湖北武汉 湖北宜都
	面汤潜出来哒	湖南长沙		汤潜出来咯	湖南平江
	滴米汤子下潜介出来哩	湖南娄底		饭潜了	安徽安庆
	水潜才（出来）了	安徽绩溪		饭往锅外潜	安徽岳西
	粥潜了	江西南昌			
	米镬潜了	江西于都			
	饭潜了	江西黎川			
	牛奶潜出来得	浙江杭州			

[①] 王力：《汉语语音史》，中国社会科学出版社1985年版，第490页。

续表

词	《现代汉语方言大词典》用例	地区	词	《汉语方言大词典》用例	地区
潽	潽出来	浙江金华	潽		
	牛奶都潽出来了	江苏南京			
	粥锅潽了	江苏扬州	鬻	饭要鬻汤了	安徽歙县
	牛奶潽了	四川成都		牛奶鬻了	云南昆明 云南腾冲
	饭潽勒	上海		粥鬻锅儿外转（外面）出	浙江温州
	饭煮潽出来了，把盖子揭开下子	广西柳州		粥锅鬻了	江苏镇江，湖北广济、蕲春
溢	滴汤下溢介出来哩	湖南娄底	溢	水溢哒	湖南长沙
	装许满一壶水，都溢出来了	江西南昌			
濆	啲粥濆出来咯	广州			

由表 2-6 可以看出，"潎"已在现代汉语方言区消失，"濆、溢、浡、鬻、铺、潽"在现代汉语方言区的用例多集中在古楚方言区，都表示"（粥、奶等）液体受热沸涌溢出"，"濆、溢"不再有上古时期"泉水、江河涌溢出来"义，"潘"在楚方言区的用例与"受压力而喷出"义无关。

笔者参看《现代汉语方言大词典》[1]，发现"沸水"在梅县、雷州、海口都表示"开水"，"沸"在当地的现代汉语中多表"（食物等）液体受热沸涌溢出"，读音与中古时期的"潎"及其同源字相近：

海口：ʔbui³⁵　　　梅县：pi⁵⁵　　　雷州：pui⁵⁵

邢公畹《汉台语比较手册》[2]为壮傣语"沸"的拟音为：

云南傣雅语：fot⁸ 西双版纳傣语：fot⁸ 德宏傣语：fot⁸ 国外泰语：fɔ:t⁸（烧尽）〈*bhj-邢先生认为，台语族西南语支"沸"的比较汉语是"浡"：广州 pu:t⁸（浡）〈buət°〈*bət°

至此，笔者对"潎、瀵、濆、潘、溢、沸、浡、鬻、潽"在方言区和通语区的使用情况做了一个小结，如图 2-2 所示（其中，"沸、潽、浡"本身是通语词，用[]标示；A组表"泉水、江河涌溢出来"义，B组表"水

---

[1] 李荣：《现代汉语方言大词典》，江苏教育出版社 2012 年版，第 2417、2418 页。
[2] 邢公畹：《汉台语比较手册》，商务印书馆 1999 年版，第 203 页。

受热沸涌溢出"义)：

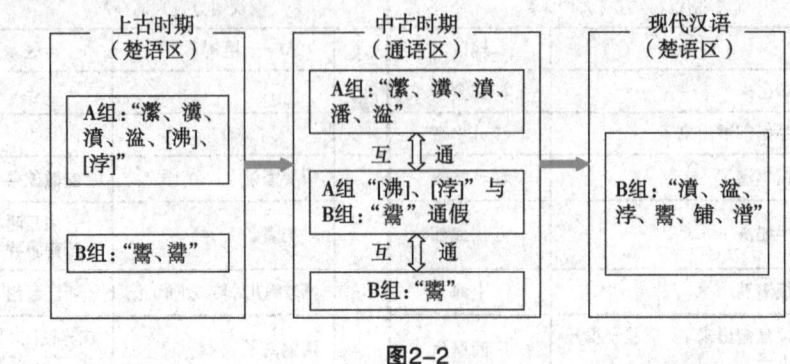

```
┌─ 上古时期 ─┐      ┌─ 中古时期 ─┐      ┌─ 现代汉语 ─┐
│  （楚语区） │      │  （通语区） │      │  （楚语区） │
│            │      │            │      │            │
│ A组："瀿、潢、│      │A组："瀿、潢、濆、│      │            │
│ 濆、溢、[沸]、│      │ 潘、溢"    │      │            │
│ [浡]"       │  →   │   互 ⇅ 通  │  →   │ B组："濆、溢、│
│            │      │A组"[沸]、[浡]"与│      │ 浡、鬻、铺、潽"│
│            │      │B组："鬻"通假│      │            │
│ B组："鬻、鬵"│      │   互 ⇅ 通  │      │            │
│            │      │ B组："鬻"   │      │            │
└────────────┘      └────────────┘      └────────────┘
```

图2-2

由上图可知，表"泉水、江河涌溢出来"的"瀿、潢、濆、潘、溢、沸、浡"与表"水受热沸涌溢出"的"鬻、鬵"在上古楚方言区表义不同；中古时期，由于"沸"与"鬻"的混用导致"瀿、潢、濆、潘、溢"与"鬻"互通；在现代汉语方言区，"濆、溢、浡、鬻、铺、潽"都只表示"水受热沸涌溢出"。其中，"鬻"仍保留其在上古楚语区的本义。

上古时期，"喷"指"（液体、气体等）受压力而射出"，与古楚方言词"瀿、潢、溢、濆、潘"并无互通情况；现代汉语中，"喷"是表示"（液体、气体等）受压力而射出"的通语词。但是，现代汉语南方方言词"濆、溢、浡、鬻、铺、潽"与日语"喷"使用的语境相仿：

（1）かゆが喷き零れる。（表示"粥冒出来"）其中，喷き零れる【hukikoboreru】（*这里的【hu】与【fu】读音相近）表示"煮开溢出"。

（2）锅が喷く。（表示"锅潽了。"）其中，喷く【fuku】表示"煮开溢出"。

日语接触汉字以前只有语言没有文字。日语中的音读词汇主要来自我国唐朝闽浙地区的方言。"喷"在日语中读"フン"，罗马音标记为清音【funn】。

通过检索百度地图，笔者发现带"潢"的地名位于陕西省合阳县的"夏阳潢景区"，此处位于黄河以南，有泉眼十余处，水波喷沸、景色壮观，故该地以表"泉水涌溢出来"义的"潢"命名。刘先枚《楚言榷论》："楚国的语源，来自西方的秦晋高原，东方的齐鲁，而秦晋高原尤为重要。"①故陕西合阳县属于古楚方言区;古楚地名词"渍"现今只有湖北省宜昌市五峰土家族自治县的"渍洞子"和四川省雅安市的"渍江"两处;古楚地名词"溢"仅见于江西省九江市的"溢城""溢浦路"。可见"濆""渍""溢"用于地名时,全部集中在古楚方言区。

在韩国和日本,存在大量用"喷"表示"泉水涌溢出来"的地名,在中国只有以"喷"命名的亭名,未见地名。

朝鲜人在15世纪以前就是借用汉字来记录语言的,所以朝鲜语中有很大一部分词是汉借词。韩国庆尚北道浦项市"喷玉亭"(분옥정)与河南省辉县市百泉的亭名"喷玉亭"、湖北省荆门市象山的亭名"喷玉亭"同名。河南百泉湖开凿于商朝,湖底众多泉眼常年喷涌而出。李柏武②在《象山泉亭考述(下)》一文指出:"蒙泉,唐代在泉侧建有澄源阁。后来建有潜玉亭、浮香亭。蒙泉之上,有喷玉亭。宋绍兴年间,'观察张垓行部至州,叹赏其景,命工增葺,环以巧石,又徙巨石中流,助泉激射,宛如喷玉,故名'。"蒙泉为荆门众泉之首。那么,韩国的"喷玉亭"(분옥정)是否也因"泉水涌溢出来"而得名呢?浦项市中央的一条形山江把市区分成了东西两部分,足证"喷玉亭"(분옥정)在当时因水涌溢而得名。

日本有多处以"喷"命名的地方与"泉水涌溢"相关,如静冈的"峰温泉大喷汤公园""池之泽喷气孔群"、长野的"喷汤丘"(即"长野县松元市安昙白骨温泉")、新潟的"濑波温泉喷汤公园"、岐阜的"加贺野八幡神社自喷井"等。

第七节 "籅"系列

籅 "籅"表示"箸筒",即盛筷、勺的竹笼时,为楚方言。扬雄《方

---

① 刘先枚:《楚言榷论》,武汉大学出版社2012年版,第52页。
② 李柏武:《象山泉亭考述(下)》,《荆门日报社多媒体数字报刊》2014年8月5日第3版。

言》卷五云:"箸筒,陈楚宋魏之间谓之筲,或谓之籝;自关而西谓之桶檧。"郭璞注:"《汉书》曰:遗子黄金满籝。"《说文解字·竹部》:"籝,笭也,从竹赢声。"又"笭"字下云:"车笭也。从竹令声。一曰:'笭,籯也。'"《广雅·释器》云:"籯,箸筒也。"又言"笭,笼也",注云:"盛杙箸籯。"颜师古注《急就篇》云:"籯,盛匕箸笼也。"由此,则"籝"与"籯"同。《玉篇·竹部》曰:"籯,箸筲谓之籯。亦作籝。"钱绎《方言笺疏》有云:"籯之言赢也,盛受之名也。《襄公三十一年·左氏传》云'而以隶人之垣以赢诸侯',杜预注:'赢,受也。'《正义》曰:'贾、服、王皆读为盈,盈是满也,故训之为受。'义与'箸筲'谓之'籯'同也。"此则说明了楚人言"籯"之由。戴震《方言疏证》作"籯":"《汉书·韦贤传》注'如淳曰:籯,竹器,受三、四斗,今陈留俗有此器。师古曰:许慎《说文解字》籯,笭也。扬雄《方言》云:陈楚宋魏之间谓筲为籯。然则筐笼之属是也。'"王念孙疏证"籯与籝同,籯之言盛受也。"又:"籝,笼也。"王念孙疏证:"籝之言籯也,盛受之名也。"

攍 《方言》卷七:"攍,担也。齐楚宋魏之间曰攍。"郭璞注:"庄子曰:攍粮而赴之。""南楚或谓之攍。"(《庄子·庚桑篇》)

瀛 《招魂》:"倚沼畦瀛兮遥望博。"王逸注:"瀛,池中也。楚人名池泽中曰瀛。""遥,远也;博,平也。言己行江而行,遂入池泽,其中区瀛远望平博,无人民也。"

瀛、籯,以成切,平,清韵,喻四,耕部。

第八节 "溴"系列

溴 《说文》:"溴,汤也。"《广韵》:"溴,浴余汁也。"《仪礼·士丧礼》:"溴濯弃于坎。"注:"沐浴余潘水。古文溴作湪,荆沔之间语。"疏:"潘水既经温煮谓之溴,已将沐浴谓之濯。"

煖 《淮南子·人间训》："寒不能煖。"注："煖，温也。"《楚辞·天问》："何所冬煖？何所夏寒？"注："煖，温也。"《礼记·王制》："七十非帛不煖。"郑玄注："煖，温也。"

燠 《墨子·辞过》："当今之主，其为衣服，则与此异矣。冬则清燠，夏则轻清。"

臑 南朝梁江淹《泣赋》："视左右而不臑，具衣冠而自凉。"

澳、燠、煖、臑，乃管切，上，缓韵，泥母，元部。

第三章 楚方言记音字

扬雄记载的部分楚方言词，跟中原雅言相比，是同一个词，只是用字不同，它们是通借关系。用字不同，可能是方言区域间语音不同。孙玉文说："当时的每一个词，即使是基本词汇所有的词，不同的方言读法必然不同，都可以用不同的汉字去记录。"[①]扬雄可能考虑到方言的音的差异，就用了别的字（通假字）去记录。下面从先秦和两汉两个朝代来观察。

以下是先秦时期。

毕 "毕"通"必"。《方言》卷九："车下铁，陈宋淮楚之间谓之毕。"戴震《方言疏证》："考工记：'天下圭中必。'郑注：'必，读如鹿车縪之縪，谓以组约其中央，为执之以备失队。'"钱绎《方言笺疏》："《方言》作'毕'，《考工记》作'必'，郑读如'縪'，《说文》作'韠'，其义一也。"

儓 通至"台""孎""骀"。《方言》卷三："儓、厮，农夫之丑称也。南楚凡骂庸贱谓之田儓。"《左传·昭公七年》："仆臣台。"《孟子·万章》："盖自是台无馈也。"赵岐注："台，贱官主使令者。"《说文》："孎，迟钝也。"《广雅·释言》："驽，骀也。"《楚辞·九辩》："策驽骀而取路。"《庄子·德充符》："卫有恶人焉，曰哀骀它。"李颐注："哀骀，丑貌。""儓""台""孎""骀"通用。

觇 通"沾""占"。《方言》卷十："觇、占、伺，视也。凡相窃视

[①] 孙玉文：《扬雄〈方言〉折射出的秦汉方音》，《语言学论丛》2012年第44期。

南楚谓之阚，或谓之䀌，或谓之占。"《礼记·檀弓》："我丧也斯沾。"郑注："沾，读若觇。觇，视也。"又"晋人之觇宋者"。注："觇，阚视也。"《学记》："呻其占毕。"注："占，视也。"《晋语》："公使觇之。"韦昭注："觇，微视也。"《说文·见部》："觇，窥视也。"

尌 通"沾"。《方言》卷三："尌，益也。南楚凡相益而又少谓之不尌。凡病少愈而加剧亦谓之不尌，或谓之何尌。"《小雅》："既霑既足。"古本当作沾。《楚辞·大招》："不沾薄只。"

惮 通"㒊"。《方言》卷六："戏、惮，怒也。楚曰惮。"《诗·大雅·桑柔》："逢天僤怒。"《广雅·释诂》："惮，怒也。"《秦策》："王之威亦惮矣。"《国语·周语》："阳瘅愤盈。"《旧音》引《方言》："楚谓怒为瘅。""瘅"与"惮"通。

独 通"蜀"。《方言》卷十二："一，蜀也。南楚谓之独。"《管子·形势》："抱蜀不言，而庙堂既修。"惠定宇："'抱蜀'即《老子》'抱一'也。"华学诚："今扬州西北郊犹有一孤独山冈，名曰'蜀冈'。"

蠡 通"劙"。《方言》卷八："参、蠡，分也。楚曰蠡。"《荀子·赋篇》："攦兮其相逐而反也。"杨倞注："攦与劙同，攦兮，分判貌。"《方言》卷十三："劙，解也。"

懋 通"勃"，《方言》："懋，悖也。楚扬谓之悃，或谓之懋。"《庄子·庚桑篇》："六者，勃志也。"《荀子·修身篇》："不由礼则勃乱提僈。"《淮南子·人间训》："其自养不勃。"《鹖冠子·王铁篇》："事从一二，终古不勃。"《史记·天官书》："荧惑为勃乱，残贼。"《后汉书·吴汉传》："比敕公千条万端，何意临事勃乱。"《史弼传》："二弟阶宠，终身勃慢。"

厩 通"僰"。《方言》卷三："南楚凡骂庸贱谓之田儓，或谓之厩。"郭璞注："厩，丁健儿也。《广雅》以为奴，字作僰，音同。"《广雅·释诂》作"厩"，曹宪音蒲北切。《礼记·王制》："不变，王三日不举，屏之远方，西方曰棘，东方曰寄，终身不齿。"《史记·西南夷列传》："巴蜀民或窃出商贾，取其筰马、僰童、髦牛，以此巴蜀殷富。"张守节正义："今益州南或戎州北临大江，古僰国。"《吕氏春秋·恃君》："僰人……

多无君。"《说文·人部》："僰,犍为蛮夷,从人,棘声。"段玉裁注："犍为郡有僰道县,即今四川叙州府治也,其人民曰僰。"

悴 通"瘁"。《方言》卷一："悴,伤也。自关而东汝颍陈楚之间通语也。"《小雅·雨无正》："憯憯日瘁。"《说文·心部》："悴,忧也。"《淮南子·原道训》："圣人处之,不为愁悴怨怼,而不失其所以自乐也。"

翿 通"翳"。《方言》卷二："翿羽、幢,翳也。楚曰翿羽。"《礼记·杂记》："匠人执翿羽以御柩。"《诗》："左执翳。"郑笺、毛传以"翳"释"翿羽"："翳舞者所持,所谓羽舞也。"郝懿行："'翿羽'、'翳'音同字通。"

疲 通"卞"。《方言》卷十："疲,恶也。南楚凡人残骂谓之钳,又谓之疲。"《左传·定公三年》："庄公卞急而好洁。"《玉篇》："疲,恶也。"

薞 通"葑"。《方言》卷三："薞,(郭璞注:旧音蜂,今江东音嵩,字作菘也。)"芜菁也。陈楚之郊谓之薞。"《尔雅·释草》："须,葑苁。"戴震《方言疏证》："薞亦作葑。"《邶风·谷风》："采葑采菲,无以下体。"毛传："葑,须也;菲,芴也;下体,根茎也。"郑笺："此二菜者,蔓菁与葍之类也,皆上下可食。"《经典释文》："葑,《字书》作薞。"《草木疏》："蔓菁也。郭璞云:'今菘菜也。案,江南有菘,江北有蔓菁,相似而异。'"《礼记·坊记》郑注："葑,蔓菁也。陈宋之间谓之葑。"《说文·舜部》："舜,草也。楚谓之葍。"

䜭 通"函"。《方言》卷六："䜭,受也。齐楚曰䜭。"《广雅·释诂》："䜭,受,盛也。"王念孙《疏证》："䜭通作含。"《曲礼》："席间函丈。"郑注："函犹容也。""函"与"䜭"声近义同。

剟 通"谍""躁"。《方言》卷二："剟,狯也。秦晋之间曰狯;楚谓之剟。""剟"通"躁"。《荀子·富国》："悍者皆化而愿,躁者皆而愨。"王先谦《集解》引王引之曰:"躁,犹狡猾也。"《韩非子·有度》:"聪智不得用其诈,阴躁不得关其佞。""剟"又通作"谍"。《韩非子·说疑》:"去此五者,谍诈之人不敢北面立谈。"

嗁咣 通"号咷"。《方言》卷一:"平原谓啼极无声谓之唴哴。楚谓之嗁咣。"《周礼·同人》九五:"先号咷后笑。"《经典释文》:"号虎咷，啼呼也。"《公羊传》"（昭公二十五年）昭公于是嗷然而哭"。

狉 通"狸"。《方言》卷八："貔，陈楚江淮之间谓之狉。"《大射仪》："奏狸首。"郑注："狸之言不来也。"《广雅·释兽》："豾，狸也。"王念孙疏证："'不'与'豾'，'来'与'狸'，古同并声。"

尴尬 通"滥恶"。《方言》二："尴尬，毳也。（郭璞注：皆物之行蔽也。）楚曰尴尬。"《管子·参患》："器滥恶不利者，以其士予人也。"

禀 通"懔"。《方言》卷六："禀、浚，敬也。吴楚之间自敬曰禀。"《荀子·议兵篇》："臣下懔然莫必其命。"杨倞注："懔然，悚栗之貌。"《汉书·循吏传》："此禀禀庶几德让君子之遗风矣。"

悋 通"吝"。《方言》卷十："荆汝江湘之郊凡贪而不施谓之亄，或谓之悋。"《论语·泰伯》："如有周公之才之美，使骄且吝，其余不足观也已。"又《尧曰》："犹之与人也，出纳之吝，谓之有司。"《玉篇·心部》："悭，悭悋也。"《广韵·山韵》："悭，悋也。"

拌 通"播"。《方言》卷十："拌，弃也。楚凡挥弃物谓之拌。"《广雅·释诂》一："拌，弃也。"王念孙《疏证》："拌之言播弃也，古文'播'为'半'，'半'即古'拌'字，谓弃余于筐也。"吴语："播弃黎老。"是也。"播"与"拌"，古声相近。《士虞礼》："尸饭，播余于筐。"

亨 通"烹"。《方言》卷七："亨，熟也。嵩狱以南陈颍之间曰亨。"《礼运》："以炮以燔以亨以炙。"郑注："亨，煮之镬也。"《周礼·天官·内饔》："内饔，掌王及后世子膳之割亨煎和之事。"郑玄注："亨，煮也。"《汉书·高帝纪》："羽亨周苛，并杀枞公。"颜师古注："亨，谓煮而杀之。"《集韵·庚韵》："烹，煮也。或作亨。"《诗·小雅·楚茨》："或剥或亨。"《左传·昭公二十年》："水火醯醢盐以烹鱼肉。"

緧 通"辔"。《方言》卷九："车纣，自关而东周洛韩郑汝颍而东谓之緧。"《考工记》："必辔其牛后。"郑注："关东谓纣为緧。"《荀子·强国》："巨楚县吾前，大燕鳅吾后。"《广雅·释器》："纣，緧也。"《释名·释车》："辔，道也，在后迫使不得却后也。"《晋书》："潘岳疾王济、裴楷乃题阁道为谣曰：'阁道东，有大牛。王济鞅，裴楷辔。'"指王济在前、裴楷在后。

骚 通"箫"。《方言》卷六:"骚,蹇也。吴楚偏蹇曰骚。"《曲礼》:"凡遗人弓者,右手执箫。"郑注:"箫,弭头也。谓之箫,箫,邪也。"正义:"弓头梢郯差,邪似箫,故谓为箫也。"《释名》:"弓末曰箫,言箫邪也。"

鏦 通"鉈"。《方言》卷九:"矛,吴扬江淮南楚五湖之间谓之鏦。"左思《吴都赋》:"藏鏦于人。"刘逵注引《方言》:"吴越以矛为鏦。"

猣 通"愬"。《方言》:"猣,惊也。宋卫南楚凡相惊曰猣。"《说文》:"猣,犬猣猣不附人也。读若南楚相惊曰猣。读若愬。"《易·履》九四:"履虎尾,愬愬终吉。"《释文》:"愬愬,子夏传云,恐惧貌。"何休注《公羊传》:"惊愕也。"《易·震》六三:"震苏苏,震行无眚。"孔颖达疏:"苏苏,畏惧不安之貌。"又"震索索,视矍矍"。孔颖达疏:"索索,心不安之貌。"

略 通"略"。《方言》卷二:"略,眄也。吴扬江淮之间或曰瞷,或曰略。"宋玉《神女赋》:"目略微眄。""略"与"略"通。

税 通"说"。《方言》卷七:"税,舍车也。宋赵陈魏之间谓之税。"《诗·召南·甘棠》:"召伯所说。"毛传:"说,舍也。"《周礼·典路》:"辨其名物,与其用说。"郑注:"说,谓舍车也。"陆机《招隐诗》:"税驾从所欲。"李善注引《方言》:"舍车曰税。"

怃 通"抚"。《方言》卷一:"怃,哀也。逢楚之北郊曰怃。"王念孙《方言疏证补》:"怃之言抚恤也,故《尔雅》云:'怃,抚也。'又云:'矜怜,抚掩之也。'卷十云:'无写,怜也。沅澧之原凡言相怜哀谓之无写。'无写亦怃也,急言之则曰怃,徐言之则曰无写矣。"《书·秦誓》:"抚我则后,虐我则雠。"

仉 通"凡"。《方言》卷十:"仉,轻也。楚凡相轻薄谓之相仉。"《孟子·尽心》:"待文王而后兴者,凡民也。"左思《魏都赋》:"过以汛剽之单慧。"张载注引《方言》:"汛,剽,轻也。"《广雅》:"凡,轻也。"

恂 通"洵"。《方言》卷一:"恂,信也。宋卫汝颍之间曰恂。"《书·立政》:"迪知忱恂于九德之行。"旧题孔传:"禹之臣蹈知诚信于九德之行。"《诗·宛丘》:"洵有情兮。"毛传:"洵,信也。"又:"洵訏且

· 72 ·

乐","洵直且侯","洵美且异","于嗟洵兮"。

诿与 通"阿与"。《方言》卷六:"诬,诿与也。荆齐曰诿与,犹秦晋言阿与。"戴震《方言疏证》:"后卷十内'或谓之诿',注云'言诬诿也',合之此注,皆以'诬诿'连称;据正文,'诿与'犹'阿与','诿''阿'乃一声之转。"

愮 通"疗"。《方言》卷十:"愮、疗,治也。江湘郊会谓医治之曰愮。"戴震《方言疏证》:"《玉篇》云:'愮,忧也。''疗'、'愮'语之变转,故可从疗为治,疗又可从愮为忧。"《广雅》:"愮,疗,治也。摇、愮古通用。"《左传·襄公二十六年》:"不可救疗。"《诗·陈风·卫风》:"可以乐饥。"郑笺:"乐作愮。"《韩诗外传》作"疗"。

悦 通"脱"。《方言》卷十:"悦,舒也,苏也。楚通语也。"《公羊传》昭公十九年:"复加一饭,则脱然愈。"何休注:"脱然,疾除貌也。"《庄子·至乐》:"胡蝶胥也化而虫,生于灶下,其状若脱,其名为鸲掇。"司马彪:"脱音悦,云新出皮悦好也。"

瓯 通"臾"。《方言》卷五:"䇺,陈魏宋楚之间曰瓯。"《荀子·大略》:"流丸止于区瓯臾。"杨倞注引《方言》:"陈魏楚宋之间谓䇺为臾。"

展 通"惮"。《方言》卷六:"荆吴之人相难谓之展,若秦晋之间相惮矣。"《左传·昭公十四年》:"惮之以威。"《鲁语》:"帅大誓以惮小国。"韦昭注:"惮,难也。"

诼 通"椓"。《方言》卷十:"诼,愬也。(郭璞注:诼譖亦通语也,)楚以南谓之诼。"《左传·哀公十七年》:"太子又使椓之。"杜预注:"椓,诉也。"钱绎《方言疏证》:"以物有所椎击谓之椓,又谓之毂,亦谓之毂,又谓之椓,犹以言谮愬谓之诼,亦谓之椓也。"

芍 通"伪"。《方言》卷二:"蹶,狯也。楚郑曰芍。"《周官·大司徒》:"以五礼防之伪,而教之中。"《左传·襄公三十年》:"无载尔伪。"《楚辞·九叹》:"若青蝇之伪质兮。"王逸注:"伪,(犹)变也。"钱绎《方言笺疏》:"讹、伪、为并与芍通,方俗有轻重。"

甬 通"庸"。《方言》卷三:"自关而东陈魏宋楚之间保庸谓之甬。"贾谊《过秦论》:"才能不及中庸。"李善注:"《方言》曰'庸,贱称也。'

言不及中等庸人也。"《尔雅·释诂》一:"甬,保庸,使也。"王念孙《疏证》:"庸亦用也。《方言》'自关而东陈魏宋楚之间保庸谓之甬。'甬亦庸也。《楚辞·九章》'固庸态也。'王逸注云'庸,廝贱之人也。'《史记·栾布传》'赁佣于齐,为酒人保。'《集解》引《汉书音义》云'可保信,故谓之保。'佣与庸通。"

以下是两汉时期所见。

㭋 通"蘖"。《方言》卷一:"烈、㭋,余也。陈郑之间曰㭋。"《尔雅·释诂》:"烈、㭋,余也。"郭璞注:"晋卫之间曰蘖,陈郑之间曰烈。"郝懿行《义疏》:"烈者,列之假借也。《说文》云'裂,缯余也。'《玉篇》云'巾列,帛余也。'"《广雅》云:"㓟,余也。㓟、巾列并与裂同,通作烈。"王引之《经义述闻》卷六:"毛诗'其灌其木列'条云'木列 读为烈,烈,㭋也,斩而复生者也。'"

荂 通"华"。《方言》卷二:"华、荂,日成也。齐楚之间或谓之华,或谓之荂。"《尔雅·释草》:"华,荂也。华、荂,菜也。木谓之华,草谓之荣。"郭注:"今江东呼华为荂。"《文选·吴都赋》:"异荂苊蕗,夏晔冬蒨。"

尌 通"沽"。《方言》卷三:"尌,益也。南楚凡相益而又少谓之不尌。凡病少愈而加剧亦谓之不尌,或谓之何尌。"《说文》:"尌,勺也。"《招魂》王逸注:"勺,沽也。"《说文·水部》:"沽……一曰沽,益也。"《楚辞·大招》:"不沽薄只。"王逸注:"沽,多汁也。薄,无味也。其味不浓不薄,适甘美也。"《汉全曹碑》:"惠沽渥。"《白石神君碑》:"澍雨沽洽。"

迹迹 通"屑屑"。《方言》卷十:"迹迹、屑屑,不安也。江沅之间谓之迹迹;秦晋谓之屑屑。"钱绎《方言疏笺》:"'屑屑'、'塞塞'、'省省',并一声之转,亦'迹迹'之变转也。"《后汉书·王艮传》:"何其往来屑屑,不惮烦也。"潘岳《闲居赋》:"尚何能违膝郊下色养,而屑屑从斗筲之役乎?"

第四章　历代古楚方言词例举

扬雄《方言》记载的是共时材料还是历时材料，学者们的认识并不一致。王先谦《释名疏证补》："禂"下注"雄所采者绝国之离词，刘所录者近乡之古音也"意思是《方言》是历时语料，《释名》是共时语料。吴予天认为"子云《方言》，周秦先汉之语汇也"。①胡朴安说："予谓《方言》一书，不过周秦至汉方言之史料……所称别国，皆周秦以前之名称，则应劭所谓輶轩之所采，当亦可信。所以《方言》一书之材料，上溯自周，历秦及两汉，作者当与扬雄之时代不相先后，或竟是扬雄所作而后人补之。可惜此书不能将周秦汉之语，有时间之分别；即空间之分别，亦稍显笼统。吾人今日读《方言》，只能作为汉以前古语之研究。汉以前之古语，因时代久远，而遂成为训诂学史上之重要之材料也。"袁家骅等也有类似的看法："书中主要材料采自孝廉、卫卒之口，还有一部分采自散佚的先秦典籍，所谓'旧书雅记'，带有考古证今的意味。所以《方言》所载实际上包括周末和秦汉的方言数据。""书中地名，如宋卫韩周都是沿用周代旧名，晋赵魏分说或并提指三家分晋以前或以后，也没有交待清楚，所以从地域上看也不限于汉代的方言。"②郭沫若说"兮"字、"些"等字是《楚辞》白话，但又说不始于屈原，只是屈原用得更多而已。概括起来说，他们不认为《方言》具有共时价值，理由有两个，一是《方言》中的材料兼包古今，二是表示地域的地名多用周时旧名。但是，现在大部分学者都认为《方

---

① 吴予天：《方言注商》自序，商务印书馆1933年版，国学小丛书本。
② 袁家骅等：《汉语方言概要（第二版）》，文字改革出版社1983年版，第3页。

言》具有共时价值。

《方言》中确实有古词语，扬雄《与刘歆书》已说得很明白。但是这并不等于《方言》中的材料就没有共时价值，因为即使是古词语，也都已经由扬雄亲自调查过当时的语言事实并一一进行过核实验证，换言之，扬雄已证实这些古已有之的词语，还活在当代口语方言之中，当然，这些词语在地域上的具体分布也许与古代并不相同。

《方言》卷一："燕之北鄙齐楚之郊或曰京，或曰将。皆古今语也。初别国不相往来之言也，今或同，而旧书雅记故俗语不失其方，而后人不知，故为之作释也。"（古方言俗语还可以在古籍中考察到它们的本来面目）王念孙《方言疏证补》："'旧书故记'，通指六艺群书而言；'故俗语'，谓故时俗语。既言'旧书'，又言'故记'、'古俗语'者，古人之文不嫌于复也。言旧书故记中所载故时俗语，本不失其方，而后人不知，故作《方言》以释之耳。下节'古雅'二字，正谓'旧书雅记'。"

今本《方言》是扬雄调查所得的实录。扬雄指明哪些词是"古雅之别语"或"古今语"，都有周代记录作为辨别的依据。《方言》卷一："摧、詹、戾，楚语也。"郭璞注："《诗》曰'先祖于摧''六日不詹''鲁侯戾止'之谓也。此亦方国之语，不专在楚也。""艐，宋语也。皆古雅之别语也，今则或同。"

丁启阵认为："《方言》和《说文解字》所记载的方言词语基本上都在比较短的时间内同时存在使用的，具有共时描写分析的价值。《方言》中的方言词语基本上都是公元前30年至公元初这30年左右时间里的各地方言，个别更古些的方言词语已为扬雄指出了，如，卷12和卷13中都有一些指出为'古今语'和'古雅语之别语'的词语。"[①]应劭《风俗通义序》："周秦常以岁八月遣輶轩之使，求异代方言，还奏籍之，藏于密室。及嬴氏之亡，遗脱漏弃，无见之者，蜀人严君平有千余言，林闾翁孺才能梗概之法。扬雄好之，天下孝廉卫卒交会，周章质问以次注续，二十七年，尔乃治正。凡九千字。"这是根据扬雄《答刘歆书》概括的。这里有两重含义，

---

① 丁启阵：《秦汉方言》，东方出版社1991年版，第121页。

第四章　历代古楚方言词例举

一是扬雄继承了周秦以来前人的方言记载材料，即严君平的"千余言"，林闾翁孺的"梗概之法"，扬雄时代甚至先秦有些词已是通语，但扬雄仍厘定为"方言"，根据的是严君平、林闾翁的资料。二是扬雄所记方言具有共时性，"故天下上计、孝廉、及内郡卫卒会者，雄常把三寸弱翰，赍油素四尺，以问其异语，归即以铅摘次之于椠"。经过了扬雄的"周章质问"，可以说对每条都进行了调查，那么，先秦方言还保留在汉代方言中。

司理仪认为，尽管扬雄使用过周秦时代的材料，但是却用当时的语言材料做过验证。

《说文解字》记载楚方言 57 条，其中标明汝南的有 8 条。《诗经·豳风·七月》："九月叔苴。"《说文》："叔，拾也。汝南谓收芌为叔。"段玉裁注："言此者，箸商周故言犹存于汉之汝南也。"说明许慎是以他的母语为基础的。

下面我们按时代验证《方言》中楚方言词在文献里的使用情况，说明古楚方言的发展演变。

下面是已见于先秦通语文献的楚方言词。

艾　《方言》卷一："台、胎、陶、鞠、养也。汝颍梁宋之间曰胎，或曰艾。"郭璞注："《尔雅》云：'艾，养也。'"《诗经·小雅·南山有台》："乐只君子，保艾尔后。"《诗经·小雅·鸳鸯》："君子万年，福禄艾之。"毛传："艾，养也。"

熬　《方言》卷七："熬……火乾也。凡以火而乾五谷之类，自山而东，齐楚以往谓之熬。"《说文》："熬，乾煎也。"《礼记·内则》："煎醢加于陆稻上，沃之以膏，曰淳熬。"

陂　《方言》卷六："陂，袤也。陈楚荆扬曰陂。"《乐记》："商乱则陂。"郑注云："陂，倾也。"指山坡、斜坡。《尔雅·释地》："陂者曰坂。"《释名·释山》："山旁曰陂。"指偏邪、不正。《荀子·成相》："逸人罔极，险陂倾侧。"《泰》九三："无平不陂。"虞翻注："陂，倾也。"《诗·序》："无险诐私谒之心。"《吕氏春秋·辩土》："其为晦也，高而危则泽夺，陂则埒。"

畚 《方言》卷五："䈱，江淮南楚之间谓之䈱，沅湘之间谓之畚。"详见第七章第三节第一部分。

逞 《方言》卷三："速、逞、摇扇，疾也。楚曰逞。"《说文·辵部》："逞，楚谓疾行为逞。"《广雅·释诂》："逞，疾也。"《左传·昭公十四年》："何所不逞欲。"

瘳 《方言》卷三："差、间、知，愈也。南楚病愈者谓之差，或谓之瘳。"《诗·大雅·瞻卬》："罪罟不收，靡有夷瘳。"《文选》晋陆机《吊魏武帝文》："冀翌日之云瘳，弥四旬而成灾。"《说文》："瘳，疾愈也。"《说命篇》："若药弗瞑眩，厥疾弗瘳。"某氏传曰："如服药必瞑眩极，其病乃除。"赵岐《滕文公篇》注："药，攻人疾，先使瞑眩愦乱，乃得瘳愈也。"《金縢篇》："王翼日乃瘳。"传云："瘳，差也。皆愈之意也。"

摧 《方言》卷一："假、怀、摧，至也。""摧、詹、戾，楚语也。"《诗·大雅·云汉》："先祖于摧。"《尔雅·释诂》："摧，至也。"张衡《东京赋》："辨方位而正则，五精帅而来摧。"李善注引薛综曰："摧，至也。"

党 《方言》卷一："党、晓、哲，知也。楚谓之党。"《荀子·非相》："洗先王，顺礼义，党学者。"《荀子·王制》："而党为吾所不欲于是者。"

悼 《方言》卷一："悼，伤也。自关而东汝颍陈楚之间通语也。"《诗经·卫风·氓》："静言思之，躬自悼矣。"

垤 《方言》卷十："垤、封，坊也。楚郢以南蚁土谓之垤。"《诗·豳风》："鹳鸣于垤。"毛传："垤，蚍蜉也。"《孟子》："泰山之于丘垤。"赵岐注："垤，蚁封也。""垤"的现代汉语用法另见第八章。

耇 《方言》卷十："耇、革，老也。皆南楚江湘之间代语也。"《诗经·小雅·南山有台》："遐不黄耇。"毛传："耇，老也。"《书经》："耇造德不降。"《释名》："耇，垢也。皮色骊悴页恒如有垢者也……或曰冻黎，皮有斑点，如冻黎色也。"《尔雅·释诂》："耇，寿也。"郭璞注："耇，犹耆也，皆寿老之通称。"

第四章 历代古楚方言词例举

镞 《方言》卷九："箭,自关而东谓之矢,江淮之间谓之镞。"《诗·大雅》："四镞既钧。"《毛传》："镞矢参亭。"疏云:"《方言》关西曰箭,江淮谓之镞。镞者,铁镞之矢名也。"《尔雅》："金镞剪羽谓之镞。"郭注:"今之錍箭是也。"

怀 《方言》卷一："假、怀、摧,至也。齐楚之会郊,或曰怀。"《诗·大雅·大明》："聿怀多福。"《尔雅·释诂》："怀,至也。"

祎 《方言》卷四："蔽膝江淮之间谓之祎。"《尔雅·释器》："妇人之祎谓之缡。"《说文·衣部》："祎,蔽膝也。"

翚 《说文·羽部》："翚,大飞也。一曰伊雒而南,雉五彩皆备曰翚。"《尔雅·释鸟》："伊洛而南素质五彩皆备成章曰翚。"《释名·释衣服》："伊洛而南雉素质五色皆备成章曰翚。"

获 《方言》卷三："荆淮海岱杂齐之间,骂奴曰臧,骂婢曰获。"《荀子·王霸》："则虽臧获。"杨倞注:"臧获,奴婢也。"

眮 《说文·目部》："眮,江淮之间谓眄曰眮。"《孟子·离娄下》："王使人眮夫子,果有以异于人乎?"（窥伺义）

键 《方言》卷五："户钥自关之东陈楚之间谓之键。"

间 《方言》卷三："差、间、知,愈也。南楚病愈者谓之差,或谓之间。"《礼记·文王世子》："旬有二日乃间。"郑注:"间,犹瘳也。"孔颖达疏:"若病重之时,病恒在身,无少间空隙,病今既损,不恒在身,其间有空隙病,故云'间犹瘳也'。瘳是病减损也。"《论语·子罕》："病间。"孔安国云:"少差曰间。"枚乘《七发》："伏闻大子玉体不安,亦少间乎?"注:"言有间隙。"《史记·赵世家》："不出二日,病必间,间必言也。"

将 《方言》卷一："将,大也。燕之北鄙齐楚之郊或曰京,或曰将。"《尔雅·释诂》："壮、将,大也。"《礼记·射义》："幼壮孝弟。"郑注:"壮或为将。"《诗》："鲜我方将。"《毛传》："将,壮也。"

倢 《方言》卷一："虔、儇,慧也。宋楚之间谓之倢。"《诗·大雅·烝民》："征夫捷捷。"《玉篇·人部》"倢"字引作"倢倢"。

子 《方言》卷二："子、荩,余也。青徐楚之间曰子。"《诗·大雅·云汉》:"周余黎民,靡有孑余。"《毛传》:"孑然遗失也。"

京 《方言》卷一:"京、将,大也。燕之北鄙齐楚之郊或曰京,或曰将。"《尔雅·释诂》:"京、景,大也。"桓公九年《公羊传》:"京者何?大也。"

鞠 《方言》卷一:"台、胎、陶、鞠,养也。陈楚韩郑曰鞠。"《诗经·大雅·蓼莪》:"毋兮鞠我。"《毛传》:"鞠,养也。"

喟 《方言》卷十:"沅澧之原凡言相怜哀谓之口贵。"《论语》:"喟然叹曰。"何晏注:"喟然,叹声也。"

戾 《方言》卷一:"戾,至也,楚语也。"《小雅·小宛》:"翰飞戾天。"《小雅·采菽》:"亦是戾矣。"《鲁颂·泮水》:"鲁侯戾止。"《毛传》:"戾,止也。"

疗 《方言》卷十:"愮、疗,治也。江湘郊会谓医治之曰愮。愮又忧也,或曰疗。"《左传·襄公二十六年》:"不可救疗。"杜预注:"疗,治也。"《陈风·卫风》:"可以乐饥。"郑笺:"乐作疗。"《韩诗外传》作"疗"。

篾 《方言》卷二:"稺,年小也。木细枝谓之杪,江淮陈楚之间内谓之篾。"《国语·周语》:"郑未失周典,王而蔑之。"韦昭注:"蔑,小也。"马融《长笛赋》:"蹉纤根,跋篾缕。"李善注:"方言曰:'篾,小也。'"《法言·学行》:"视日月而知众星之蔑也,仰圣人而知众说之小也。"《君奭》:"兹迪彝教文王蔑德。"郑注:"蔑,小也。"

末 《方言》卷十:"缕、末、纪,绪也。南楚皆曰缕,或曰端、或曰纪、或曰末,皆楚转语也。"《逸周书·武顺解》:"元首曰末。"《易》:"卦爻初为本,上为末。"《说文》:"末上曰末。"

莽 《方言》卷三:"莽,草也。南楚江湘之间谓之莽。"《方言》卷十:"莽,草也。南楚曰莽。"《左传·昭公元年》:"是委君贶于草莽也。"杜预注《左传·哀公元年》:"草之生于野,莽莽然,故曰草莽。"

惄 《方言》卷一:"惄,伤也。汝谓之惄。"《诗·周南·汝坟》:"惄如调饥。"《说文》:"惄,忧也。"

僄 《方言》卷十:"楚凡相轻薄谓之相仉,或谓之僄也。"《荀子·修

第四章 历代古楚方言词例举

身》："怠慢僄弃。"杨倞注："僄，轻也，谓自轻其身也。"

锜 《方言》卷五："鍑，江淮陈楚之间谓之锜，或谓之镂。"详见第七章第一节。

軧 《方言》卷九："轮，韩楚之间谓之軑，或谓之軧。"《诗·小雅·采芑》："约軧错衡。"《毛传》："軧，长毂之軧也，朱而约之。"

虔 《方言》卷三："虔、散，杀也。青徐淮楚之间曰虔。"《左传·成公十三年》："芟夷我农功，虔刘我边陲。"

钳 《方言》卷十："南楚凡人残骂谓之钳。"郭注："残，犹恶也。"《荀子·解蔽》："强钳而利口。"《后汉书·梁冀传》："性钳忌。"注："言性忌害，如钳之钳物也。"

僨 《方言》卷六："僨，介，特也。楚曰僨。"《尚书·洪范》："无虐煢独，而畏高明。"

谯 《方言》卷十："谯，让也。齐楚宋卫荆陈之间曰谯。"《管子·立政》："里尉以谯于游宗。"《史记·万石君传》："子孙有过失，不谯让，为便坐，对案不食。"《汉书·高帝纪》："樊哙亦谯让羽。"颜师古注："谯让，以词相责也。"

融 《方言》卷一："融，长也。宋卫荆吴之间曰融。"《诗》："昭明有融。"毛传："融，长也。"《周语》："显融昭明。"韦昭注："融，长也。"

啬 《方言》卷十："啬，贪也。荆汝江湘之郊凡贪而不施谓之亄，或谓之啬。"《诗·大雅》："好是家啬，力民代食。""家啬维贵，代食维好。"《诗·序》："其君俭啬褊急。"《左传·襄公二十六年》："小人之性衅于祸。"

箑 《方言》卷五："扇，自关而东谓之箑。"

簌 《方言》卷十三："簌，南楚谓之筲。"《论语·子路》："斗筲之人。"《士丧礼》："筲三，黍稷麦。"

湿 《方言》卷一："湿，忧也。陈楚或曰湿，或曰济。"《荀子·修身》《荀子·不苟》杨倞注："湿，忧也。"民国《芜湖县志》"事失机会谓之湿，音沓"。乾隆《赵城县志》："忧或曰慗，或曰湿。"

舒　《方言》卷十："悦、舒，苏也。楚通语也。"《广韵》："舒，徐也。"《召南·野有死麕》："舒而脱脱兮。"《毛传》："舒，徐也。脱脱，舒迟貌。"《韩非子·十过》："延颈而鸣，舒翼而舞。"

叔　《说文》："叔，拾也，汝南名收芋为叔。"段注："《豳风》'九月叔苴。'毛曰'叔，拾也。'按《释名》'仲父之弟曰叔父。叔，少也。'于其双声叠韵假借之，假借既久，而叔之本意鲜知之者，惟见于毛诗而已。"

怂　《方言》卷六："怂，欲也。荆吴之间曰怂。"《方言》卷十："食阎，怂恿，劝也。南楚凡已不欲喜而旁人说之，不欲怒而旁人怒之谓之食阎，或谓之怂涌。"《楚语》："教之春节而为之耸善而抑恶焉。"韦昭注："怂，奖也。"《左传·昭公六年》："诲之以忠，怂之以行。"

蜩　《方言》卷十一："蝉，楚谓之蜩。"《诗》"五月鸣蜩""鸣蜩嘒嘒""如蜩如螗"。毛传："蜩，蝉也。"

突　《方言》卷十："江湘之间凡卒相见谓之薬，相见或曰突。"《诗·齐风·甫田》："未几见兮，突而弁兮。"《经典释文》引《方言》"凡卒相近谓之突"。

豚　《方言》卷八："猪，南楚谓之豨，其子或谓之豚。"《周礼·天官·庖人》："凡用禽献，春行羔豚，膳膏香。"郑玄注："羊豚，物生而肥。"《论语·阳货》："阳货欲见孔子，孔子不见，归孔子豚。"

鲜　《方言》卷十："嫷、鲜，好也。南楚之外通语也。"《小雅·北山》："鲜我方将。"毛传："鲜，美也。"《淮南子·俶真训》："华藻镈鲜。"高诱注："鲜，明好也。"《广雅》："鲜，好也。"

慰　《方言》卷三："慰，凥也。江淮青徐之间曰慰。"《诗·大雅·帛系》："乃慰乃止。"

晓　《方言》卷一："党、晓、哲，知也。楚谓之党，或曰晓。"《荀子·王制》："百姓晓然皆知夫为善于家而取赏于朝也。"《汉书·报任安书》："明主不深晓，以为仆沮贰师，而为李陵游说。"

訏　《方言》卷一："訏，大也。中齐西楚之间曰訏。"《诗·郑风·溱洧》："洵訏且乐。"《大雅·生民》："实覃实訏。"《大雅·抑》："訏谟定命。"毛传并训"訏"为大。

第四章 历代古楚方言词例举

颜 《方言》卷十:"颜,颡也。"汝颍淮泗之间谓之颜。《国语·齐语》:"天威不违颜咫尺。"韦昭注:"颜,眉目之间。"《鄘风·君子偕老》:"扬且之颜也。"《毛传》:"广扬而颜角丰满。"

掩 《方言》卷三:"掩,同也。江淮南楚之间曰掩。"《诗·周颂》:"奄有四方。"毛传:"奄,同也。"

遥 《方言》卷六:"遥、广,远也。梁楚曰遥。"《左传·昭公二十五年》:"远哉遥遥。"《礼记·王制》:"自南河至于江,千里而近。自江至于衡山,千里而遥。"《史记·鲸布列传》:"与布相望见,遥谓布曰:'何苦而反?'"

奕 《方言》卷二:"奕,容也。陈楚汝颍之间谓之奕。"《诗·商颂》:"万舞有奕。"《毛传》:"奕奕然闲也。"孔疏:"奕,万舞之容,故为闲也。"《鲁颂·新庙》:"奕奕。"郑笺:"奕奕,姣美也。"

曾 《方言》卷十:"曾、訾,何也。荆之南鄙谓何为曾。"

詹 《方言》卷一:"詹,至也。摧、詹、戾,楚语也。"《小雅·采绿》:"五日为期,六日不詹。"郑笺:"五日六日者,五月六日、六月六日也。期至五月而归,今六月犹不至。"

展 《方言》卷二:"展,信也。荆吴淮汭之间曰展。"《诗·邶风·雄雉》:"展矣君子,实劳我心。"《小雅·车攻》:"允矣君子,展也大成。"

铞 《方言》卷五:"刈钩,江淮陈楚之间谓之铞。"《管子·轻重己》:"鉊铚乂樫。"

槌 《方言》卷五:"槌,郭注:丝蚕薄柱也。宋魏陈楚江淮之间谓之植。"《礼记·月令》:"具曲植籧筐。"郑注:"植,槌也。"

辁 《方言》卷九:"辕,楚卫之间谓之辁。"钱绎《方言笺疏》:"称辁者,不独楚卫之间也。"

濯 《方言》卷一:"硕、濯,大也。荆吴扬区瓯之间曰濯。"《诗·大雅·常武》"濯征徐国。"《大雅·文王有声》:"王公伊濯。"《毛传》:"濯,大也。"

芡 《方言》卷三:"芡,鸡头也。青徐淮泗之间谓之芡。"《周官·笾人》:"加笾之实,菱芡栗脯。"郑注:"芡,鸡头也。"《吕氏春秋·恃君》："夏日则食菱芡。"高诱注:"芡,鸡头也。一名雁头,生水中。"

寓 《方言》卷二:"𠋅、庇、寓,寄也。齐卫宋鲁陈晋汝颍荆州江淮之间曰庇,或曰寓。"《方言》卷三:"寓,寄也。"《曲礼》:"大夫寓祭器于大夫,士寓祭器于士。"郑注:"寓,寄也。""言寄,觊已后退。"《左传·襄公二十四年》:"子产寓书于子西以告宣子。"《尔雅·释诂》:"寓木,宛童。"郭注:"寄生树。"《楚辞·九章·思美人》:"羌迅高而难寓。"

沤 《周礼·考工记》:"沤其丝。"郑注:"楚人曰沤,齐人曰涹。"

笫 《方言》卷五:"床,齐鲁之间谓之簀,陈楚之间或谓之笫。"郭璞注:"簀,床板也,音迮。笫,音滓,又音姊。"

芹 《尔雅·释草》:"芹,楚葵。"《说文》:"芹,楚葵也。"《诗经·采菽》:"觱沸槛泉,言采其芹。"《泮水》:"思乐泮水,言采其芹。"《吕氏春秋·本味》:"菜之美者,有云梦之芹。"高诱注:"云梦,楚泽,芹生水涯。"

翕 《诗经·小雅·常棣》:"兄弟既翕,和乐且湛。"《尔雅·释诂》:"翕,合也。"

下面是见于两汉通语文献的楚方言词,但也难避免两汉作者使用自己的母方言词,这些文献的作者多为南方人。

㧙 《方言》卷十:"㧙、抌,推也。南楚尺相推搏曰㧙。"张衡《西京赋》:"徒搏之所撞㧙。"《列子·黄帝》:"搅㧙挨抌。"

袚 《方言》卷十:"蔽膝,江淮之间谓之袆,或谓之袚。"《说文》:"袚,蔽䣛。"《广雅·释器》:"袚,蔽膝。"《易》作"绂",《诗》作"芾",《礼记》作"韨",《左传》作"黻",《方言》作"袚",《易·乾凿度》作"茀",《白虎通义》作"绋",并字异而义同。

差 《方言》卷三:"差、间、知,愈也。南楚病愈者谓之差。"《广雅》:"知、瘥、疗,愈也。"《伤寒论·阴阳易差病》:"大病差后劳复者,枳实栀子汤主之。"《后汉书·方术传·华佗》:"操积苦头风眩,佗针,随手而差。"《水经注·沔水》:"泉源沸涌,冬夏汤汤,望之则曰气浩然，言能瘳百病云。"另见第七章"差"。

矜 《方言》卷九："矛，吴扬江淮南楚五湖之间谓之鏦，其柄谓之矜。"详见第七章第七节第五部分。

铤 《方言》卷九："矛，吴扬江淮南楚五湖之间谓之鏦，或谓之铤。"《史记·匈奴传》："其长兵则弓矢，短兵则刀铤。"《索隐》引《埤仓》："铤，小矛铁矜。"《汉书·晁错传》："崔苇竹萧，屮木蒙茏，支叶茂接，此矛铤之地也。"《上林赋》："格虾蛤，铤猛氏。"《后汉书·马融传》："飞铤电激。"注："铤，矛也。"

麤 《方言》卷四："麤，履也。南楚江沔之间摠谓之麤。"《释名》："履，荆州人曰麤，丝、麻、韦、草皆同名也。麤，措也，言所以安措足也。"《急就篇》："屐屩絜麤羸窭贫。"颜师古注："麤者，麻枲杂履之名也。"王褒《僮约》："织履作麤。"《丧服传》："疏屦"注："疏犹麤也。"

饟 《方言》卷一："饟、饵，食也。陈楚之内相谒而食麦饘谓之饟。"《尔雅·释言》："饟、馈，食也。"《说文》："饟，糗也。陈楚之间相谒而食麦饭曰饟。"（"饘"为稠粥）"饵"字下徐锴曰："人相谒相见后设麦饭以为常礼，如今人之相见饮茶也。"《释名·释饮食》："糗，候也，候人饥者以食之也。"王先谦《释名疏证补》："候饥人食之，即相谒食麦之义也。"

焜 《方言》卷十："焜，憎也。楚扬谓之焜。"《广雅》："焜，乱也。"《玉篇》："焜，古魂切，憎也，乱也。"《广韵》"焜，音昆，乱也。"

夥 《方言》卷一："凡物盛多谓之寇。齐宋之郊、楚魏之际曰夥。"《说文》："齐人谓多为夥。"又"覹"字下云："读若楚人名多夥。"在齐、楚皆通。司马相如《上林赋》："鱼鳖讙声，万物众夥。"《史记·陈涉世家》："客曰：'夥颐，涉之为王沈沈者。'楚人谓多为夥。由天下传之，夥涉为王，由陈涉始。"司马贞《索隐》："服虔云：'楚人谓多为夥。'按又言'颐'者，助声之辞也。谓涉为王，宫殿帷帐庶物夥多，惊而伟之，故称颗颐也。"

㝐 《方言》卷十："㝐、安，静也。江湘九嶷之郊谓之㝐。""㝐"

已见于《楚辞》《庄子》。汉《张公神碑》:"疆界㝠静。"《成皋令任伯嗣碑》:"官朝㝠静。"

闿 《方言》卷六:"闿笘,开也。楚谓之闿。"《系辞》:"开物成务。"《释文》:"开,王肃作'闿'。"《汉书·儿宽传》:"登告岱宗,发祉闿门。"颜师古注:"闿读与开同。"《后汉书·蔡邕传》:"闿阊阖,乘天衢。"

矙 《方言》卷十:"凡相窃视南楚谓之矙。"班固《西都赋》:"鱼窥渊。"李善注引"《方言》:'窥,视也。''窥'即'矙'。"《广雅·释诂》:"窥、矙,视也。"王念孙《疏证》:"《集韵》引《埤苍》云:'矙,眇视貌。'《荀子·非十二子篇》'瞯瞯然'。杨倞注云:'小见之貌。''瞯'与'窥'声义相近也。"

蘺 《说文》:"蓠,楚谓之蘺。"" 蘺、江蘺,蘪芜。"司马相如《上林赋》:"被以江蘺,糅以蘪芜。"

柤 《说文》:"楣,楚谓之柤。"《方言》卷十三:"屋柤谓之檐。"详见第七章第五节第二部分。

泡 《方言》卷二:"泡,盛也。江淮之间曰泡。"《文选·洞箫赋》:"又似流波,泡溲泛𣶃。"李善注:"泡溲,盛多貌。"《西山经》:"其源浑浑泡泡。"郭璞注:"水溃涌之声也。"

棋 《方言》卷五:"簿谓之蔽,吴楚之间或谓之蔽……或谓之棋。"《中山经》:"休与之山,其上有石焉,名帝台之棋。"郭注:"棋,谓博棋也。"《南次二经》:"漆吴之山,名博石。"郭注:"可以为博碁石。"

攓 《方言》卷一:"攓,取也。南楚曰攓。"《方言》卷十:"攓,取也。楚谓之攓。"《楚辞·离骚》:"朝搴阰之木兰兮。"王逸注:"搴,取也。"《史记·叔孙通列传》:"故先言斩将搴旗之士。"《索隐》引《方言》曰:"南方取物为搴。"《列子·天瑞》:"攓蓬而指。"张湛注:"攓,拔也。"《说文》:"攓,拔取也。南楚语。"

篝笼 《方言》卷九:"车枸篓,宋魏陈楚之间谓之筱,或谓之篝笼。"

艖 《方言》卷九:"舟,南楚江湘……小而深者谓之艖。"《广雅·释水》:"舼,舟也。"王念孙《疏证》:"艖,舼并渠容反。"《玉篇》:

第四章 历代古楚方言词例举

"'艍，小船也。'方氏密之《通雅》云：'今皖之太湖呼船小深者艖艚。'《淮南子》'越舲蜀艇'，《太平御览》引作'越艍蜀艇'，又引《注》云：'艍，小艇。'所引盖许慎注也。《后汉书·马融传》：'方余皇，连艍舟。'李贤注引《淮南子》亦作'艍'。"

晒 《方言》卷十："晒，干物也。扬楚通语也。"郭璞注："亦皆北方通语也。"《方言》卷七："晒，暴也。秦晋之间谓之晒。"《汉书·中山靖王传》："白日晒光，幽隐皆照。"

笘 《说文》："笘，颍川人名小儿所书写为笘。""籥，书僮竹笘也。"《广雅·释器》："笘，籥也。"王念孙《疏证》："笘亦简之类。"（古时儿童习字用的竹简）。

眢 《方言》卷六："眢，聋也。荆扬之间及山之东西双聋者谓之眢。"马融《广成颂》："子野听眢，离朱目眩。"《汉繁阳令杨君碑》："有司眢昧，莫能识察。"

愧 《方言》卷六："愧，惭也。荆扬青徐之间曰愧。"左思《魏都赋》："愧墨而谢。"刘逵注引《方言》："愧，惭也。荆扬之间曰愧。"

娃 《方言》卷二："娃，美也。吴楚衡淮之间曰娃。"《说文·女部》："娃，圜深目皃。或曰吴楚之间谓好曰娃。"《楚辞·九章》："妒娃冶之芬芳兮。"枚乘《七发》："使先施、徵舒、阳文、段干、吴娃、闾娵、傅予之徒。"左思《吴都赋》："幸乎馆娃之宫。"刘逵注："吴俗谓好女为娃。扬雄《方言》曰：吴有馆娃之宫。"

武 《淮南子·览冥训》："勇武一人，为三军雄。"高诱注："武，士也。江淮间谓士为武。"《史记·淮南衡山列传》："即使辩武随而说之。"裴骃《集解》引徐广曰："淮南人名士为武。"

唏 《方言》卷一："《淮南子·说山训》'纣为象箸而箕子唏。'"《楚辞·九辩》："憯悽增欷。"张衡《思玄赋》："慨含唏而增愁。"

嬉 《方言》卷十："江沅之间谓戏为媱，或谓之愓，或谓之嬉。"《史记·孔子世家》："孔子为儿嬉戏，常陈俎豆，设礼容。"张衡《归田赋》："谅天道之微昧，追渔父以同嬉。"李善注："嬉，乐也。"

泄 《方言》卷十："戏、泄，歇也。楚谓之戏、泄、奄，息也，楚扬谓之泄。""泄"亦作"渫"。曹植《七启》:"于是为欢未渫。"李善注引《方言》:"渫,歇也。"又作"洩"。颜延之《赭白马赋》:"畜怒未洩。"注引《方言》:"洩,歇也。"

䒞 《方言》卷三:"芥,草也。沅湘之南或谓之䒞。"郭璞注:"今长沙人呼野蘇为䒞,音车辖。"《广雅·释草》:"䒞,苏也。"王念孙疏证:"䒞,荏属也;荏,白苏也。"《名医别录》陶注:"苏,叶下紫而气甚香,其无紫色不香似荏者名野苏。"

协閲 《方言》卷一:"协閲,惧也。齐楚之间曰协閲。"《广雅·释诂》:"协閲,惧也。"《玉篇》:"协,以威力相恐协也。"《广雅》:"协,怯也。"《释名》:"怯,协也,见敌恐协也。"《郊特牲》:"大夫强,诸侯协。"《淮南子·本经训》:"明于性者,天地不能协也。"高诱注:"协,恐也。"《广韵》:"憪,遑恐也。"

钖 《方言》卷十三:"凡饴谓之钖,自关而东陈楚宋卫之通语也。"《释名》:"钖,洋也,煮米消烂洋洋然也。"《周礼·小师》注:"管,如今卖饴钖所吹者。"《急就篇》:"枣杏瓜棣馓饴。"《说文》:"钖,饴和馓者也。"

轧 《方言》卷十:"极,吃也,楚语也。郭注:亦北方通语也。或谓之轧。"《广雅·释诂》:"轧,吃也。"《史记·律书》:"乙者,言万物生轧轧也。"《说文》:"乙,象春草木冤曲而出,阴气尚彊,其出乙乙也。"李善注《文赋》:"乙乙,难出之貌。"原本《玉篇》引《方言》"楚或谓吃为块轧"。

叶 《方言》卷三:"叶,聚也。楚通语也。"《广雅·释诂》:"叶,聚也。"《淮南子·原道训》:"大浑而为一,叶累而无根。"

媣 《方言》卷六:"媣,审。齐楚曰媣。"《广雅·释诂》:"媣,审也。"《说文》:"媣,静也。静,审也。"《神女赋》:"澹清静其媣悀兮。"李善注引《说文》:"媣,静也。"《汉书·外戚传》:"为人婉媣有节操。"颜师古注:"媣,静也。"

皁 《方言》卷五:"枥(郭注:养马器也),梁宋齐楚北燕之间或谓之槽,或谓之皁。"颜师古引《方言》:"梁宋齐楚燕之间谓枥曰皁。"

第四章 历代古楚方言词例举

详见第七章第六节第三部分。

擄 《方言》卷十："擄,取也。南楚之间凡取物沟泥中谓之祖,或谓之擄。"《释名》："擄,叉也。五指俱往叉取也。"张衡《西京赋》："擄狒猥,批窳狻。"

征伀 《方言》卷十："征伀,遑遽也。江湘之间凡窘猝怖遽谓之闵沐,或谓之征伀。"《释名·释亲属》："夫之兄曰公……又曰兄伀,是已所敬忌,见之怔忪。"王褒《四子讲德论》："百姓征伀,无所措其手足。"李善注引《方言》："征伀,惶遽也。"《广雅》："征伀,惧也。"《汉书·王莽传》："人民正营。"颜师古注云："正营,惶恐不安之意也。"《潜夫论·救边》："乃复征伀如前。"

知 《方言》卷三："知,愈也。南楚病愈者谓之差,或谓之知。"《素问·刺疟》："一刺则衰,二刺则知,三刺而已。"

啙 《方言》卷十："啙,短也。江湘之间谓之啙。"《汉书·地理志》："啙窳偷生。"颜师古注："啙,短也。"

爽 《楚辞·招魂》："露鸡臛蠵,厉而不爽邪。"王逸注："爽,败也。楚人名羹败曰爽。"

鮤 《说文》："鮤,楚人谓治鱼也。从刀鱼,读若契。"段注："楚语也。"

圣 《说文·土部》："圣,汝颍之间谓致力于地曰圣。"段注："此方俗殊语也,致力必以手,故其字从又土,会意。"

籔 《集韵》："籔,《聘礼》,'十六斗曰籔,'或从艸。"

缌 《说文》："缌,细疏布也。"《仪礼·丧服礼》："缌衰者何？以小功之缌也。"郑玄注："凡布细而疏者谓之缌。"《礼记·檀弓》："绤衰缌裳。"孔颖达疏："疏葛为衰,缌布为裳。"

下面是见于魏晋通语文献的楚方言词。

在《秦汉方言》一文中,丁启阵先生把《方言》中与楚语有关的地名做了进一步的整理,分为三类。

第一类：楚 42/荆楚 1/楚部 1/陈楚 2/陈楚之间 5/陈楚之内 1/陈楚之郊 1/陈楚江淮之间 9/自关而东陈楚之间 1/楚以南 1/楚郢以南 2/自楚之北郊 1/

楚颍之间 1/自楚之北郊 1

　　第二类：南楚 27/南楚之间 4/南楚以南 1/南楚江湘 1/南楚之外 11/南楚江湘之间 7/南楚江淮之间 6/南楚江沔之间 2/南楚宛郢 1/南楚洭濮之间 1/陈楚之郊南楚之外 1/陈楚之间南楚之外 1

　　第三类：江湘之间 8/江湘交汇 1/江湘之会 1/江沔之间 2/沅澧之间 2/沅湘之间 1/湘沅之会 1/江沅之间 1/湘潭之间 1/楚郢江湘 1/湘潭之原荆之南鄙 1/九嶷京郊之鄙 1/九嶷湘潭之间 1/沅澧之源 1/江滨陈之东鄙 1

　　上述分类中，第一类涉及地域为"楚"，第二类涉及地域为"南楚"。《方言》中的提到的"楚"，主要在如今湖北范围内，而"南楚"则主要在如今湖南范围内。据谢荣娥统计，扬雄《方言》中，属于南楚方言的一共有 182 例，其中"楚"与"南楚"并举的有 50 例，除此之外的 132 例，有的与楚方言词相同，有的与楚方言存在音转的关系，有的与楚方言存在单音节与双音节对应的关系，由此可见，"楚方言"与"南楚方言"关系十分密切。

　　第三类涉及的地名较多，范围较为广泛，但都属楚地范围。如"江湘"指长江和湘江。湘江即湘水，是湖南省最大河流。《水经注》中记载："湘水出零陵始安县阳海山。"清代学者钱邦芑在《湘水考》中记载："湘水，源出广西桂林府兴安县海阳山""沔"，沔水。《水经注》中记载："汉水出陇坻道县嶓冢山，初名漾水……至江夏安陆县名沔水，故有汉沔水之名。""沅"，沅江，是湖南省第二大河流，其源头在贵州省云雾山，流经贵州、湖南、湖北和重庆，最后注入岳阳市洞庭湖。《尚书·日记》中记载："楚中九江，五曰沅江，出沅州西蛮界。""澧"，澧水，湖南省四大水系之一，发源于湖北省鹤峰县与湖南西北的交界处，最后同样注入洞庭湖。"澧水"以"绿水六十里，水成靛澧色"而得名。"潭"，《说文》中记载："出武陵镡成玉山，东入郁林。"在如今广西境内，即柳江潭。"九嶷"，即九嶷山，在湖南省宁远县境内，屈原《九歌·湘夫人》中记载："九嶷缤兮并迎，灵之来兮如云。"《史记·五帝本纪》中记载："舜南巡崩于苍梧之野，葬于江南九嶷。"以上地名大部分都在湖南境内，属楚地范围。

第四章 历代古楚方言词例举

班杖 《古今注》:"扬州人谓蒻为班杖。"

按:蒻,嫩蒲草。柔嫩的香蒲草可作凉席。蒻席也简称蒻。《说文·艸部》:"蒲子,可以为平席。"《唐韵》:"而灼切,音弱。"《左思·蜀都赋》:"其园则有蒟蒻、茱萸。"蒻,草也。根据上文,扬州地方的人把蒻称为班杖,在此之前,前代典籍中均未记载,属于上述第二类,魏晋时期楚地出现的新词。

蕺 《古今注》:"荆扬人谓植为蕺。"

按:"蕺"指的是一种草本植物,枝叶茂盛,果实丰满。茎和叶有腥味,全草入药。现今江南人称之为鱼腥草,可供食用。《玉篇·艸部》:"蕺,蕺菜也。""蕺"文献中并不多见。汉张衡《南都赋》:"若其园圃,则有蓼、蕺、蘘荷。"其中,蓼、蕺、蘘荷均为草本植物。明李时珍《本草纲目》:"蕺菜生泾地山谷阴处,亦能蔓生。"《古今注》明确表明"蕺"为楚地方言,魏晋前后都在其他地区所出现,应属于第一类,来自全民语言或其他方言,后被楚语所吸收。

王孙 《毛诗草木虫鱼鸟兽疏》:"蟋蟀……楚人谓之王孙。"

按:《说文·虫部》:"蜻,蜻蛚也。从虫,青声。"《方言》:"蜻蛚,即趋织也。"郭璞注:"蜻蛚,楚谓之蟋蟀,或谓之蚕。"《毛诗草木虫鱼鸟兽疏》的作者陆机与郭璞属同时代人,所记载"蟋蟀""蜻蛚""蚕"为同一物种,可想而知,这三种说法在魏晋时期是通用的。此外,扬雄《方言》记载:"蜻蛚,南楚之间谓之蚟孙。"说明"王孙"为上述第一类词语。

榖 《毛诗草木虫鱼鸟兽疏》:"榖……荆扬交广谓之榖。"

按:榖,一种木本植物的名称,又称"构""楮",即构树。落叶乔木。《说文·木部》:"榖,楮也。从木,榖声。"《诗·小雅·黄鸟》:"无集于榖。"《山海经·南山经》:"其状如榖而黑理。"郭璞注:"榖,亦名构。榖者,以其食如榖也。"由此可见,"榖"在这里指的是一种树,在楚地范围分布十分广泛。该词属于上述第一类。

蟪蛄 《毛诗草木虫鱼鸟兽疏》:"螇虭。一名虭蟟……楚人谓之蟪蛄。"

按:"蟪蛄",即寒蝉,又名知了。《说文·虫部》:"蟪,蟪蛄,

· 91 ·

蝉也。从虫，惠声。"《庄子逍遥游》："蟪蛄不知春秋。"《楚辞招隐士》："蟪蛄鸣兮啾啾。"朱熹《集注》："蟪蛄……夏生秋死。"《方言》："蛥蚗，楚谓之蟪蛄。"可见"蟪蛄"一词属于上述第一类。

梅 《毛诗草木虫鱼鸟兽疏》："梅树……荆州人曰梅。"

按：《说文·木部》："梅，枏也。可食。从木每声。"《诗·国风》释文引《尔雅》孙炎注："荆州曰枏，扬州曰梅。"《诗·陈风·墓门》："墓门有梅。"可见，在先秦时期"梅"已被广泛应用，陆机在《毛诗草木虫鱼鸟兽疏》中指出"荆州人曰梅"，说明魏晋时期，"梅"被楚语所吸收，应属于上述第一类词。

蓴菜/水葵 《毛诗草木虫鱼鸟兽疏》："茆……或谓之水葵。"

按：蓴菜，又称之为马蹄菜，是生长在水中的植物。适合生长在暖和的清水中。清张慎仪《续方言新校补》补辑："茆……或谓之水葵。""蓴菜/水葵"在先秦两汉古籍中未见记载，属于上述第二类词。

喜母 《毛诗草木虫鱼鸟兽疏》："蠨蛸，……荆州河内人谓之喜母。"

按：蠨蛸，又称之为"长蚑""长趾"，是蠨蛸的别名。《尔雅·释虫》："蠨蛸，长踦。"郭璞注："小鼅鼄长脚者，俗呼为喜子。"晋崔豹《古今注·鱼虫》："身小足长，故谓长趾。"唐元稹《蜘蛛》诗："缝隙容长踦，虚空织横罗。"长踦属于蜘蛛的一类，体型细长，被民间认为是喜庆的预兆，俗称喜蛛、喜子。在江淮地区的方言中仍有"喜喜蛛儿"一说。"喜母"为楚语中的特有词汇，属上述第一类词。

湩 《穆天子传》卷四："因具牛羊之湩，以洗天子之足。"

郭璞注："湩，乳也，今江南人亦呼乳为湩。"

按：湩，意为乳汁。《穆天子传》为西周时期的历史典籍，文献中可解释为用牛羊的乳汁供天子洗脚，因此"湩"在周代就已出现。《唐史演义》蔡东藩著："摩尼系回鹘僧名，立有戒法，每至日晏乃食，不问荤素，唯不食湩酪。"明代谢肇淛《五杂俎·地部二》："盖土蕃湩酪腥膻，非茶不解其毒。"清代魏源《圣武记》卷五："民居碉房，……食湩酪，仰茶忌痘，则藏民所同。"其中"湩酪"均指奶酪，属于上述第一类词。

藆 《山海经·北山经》："其上多草藆藅。"

第四章 历代古楚方言词例举

郭璞注:"根似羊蹄,可食,曙豫二音。今江南单呼为藷。"

按:藷,同"薯",草本植物,根块可食。《说文·艹部》:"藷蔗也。"即甘薯,也被称为"地瓜""红薯",味道甘甜,可用来制糖。《博雅》:"藷藇,署预也。"《山海经·北山经》另一处记载:"景山,其上多藷藇。"属于上述第一类词。

栭 《山海经·西山经》:"有木焉,员叶而白栭。"

郭璞注:"今江东人呼草木子房为栭。"

按:栭,指花萼,该词在先秦两汉时期就已出现。《楚辞·九章·惜往日》:"乘泛栭以下流兮……"汉王逸对此作注:"编竹木曰泭,楚人曰栭。"栭即木筏。而从郭璞注来看,"栭"指草木的子房,可见"栭"有多个义项,属于上述第三类词。

鸾猪 《山海经·西山经》:"名曰豪彘。"

郭璞注:"狟猪也。吴楚呼为鸾猪。"

按:鸾猪,豪猪的异名。《尔雅·释兽》:"豕子,猪",郭璞注:"猪,今亦曰豨,江东呼为豨,皆通名。"《陕西通志·商州志》:"陕洛诸山中并有,鬣间有豪,如箭,能射人,形如猪,……俗呼鸾猪。"可见"鸾猪"是类似于豪猪的一种动物,并非"猪"。"鸾猪"前代古籍未见记载,属于上述第二类。

涅石 《山海经·西山经》:"其阴多石涅。"

郭璞注:"即盘石也,楚人名为涅石。"

按:涅,可做黑色染料的矾石。《西山经》:"孟门之山,其下多黄恶涅石。""涅石""石涅",都指的是黑矾石。《淮南子·俶真》:"今以涅染缁,则黑于涅。"说明"涅石"在前代文献中多有记载,属于上述第一类词。

展 《尔雅·释言》:"允……展、谌……询,信也。"

郭璞注:"《方言》曰:'荆吴淮汭之间曰展,谓信曰展。'"

按:《诗·邶风·雄雉》:"展矣君子。"这里的"展"可训释为诚实。《诗·小雅·车攻》:"允矣君子,展也大成。"这里的"展"均可训释为诚实,守信。郭璞用《方言》为《尔雅》作注,可见"展,信也",

在先秦时期就已广泛运用,魏晋得以继承,属于上述第一类词。

饔 《尔雅·释言》:"饔、糇,食也。"

郭璞注:"《方言》云:'陈楚之间相呼食为饔。'"

按:饔,指的是古代陈、楚地区的人们相见后请客吃麦饭。《说文·食部》:"饔,糇也,从食非声。"《尔雅·释言》:"饔,食也。"郭璞引《方言》作注,这说明"饔"在先秦两汉时期就已出现,沿用至魏晋南北朝,属于上述第一类词。

怀/詹/摧 《尔雅·释诂》:"迄……艘……怀、摧、詹,至也。"

郭璞注:"《方言》云:'齐楚之会郊曰怀,宋曰届……詹、摧皆楚语。'"

按:《方言》卷八:"怀,至也、齐楚之会郊或曰怀。"《玉篇》:"怀,胡乖切,归也,思也,安也,至也。"先秦典籍中习见"怀柔",训为"来至"义。《说文·手部》:"摧,挤也,从手,崔声。"《玉篇》:"摧,七回切,逼也。"《说文》未见"詹",《尔雅新义》:"詹危不得至也。"《尔雅义疏》《郭注补正》《说诗》:詹,至也。可见"怀"应属于上述第一类词,"摧、詹"应属于上述第二类词。

融 《尔雅·释诂》:"永、羕……融……,长也。"

郭璞注:"宋卫荆吴之间曰融。"

按:融,作动词,指融化,消融;作形容词,长远,长久。《诗·大雅·既醉》:"昭明有融,高朗令终。"《毛传》:"融,长。"这句话的意思为德业光大长远,高明清朗且善始善终。晋《北史·崔宏传》:"陛下春秋富盛,圣业方融。"可见,"融"属于上述第一类词。

怜 《尔雅·释诂》:"……怜……,爱也。"

郭璞:"……今江东通呼为怜。"

按:《说文·心部》:"哀也。从心粦声。"《史记·陈涉世家》:"楚人怜之。"《方言》卷一:"怜,爱也。汝颍之间,陈楚江淮之间曰怜。"《太平御览》卷九零五引旧题晋陶渊明《续搜神记》:"晋太和中广陵人杨生养狗,甚怜爱之。"可见,属于第三类词。

敦 《尔雅·释丘》:"丘一成为敦丘。"

郭璞注:"今江东呼高堆者为敦。"

第四章 历代古楚方言词例举

按：敦丘，指一层的小山丘。《说文·攴部》："怒也。诋也。一曰谁何也。皆责问之意。"《诗经·邶风》："王事敦我。"又《方言》卷一："敦，大也，陈郑之间曰敦。"又敦，同墩，土堆。《集韵》："平地有堆曰墩。"谢公墩，在冶城北。敦，意义众多，江东人把高堆称为敦，属于上述第三类词。

蟧螲 《尔雅·释虫》："蟧蜩。"

郭璞注："《夏小正传》曰：'蟧蜩者蝘，江南谓之蟧螲。'"

按：蟧螲是一种体型较小的蝉。《诗·大雅荡》："如蜩如螗。"《本草纲目·虫三·蝉花》："蟧蜩江南谓之蟧。""蟧螲"，前代古籍中少见记载，应属于上述第二类词。

鶔 《尔雅·释鸟》："鶔，负雀。"

郭璞注："鶔，鹞也，江南呼之为鶔。"

按：鹞，一种鸟，十分凶猛，样子和鹰十分相像，可以捕捉小鸟，又被称为"鹞鹰"。《说文·鸟部》："鸷鸟也。从鸟声。即所谓鶔负雀也。"《列子·天瑞篇》："鹞为鶔，鶔为布谷，久复为鹞，此物变也。"可见，"鶔"属于上述第一类词，魏晋时期被楚方言所吸收。

瓭 《尔雅·释器》："瓯瓿谓之瓭。"

郭璞注："瓿甊，长沙谓之瓭。"

按：从瓦台声。"瓭，瓮、缶一类瓦器"，相应的异体字有"瓵""瓯"。《说文·瓦部》："瓯瓿谓之瓭。""瓭"在上古汉语中已经初现，传承至魏晋南北朝时，于楚地广泛使用，应属于上述第一类词。

剂刀 《尔雅·释言》："剂，剪齐也。"

郭璞注："南人呼剪刀为剂刀。"

按：《说文·刀部》："齐也。从刀从齐，齐亦声。"在《后汉书·刘梁传》中也记载着"剂"为剪齐的意思。"剂刀"前代古籍少有记载，应属于上述第二类词，是魏晋南北朝时期楚地特有方言。

峦 《尔雅·释山》："峦，山堕。"

郭璞注："谓山形长狭者，荆州谓之峦。"

按：峦，指山小而尖。《说文·山部》："山小而锐。"《楚辞·九

· 95 ·

章》:"登石峦以远望兮。"可见,"峦"在先秦就在楚地出现,又山纤回绵连曰峦。南朝徐悱《登琅邪城诗》:"襟带尽岩峦。"故,"峦"属于上述第一类词。

芰 《尔雅·释草》:"菱,蕨攗。"

郭璞注:"蔆,楚谓之芰,秦谓之薢茩。"

按:芰,古书上指的是菱,一种水生草本植物,其果实四角的叫芰,两角的叫菱,俗称菱角。荆楚地区人们通常把"角"称为"guó",所以把"菱角"又称为"菱果",其中"果"与"角"的楚音相近。屈原《离骚》:"制芰荷以为衣兮。"晋左思《魏都赋》:"丹藕凌波而的皪,绿芰泛涛而浸潭。""芰"在先秦两汉时期就已广泛使用,是楚方言特有词汇,属于上述第一类词。

聿 《尔雅·释文》:"遂也,述也,循也。"

郭璞注:"楚谓之聿,……秦谓之笔。"

按:《说文·聿部》:"所以书也。楚谓之聿,吴谓之不律,燕谓之弗。""聿"在古代汉语中作助动词时,通常在句子的开头或中间部分。晋潘岳《射雉赋》:"聿采毛之英丽兮,有五色之名翚。"这种用法在唐明清仍广泛使用,在此不一一列举了。"聿"属于上述第一类词,曾见于前代文献。

眷 《尔雅·释言》:"逮,眷也。"

郭璞注:"今荆楚人皆曰眷,音遻。"

按:《说文·辵部》:"迨也。从辵眔声。"《楚辞·天问》:"天何所眷,十二焉分?"意思是天和地什么时候交会,黄道都是怎样划分为十二等的呢?"眷"指上下的交会,相合。《玉篇》:"迨眷,行相及也。""眷"引申为前后的交会,被逮住。前代古籍未见记载,应属于上述第二类词。

担鼓 《尔雅·释天》:"何鼓谓之牵牛。"

郭璞注:"今荆楚人呼牵牛星为担鼓。"

按:何鼓谓之"担鼓"。《诗·商颂·长发》:"何天之休",《朱熹集传》:"何,荷也。"《易·大畜》:"何天之衢",焦循章句:"何,荷也，负也。""担"，《正韵》："与儋同。背曰负，肩曰担。""担"与"何"有共同的义项，即"负荷"义。可见，楚语中的"担鼓"与全民语言有同源关系，又因"担鼓"前代古籍中少有记载，应属于上述第二类词。

蟺 《尔雅·释虫》："蟺，土蜂。"

郭璞注："……今荆巴间呼为蟺。"

按：蟺通常指蚯蚓或者鳝鱼。《说文·虫部》："宛蟺也。"三国嵇康《琴赋》："蚓蟺相纠。"意思为蚯蚓相互纠缠在一起。又同蝉。又徒案切，音惮，土蜂名。郭璞注表明荆巴之间呼土蜂为"蟺"。明李时珍《本草纲目》："土蜂，巴楚间呼为蟺蜂。""蟺"，土蜂，被后代文献所保留，前代古籍少有记载，应属于上述第二类词。

去蚁 《尔雅·释鱼》："鼀䴼，蟾诸。"

郭璞注："似虾蟆，居陆地，淮南谓之去蚁。"

按：鼀，蟾蜍，即"癞蛤蟆"。虾蟆，即虾蟆，又名水鸡，青鸡，属于水栖蛙类。"去蚁"前代文献少有记载，应属于上述第二类词。

蚢子 《尔雅·释鱼》："蚗，蚢。"

郭璞注："蝮属，火眼，最有毒。今淮南人呼为蚢子。"

按：蚗，古代一种毒蛇。《说文·长部》："蚗，蛇恶毒长也。"蚢，也指毒蛇。魏晋南北朝时期，汉语中涌现出许多新词，复音词尤其突出。"蚢子"一词在这样的背景下应运而生。蚗，即蚢，加后缀，变为"蚢子"，应属于上述第一类词。

蟒蛇 《尔雅·释鱼》："螣，螣蛇。"

郭璞注："龙类也，……淮南云蟒蛇。"

按：螣蛇又被称为腾蛇，古代神话中可以在天空中飞的蛇，不少古文献中均有大量记载，称为"神兽"，有诸多代表意义。螣蛇一词的典故出于《荀子·劝学》"螣蛇无足而飞，鼫鼠五技而穷"，意思是螣蛇虽然没有脚，但相对于有许多技能的鼫鼠可以腾云驾雾。以此来形容人们做事应当一心一意，最后方能功成名就。《后汉书·张衡传》："玄武缩于壳中兮，螣蛇蜿而自纠。"《龟虽寿》："螣蛇乘雾，终为土灰。""蟒蛇"，前代文献少有记载，属于上述第二类词。

稌　《尔雅·释草》："稌，稻。"

郭璞注："今沛国呼稌。"

按：《说文·禾部》："稌，稻也。"《诗·周颂》："丰年多黍多稌。"这里的"稌"指稻子。晋崔豹《古今注·草木》"稻之黏者为黍，亦谓稌为黍"，这里的"稌"专指糯稻。沛国在今安徽境内，属楚地。可见"稌"属于上述第一类词。

蛘子　《尔雅·释虫》："古同'蛘'。"

郭璞注："今米谷中小黑虫是也。建平人呼为蛘子。"

按："蛘"是指生长在米中的一种小虫。古代的农作物多是纯天然生长，没有农药的干涉，粮食还在地里的时候可能带上了米虫的卵，虫卵在夏天高温的孵化下便长成了我们肉眼可看见的小黑虫。"蛘"意思与之相同，读"yáng"，"蛘"读"yǎng"，读音相近，意思相同，两者应互为异体字，属于上述第一类词。

鮥子　《尔雅·释鱼》："鮥，鮛鲔。"

郭璞注："有一鱼状似鱣而小，建平人呼鮥子。"

按：鮥子，是指一种小鱼。《说文·鱼部》："叔鲔也。"指比较小的鲔鱼。郭璞注明确记载建平人呼之为"鮥子"，而建平县在魏晋时期属楚地，属于上述第一类词。

霁　《尔雅·释天》："济谓之霁。"

郭璞注："今南阳人呼雨止为霁。"

按：霁的意思是雨雪停止之后，天变晴了。如"霁雨"，指雨停了；"霁日"，指雨后晴朗的美丽早晨。后用来形容人，如"霁颜"、"霁色"，形容的是生气之后，脸色稍有缓和的样子。《说文·雨部》："雨止也。从雨齐声。"晋张华《博物志》卷七："武王操钺秉麾麾之，风波立霁。"属于上述第一类词。

箑　《方言·杂释》："扇，自关而东谓之箑。"

郭璞注："今江东亦通名扇为箑，音翣。"

按：《说文·竹部》："箑，扇也。从竹疌声。"《淮南子·精神注》："知冬日之箑，夏日之裘……"高诱注："楚人谓扇为箑。"晋崔豹《古今注》:"舜广开视听,求贤人自辅,作五明扇,此箑之始也。"晋潘岳《秋兴赋》:"于是乃屏轻箑,释纤绤,藉莞箬,御袷衣。"综上所述,"箑",两汉时期就已得到广泛使用,并沿用至后代,属于上述第三类词。第七章第七节第三部分。

艖 《方言》卷九:"南楚江湘……小舸谓之艖。"

郭璞注:"今江东呼艖小底者也。"

按:艖,小船。《韵会》:"初加切,音叉。小舟也。"《方言》明确记载"艖"的意义,可见,"艖",在两汉时期的文献中就已出现,应属于上述第三类词。

訾 《方言》卷十:"湘潭之原,荆之南鄙谓何为曾,或谓之訾。"

郭璞注:"今江东人亦云訾,为声如斯。"

按:《说文·言部》:"不思称意也。从言此声。"《诗·小雅》:"翕翕訾訾。""翕翕"指失意不满的样子,"訾訾"指不让上级满意。"訾"两汉时期在楚地使用,后范围发生变化,属于上述第三类词。

挡 《方言》卷十:"(推)沅涌幽之语或曰挡。"

郭璞注:"今江东亦名推为挡,音晃。"

按:《说文·手部》:"朋群也。从手党声。"又《唐韵》:"他朗切。"《集韵》:"坦朗切,击也。今俗用为抵挡字。遮遏也。"又《唐韵》:"胡广切。"《集韵》:"户广切,亦击也。一曰推行也。"可见,"挡"应属于上述第三类词。

艀 《方言》卷九:"南楚江湘……(艇)短而深者谓之艀。"

郭璞注:"今江东呼艖艀者音步。"

按:《广韵》:"薄故切,舟也。"《小尔雅》:"艇之小者曰艀。"可见,古人把长而浅的船称为"艓",把短而深的船称为"艀",应属于上述第三类词。

餹 《方言》卷十三:"饧谓之餹。"

郭璞注:"江东借言餹,音唐。"

按:"餹",同糖。"饧",读"xíng",糖稀、糖块。《方言》记载,"餹"是陈楚宋卫的通语,也在楚地使用广泛。《本草纲目》:"饴即软餹。

凡粳粟火麻白米皆堪作。"《集韵》："或作糖糛饧。"属于上述第三类词。

虪 《方言》卷八："（虎）江淮南楚间……或谓之虪。"

郭璞注："今江南山夷呼虎为虪。"

按：《说文·虎部》："楚人谓虎为乌虪。从虎兔声。"《玉篇》："乌虪，即虎也。""虪"一词活跃在先秦两汉时期，魏晋南北朝后发展趋势逐渐衰弱，属于上述第一类词。

隑 《方言》卷十三："隑，陭也。"

郭璞注："江南人呼梯为隑。"

按：《集韵》："隑，柯开切，音该。"《玉篇》："隑，梯也。"《说文·阜部》："上党陭氏坂也。从奇声。"《前汉·地理志》："上党郡陭氏县。"《集韵》："隐绮切，音倚。隑也。""呼梯为隑"，前代文献少有记载，故"隑"应属于上述第二类词。

箪 《方言》卷八："（篆小者）自关而西秦晋之间谓之箪。"

郭璞注："今江南亦名笼为箪。"

按：箪，一种捕鱼的工具。《类篇》："箪，捕鱼器。"又《说文·竹部》："筳箪也。从竹卑声。"《韵会》："箪，边迷切，小笼也。"《广雅》："箪，篆也。又名篓，又名籔，又名笞。"以上文献中的箪解释为用竹子编的笼或篓。可见，"箪"应属于上述第一类词。

潢 《方言》卷三："（洿）自关而东或曰洼，或曰泛，东齐海岱之间或曰浼。"

郭璞注："荆州呼潢也。"

按：《说文·水部》："积水池。从水黄声。"《木华·海赋》："决陂潢而相沷。"洿，指不流动的浊水，或洼池。《说文·水部》："浼，污也。从水，免声。""洿、洼、浼、潢"四个词意义相通，都指积水池。除此之外还可解释为染纸，北魏贾思勰《齐民要术》："有装潢纸法。"后引申为装饰，如"装潢""潢裱"。可见"潢"属于上述第一类词，在先秦两汉时期就已广泛运用。

横 《方言》卷九："方舟谓之横。"

郭璞注："荆州人呼横，音横。"

按：《说文·水部》："小津也。从水横声。一曰以船渡也。"《博雅》："筏也。"此外，"横"在上古楚语中亦有"横渡"之义。如《楚辞·湘君》："望涔阳兮极浦，横大江兮扬灵，"王逸注："横渡大江。"可见"瀇"应属于上述第一类词。

蛤 《方言》卷八："桂林之中守宫大者而能鸣谓之蛤解。"

郭璞注："……汝颍人直名蛤。"

按：蛤，一种生活在浅海的软体动物。《说文·虫部》："蜃属。有三，皆生于海。蛤蛎，千岁雀所化，秦谓之牡蛎。又云百岁燕所化。老服翼所化。"《前汉·地理志》："果蓏蠃蛤，食物常足。"又指蛤蟆，是青蛙和蟾蜍的总称。蛤，又蛤解，汝颍人直接称之为"蛤"，可见，"蛤"应属于上述第一类词。

蝘蜓 《方言》卷八："守宫，秦晋西夏……或谓之蜥易。"

郭璞注："南阳人又呼为蝘蜓。"

按：蝘蜓，守宫，俗称壁虎。古籍多与蜥蜴、蝾螈等相混。《说文·虫部》："蝘，蝘蜓也守宫也。在壁曰蝘蜓，在草曰蜥易。从草，匽声。"《淮南子·精神训》："视龙犹蝘蜓。"可见，"蝘蜓"应属于上述第一类词。

壮 《方言》卷三："凡草木刺人，北燕朝鲜之间……或谓之壮。"

郭璞注："今淮南人亦呼壮，壮伤也。"

按：壮，有多个义项，此处指的是中医的一种艾灸法，一灼称之为一壮。《三国志·魏志·华佗传》："若当灸，不过一两处，每次不过七八壮，病应可除。"《北史·艺术传下·马嗣明》："嗣明为灸两足上个三七壮，便愈。"属于上述第一类词。

杭 《方言》卷九："方舟谓之瀇。"

郭璞注："扬州人呼渡津舫为杭……"

按：《说文》："杭，方舟也。"《唐韵》："与航同。"《诗·卫风》："谁谓河广，一苇杭之。""舫"，指并联起来的船只，从先秦到魏晋时期一直存在。"渡津舫"，即一种有很多船并联过江的大船，荆州人称之为瀇。可见，"杭"属于上述第一类词。

拌/敲/槪 《方言》卷十："楚凡挥弃物谓之拌，或谓之敲。"

郭璞注："今汝颍间语亦然，或云槭也。"

按：拌，舍弃。《博雅》："拌，弃也。"其中"敲""槭"作舍弃义，在文献中极为少见。根据《方言》及郭璞注，可见"拌/敲/槭"为古楚方言词，属于上述第一类词。

姡 《方言》卷二："狯或曰姡。"

郭璞注："今建平郡人呼狡为姡。"

按：《说文·女部》："面丑也。"姡，读作 huá 时，释义为面貌丑陋；读作 huó 时，释义为羞愧的样子或狡猾，狡诈。《诗·小雅·何人斯》："有靦面目。"毛传："靦，姡也。"属于上述第三类词。

譠 《方言》卷三："谬、谲，诈也。"

郭璞注："汝南人呼欺为譠，托回反。亦曰诒，音殆。"

按：《方言》："凉州西南之间曰谬，自关而东或曰谲，或曰谬。"譠，亦曰诒。《广韵》："徒亥切。"《类篇》："江南呼欺曰诒。"《增韵》："欺诒，诳诈也。"《列子·黄帝篇》："狎侮欺诒。"《徐干·考伪篇》："骨肉相诒，朋友相诈。"属于上述第三类词。

箁 《方言》卷十三："笼，南楚江沔之间谓之箁。"

郭璞注："今零陵人呼笼为箁，音彭。"

按：箁，竹笼。《博雅》："笼也。""南楚江沔之间"在楚地境内，而零陵县是中国最古老的县市之一，属湖南省永州市。因此，"箁"一词的使用范围并未发生太大变化，属于上述第一类词。

筲 《方言》卷十三："籯，南楚谓之筲。"

郭璞注："今建平人呼筲，音鞭鞘。"

按："筲"，一般指盛饭的竹筐。《仪礼·既夕礼》："筲三：黍、稷、麦。"《注》："筲，畚种类也，其容盖与簋同。"《论语·子路》："斗筲之人，何足算也。""斗""筲"都指容器，容量小。"斗筲之人"后用来形容气量小、见识浅薄的人。又盛饭器也。《类篇》："陈留谓饭帚曰筲。一曰饭器，容五升。"南楚，以湖南省为中心建立的王朝，而建平在今重庆、湖北境内，可见"筲"属于上述第一类词。

乌菟 《方言》卷八："虎，江淮南楚间谓之李耳，或谓之于菟。"

102

第四章 历代古楚方言词例举

郭璞注:"今江南山夷呼虎为麤……"

按:乌菟,虎的别称。原作"於菟",於,音"乌",故也作"乌菟"。虎在先秦时代就出现了,《诗·秦风·小戎》:"虎韔镂膺。""虎"在楚地也曾出现,《楚辞·七谏·谬谏》:"虎啸而风谷至兮。""乌菟"在先秦时期与"虎"同时存在,即虎的别称。《左传·宣公四年》:"楚人谓乳谷,谓虎乌菟。"从郭璞《方言注》看出,直到魏晋时期"乌菟"一直活跃在楚地人民的口语中,是楚地固有的词语,属于上述第一类词。

圮 《玉篇·土部》:"圮,弋之切,《史记》曰:'张良步游下邳圮上。东楚谓桥为圮。'"

按:《说文·土部》:"东楚谓桥为圮。"《玉篇》引《史记》举例。《史记·留候世家》:"良尝间从容游下邳圮上……直堕其履圮下。"《史记·外篇·杂说中第八》:"荆楚多训为,庐江目桥为圮。"张竞辰《永康所居万卷堂》:"濠梁空复五车多,圮上从来一篇足。"可见,"圮,桥",此义一直沿用至后代,义不变,应属于上述第一类词。

媦 《玉篇·女部》:"媦,楚人呼妹,《公羊传》曰:楚王之妻媦。"

按:《说文·女部》:"媦,楚人谓女弟曰媦。""女弟"即"妹妹"。《尔雅·释亲》:"父为考,母为妣。"郭璞注:"妹为媦。"《新唐书·诸帝公主传》:"同安公主,高祖同母媦也。"可见,"媦"应属于上述第一类词,是古楚方言词。

眱 《玉篇·目部》:"眱,《说文》云:目小视也,南楚谓眄为眱。"

按:《方言》:"睇,眄也。陈楚之间南楚之外曰睇。"《楚辞·九歌·山鬼》:"既含睇兮又宜笑,子慕予兮善窈窕。"王逸注:"睇,微眄貌也。"《汉语大词典》:"眱,同睇,斜视。"可见"眱"属于上述第一类词,并一直沿用至后代。

耸 《玉篇·耳部》:"耸,须奉切,《国语》曰:听无,耸也。"

按:《方言》卷六:"耸,聋也。生而聋,陈楚江淮之间谓之耸,荆扬之间及山之东西双聋者谓之耸。"可见,先秦两汉时期,耸有两义,一为"生而聋",二为"双聋"。后引申为昏聩,即"耸昧",焦赣《易林·家人之咸》:"心旷老悖,视听耸类。"属于上述第一类词。

跖　《玉篇·足部》："跖，之石切，《说文》曰：足下也，又楚人谓跳曰跖。"

按：跖，脚跟或脚掌。《方言》卷一："踣、徭、跳，跳也。陈郑之间曰徭，楚曰跖。"晋张协《七命》："封熊之蹯，翰音之跖。"又有南朝梁刘勰《文心雕龙·事类》："狐腋非一皮能温，鸡跖必数千而饱矣。"可见，"跖"属于上述第一类词，为古楚方言词。

踾　《玉篇·足部》："踾，两足不相过，楚谓之踾。"

按："两足不相过"，义为两只脚并连着，不能跨步，是一种足病。《穀梁传·昭公二十年》："两足不能相过，齐谓之綦，楚谓之踾，卫谓之辄。"可见，"踾"属于上述第一类词，意义无明显变化。

㜎　《玉篇·㜎部》："㜎（改夕为女），《说文》云：楚人谓寐为㜎（改夕为女）。"

按：《说文·㜎部》："㜎（改夕为女），楚人谓寐为㜎（改夕为女），从㜎（改夕为女），省女声。"《广韵》："㜎（改夕为女），楚人呼妹。"《集韵》："㜎（改夕为女），楚人谓寐为㜎（改夕为女）。"可见，"谓寐为㜎（改夕为女）"，在先秦时期即为楚方言，且一直沿用至宋代，属于上述第一类词。

婪（改女为心）《玉篇·心部》："婪（改女为心）。《说文》云：楚颍间谓忧曰婪（改女为心）。"

按：《说文·心部》云："楚颍间谓忧曰婪（改女为心）。"《集韵》："婪（改女为心），忧愁貌，楚颍间语。"《尔雅·释诂》："瘤，病也。"清朱骏声《说文通训定声》："婪（改女为心），字亦作瘤。"可见，"婪（改女为心）"属于上述第一类词，为古楚方言词。

飵　《玉篇·食部》："楚人相谒食麦曰飵。"

按："飵"，用麦子做的一种食物用来招待来访的宾客。《说文·食部》："楚人相谒食麦曰飵。从食乍声。"《方言》："餐飵，食也。楚之内相谒而食麦饘谓之餐，楚曰飵。凡楚之郊，南楚之外，相谒而飧，或曰飵。"明代保留在福建等地，意义略有变化。

逞　《玉篇·辵部》："逞，快也、略有不同。"明《通雅·谚原》：

第四章 历代古楚方言词例举

"飵,闽人呼食饭为飵饻。"可见,"飵"属于上述第一类词,为古楚方言词,至后代意为极也、尽也,解也。《说文》云:"通也,楚谓疾行为逞。"

按:《说文·辵部》:"通也。从辵呈声。楚谓疾行为逞。"《春秋传》曰:"何所不逞欲。"《方言》:"东齐海岱之闲,疾曰速,楚曰逞。"清《客滇述》:"山岸泥滑,马不能逞。"可见,"逞",至清代仍表"疾、快"之义,属于上述第一类词。

阊阖　《玉篇·门部》:"阊,阊阖,天门也。《说文》云:'楚人名门曰阊阖。'"

按:《说文·门部》:"阊,天门也。从门,昌声。楚人名门曰阊阖。""阊"在楚语中语"阖"组成复音词"阊阖",指"门"。此与其雅言中的不同,其雅言义为"天门",后引申为"宫门、国门"等意义。如,清《桃花扇·入道》:"星斗增辉,快睹蓬莱之现;风雷布令,遥瞻阊阖之开。"可见,"阊阖",属于上述第一类词,词义由"门"缩小为专指"宫门、国门"。

窹　《玉篇·穴部》:"窹,牛故切,《广韵》云:'窹谓之灶。'《仓颉》云:'楚人呼灶曰窹。'"

按:《说文·寱部》:"寐觉而有信曰寤。从寱省,吾声。"《仓颉》由秦代李斯所著,年代久远。《广雅·释宫》:"窹谓之灶。"可见,"窹",属于上述第一类词,为古楚方言词。

梠　《玉篇·木部》:"梠,屋梠也。《说文》云:'楣,秦名屋檐联。齐谓之檐,楚谓之梠。'"

按:梠,意思是屋檐。《尔雅·释名》:"楣谓之梁。"郭注《尔雅》:"楣,门户上横梁也。"《广雅》:"楣,梠也。"《说文·木部》:"楣,梠也。"《玉篇·木部》:"梠,屋梠也。"《说文·木部》:"梠,屋檐联也。"《九歌·湘夫人》:"擗蕙櫋兮既张。""楣、梠、櫋",三者意义相通。梠,也指一种野生谷物。《晋书·殷仲堪传》:"顷闻抄掠所得,多皆采梠饥人。"综上所述,"梠"属于上述第一类词,为古楚方言词。

樾　《玉篇·木部》:"楚谓两木交阴之下曰樾。"

按:"樾",指路旁遮阴的树,"樾阴",即树荫,后被用来借指受到别人的庇护,多指长辈照顾晚辈。《淮南子·人闲训》:"武王荫喝人于樾下。"《唐书·太平公主传》:"设燎相属,道樾为枯。"可见,"樾"属于上述第一类词,意义无明显变化。

橉 《玉篇·木部》:"楚人呼门限曰橉。"

按:"橉",《唐韵》《集韵》:"良刃切,音吝。木名。"李时珍《本草纲目》橉木,又叫作檊,长在江南地区的深山老林中。亦可染色。"橉",又作门槛。《淮南子·氾务训》:"枕户橉而卧者,鬼神跖其首。"可见,"橉",义门槛,在汉代就已得到广泛运用,至晋代被楚方言吸收,属于上述第一类词。

䔷 《玉篇·舜部》:"舜,仁圣盛明曰舜。《说文》:'楚谓之䔷,秦谓之藑,藑地连华。象形。'"

按:"䔷",是一种藤蔓性的植物,遍地都有,不利于庄稼生长。其根茎可供食用,味道甘甜。《尔雅·释草》:"䔷,藑茅。"郭璞注:䔷花有赤者为藑。晋《风土记》:"䔷,蔓生,被树而升,……,味甜如蜜。"可见,"䔷"属于上述第一类词。

簨 《玉篇·竹部》:"簨,楚人谓折竹卜曰簨。"

按:"簨",用灵草和小竹枝占卜。《说文·竹部》:"簨,圜竹器也。从竹专声。"《屈原·离骚》:"索琼茅以筳簨。"王逸注:楚人名结草折竹以卜簨。《说文·竹部》:"簨,圜竹器也。从竹专声。"后代仍使用"簨"表占卜。柳宗元《天对》:"折簨剡筳,午施旁竖。"清《王楼村先生十三本梅花书屋图为其曾孙少林赋》:"楼村本是梅花仙,百花头已符灵簨。"可见,"簨"在先秦两汉用于楚方言,并一直沿用至后代,属上述第一类词。

譻 《玉篇·食部》:"譻,楚人谓小懒曰譻。"

按:《说文·卧部》:"譻,楚谓小儿懒譻。"段玉裁《说文解字注》:"《玉篇》作楚人谓小懒曰譻。此有儿,衍字也。"王筠认为,《玉篇》中的"小懒"为"懒之小者",不分大人小儿。在此,笔者更赞同段玉裁的意见,认为"儿"为衍字。"譻",属于上述第一类词,是楚地特有词汇。

夥 《玉篇·多部》:"(夥)齐谓多也。楚魏之际曰伙。"

第四章　历代古楚方言词例举

按：《说文·多部》："齐谓多为伙。从多果声。"同伙。果实，即"种子"，包含着遗传密码。"伀"本义为"主人的大群随从"。"果"和"伀"一起代表"多子"的意思。《正韵》："胡果切，多也。"《方言》："凡物盛而多，齐宋之郊谓之伙。"《史记·陈涉世家》："'伙颐！涉之为王沉沉者！'楚人谓多为伙，故天下传之。"意思为陈涉大王的宫殿既高大又深邃！楚地人把"多"叫作"伙"，所以天下流传"伙涉为王"的典故。"䊧"属于上述第一类词。

煤　《玉篇·火部》："楚人呼火为煤。"

按：《广韵》："呼罪切。"《方言》："煤，火也。楚转语也。犹齐言火也。"由此可见，"煤"，在两汉的楚地就已广泛运用，一直沿用至魏晋，属于第一类词。

媞　《玉篇·女部》："媞，徒奚切，安详也，《说文》：'承旨切，谛也。一曰江淮之间谓母曰媞。'"

按："媞"，母也，通行于江淮之间。《广韵》："媞，江淮呼母也。"可见，"媞"在宋代仍有使用。"媞"又作美好的样子，《东方朔·七谏》："西施媞媞，而不得见。"综上，"媞"属于上述第一类词，仍通行于后代。

旍页　《玉篇·页部》："旍页，之延切，颡也。《方言》云：'江淮之间谓距额为旍页。'"

按：《方言》："旍页，颡也。湘江之间谓之旍页。"《方言》通行区域为"湘江之间"，指长江中游到湘水一带，属楚地方言区。《玉篇》引作"江淮之间"，指的是西汉时期地处淮南国中部的九江郡与衡山郡，在江湘之东边，也属于楚地。"旍页"属于上述第一类词。

锴　《玉篇·金部》："锴，器骇。《说文》云：'九江谓铁为锴。'"

按：《说文·金部》："锴，九江谓铁为锴。""锴"，铁也。张衡《南都赋》："铜锡铅锴，赭恶流黄。"又特指好铁。西晋左思《吴都赋》："铜锴之垠。"这里指好铁，属于上述第一类词。

隋　《玉篇》："长沙谓堤曰隋。"

按："隋"，同"塘"，指堤岸。《说文》未见记载。《集韵》引《尔雅》:"庙中路谓之。通作唐。"南北朝谢灵运《登池上楼》:"池塘生春草",意思为池塘的堤岸上长满了春草。"隚"属于上述第二类。

崽 《玉篇》:"《方言》曰:崽,子也。江湘间凡言是子谓之崽。"

按:崽,小孩子,也指幼小的动物,如猪崽儿,崽子等。《方言》:"崽,子也。湘、沅之会,凡言是子者,谓之崽。"《水经注》:"娈童卯女,弱年崽子。"《正字通》:"崽音义通,湘沅之闲凡言子曰崽。""崽"属于上述第一类词,并一直沿用至后代。

舸 《世说新语·仇隙》:"走投水,舸上人接取得免。"

按:《方言》:"南楚江湘凡船大者谓之舸。"西晋左思《吴都赋》:"百余年后,宏舸连舳,巨舰接舻,铁炮轰鸣,洋枪吐芯。"刘逵注:"江湖(湘)凡大船曰舸。"可见,"舸"在魏晋时期仍通行于江湘之间。毛泽东《沁园春·长沙》:"看万山红遍,层林尽染;漫江碧透,百舸争流。""舸"属于上述第一类词,并一直沿用至后代。

将肘 《世说新语·轻诋》:"旧目韩康伯:将肘无骨风。"

按:"将"自先秦时代就有"大"这个义项。《诗·小雅·北山》:"嘉我未老,鲜我方将",毛传:"将,壮也。"余嘉锡《世说新语笺疏》:"'将'为'壮'之声转。康伯为人肥大,故范启以肉鸭比之。凡人肥则肘壮。此云将肘者,江北伧楚人语也。"《方言》:"京、奘、将、大也。……燕之北鄙,齐、楚之郊,或曰京,或曰将,皆今古语也。"综上所知,江北伧楚人"肥大"谓之"将肘",前代古籍未见记载,属于上述第一类词。

琴 《水经注》:"楚人谓冢为琴矣,六安县都陂中有大冢。"

按:《释名·释丧制》:"冢,肿也,象山顶之高肿起也。"朱骏声《说文通训定声》:"琴,假借为冢。"北魏郦道元《水经注·沘水》:"今县都陂中有大冢,民传曰公琴者,即皋陶之冢也。楚人谓冢为琴矣。"属于上述第一类词。

鹿葱 《宜男花赋》:"宜男花者,荆楚之俗,号曰'鹿葱',可以荐宗庙。"

按:《诗经·卫风·伯兮》:"焉得谖草?言树之背。"陈奂传疏:"古不言谖草为何草。唯《苏颂图经》云:'萱草,俗谓之鹿葱……'"《埤

第四章 历代古楚方言词例举

雅》："萱草，忘忧即此是也，或谓之鹿葱，盖鹿食此草，故以此名。"《古今事文类聚》："宜男花者，世之有久矣……荆楚之土号曰鹿葱。""鹿葱"这个词汇在前代古籍中并未记载，应为魏晋时期楚语中的特有词汇，属于上述第二类。

爹 《南史·梁史·兴忠武王憺传》："荆土方言谓父为爹。"

按：《说文》并未记载爹字，魏张揖《广雅》云："爹，父也"，这是最早见文献的记录。"爹"字出现后，"父"大多用于书面语。"爹"是常用字，一形有二音。《切三》等书言甲音："北方人呼父也。"《巨宋广韵》言乙音："羌人呼父也。"甲的读音"徒可切"唐代的工具书只记载了甲音，可见，乙音晚于甲音出现。《南史·梁史·兴忠武王憺传》："荆土方言谓父为爹。"乙音"陟邪切"，陈燕《"爹"字二音考》谈道："推测其产生的时间约在魏晋南北朝以后至隋之前"，本书对乙音不多加描述。"爹"在后代一直沿用，其形式或附以前缀，如"阿爹""老爹"，或重复词根"爹爹"。可见"爹"属于上述第一类词。

鳦/乙 《南史隐逸·顾欢传》："昝有鸿飞，……楚人以为乙，然则楚亦名鳦，不独齐梁云然矣。"

按：鳦，即燕子。《说文》："乙，玄鸟也。齐鲁谓之乙。鳦，乙，或从鸟。"段玉裁注："本与甲乙字异，俗人恐与甲乙乱，加鸟旁为鳦。"《尔雅·释鸟》："燕燕，鳦。"郝懿行义疏："燕燕之声转为鳦鳦。"《诗·邶风·燕燕》："燕燕于飞。"《毛传》："燕燕，鳦也。"由上可知，前秦两汉文献中对"鳦/乙"早有记载，属于上述第一类词。

步 《述异记》："吴楚间谓浦为步，语之讹耳。"

获 《报任安书》李善注引韦昭："荆扬海岱淮齐之间骂奴曰获。"

按：韦昭为三国时期著名的史学家。《方言》："荆淮海岱杂齐之闲，骂奴曰臧，骂婢曰获。"《楚辞·严忌[哀时命]》："释管晏而任臧获兮，何权衡之能称。"《荀子·王霸》："如是则虽臧获不肯与天子易执业。"杨倞注："臧获，奴婢也。"先秦时期皆有文献用例，《方言》时期仍旧如此，"获"属于上述第一类词。

蝮 《尔雅》孙炎注："江淮以南谓虺为蝮。"

· 109 ·

◆◇◆　**周秦两汉楚方言词研究**

　　按：孙炎为三国时期经学家，由他编写的《尔雅音义》对后世影响较大。蝮，即毒蛇的一种。《说文·虫部》："虫也。从虫复声。芳目切。"《尔雅·释鱼》："蝮虺，博三寸，首大如擘。"《山海经·南山经》："羽山多蝮虫。"《楚辞·招魂》："蝮蛇蓁蓁""虺"，毒蛇。《诗·小雅·斯干》："维虺维蛇。"《国语·吴语》："为虺弗摧，为蛇若何？"可见"蝮、虺"均有表示"毒蛇"的义项。《尔雅·释鱼》邢昺疏引《尔雅》舍人注："蝮，江淮以南曰蝮，江淮以北曰虺。""蝮"属于上述第一类词。

　　麚　《史记集解》裴骃引韦昭："楚人谓麋为麚。"

　　按：麚，本意为狍、鹿一类动物，比鹿小，毛在夏天呈红色，冬天呈棕色，雄性有分枝状的角。《说文·鹿部》："麚属。从鹿，省声。薄交切。"《尔雅》："大麚，牛尾一角。"《史记·孝武本纪》"其明年，郊雍，获一角兽，若麚然。"此处，"麚"与"狍"相同，是一种和獐长得极为相似的独角兽，与麋同类，"麚"属于上述第一类词。

　　蒿攴　《尔雅》孙炎注："荆楚之间谓蒿为蒿攴。"

　　按：蒿攴，青蒿，茎叶可入药。亦称"香蒿"。《说文·艹部》："香蒿也。从艹攴声。"《尔雅·释草》："蒿蒿攴。"注：又荆楚闲谓蒿为蒿攴。"蒿攴"属于上述第一类词。

　　籼　《一切经音义》玄应卷四引李登《声类》："秔米，江南呼粳为籼。"

　　按：李登，是三国时期著名的音韵学家。籼，水稻的一种，米粒细而长。《方言》卷三："江南呼粳为籼。"《本草纲目》："籼似粳而粒小。"可见，"籼"在汉代早有文献用例，属于上述第一类词。

　　檥　《汉书·项羽传》颜师古注引如淳："南方人谓调整船向岸为檥。"

　　按：如淳，三国曹魏时期人，曾经注释过《汉书》。《说文·木部》："干也。从木义声。"《韵会》："鱼倚切，音蚁。或作舣。"檥，使船靠岸。《类篇》："附船着岸也。"《史记·项羽本纪》："乌江亭长檥船待。"如淳曰："南方人谓调整船向岸为檥。"可见，"檥"在魏晋时期的南方方言中意义略有转变，属于上述第一类。

　　雍树　《史记集解》裴骃引苏林："南阳人谓抱小儿为雍树。"

　　按：苏林，是东汉时期的著名学者。雍树，雍，通"拥"，抱也。谓

· 110 ·

抱小儿。《史记·夏侯婴传》："汉王急，……徐行面雍树乃驰。""雍树"，前代文献少有记载，属于上述第二类词。

墆 《一切经音义》玄应卷十三引张揖《埤苍》："长沙谓堤为墆。"

按：张揖，是东汉时期古汉语训诂学者。"墆"，古同"滞"，停，并无提防、堤坝之义。《广韵》：堤，都奚切。古音端母支部。墆，张揖音徒结切，《广韵》收有此切，古音在定母质部。可见，"墆"与"堤"意义并不相通，因长沙方言而有混读现象，不属于上述三类词。

骇鸡犀 葛洪《抱朴子》："通天犀，南人呼为骇鸡犀。"

按：晋代葛洪，所著《抱朴子》是道教经典。骇鸡犀，传说中的海兽。其角可去尘，故名。《战国策·楚策一》："乃遣使车百乘，献鸡骇之犀。"王念孙《读书杂志·战国策二》："鸡骇之犀，当为骇鸡之犀。"《后汉书·西域传·大秦》："士多金银奇宝，有夜光璧、明月珠、骇鸡犀、珊瑚、虎魄。"唐刘恂《岭表录异》卷中："又有骇鸡犀、辟尘犀、辟水犀、光明犀。此数犀，但闻其说，不可得而见也。"元宋本《舶上谣送伯庸以番货事奉使闽浙》之八："熏陆胡椒腽肭脐，明珠象齿骇鸡犀。""骇鸡犀"属于上述第一类词。

羱羝 《一切经音义》玄应卷八引《字林》："羱，野羊也……江南呼为羱羝。"

按：《字林》，是晋代吕忱所著，是一部古代字书。羱羊，指的是古代的一种角很大的羊。亦称"北山羊"。羱羊角，大者可为器。《尔雅·释畜》："羱如羊。"注：羱羊，似吴羊而大角，角椭，出西方。羝，公羊。《广雅》："吴羊牡三岁曰羝。"《急就篇注》："牂羊之牡也。"《易·大壮》："羝羊触藩。"《诗·大雅》："取羝以軷。"魏晋时期，复音词大量产生，"羱羝"属于上述第一类词。

鹏 《一切经音义》玄应卷二十七引《字林》："枭，形似鸦而青白，出于山，即恶声鸟也，楚人谓之鹏。"

按："鹏"，大鸟也。《集韵》："大鹏，鹍属。"《庄子·逍遥游》："鲲之大，……其名为鹏。"枭，一种与鸱鸺相似的鸟。同鸮。《毛传》："鸮，恶声鸟也。"所以，枭是类似于猫头鹰的鸟类，同鸮，与鹏意义有所差别。"楚人谓之鹏",说明魏晋时期的楚地人把"枭"称为"鹏",属于上述第一类词。

舶 《一切经音义》卷四十七引《字林》:"今江南凡泛海舡谓之舶。"

按:"舡"同船。海舡即海船。《玉篇》:"船也。"《增韵》:"艀舡,吴船名。"《前汉·古今人表》:"晋舡人固来。"《佩觿集》:"帆舡之舡为舟船。"舶,航海的大船。《广韵》:"海中大船。"《集韵》:"蛮夷泛海舟曰舶。"东汉《通俗文》:"晋曰舶。"舶,前文少有记载,属于上述第二类词。

箭镝 《一切经音义》玄应卷二引《字林》:"镞,箭镝也,江南言箭镝也。"

按:镞,箭头。利镞,锋利的箭头。《过秦论》:"秦无亡矢遗镞之费,而天下诸侯已困矣。"《东周列国志》第三回:"犬戎主教四面放箭,……今日死于万镞之下。"镝,箭的尖头。《过秦论》:"收天下之兵,聚之咸阳,销锋镝。"可见,"箭镝"属于上述第一类词。

敖 《左传·昭公十三年》杜预注:"不成君,无谥号者,楚人皆谓之敖。"

按:杜预是西晋时期有名的学者,除此之外还是灭吴战争中的将领之一。楚人把没有成为君王的人称为敖。如:楚若敖、楚霄敖等。今人张正明则认为:那些被称作"敖"的人,实际上指的是没有继承国家王位的楚国部落首领,受到封赏以后,"敖"就称为"子",也可以叫作"公""侯""伯"。《左传·昭公十三年》:"葬子干于訾,实訾敖。敖,不成君,无谥号者。"可见,"敖"在前代文献早有记载,属于上述第一类词。

熸 《左传·襄公二十六年》杜预注:"吴楚之间谓火灭为熸。"

按:《玉篇》:"火灭也。"《孔丛子·广诂一》:"熸,灭也。"《左传·襄公二十六年》:"王夷师熸。"这里的"熸"指火熄灭了。后引申为"军队溃败",章炳麟《东夷诗》:"穷兵事北狄,三载熸其师。""熸"属于上述第一类词。

餳 《一切经音义》玄应卷十八引《韵集》:"䬾,餳米也。今中国言䬾,江南言餳。"

按：《韵集》是晋代学者吕静所著，也是中国最早的一部韵书。"餳"，舂米，即把谷子放在舂米桶内用舂米杵砸出壳的过程。《集韵》："汏音荡，舂也，持米精也。""䑔"，《广韵》："舂米。"《韵会》："舂也。"前代文献少有记载，"餳"属于上述第二类词。

歹委/萎　《一切经音义》玄应卷十引《韵集》："烟，……江南亦言歹委，歹委又作萎于为反。"

按：《说文·艹部》："烟，从艹于声。"《博雅》："尵也。"《宋玉·九辩》："叶烟邑而无色兮。"蔫，枯萎。《韵会》："物不鲜也。"萎，干枯衰落。《唐韵》："于危切，音逶。蔫也。"《诗·小雅》："无木不萎。"屈原《离骚》："虽萎绝其何伤兮。"可见，"烟、蔫、萎"都有"枯萎"的意思，"萎"在前代文献早有记载，属于上述第一类词。

嗄　《庄子·庚桑楚》郭象注："楚人谓啼极无声为嗄。"

按：郭象，是西晋玄学家。嗄，声音嘶哑。《玉篇》："声破。"《集韵》："声变也。"《道德经》："终日号而嗌不嗄，和之至也。"又《广韵》："声败。"《集韵》："气逆也。楚人谓啼极无声为嗄。"可见，"嗄"前文早有记载，本义指"声音撕裂，发生变化"。到魏晋时期指"啼极无声"，意义略有变化，属于上述第一类词。

无赖　《史记集解》裴骃引晋灼："江淮之间谓小儿多诈狡猾为无赖。"

按：晋灼，西晋时期的文学家。"无赖"，有多种解释。一，无可恃。《史记·张释之传》："文帝曰：吏不当若是邪？尉无赖！"二，品性不良、放荡撒野的人。《文明小史》第二十九回："他族中有几个无赖，要想他法子，诬他偷汉。"三，无聊。唐李白《乌栖曲》："唯憎无赖汝南鸡"。四，无可奈何。《三国志·魏书·华佗传》："彭城夫人夜之厕，虿螫其手，呻呼无赖。"至魏晋时期，江淮地区"小儿多狡诈"称之为无赖，较之前代意义略有变化，属于上述第一类词。

蟋蟀/蛬　《方言》卷十一："蜻蛚，楚谓之蟋蟀，或谓之蛬。"

《尔雅》孙炎注："蟋蟀，蜻蛚也。梁国谓之蛬。"

按：可见，汉代时期楚方言"蟋蟀/蛬"，随着时代的发展，被梁国所吸收，属于上述第三类词。

苗/蓬薄　《方言》卷五："薄，宋魏陈楚江淮之间谓之苗，……南楚谓之蓬薄。"

《史记·绛侯周勃世家》司马贞《索隐》引韦昭："北方谓薄为曲。"

按：苗，《说文·艹部》："蚕薄也。从艹曲声。"《方言》明确记载，宋魏陈楚江淮之间把苗称为薄，而三国时期史学家韦昭认为北方地区的人们也把曲叫薄。可见汉代楚方言"苗"至魏晋时期进入了北方方言，属于上述第三类词。

篷　《方言》卷九："南楚之外谓之篷。"

郭璞注："今通呼篷。"

按：篷，䈴也，即车篷。郭璞注"今通呼篷"，属于上述第三类词。

诼　《方言》卷十："诼，愬也。楚以南谓之诼。"

郭璞注："诼愬亦通语也。"

按：诼，造谣毁谤。《广雅》："诉也，责也，谮也。"屈原《离骚》："众女嫉予之蛾眉兮，谣诼谓予以善淫。"郭璞认为"诼"同样也是通语，属于上述第三类词。

颔　《方言》卷十："（颔）南楚谓之颔。"

郭璞注："亦今通语而。"

按：颔，颔也，指脖子上方的柔软处。郭璞注"今通语而"，属于上述第三类词。

摧/詹/戾　《方言》卷一："（至）摧、詹、戾，楚语也。"

郭璞注："……此亦方国不语，不专在楚也。"

按：《尔雅·释诂》："摧詹，至也。"《诗·大雅》："先祖于摧。"《传》："至也。"戾，至也。《诗·大雅》："鸢飞戾天。"《礼·祭义》："桑于公桑，风戾以食之。"注：风至则桑叶干，故以食蚕也。郭璞注"不专在楚也"，属于上述第三类词。

樸　《方言》卷六："南楚凡物尽生者曰樸生。"

郭璞注："亦中国通语也。"

按：樸，尽也。在南楚地区，植物尽情地生长可称为"樸生"。郭璞认为也可称之为中国通语，"中国"这个词语在周代的《诗经》中最早出现,例如"惠此中国",但这里的"中国"一词并不指真正的国家,而是指"京城",可见"樸"属于上述第三类词。

赵 《方言》卷二:"其(床)杠,南楚之间谓之赵。"

郭璞注:"赵当作桃,……中国亦呼杠为桃床,皆通语也。"

按:南楚把床杠称为赵,赵、桃,是声之转。郭璞注"中国亦呼杠为桃床,皆通语也","赵"属于上述第三类词。

愷 《方言》卷十:"荆汝江湘之郊凡贪而不施谓之愷。"

郭璞注:"亦中国之通语。"

按:愷,又贪婪又吝啬。郭璞注"中国之通语","愷"属于上述第三类词。

晞/晒 《方言》卷十:"晞,晒,干物也。扬楚通语也。"

郭璞注:"晞音霏。皆北方常语也。"

按:晞,曝晒,晒干。《列子·周穆王篇》:"酒未清,肴未晞。""晞/晒"本为扬、楚方言,后郭璞注"北方常语也","晞/晒"属于第三类词。

㬮极 《方言》卷十:"㬮极,吃也。楚语也。"

郭璞注:"亦北方常语耳。"按:㬮极,吃也。郭璞注"亦北方常语","㬮极"属于上述第三类词。

跰 《方言》卷一:"(跳)楚曰跰。"

郭璞注:"敕厉反,亦中州通语。"

按:跰,跳也。《玉篇》:"逾也。"郭璞注"亦中州通语","跰"属于上述第三类词。

甋 《方言》卷五:"瓯,陈魏宋楚之间谓之甋。"

郭璞注:"今河北人呼小盆为甋子。"

按:瓯,小瓦盆。《方言》:"自关而西,盆盎小者曰瓯。"《淮南子·说林训》:"狗彘不择瓯甋而食。"《抱朴子嘉遁卷》:"拊瓯瓴于洪钟之侧。"《东方朔·七谏》:"瓯瓴登于明堂,周鼎潜于深渊。"甋,小盆也。《玉篇》:"小盆也。"《广韵》:"小瓮。""甋"属于上述第三类词。

棘 《方言》卷三:"(凡草木刺入)江湘之间谓之棘……"

郭璞注:"今通语耳,音己力反。"

按：棘，会意字。由两个"朿"部件组成，代表刺多的意思，"棘"指的是比较矮小的灌木丛。本义为丛生的小枣树。《诗·魏风·园有桃》："园有棘。"后泛指有芒刺的草木。明《徐霞客游记·游黄山记》："攀草牵棘。"《聊斋志异·促织》："虫伏棘根。"郭璞注："今通语而"，该词属于上述第三类词。

盲　《方言》卷十："諫，不知也。沅澧之间凡想问而不知答曰諫；使之而不肯答曰盲。"

郭璞注："音盲，今中国语亦然。"

按：《玉篇》："使人问，而不肯答曰盲。"《广韵》："不知也。"郭注："今中国语亦然。"该词属于上述第三类词。

蚖蝾　《方言》卷八："东齐海岱谓之蚖蝾。"

郭璞注："似蜥易而大，有鳞。"

按：蚖，《尔雅·释鱼》："蚹蠃，蚖蝓。详蝓字注。"又《集韵》："相支切，音斯。"《方言》："守宫在泽者，海岱之闲谓之蚖蝾。"郭注："今所在通言蛇医"，该词属于上述第三类词。

眠娗　《方言》卷十："眠娗……皆欺谩之语也。楚郢以南东扬之郊通语也。"

郭璞注："六者亦中国相轻易蚩弄之言也。"

按：眠娗，指是嘲笑和欺谩的意思，蚩弄，犹侮弄。郭注："者亦中国相轻易蚩弄之言也。"属于上述第三类词。

下面是唐文献中记载的楚方言词。

隋唐宋时期的吴、楚方言区及江东地区保留着古楚方言的痕迹。下文将吴方言区和江东方言区等南方方言区全部划分为"隋唐宋时期的楚方言区"。

腊　段成式《酉阳杂俎》："蓝蛇，……南人以首合毒药，谓之蓝药，药人立死。取尾为腊，反解毒药。"

蛆　段成式《酉阳杂俎》："水蛆，南中水溪涧中多有蛆，长寸余，色黑。夏深变为蚊，螫人甚毒。"

江猪　段成式《酉阳杂俎》："龙象六十岁，骨方足。今荆地象色黑，两牙，江猪也。"

谢豹 段成式《酉阳杂俎》："虢州有虫名谢豹，常在深土中……小类虾蟆，而圆如球。"

海术 段成式《酉阳杂俎》："南海有水族，前左脚长，前右脚短，口在胁傍背上。常以左脚捉物，置于右脚，右脚中有齿嚼之，方内于口。大三尺余。其声术术，南人呼为海术。"

避役 段成式《酉阳杂俎》："南中有虫名避役，……状如蛇医，脚长，色青赤，肉翲。"

按："蛇医"为楚地方言词。《方言》卷八："守宫，……南楚谓之蛇医，或谓之蝾螈。"宋苏轼《次韵舒尧文祈雪雾猪泉》："长笑蛇医一寸腹，衔冰吐雹何时足。"清褚人获《坚瓠余集·击瓮》："王彦威镇汴，夏旱，李玨过汴，因宴，王以旱为言，李醉曰：'欲雨甚易耳，可求蛇医四头，石瓮二枚。每瓮实以水，浮二蛇医，以木盖密泥之，分置于闹处……旧说，龙与蛇医为亲家焉。'"

在现代汉语方言区，金华的"蛇鳅"指"蜥蜴"。

鰳鱼 段成式《酉阳杂俎》："鰳鱼，章安县出。出入鰳腹，子朝出索食，暮入母腹。腹中容四子。"

鲎帆 段成式《酉阳杂俎》："鲎，雌常负雄而行，渔者必得其双。南人列肆卖之，雄者少肉。旧说过海辄相负于背，高尺余，如帆乘风游行。今鲎壳上有一物，高七八寸，如石珊瑚，俗呼为鲎帆。成式荆州尝得一枚。至今闽岭重鲎子酱。鲎十二足，壳可为冠，次于白角。南人取其尾，为小如意也。"

按：现代汉语方言中，雷州的"鲎尾"指"鲎鱼甲壳的尾部，成三角形，锋利如梭镖"，在厦门有"（三棱形的）刺刀"义。

蓝药 段成式《酉阳杂俎》："蓝蛇，首有大毒，尾能解毒，出梧州陈家洞。南人以首合毒药，谓之蓝药，药人立死。"

鹳井 段成式《酉阳杂俎》："鹳，江淮谓群鹳旋飞为鹳井。鹳亦好旋飞，必有风雨。人探巢取鹳子，六十里旱。能群飞薄霄激雨，雨为之散。"

红蝙蝠 段成式《酉阳杂俎》："南中红蕉花，时有红蝙蝠集花中，南人呼为红蝙蝠。"

主簿虫 段成式《酉阳杂俎》："蝎,鼠负虫巨者多化为蝎。蝎子多负于背,成式尝见一蝎负十余子,子色犹白,才如稻粒。成式尝见张希复言,陈州古仓有蝎,形如钱,螫人必死。江南旧无蝎,开元初,尝有一主簿,竹筒盛过江,至今江南往往亦有,俗呼为主簿虫。蝎常为蜗所食,以迹规之,蝎不复去。"

吐绶鸟 段成式《酉阳杂俎》："鱼复县南山有鸟大如鸲鹆,羽色多黑,杂以黄白,头颊似雉,有时吐物长数寸,丹采彪炳,形色类绶,因名为吐绶鸟。"

按:"吐绶鸟"在南朝宋盛弘之《荆州记》中已有记载:"鱼复县南山有鸟,时吐物,长数寸,丹朱彪炳,形色类绶,因名吐绶鸟。"南朝梁任昉《述异记》卷上:"吐绶鸟身大如鹳,五色,出巴东山中。毛色可爱,若天晴淑景,即吐绶,长一尺,须臾还吞之。"唐刘禹锡《吐绶鸟词》:"越人偶见而奇之,因名吐绶江南知。"

秦皇鱼 段成式《酉阳杂俎》："异鱼,东海渔人言,近获鱼,长五六尺,肠胃成胡鹿刀槊之状,或号秦皇鱼。"

河伯健儿 段成式《酉阳杂俎》："鯺鱼,章安县出。出入鯺腹,子朝出索食,暮入母腹。腹中容四子。颊赤如金,甚健,网不能制,俗呼为河伯健儿。"

桑槿 段成式《酉阳杂俎》："重台朱槿,似桑,南中呼为桑槿。"

金松 段成式《酉阳杂俎》："金松,叶似麦门冬,叶中一缕如金綖。出浙东,台州犹多。"

鹿木 段成式《酉阳杂俎》："武陵湖南郡北有鹿木二株,马伏波所种,木多节。"

夏梨 段成式《酉阳杂俎》："曹州山东省西南部及扬州淮口出夏梨。"

渐栗 段成式《酉阳杂俎》："猴栗,李卫公一夕甘子园会客,盘中有猴栗,无味。陈坚处士云:'虔州南有渐栗,形如素核。'"

楷木 段成式《酉阳杂俎》："蜀楷木,蜀中有木类柞,众木荣时枯槁,隆冬方萌芽布阴,蜀人呼为楷木。"

第四章 历代古楚方言词例举 ◆◇◆

天浆 段成式《酉阳杂俎》:"石榴,一名丹若。梁大同中,东州后堂石榴皆生双子。南诏石榴,子大,皮薄如藤纸,味绝于洛中。石榴甜者谓之天浆,能已乳石毒。"

筋竹 段成式《酉阳杂俎》:"筋竹,南方以为矛。笋未成竹时,堪为弩弦。"

按:在柳州和南宁平话的现代汉语中,"筋竹"指可做钓鱼竿的细竹。

鱼甲松 段成式《酉阳杂俎》:"洛中有鱼甲松。"

灵寿花 段成式《酉阳杂俎》:"湖南有灵寿花,数蒂簇开,视(一曰规)日如槿,红色。春秋皆发,非作杖者。"

色绫木 段成式《酉阳杂俎》:"台山有色绫木,理如绫文。"

色绫枕 段成式《酉阳杂俎》:"台山有色绫木,……百姓取为枕,呼为色绫枕。"

孟娘菜 段成式《酉阳杂俎》:"江淮有孟娘菜,并益肉食。"

博落回 段成式《酉阳杂俎》:"落回(一曰'博落回')有大毒,生江淮山谷中。茎叶如麻。茎中空,吹作声如勃逻回,因名之。"

胡孙眼 段成式《酉阳杂俎》:"竹肉,江淮有竹肉,生竹节上如弹丸,味如白鸡,皆向北。有大树鸡,如杯棬,呼为胡孙眼。"

合掌柏 段成式《酉阳杂俎》:"汝西有练溪,多异柏。及暮秋,叶上敛,俗呼合掌柏。"

折腰菱 段成式《酉阳杂俎》:"芰,今人但言菱芰,诸解草木书亦不分别,唯王安贫《武陵记》言,四角、三角曰芰,两角曰菱。今苏州折腰菱多两角。成式曾于荆州,有僧遗一斗郢城菱,三角而无伤(一曰刺),可以节(一曰授)莎。"

护火草 段成式《酉阳杂俎》:"岭南茄子宿根成树,高五六尺。姚向曾为南选使,亲见之。故《本草》记广州有慎火树,树大三四围。慎火即景天也,俗呼为护火草。"

蔓胡桃 段成式《酉阳杂俎》:"蔓胡桃,出南诏。大如扁螺,两隔,味如胡桃。或言蛮中藤子也。"

鬼皂荚 段成式《酉阳杂俎》:"鬼皂荚,生江南地泽,如皂荚,高一

· 119 ·

二尺。"

地日草 段成式《酉阳杂俎》："南方有地日草，三足乌欲下食此草，羲和之驭以手掩乌目，食此则闷不复动。"

蛮中藤子 段成式《酉阳杂俎》："蔓胡桃，出南诏。大如扁螺，两隔，味如胡桃。或言蛮中藤子也。"

（西）王母桃 段成式《酉阳杂俎》："王母桃，洛阳华林园内有之，十月始熟，形如栝蒌。俗语曰：'王母甘桃，食之解劳。'亦名西王母桃。"

莼龟 段成式《酉阳杂俎》："莼根，羹之绝美，江东谓之莼龟。"

辱金 段成式《酉阳杂俎》："金曾经在丘冢，及为钗钏溲器，陶隐居陶弘景人谓之辱金，不可合炼。"

桃核扇 段成式《酉阳杂俎》："桃核，水部员外郎杜陟常见江淮市人以桃核扇量米，止容一升，言于九嶷山溪中得。"

《唐本草》，又名《新修本草》《英公本草》，是中国第一部由政府颁布的药典，也是世界上最早的药典。该书由唐苏敬、李绩等23人奉敕编于显庆四年。全书有正文20卷，《药图》25卷，《图经》7卷，载药850种。《新修本草》原书已佚，主要内容在后世本草著作中留存。笔者根据安徽科学技术出版社1981年出版的《新修本草》找出如下词条：

马玄 苏恭《唐本草》："百足，襄阳人名为马玄，亦呼马轴。"

马轴 苏恭《唐本草》："百足，襄阳人名为马玄，亦呼马轴。"

鹧鸪 苏恭《唐本草》："鹧鸪鸟，生江南，形似母鸡。"

按：鹧鸪，生长于江南或吴楚、岭南一带的鸟。《岭表录异》卷中："鹧鸪，吴楚之野悉有，岭南偏多此鸟，肉白而脆，远胜鸡雉，能解治葛井菌毒。"

"鹧鸪"在现代汉语方言中已进入通语。梅县的"鹧鸪儿"以及柳州、萍乡、于都的"鹧鸪鸟"都指"鹧鸪"。

刀环虫 苏恭《唐本草》："百足，襄阳人名为马玄……又名刀环虫，以其死侧卧状，如刀环也。"

莞蒲 《诗·小雅·斯干》"下莞上簟，乃安斯寝。"孔颖达疏引《唐本草》曰："白蒲，一名苻蓠，楚谓之莞蒲。"

按："莞蒲"在唐代首次被定性为古楚方言词，在魏晋南北朝时期被定性为西方方言词。《齐民要术》卷七："《淮南万毕术》曰：'酒薄复厚，渍以莞蒲。'"

此外，"苻蓠"在魏晋南北朝时期曾被定性为江东方言词，唐代起已进入通语。《尔雅·释草》："莞，苻蓠，其上蒚。"晋郭璞注："今西方人呼蒲为莞蒲；蒚谓其头台首也。今江东谓之苻蓠。"

土芋 苏恭《唐本草》："黄独，肉白皮黄，巴、汉人蒸食之，江东谓之土芋。"

按："土芋"是在唐代被定性的江东方言词。唐杜甫《干元中寓居同谷县作歌》之二："黄独无苗山雪盛，短衣数挽不掩胫。"清仇兆鳌注："又曰：黄独，状如芋子，肉白皮黄，蔓延生，叶似萝摩，梁汉人蒸食之，江东谓之土芋。"

鹿葱 苏恭《唐本草》："萱草，荆楚之土号为鹿葱。"

菉蓐草 苏恭《唐本草》："荩草，荆襄人俗名菉蓐草。"

地钱草 苏恭《唐本草》："积雪草，荆楚人谓为地钱草。"

昆仑草 苏恭《唐本草》："青葙，荆襄人名为昆仑草。"

鰻 《慧琳音义》卷三十九："鲵，……荆州呼为鰻。"

按：鰻，唐代被定性为楚方言词，明代被定性为秦方言。明李时珍《本草纲目·鳞四·鲵鱼》："蜀人名魶，秦人名鰻。"

䲚 《慧琳音义》卷三十九："鲵，今江东人呼为䲚。"

按：䲚，唐代被定性为楚方言词。

䖟 《慧琳音义》卷六十六："蠓螉，……秦谓之蚋，楚谓之䖟。"

按：见于《庄子·人间世》："适有䖟䗟仆缘，而拊之不时，则缺衔毁首碎胸。"亦作"蚊"，首见《庄子·天运》："蚊䗟嚼肤，则通昔不寐矣。"《说文》："䖟，齿人飞虫。蚊，俗䖟。"《淮南子·主术训》："夫权轻重不差䖟首扶拨枉桡不失针锋。"

舶䳘 《慧琳音义》卷三九八："今江东人呼雁为舶䳘。"

柿 《慧琳音义》卷二十二："今江南谓斫削木片为柿。"

按：先秦时期，"柿"在楚方言区指"木片"并沿用至清代吴语区和现代闽语区。《诗·小雅·伐木》:"伐木许许。"毛传:"许许,柿貌。"清乾隆十五《昆山新阳合志》:"木片曰柿。"1992年《福建新通志》:"木片曰柿。"

两汉时期,"柿"被定性为楚方言词,引申为"木匣"义并沿用至清代湘语区。《说文·木部》:"陈楚谓椟为柿,芳吠切。"《湖南通志》:"谓椟曰柿。"

魏晋南北朝之后,"柿"在楚方言区引申为"砍削木头为木片或柴薪等"。晋潘岳《马汧督诔》:"爨陈焦之麦,柿梠楠之松。"《慧琳音义》将此义定性为楚方言词。

在现代汉语方言中,福州和厦门的"柿、柴柿、碗柿"指"用利器斫下的碎片"。

孀居 《慧琳音义》卷六十一:"楚人谓寡为孀居。"

按:在现代汉语方言中,福州的"孀居"指"守寡;寡妇"。

短褐 《慧琳音义》卷八十二:"南楚之人谓袍为短褐。"

按:《慧琳音义》中"短"字有误,"短"应为"裋"。"裋"在先秦两汉楚方言区指"袍",在清代楚方言区仍有所沿用。《方言》卷四:"襜褕,江淮南楚谓之禫褣,自关而西谓之襜褕,其短者谓之裋褕。以布而无缘,敝而紩之,谓之褴褛。"《列子·力命》:"朕衣则裋褐,食则粢粝,居则蓬室,出则徒行。"杨伯峻集释:"许慎注《淮南子》云:楚人谓袍为裋。《说文》云:粗衣也。又敝布襦也。又云:襜褕短者曰裋褕。有作短褐者,误。《荀子》作'竖褐'。杨倞注云:'僮竖之褐',于义亦曲。"清恽敬《三代因革论》:"如冠服之度,求其行礼乐可也。夏之毋追,殷之章甫,周之委貌,其不同者也。而民之裋褐何必同。"

翿翿 《慧琳音义》卷六:"南楚谓翳曰翿翿,即幢也。"

按:"翿"自先秦两汉至清代楚方言地区都有所沿用。翳:遮盖。翿:即纛,指古乐舞或葬礼中所用的上有羽毛为遮饰的旗。《诗·王风·君子阳阳》:"君子陶陶,左执翿。"《毛传》:"翿,纛也,翳也。"汉郑玄笺:"翳,舞者所持,谓羽舞也。"《方言》卷二:"翿,幢,翳也。楚曰翿,关西关东皆曰幢。"晋郭璞注:"舞者所以自蔽翳也。"清孙诒让《周礼正义》："御柩所执与舞师羽舞所持,皆是物也。"在现代汉语方言中,温州"翻"有"鱼鳍"义。

础 《慧琳音义》卷八十二:"楚人谓柱碇为础。"

按:础,柱下石礅,唐代被定性为楚方言词,自先秦至现代在楚方言区都有所沿用。《淮南子·说林训》:"山云蒸,柱础润。"高诱注:"础,柱下石,礩也。"《说文新附》:"础,礩也。"又:"礩,柱下石也。"宋吴曾《能改斋漫录·神仙鬼怪》:"沔阴抱殿柱,柱即与础相离。"何其芳《画梦录·秋海棠》:"朱色的茎斜斜的从石阑干的础下击出,如擎出一个古代的甜美的故事。"

楣 《慧琳音义》卷八十二:"今秦中呼为连檐,呼为楣者,楚语也。"

按:楣,指屋檐。《说文·木部》:"楣,……楚谓之梠。"《文选·潘岳〈马汧督诔〉序》:"爨陈焦之麦,柿楣桷之松。"清郝懿行《尔雅义疏·释宫》:"楣,梠也。梠,楚谓之楣。"《湖南通志》:"谓梠曰楣。"

磨 《慧琳音义》卷二十七:"郭璞注《方言》:'碹即磨也'……碹,北土名也,江南呼磨。"

按:磨,指"石磨"。"磨"在古楚方言区指"藏"。《方言》卷六:"磨,藏也。荆楚曰㩴,吴扬曰挣,周秦曰错,陈之东鄙曰磨。"钱绎笺疏:"《周礼·考工记·弓人》:'强者在内而磨其筋。'"郑玄注:"磨,犹隐也。隐亦藏也。"

瓢櫨 《慧琳音义》卷十八:"瓢,瓢勺也。江南曰瓢櫨,蜀人言櫨蠡。"

按:瓢櫨,唐代被定性为古楚方言词,指"瓢勺"。"瓢"为古楚方言词,至今仍在楚方言区使用。此条《慧琳音义》引《三苍》。《方言》卷五:"䚢,陈楚宋魏之间或谓之箪,或谓之瓢。"《庄子·逍遥游》:"剖之以为瓢,则瓠落无所容。"清王念孙《广雅疏证》卷七:"《方言注》云:'今江东通呼勺为櫨。'《众经音义》云:'蜀人言蠡櫨。'""蠡櫨"即"櫨蠡"。"蠡"为古楚方言词,表"分割",唐代进入蜀地方言。《方言》卷六:"参,蠡,分也。齐曰参,楚曰蠡。"晋郭璞注:"谓分割也,蠡,音丽。"

民国时期,"瓢"在湖北武穴市引申出"酒杯"义。刘赜《广济方言》:

"酒杯曰瓢。"

在现代汉语方言中，柳州、洛阳、崇明、南宁平话、福州和杭州的"瓢"指"用于舀水或撮取粮食的器具"；柳州、洛阳、崇明、南宁平话、福州和成都的"瓢子"指"羹匙"。

铜铫 《慧琳音义》卷十四："铫，余昭反。似鬲，上有环，山东行此音。……江南有铜铫，形似枪而无脚。"

按：铜铫，指"烹煮器"。在现代汉语方言中，厦门的"铫"指"小铁锅"；扬州、苏州、武汉、丹阳的"铫子"和苏州的"铜铫"指"烧水的水壶"；武汉的"铫"指"罐子"。

獥刀 《慧琳音义》卷二十九引《韵诠》："獥，小矟也。荆楚巴蜀谓之獥刀，长可丈余。"

梡子 《慧琳音义》卷八十二："榱，今楚人亦谓之梡子。"

按："梡"为方形的椽子，已见于先秦文献。《诗经·鲁颂·閟宫》："松梡有舄，路寝孔硕。"《毛传》："梡，榱也。"《春秋》庄公二十四年："刻桓宫梡。"

在现代汉语方言中，东莞、雷州的"梡"，柳州的"梡子板"，厦门的"梡仔"，建瓯的"梡仔板"，梅县的"梡儿"以及于都、南宁平话、海口的"梡子"都有"（方形的）椽子"义。

哈 《慧琳音义》卷十六："哈，蚩笑也，楚人谓相调笑为哈。"

按：哈，汉代已被定性为楚方言词，指"嗤笑、讥笑"，在唐宋至清代的楚方言区仍有沿用。《楚辞·九章》："行不群以巅越兮，又众兆之所咍。"汉王逸注："楚人谓相啁笑曰咍。"《说文解字·口部》："咍，蚩笑也。"唐李白《相和歌辞·梁甫吟》："吴楚弄兵无剧孟，亚夫咍尔为徒劳。"宋张元干《八声甘州·西湖有感》："看尽人情物态，冷眼只堪咍。"清陈梦雷《抒哀赋》："挟腐鼠以咍鸾兮，罩四周其焉薄。"在现代汉语方言中，扬州的"咍"指"漫声讽颂"。

綗 《慧琳音义》卷十五："江沔之间谓萦收绳为綗。"

按："綗"在汉代已被定性为楚语词。《仪礼·士丧礼》："陈袭事于房中，西领南上不綪。"汉郑玄注："江沔之间谓萦收绳索为綗。"

第四章 历代古楚方言词例举

志 《汉书·高帝纪》:"高祖为人,隆准而龙颜,美须髯,左股有七十二黑子。"师古曰:"今中国通呼为黡子,吴楚俗谓之志。志者,记也。"唐张守节《正义》:"许北人呼为'黡子',吴楚谓之'志'。志,记也。"

按:《列子·杨朱》:"太古之事灭矣,孰志之哉?""志"同"痣",有"记"义,表"黑色的痣"。唐段成式《酉阳杂俎·黥》:"及差,痕不灭,左颊有赤点如痣。""志""痣"在唐以前的文献中用例较少且多集中于古楚方言区,由先秦时期"记"义引申为"人皮肤所生的有色斑点或疙瘩"。师古曰:"……吴楚俗谓之志。"说明"志""痣"在唐代为楚地俗语,表"人皮肤所生的有色斑点或疙瘩"义。

在现代汉语方言中,"痣"还在武汉、长沙、成都、扬州、绩溪等地使用,已进入通语。

妯娌 《汉书·郊祀志》:"神君者,长陵女子,以乳死,见神于先后宛若。"孟康曰:"产乳而死也。兄弟妻相谓先后。"师古曰:"先音苏见反。后音胡构反。古谓之娣姒,今关中俗呼为先后,吴楚俗呼之为妯娌,音轴里。"

按:《尔雅·释亲》:"长妇谓稚妇为娣妇;娣妇谓长妇为姒妇。"晋郭璞注:"今相呼先后,或云妯娌。"《方言》第十二:"築娌,匹也。"郭璞注:"今关西兄弟妇相呼为築娌。""妯娌""築娌"在唐以前北方方言中指"兄、弟之妻的合称"。师古曰:"……吴楚俗呼之为妯娌。"说明"妯娌"在唐代楚地俗语中使用,表示"兄弟之妻的合称"。

在现代汉语方言中,"妯娌"还在宁波、扬州等地使用,但已进入通语。

蹻 《汉书·卜式传》:"式既为郎,布衣屩而牧羊。"师古曰:"屩,即今之鞋也,南方谓之蹻。字本作屩,并音居略反。"

按:《史记·范雎蔡泽列传》:"夫虞卿蹑屩檐簦,一见赵王,赐白璧一双,黄金百镒。"《史记·平准书》:"式乃拜为郎,布衣屩而牧羊。"裴骃《集解》引书昭曰:"屩,草扉。"晋葛洪《抱朴子·博喻》:"壶耳不能理音,屩鼻不能识气。""屩"在唐以前仅出现在南方文献中,表示"草鞋"。《方言》卷四:"麤,履也。……南楚江沔之间总谓之麤。"汉王褒《僮约》:"织履作麤。"汉刘熙《释名·释衣服》:"荆人谓草屦曰藨。丝、麻、苇、草，皆同名也。藨，措也，言所以安措足也。""麤""藨"在古楚方言区都表"草鞋"。扬雄《方言》未记录"屩"为南方方言词，师古曰："……南方谓之蹻。字本作屩。"故"蹻""屩"在唐代仅用于南方文献，指"草鞋"。

《庄子·天下》："使后世之墨者，多以裘褐为衣，以跂蹻为服。"成玄英疏："木曰跂，草曰蹻也。"南朝宋颜延之《皇太子释奠会作诗》："踵门陈书，蹑蹻献器。"可见唐以前"蹻"已进入通语文献，指"草鞋"。

此外，"蹻"在温州、广州的现代汉语方言中指"将脚抬起"；在海口指"翘起二郎腿"；在温州还指"撅（嘴）"。

皁 《汉书·贾邹枚路传》："今人主沈谄谀之辞，牵帷墙之制，使不羁之士与牛骥同皁。"师古注曰："不羁，言才识高远不可羁系也。皁，枥也。扬雄方言云：'梁、宋、齐、楚、燕之间谓枥曰皁。'皁音在早反。"

按：《方言》卷五："枥，梁宋齐楚北燕之间或谓之樎，或谓之皁。"《淮南子·览冥训》："青龙进驾，飞黄伏皁。"汉高诱注："皁，枥也。""皁"即"马槽"。

此外，"皁"在汉代楚方言中还可泛指牲口栏棚，如《史记·鲁仲连邹阳列传》："今人主沈于谄谀之辞，牵于帷裳之制，使不羁之士，与牛骥同皁。"

闬 《汉书·叙传》："绾自同闬，镇我北疆。"应劭曰："闬音扞。卢绾与高祖同里，楚名里门为闬。"师古曰："左氏传云'高其闬闳'，旧通语耳，非专楚也。"

按：师古误。"闬"在先秦楚方言区表示"乡里；民众聚居的地方"。《楚辞·招魂》："去君之桓干。"王逸注："或曰去君之桓闬。闬，里也。楚人名里曰闬也。"

东汉时期，"闬"引申出"乡里（庄园）的大门"的楚语义。《说文·门部》："闬，闾也。从门，干声。汝南平舆里门曰闬。"班固《述韩英彭卢吴传赞》："绾自同闬。"唐李善注引应劭曰："南楚汝沛名里门曰闬。"故师古注"闬"为"旧通语耳，非专楚也"有误。

方 《汉书·张汤传》："治方中。"苏林曰："天子即位，豫作陵，讳之，故言方中，或言斥土。"师古曰："苏说非也。古谓掘地为坑曰方，今荆楚俗土功筑作算程课者，犹以方计之，非谓避讳也。"

按：方，隋唐时荆楚地区计量用于征发赋税徭役的土功筑作的单位，由汉代楚方言"古代帝王的寿穴"义引申而来。

《诗·墉风·定之方中》："定之方中，作于楚宫。"朱熹《集传》："定，北方之宿，营室星也。此星昏而正中，夏正十月也。"《庄子·天下》："日方中方睨，物方生方死。"陆德明释文："谓日方中而景已复昃。"先秦楚地的"方"表"正"。

"方中"在汉代至宋代的楚地引申出"古代帝王的寿穴"。《史记·酷吏列传》："（张汤）调为茂陵尉，治方中。"裴骃《集解》："《汉书音义》曰：'方中，陵上土作方也。汤主治之。'苏林曰：'天子即位，豫作陵，讳之，故言方中。'"宋程大昌（徽州人）《考古编·周太祖葬剑甲衮冕》："然尝记唐人有一书，备载干陵之役：每凿地得土一车，即载致千里外，换受沙砾以回，实之方中，故方中不复本土。"

在现代汉语方言中，上海"一方地皮"中的"方"是用于土地的量词；"方单"指"旧时官府出的地契"。

合　《汉书·货殖传》："曲盐豉千合。"师古曰："盐豉则斗斛量之，多少等亦为合。合者，相配偶之言耳。今西楚荆沔之俗卖盐豉者，盐豉各一升则各为裹而相随焉，此则合也。说者不晓，乃读为升合之合，又改作台，竞为解说，失之远矣。"

按：合，唐代定性的古楚方言词，指西楚荆沔地区卖盐豉时的计量单位，盐豉各一升为合，有"匹配、配偶"义。先秦古楚方言区已有此类用法。《诗·大雅·大明》："文王初载，天作之合。"郑玄笺："合，配也。"《楚辞·天问》："女岐无合，夫焉取九子。"

根格　《汉书·灌夫传》："言婴与夫共相提挈，有人生平慕婴、夫，后见其失职而颇慢弛，如此者，共排退之，不复与交。譬如相对挽绳而根格之也。今吴楚俗犹谓牵引前郤为根格也。"

按："根格"表"排斥"，与之相似的楚方言词还有"柲"或"搊"。《方言》卷十："柲，扰，推也。南楚凡相推搏曰柲，或曰搊。"江淮官

· 127 ·

话。江苏淮阴现代汉语方言:"从后脑勺㨝他一下。"闽语。福建厦门现代汉语方言:"㨝来㨝去。"

蚊 《昭明文选·上书重谏吴王》:"譬犹蝇蚋之附群牛,腐肉之齿利剑,锋接必无事矣。"唐李善注引《说文》:"秦谓之蚋,楚谓之蚊。"

按:"蚊"在汉代已被定性为古楚方言词。《说文·虫部》:"秦晋谓之蜹,楚谓之蚊。"战国宋玉《小言赋》:"体轻蚊翼。"唐项斯《遥装夜》:"蚊蚋已生团扇急,衣裳未了剪刀忙。"清唐孙华《秋雨不止书闷》:"梧竹清有声,蠢蚋迹如扫。"魏巍《东方》第五部:"在草丛里忍受着密密的蚊蚋的侵袭。"另见第一章第二节第三部分"蚕"条。

蜩 《昭明文选·洞箫赋》:"秋蜩不食,抱朴而长吟兮,玄猿悲啸,搜索乎其间。"唐李善注引《方言》:"楚谓蝉为蜩。"

按:"蜩"在汉代已被定性为古楚方言词,指"蝉"。其在唐宋楚方言区仍有沿用。《方言》卷十一:"蝉,楚谓之蜩,宋卫之间谓之螗蜩,陈郑之间谓之蝭蜩。"《诗·大雅·荡》:"如蜩如螗,如沸如羹。"三国吴陆玑疏:"鸣蜩,蝉也,宋卫谓之蜩。"《庄子·逍遥游》:"蜩与学鸠笑之。"《庄子·达生》:"虽天地之大,万物之多,而唯蜩翼之知。"宋陆游《夏夜》:"鸣蜩断复续,宿鸟久始安。"苏轼《送曾子固倅越得燕字》:"但苦世论隘,聒耳如蜩蝉。"梅尧臣《醉翁吟》:"虫蜩嚎兮,石泉嘈兮,翁酕醄兮。"

潭府 《昭明文选·江赋》:"若乃曾潭之府,灵湖之渊。"唐代李善注:"曾,重也。王逸《楚辞》注曰:'楚人名渊曰潭府。'"

按:这里的"潭府"指"深渊"。唐代李善与宋代洪兴祖对"潭"的释义不同,详释见第四章。

栢 《昭明文选·宫殿》:"诤栢缘边,周流四极。"唐李善注引《说文》:"诤栢,秦名屋绵联,楚谓之栢也。"

按:栢,指"屋檐"。《说文·木部》:"楣,……楚谓之栢。"《慧琳音义》卷八十二:"今秦中呼为连檐,呼为栢者,楚语也。"详释见第一章第二节第三部分"栢"条。

摭 《昭明文选·西京赋》:"摭紫贝,搏耆龟。"唐李善注引薛综曰："搏、摣，皆拾取之名。"

按：李善未将"摣"定性为楚语词。"摣"在汉代为楚方言词，指"拿"，在现代吴语区引申为"拖"。《方言》卷一："摣、挻，取也。南楚曰攓，陈宋之间曰摣。"《宁波歌谣》："菩萨菩，烂泥塑，菩萨萨，摣来括。"

涵 《昭明文选·吴都赋》："涵泳乎其中。"唐李善注："涵，沉也。扬雄《方言》曰：南楚谓沉为涵。"

按："涵"在汉代已被定性为古楚方言词，在唐宋楚方言区仍有沿用，指"沉，潜"。《方言》卷十："潜，涵，沉也。楚郢以南曰涵，或曰潜。"南朝梁元帝《望江中月影》："澄江涵皓月，水影若浮天。"宋欧阳修《飞盖桥玩月》："纷昏欣洗涤，俯仰恣涵泳。"欧阳修《亳州第二表》："固将优游垂尽之年，涵泳太平之乐。"宋陆游《后书感》："贫贱终身志不移，闭关涵泳赖书诗。"

在现代汉语方言中，雷州的"涵、涵口水、涵口空、涵口涂、涵水渠"和厦门的"涵空（阴沟）"都指"排水的阴沟"。

濯 《昭明文选·七发》"血脉淫濯，手足堕窳"，唐李善注："淫濯，谓过度而且大也。"

按："濯"在汉代已被定性为楚语词，表"大"。唐代"濯"未被定性为楚方言词。《方言》卷一："濯、盱、敦、夏、于，大也。……陈郑之间曰敦，荆吴扬瓯之郊曰濯。"

此外，"濯"在汉代有"洗涤"义，但此义未被定性为楚方言义。"洗涤"义在民国吴语区有所使用。《楚辞·渔父》："沧浪之水清兮，可以濯吾缨。"《定海县志》："以物濡于水浆之中曰浞，作濯亦通。"

豨 《初学记·兽部》引何承天《纂文》："梁州以豕为猪，河南谓之彘，吴楚谓之豨。"《韩愈集·杂著》："而瞽医师以昌阳引年，欲进其豨苓也。"

按："豨"另见第八章"豨"。"豨"同"豨"，是古楚方言词，自先秦两汉一直沿用至今。《方言》卷八："猪，北燕朝鲜之间谓之豭，关东西或谓之彘，或谓之豕。南楚谓之豨。"《庄子·知北游》："正获之问于监市履狶也,每下愈况。"郭象注:"狶,大豕也。"成玄英疏:"狶,猪也。"《史记·田敬仲完世家》:"狶膏棘轴,所以为滑也,然而不能运方穿。"司马贞索隐:"狶膏,猪脂也。"唐徐坚等《初学记》卷二十九引南朝宋何承天《纂文》:"梁州以豕为猪,河南谓之彘,吴楚谓之狶。"明李时珍《本草纲目·草》:"韵书:楚人呼猪为狶,呼草之气味辛毒为莶。此草气臭如猪而味莶螫,故谓之狶莶。"

在现代汉语方言中,建瓯"狶肺、狶毛、狶肝、狶血、狶豭(公猪)、狶嫲(母猪)、狶嘴筒(猪的突出的长嘴)"中的"狶"指"猪"。

鹏 唐刘知几《史通·点烦》:"傅三年,有鸮飞入贾生舍,止于坐隅。楚人命鸮曰鹏。"

按:"鹏"在汉代已被定性为楚语词。《史记·贾谊传》:"楚人命鸮曰鹏。"《韩愈集·律诗》:"自可捐忧累,何须强问鸮。"

豚 唐韩愈《故太学博士李君墓志铭》:"豚鱼鸡三者,古以养老。"

按:豚,古楚方言词,指"小猪"。先秦两汉时多集中于古楚方言文献,两汉后进入通语。《方言》卷八:"猪,……南楚谓之狶。其子或谓之豚,或谓之貕,吴扬之间谓之猪子。"

在现代汉语方言区,福州、厦门的"豚"以及洛阳的"豚猪"指"小猪"。

蟪蛄 三国吴陆玑《毛诗草木鸟兽虫鱼疏》卷下:"鸣蜩,蝉也。"唐孔颖达疏:"蟪蛄……方语不同,三辅以西为蜩,梁宋以东谓蜩为蝘,楚地谓之蟪蛄。"

按:《方言》卷十一:"蛥蚗,齐谓之螇螰,楚谓之蟪蛄,或谓之蛉蛄,秦谓之蛥蚗。""蟪蛄"为楚方言词,自先秦至民国在楚方言区都有所沿用。《楚辞·招隐士》:"岁暮兮不自聊,蟪蛄鸣兮啾啾。"王国维《屈子文学之精神》:"语久则大椿冥灵,语短则蟪蛄朝菌。"

喜母 《诗经·豳风·东山》:"伊威在室,蟏蛸在户。"《毛传》:"蟏蛸,长踦。"唐孔颖达疏:"蟏蛸,长踦,一名长脚。荆州河内人谓之喜母。此虫来着人衣,当有亲客至,有喜也。"

按:喜母,一种长脚蜘蛛;又名蟢子。最早记录"喜母"为楚方言的是三国吴陆玑。《诗·豳风·东山》:"伊威在室,蟏蛸在户。"三国吴陆玑疏："蟏蛸，长踦，一名长脚。荆州河内人谓之喜母。"《太平御览》："蛸蟏，荆州河内人谓之喜子。"

此外，"喜母"在现代汉语方言中仍在使用：江苏苏州方言的"喜珠"；江苏扬州方言的"喜喜子"；金华的"蟢"；杭州的"蟢儿"；苏州、杭州的"壁蟢"；扬州的"壁蟢子、蟢蟢蛛子"；丹阳的"壁蟢蟢"以及绩溪的"蟢蟢"都指"长脚蜘蛛"。

拖沙鱼 《岭表录异》卷下："比目鱼，南人谓之鞋底鱼，江淮谓之拖沙鱼。"

芹 《韩愈集·古诗》："食芹虽云美，献御固已痴。"

按：《说文》："芹，楚葵也。"《列子》："宋有田夫喜食芹者，对乡豪称之。乡豪取而尝之，蜇于口，惨于腹。众哂而怨之，其人大惭。"晋嵇康《与山涛书》曰："野人有快炙背而美芹子，欲献之至尊，虽有区区之意，亦已疏矣。"

樾 《韩愈集·古诗》："三年窜荒岭，守县坐深樾。"

按：南朝《玉篇》已将"樾"定性为楚方言词，指"树荫"："楚谓两木交阴之下曰樾。"自西汉至唐宋楚地，"樾"都有此义。《淮南子·人间训》："武王荫喝人于樾下，左拥而右扇之，而天下怀其德。"高诱注："樾下，众树之虚也。"宋王安石《游北山》："客坐苔纹滑，僧眠樾荫清。""樾"在清代楚方言文献中引申出"成荫的树木"义。清魏源《圣武记》卷七："危岩切云，老樾蔽天。"

篔 《韩愈集·律诗》："篔筜竞长纤纤笋，踯躅闲开艳艳花。"

按：《异物志》："篔筜生水边，长数丈，围一尺五六寸。柳子厚记柳州山水，谓其山多篔筜，盖湘湖间多此竹也。""篔"指多生长于湘湖地区的竹子。

莽 《韩愈集·古诗》："汹汹洞庭莽翠微，九嶷镜天荒是非。"《楚辞》："波逢汹涌溃滂沛兮，又夕揽中洲之宿莽。"王逸注云："草经冬不死者，楚人名曰宿莽。"

卉 《文选·吴都赋》："卉木跃蔓。"刘渊林注："卉，百草总名，楚人语也。"

按：赵彤释"卉"为"草"的异体字。

蓴菜　《经典释文·毛诗音义下》："其茆，……郑小同云：'江南人名之蓴菜，生陂泽中。'"

按：蓴菜，又名马蹄菜、湖菜等。一种多年生水草，叶片呈椭圆形，嫩叶可做汤菜。"蓴"在唐代楚方言区及其他南方方言诗词中有所保留，并沿用至宋。唐白居易《偶吟》："犹有鲈鱼蓴菜兴，来春或拟往江东。"唐张志和《渔父歌》："松江蟹舍主人欢，菰饭蓴羹亦共餐。"宋陆游诗云："店家菰饭香初熟，市担蓴丝滑欲流。"宋周邦彦《蓦山溪》："玉箫金管，不共美人游，因个甚，烟雾底。独爱蓴羹美。"郭沫若在《李白与杜甫·李白在政治活动中的第二次大失败》中提到"江东蓴羹"："张翰在西晋齐王炯的幕下，因秋风起而思食江东蓴羹，因而离开了齐王。"在现代汉语方言中，苏州的"蓴菜"指"多年生水生植物"。

丹橘　唐张九龄《感遇四首》之四："江南有丹橘，经冬犹绿林。"唐张鷟《游仙窟》："河东紫盐，岭南丹橘；敦煌八子柰，青门五色瓜。"

按：丹橘，唐代南方所产的一种橘。唐杜甫《寄彭州高使君适虢州岑长史参》："乌麻蒸续晒，丹橘露应尝。"杜甫《寒雨朝行视园树》："柴门杂树向千株，丹橘黄甘此地无。"宋王明清《挥麈后录》所载"丹橘"产于湘水："植湘水之丹橘，列洞庭之黄柑。"

宿莽　唐独孤及《垂花坞醉后戏题》诗序："道士张太和伐薪为堰，封土以壅洿，余亦命薙氏治芜秽而划宿莽。"

按："宿莽"是古楚方言词，指"经冬不死的草"，在隋唐宋时期集中使用于楚方言区。《楚辞·离骚》："朝搴阰之木兰兮，夕揽洲之宿莽。"王逸注："草冬生不死者，楚人名曰宿莽。"宋欧阳修《楚泽》："宿莽湘累怨，幽兰楚俗谣。"宋陆游《梦中赋早行》："荒烟漫漫沉残月，宿莽离离上古堤。"清史震林《高阳台》："垄头宿莽堪哀，有青青细草，禁得霜摧。"

栭栗　《经典释文·尔雅音义下》："江淮之间呼小栗为栭栗。"

按：栭栗，木名，指小栗。"栭栗"在魏晋南北朝时期已被郭璞注《尔雅》定性为江东方言词："树似槲樕而庳小，子如细栗，可食。今江东亦呼为栭栗。""栭栗"在宋代也被定性为江东方言词。《广韵·入薛》："栭,细栗……今江东呼为栭栗。"宋程大昌《演繁露·栭栗》："吾乡有小栗丛生,其外蓬中实,皆与栗同,但具体而微耳,故名栭栗。"明李时珍《本草纲目·果·栗》："栗之大者为板栗……小如指顶者为茅栗,即《尔雅》所谓栭栗也。"清程际盛《续方言补正》："江淮之间呼小栗为栭。"("栗"字缺)

笛(篙)竹 《韩愈集·古诗》："蕲州笛竹天下知,郑君所宝尤瑰奇。"《五百家注昌黎文集》卷四："蕲州在今淮南,其地出竹。笛或作篙。"

按:在现代汉语方言中,温州"篙箩"有"竹器"义;黎川"篙仔"、南昌和武汉的"篙子"有"竹席"义。

渴 柳宗元《永州八记·袁家渴记》："楚越之间方言,谓水之反流者为渴,音若衣褐之'褐'。渴上与南馆高嶂合,下与百家濑合。"反,一本作"支"。

按:渴,《字汇补》："何葛切。"在唐代被定性为楚越方言,指"反流的水"。在现代汉语方言中,福州的"渴"有"植物水分少而萎缩,长不大"义:"许粒甜瓜都渴去。"

燥 唐《经典释文·毛诗音义上》："楚人名火曰燥,齐人曰毁。"

按:"燥",汉代被定性为楚地方言词,表"火"义。尚未见其他文献有此用法。孔颖达疏《易·干》："火焚其薪,先就燥处。""燥"的"火"义应为其本义"干燥"的引申义。《老子》:"躁胜寒,静胜热,清静以为天下正。"马叙伦校诂:"躁,《说文》作趮,今通作躁。此当作燥,《说文》曰干也。"唐白居易《杂兴》诗之二:"风日燥水田,水涧尘飞起。"燥,指"干燥"。宋陆游《南唐书·宋齐丘传》:"然齐丘资躁褊,或议不合,则拂衣径起。""躁褊"表"心情急躁"义。"躁"在近代安徽方言中仍有"烦躁恼怒"义。安徽省泾县茂林人吴组缃《山洪》二二:"三官向黑呢帽下面狠狠盯了几眼,心里躁恼得像着了火。"

此外,"燥"在南京、绩溪、上海、宁波、杭州、厦门、福州、金华、温州和广州的现代汉语方言中指"干燥",如金华的燥田(干燥的水田)和温州的"燥灰(干燥的蛎灰)";"燥"在长沙和南昌指"闷热";在柳州、成都和梅县指"上火；脾气暴躁"，如成都的"燥性（易上火的食物）"、"燥火"和梅县的"燥血（热性血液）"。

娃 唐徐坚《初学记》卷十九："南楚以美色为娃。"

按：自汉至唐，"娃"被定性为吴楚方言词，表"美女"，在现代湖北广济方言中仍有沿用。《方言》卷二："娃，嫷，窕，艳，美也。吴楚衡淮之间曰娃。"《说文·女部》："吴楚之间谓好曰娃。"南朝梁任昉《述异记》下卷："葳蕤草，一名丽草，又呼为女草。江浙中呼娃草。美女曰娃，故以为名。"宋孙光宪《河传》词之四："木兰舟上，何处吴娃越艳，藕花红照脸。"元刘致《红绣鞋》曲题云："吴人以美女为娃。"刘颐《广济方言》："美好曰娃。"

襟 唐皮日休《九讽·舍慕》："以衮衣为襟兮，以黎丘为墟。"

按："襟"在汉代已被定性为古楚方言词，指"单衣"。《方言》卷四："襌衣，江淮南楚之间谓之襟，关之东西谓之襌衣。有袌者，赵魏之间谓之袏衣；无袌者谓之裎衣，古谓之深衣。"《九歌·湘夫人》："捐余袂兮江中，遗余襟兮澧浦。"

艳 唐徐坚等《初学记》卷十五："齐歌曰讴，吴歌曰歈，楚歌曰艳。"

按：《初学记》引梁元帝《纂要》。艳，指古代楚地的歌谣。《文选·吴都赋》："荆艳楚舞，吴愉越吟。"刘逵注："艳，楚歌也。"南朝宋颜延之《车驾幸京口三月三日侍游曲阿后湖作》："《江南》进荆艳，《河激》献赵讴。"

缸面 《书断》卷三："设缸面药酒果等。江东云'缸面'，犹河北称'瓮头'，谓初熟酒也。"

女酒 唐房千里《投荒杂录》："南人有女数岁，即大酿酒。既漉，候冬陂池水竭时，置酒罂，密固其上，瘗于陂中。至春涨水满，不复发矣。候女将嫁，因决陂水，取供贺客。南人谓之'女酒'。味绝美，居常不可致也。"

按：女酒，酒名。南方人生女即酿酒储藏，至女儿出嫁时取出宴客，故名。"女酒"在晋代已被定性为南方方言词，唐宋时期仍有沿用及定性。晋嵇含《南方草木状·草曲》："南人有女数岁，即大酿酒……女将嫁，

第四章 历代古楚方言词例举 ◆◇◆

乃发陂取酒,以供贺客,谓之女酒,其味绝美。"宋庄季裕《鸡肋编》卷下:"广南富家生女,即蓄酒藏之田中,至嫁方取饮,名曰女酒。"亦称"女儿酒"。清代钱塘人梁绍壬的《两般秋雨盦随笔·品酒》仍有记载:"女儿酒者,乡人于女子初生之年,便酿此酒,迨出嫁时,始开用之。"

术羹 唐冯贽《云仙杂记》卷一:"洛阳人家……寒食,装万花舆,煮杨花粥;端午,术羹艾酒,以花丝楼阁插鬓,赠遗避瘟扇。"

饧餭 唐陆龟蒙《酬袭美见寄海蟹》:"自是扬雄知郭索,且非何胤敢饧餭。"

按:这里"饧餭"指"用饴渍"。"饧餭"在汉代楚方言区指"干的饴糖"。《方言》卷十三:"饧谓之饧餭。饴谓之餃,谓之饎。饧谓之餹。凡饴谓之饧。自关而东陈楚宋卫之通语也。"郭璞注:"即干饴也。"《楚辞·招魂》:"粔籹蜜饵,有饧餭些。"王逸注:"饧餭,饧也。"洪兴祖补注:"即干饴也。音张皇。一曰饼也,一曰饵也。"

鞭聪明 唐元稹《酬复言长庆四年元日郡斋感怀见寄》:"自惊身上添年纪,休系心中小是非。富贵祝来何所遂,聪明鞭得转无机。"自注:"祝富贵,鞭聪明,皆正旦童稚俗法。"

按:鞭聪明,唐代民俗。指正月初一的儿童游戏。

祝富贵 唐元稹《酬复言长庆四年元日郡斋感怀见寄》:"富贵祝来何所遂,聪明鞭得转无机。"自注:"祝富贵,鞭聪明,皆正旦童稚俗法。"

按:祝富贵,唐代民俗。指正月初一的儿童游戏。

筹 唐陆羽《茶经》卷一:"芘莉,一曰籝子,一曰筹筤。"

按:筹,竹笼。唐代未将其定性为楚方言。《方言》卷十三:"笼,南楚江沔之间谓之筹。"晋郭璞注:"今零陵人呼笼为筹,亦呼篮。"《新唐书·逆臣传·安禄山》:"帟幕率缇绣,金银为筹筐。"籝,盛物竹器。《说文》:"籝,笭也。"《汉书·韦贤传》:"遗子黄金满籝,不如一经。"筤,古代车盖上的竹骨架。

笯 唐陆龟蒙《奉和袭美太湖诗·初入太湖》:"乍如开雕笯,耸翅忽飞出。"

按:"笯"是古楚方言词,指"笼;鸟笼",唐代未定性为楚方言。

《方言》卷十三:"笼,南楚江沔之间谓之篣,或谓之筊。"《楚辞·九章》:"凤皇在筊兮。"王逸注:"筊,笼落也。"《史记·屈原贾生列传》:"凤皇在筊兮,鸡雉翔舞。"

圯 唐刘知几《史通·外篇》:"庐江曰桥为圯。"

按:圯,汉代已被定性为楚语词且沿用至宋代。《说文·土部》:"圯,东楚谓桥为圯。"《史记·留侯世家》:"良尝闲从容步游下邳圯上。有一老父,衣褐,至良所,直堕其履圯下。"唐司马贞《索引》引李奇曰:"下邳人谓桥为圯。"宋苏轼《张竞辰永康所居万卷堂》:"濠梁空复五车多,圯上从来一篇足。"

穿 《茶经·具》:"穿,江东、淮南剖竹为之,巴川、峡山纫谷皮为之。江东以一斤为上穿,半斤为中穿,四两五两为小穿。峡中以一百二十斤为上,八十斤为中穿,五十斤为小穿。字旧作钗钏之'钏',字或作贯串,今则不然。如磨、扇、弹、钻、缝五字,文以平声书之,义以去声呼之,其字以穿名之。"

按:穿,指"盛茶的器具"。

輨 唐沈佺期《塞北》:"朔风吹汗漫,飘砾洒輨辒。"

按:"輨"在汉代已被定性为古楚方言词,指"车门上的绷弓",唐代至清代仍有所沿用。《说文·车部》:"淮阳名车穹隆輨。"段玉裁注:"车穹隆即车盖弓也。"清魏源《城守篇·守备上》:"輨辒木驴旱船之属,皆防上而不防下,守城者每无如何,则任其挖掘。"

矜 《史记·平津侯主父列传》:"起穷巷,奋棘矜,偏袒大呼而天下从风。"唐司马贞索隐:"矜,今戟柄。"

按:"矜"是古楚方言词,后进入通语,唐代未将"矜"定性为楚方言。《淮南子·兵略训》:"伐棘枣而为矜,周锥凿而为刃。"《方言》卷九:"矛,吴扬江淮南楚五湖之间谓之鏦,……其柄谓之矜。"

艇 唐刘长卿《送张十八归桐庐》:"归人乘野艇,带月过江村。"

按:艇,古楚方言词,指"轻便的小船"。隋唐宋时期已进入通语。《方言》卷九:"南楚江湘凡船大者谓之舸,小舸谓之艖,艖谓之艒䑿,小艒䑿谓之艇。"宋辛弃疾《贺新郎》:"艇子飞来生尘步,唾花寒,唱我新番句。"黄康俊《两个太阳的海域》:"你莫把大船当艇仔。"

在现代汉语方言区,柳州、广州、福州的"艇"以及广州、东莞、雷州、海口的"艇仔(小船)"都指"比较轻便的船"。

背篷 唐皮日休《添渔具诗·序》:"江汉间时候率多雨,难以笞笠自庇,每伺鱼必多俯,笞笠不能庇其上,由是织篷以障之,上抱而下仰,字之曰'背篷'。"皮日休《添鱼具诗·背篷》:"侬家背篷样,似个大龟甲。雨中局蹐时,一向听霎霎。"

按:背篷,唐代竟陵地区指渔夫遮雨的篷衣,是唐代楚方言地区出现的新词。

蓬箔 《初学记·器物部》释"帘"为"蓬箔",引《方言》证:"《释名》曰:'帘,廉也,自鄣蔽为廉耻也。'……扬雄《方言》曰:'宋魏陈楚江淮之间,箔谓之笛,或谓之曲;自关而西谓之箔,南楚谓之蓬箔。'《说文》曰:'曲受物之形也。'《西京杂记》曰:'汉诸陵寝,皆以竹为帘,为水文及龙凤像。'《晋东宫旧事》曰:'帘箔皆以青布缘纯。'谢绰《宋拾遗》曰:'戴明宝历朝宠幸,家累千金。大儿骄淫,为五色珠帘,明宝不能禁。'《孙卿子》曰:'局室芦帘稿蓐,可以养形。'"

按:蓬薄《方言》卷五:"薄,宋魏陈楚江淮之间谓之苗,或谓之曲。自关而西谓之薄,南楚谓之蓬薄。"章炳麟《新方言·释器》:"郭璞曰:'谓以薄为鱼笱。'今浙江谓鱼笱为鱼薄。""蓬薄"指捕鱼的竹笼"笱";《说文·廿部》:"薄,蚕薄。""薄"即"蚕箔(用苇或竹编制的养蚕的器具)。"

百囊网 《经典释文·毛诗音义中》:"罟,音古。今江南呼緵罟为百囊网也。"

翕 杜甫《过郭代公故宅》:"定策神龙后,宫中翕清廓。"

按:"翕"在汉代已被定性为楚方言词,指"聚"。其在历代传世文献及现代汉语方言中仍有保留。扬雄《方言》卷三:"扑、翕、叶,聚也。楚谓之扑,或谓之翕。"宋代罗大经《鹤林玉露》:"余行天下,凡通都会府,山水固皆翕聚;至于百家之邑,十室之市,亦必倚山带溪,气象回合。"福建厦门现代汉语方言有"翕胸""翕瓯""翕盅"等用法。详释见第四章。

藟 杜甫《秋日荆南送石首薛明府三十韵》："钩陈摧徼道，枪藟失储胥。"

按：这里引申为"缠绕连结"义，通"累"。清仇兆鳌注："扬雄《长杨赋》：'木拥枪藟，以为储胥。'注：'枪藟，作木枪相藟为栅也。'"

"藟"在魏晋南北朝时期被定性为江东方言词，指一种藤本植物，同"虆"。《尔雅·释木》："诸虑山藟。"郭璞注："今江东呼藟为藤，似葛而麤大。"明李时珍《本草纲目·草·蓬虆》："蓬虆与覆盆同类，故《本经》谓一名覆盆。此种生于丘陵之间，藤叶繁衍，蓬蓬累累，异于覆盆，故曰蓬虆。陵虆，即藤也。"

拓 唐杜甫《醉为马坠诸公携酒相看》："甫也诸侯老宾客，罢酒酣歌拓金戟。"

按：拓，指"拾取"，是古楚方言词。《说文·手部》："拓，拾也。陈、宋语。或从'庶'作'摭'。""拓"同"摭"。参见本章词条"摭"。

当"拓"读"tuò"时取"承托"义，沿用至清代西南官话区和赣语区。《列子·说符》："孔子之劲，能拓国门之关。"张湛注："拓，举也。"《叙州府志》："手承物曰拓。"《云阳县志》："拓，承也。"《遵义府志》："手承物曰拓。"清唐训方《里语征实》："手承曰拓。"

捶 《经典释文·庄子音义中》："江东三魏之间人皆谓锻为捶。"

按："捶"同"锤"。锻指"锤炼"。"捶"自先秦楚方言文献沿用至清代，在唐代被定性为江东三魏方言词。《庄子·大宗师》："夫无庄之失其美，据梁之失其力，黄帝之亡其知，皆在炉捶之间耳。"成玄英疏："锤，锻也。"陆德明释文："捶，本又作锤。"唐刘知几《史通·叙事》："其为文也，大抵编字不只，捶句皆双，修短取均，奇偶相配。"清代会稽人章学诚《与朱少白论文》仍有沿用："所恶于学文者，谓其但知捶章炼句，形貌以求古人，识者所不取耳！"

惏 唐陆德明《释文》："惏，力躭反。《方言》云：'楚人谓贪为惏。'"

按：《方言》卷二："惏，残也。陈楚曰惏。"惏，在两汉至清代楚地指"贪婪"，在民国时粤语区广东吴川方言中有所保留。《左传·昭公二十八年》："贪惏无餍。"戴德《大戴礼记·保傅》："饱而强，饥而惏。"宋王安石《猎较》："猎较猎较，谁禽我有，国人之惏，君子所丑。"清刘大櫆《天道上》："御人于国门之外使之抵罪，而贪惏以逞者世守其官乎？"李全佳《吴川方言》："贪食曰惏偻。惏，罗含切，音岚，贪也。"

悇 唐李延寿《南史·王玄谟传》："刘秀之俭悇，常呼为老悭。"

按："悇"是古楚方言词，指"贪求，吝啬"。唐代未被定性为楚语词。《方言》卷十："荆汝江湘之郊，凡贪而不施谓之亄，或谓之啬，或谓之悇。"

悴 唐刘禹锡《〈调瑟词〉引》："追亡者亦不来复，翁悴沮而追昨非之莫及也。"

按："悴"在汉代已被定性为楚方言词，指"忧伤"。《方言》卷一："悼，惄，悴，憖，伤也。自关而东汝颍陈楚之间通语也。"

悼 《韩愈集·书》："及至临泰山之悬崖，窥巨海之惊澜，莫不战掉悼栗，眩惑而自失。"

按："悼"在先秦两汉楚方言区表"怕"。《说文》："悼，惧也。陈楚谓惧曰悼。"《楚辞·九章》："愿承闲而自察兮，心震悼而不敢。"《楚辞·九辩》："事绵绵而多私兮，窃悼后之危败。"

此外，"悼"还有"哀伤"义。《方言》卷一："悼，怜，哀也。齐鲁之间曰矜，陈楚之郊曰悼。"《方言》卷一："悼，惄，悴，憖，伤也。自关而东汝颍陈楚之间通语也。"《淮南子·修务训》："楚欲攻宋，墨子闻而悼之。"高诱注："悼，伤也。"《史记·万石张叔列传》："其执丧，哀戚甚悼。"

投 唐韩愈《平淮西碑》："蔡之卒夫，投甲呼舞。"

按：投，是古楚方言词，指"丢弃"。先秦两汉时多集中于楚方言文献，两汉后进入通语。《方言》卷十："拌，弃也。楚凡挥弃物谓之拌，或谓之敲。淮汝之间谓之投。"清钱绎笺疏："《楚辞·天问》：'投之于冰上。'《毛传》及杜、王注并云：'投，弃也。'"

嬉 唐韩愈《进学解》："业精于勤荒于嬉。"

按：嬉，古楚方言词，指"玩耍；游戏"。先秦时多集中于古楚方言文献，两汉后进入通语。自隋唐宋至今，"嬉"在楚方言区仍有沿用。《方言》卷十："媱，愓，游也。江沅之间谓戏为媱，或谓之愓，或谓之嬉。"宋洪迈《容斋三笔·五代滥刑》："五代之际，时君以杀为嬉，视人命如草芥。"清同治十二年《安吉县志》："游玩曰嬉戏。"刘半农《题小蕙周岁造像》："你饿了便啼，饱了便嬉。"

在现代汉语方言区，温州的"出去嬉"指"游玩"；建瓯、绩溪的"去嬉"指"玩耍"；贵阳、福州、黎川、南昌、上海和扬州有"不要伙我嬉"，指"嬉笑，不严肃"。

僄　《荀子·议兵》："轻利僄遫，卒如飘风。"唐杨倞注："言楚人之趫捷也。僄，亦轻也……遫，与速同。"

按：僄，在唐代楚方言区指"轻捷"。《方言》卷十："仉，僄，轻也。楚凡相轻薄谓之相仉，或谓之僄也。"僄，指"轻薄"。

在现代汉语方言中，娄底"长沙里手湘潭僄"中的"僄"指"轻佻"。"僄"又引申为"轻率；不负责任"义。如湖北广济方言："这人做事僄得很。"

襜　唐陆羽《茶经》卷二："犛牛臆者，廉襜然。"

按："廉"疑为帘（帘）。"帘襜"形容衣服飘动的样子。《释名·释衣服》："荆州名襜褕为襌衣。"指直襟单短衣。扬雄《方言》卷三："汗襦，陈谓宋楚之间谓之襜襦。"《楚辞》："裳襜襜以含风。"王逸注："襜襜，摇貌。"《茶经》卷一："襜，一曰衣，以油绢或雨衫、单服败者为之。"

肖　唐刘知几《史通·编次》："至于龟策异物，不类肖形，而辄与黔首同科，俱谓之传，不其怪乎？"

按：肖，指"相似"，古楚方言词。先秦时部分用于古楚方言区，两汉后进入通语。自隋唐宋至今，"肖"在楚方言区仍有沿用。《方言》卷七："肖，类，法也。齐曰类，西楚梁益之间曰肖。秦晋之西鄙自冀陇而西使犬曰哨，西南梁益之间凡言相类者亦谓之肖。"宋苏轼《影答形》："丹青写君容，常恐画师拙。我依月灯出，相肖两奇绝。"清沈复《浮生六记·闲情记趣》："杨补凡为余夫妇写栽花小影，神情确肖。"

在现代汉语方言区，温州的"肖"指"相似"；绩溪、金华、福州、崇明等的"肖"指"属相",已进入通语。

下面是宋文献认定的楚方言词。

鼈 《广韵·佳韵》:"鼈,薄佳切。江东呼蚌长狭者,又为鼈。"

按:魏晋时期,"鼈"被定性为江东方言词,在历代南方文献中都有沿用,指"狭长的蚌"。《尔雅·释鱼》:"蜌,鼈。"郭璞注:"今江东呼蚌长而狭者为鼈。"汉张衡《东京赋》:"献鳖蜃与龟鱼,供蜗鼈与菱芡。"宋梅尧臣《清池》:"僵鲤勿苦羡,宁将鼈蛤卑。"宋李纲《南渡次琼管纪土风志怀抱》诗之二:"树芋充嘉馔,鼈蠃荐浅盘。"明陶宗仪《辍耕录·园池记》:"蛟龙钩牵,宝龟灵鼈。"清何焯《义门读书记·元丰类稿》:"'丑怪荐修鼈'。鼈,蛤属,此句亦暗用爵入大水为蛤。"

鲟 《广韵·侵韵》:"鲟,昨淫切。大鱼曰鲊,小鱼曰鲟。一曰北方曰鲊,南方曰鲟。"

黄鱼 《广韵·仙韵》:"鳣,张连切。《诗》云,鳣鲔发发。江东呼为黄鱼。"

水狗 《广韵·缉韵》:"鹬,江东呼为水狗。"

按:水狗,翠鸟异名。清褚人获《坚瓠续集·翠碧》:"江东有小鸟,色青似翠,能入水取鱼,谓之水狗,亦名翠碧……又名鱼虎。"

蚊母 《广韵·文韵》:"鷡,《尔雅》曰鹲鷡母。今江东呼为蚊母,俗说此鸟常吐蚊,因名。"

按:唐代已载"吐蚊鸟"和"蚊母鸟"名。《唐国史补》卷下:"江东有蚊母鸟,亦谓之吐蚊鸟,夏则夜鸣,吐蚊于丛苇间,湖州尤甚。南中又有蚊子树,实类枇杷,熟则自裂,蚊尽出而空壳矣。"

寒蟪 《广韵·隐韵》:"蟪,蚯蚓也,吴楚呼为寒蟪。"

按:寒蟪,宋代被定性的吴楚方言词,指"蚯蚓"。在现代汉语南方方言中仍保留着类似用法:安徽东至方言"寒虫"、江苏靖江方言"寒宣(蟪)"、江西南昌方言"寒螀"、江苏南通方言"寒蟮"、安徽青阳方言"寒星子"。"寒虫""寒宣(蟪)""寒螀""寒蟮""寒星子"都指"蚯蚓"。

稻 《广韵·缓韵》:"稬,《方言》云,沛国呼稻也。"《医心方·五谷部》:"稻米,《本草》云:'味苦,主温中,令人多热,大便坚。'陶弘景注云:'稻米、粳米,此两物,今江东无此,皆呼粳米为稻耳。'"

按:"稬"同"糯"。稻,宋代被定性为沛国方言词(指"糯"),南朝梁陶弘景将其定性为江东方言词(指"粳米")。"稻"在唐宋楚方言文献中有所沿用。唐杜甫《忆昔》:"稻米流脂粟米白,公私仓廪俱丰实。"宋黄庭坚《同钱志仲饭籍田钱孺文官舍》:"稻畦下白鹭,林樾应鸣鸠。"明李时珍《本草纲目·谷》:"糯稻,南方水田多种之,其性黏,可以酿酒,可以为粢,可以蒸糕,可以熬饧,可以炒食,其类亦多。"清朱骏声《说文通训定声》:"今苏俗,凡粘者不粘者统谓之稻。古则以粘者曰稻,不粘者曰秔。又苏人凡未离秆去糠曰稻,稻既离秆曰谷。谷既去糠曰米。北人谓之南米、大米。古则谷米亦皆曰稻。"

梌 《广韵·麻韵》:"梌,宅加切。春藏叶,可以为饮。巴南人曰葭梌。"

箾 《集韵·萧韵》:"箾,怜萧切。似苦竹而细软,江汉间谓之苦箾。"

苦荬 《广韵·语韵》:"蘆,其吕切。苦蘆,江东呼为苦荬。"

按:"苦荬"指"苦菜",其在宋代被明确定性为江东方言词。鲜见于其他文献。在现代汉语方言区,萍乡的"苦荬"指一种叶长卵形,边缘有不规则齿裂的野菜。

木蜜 《广韵·虞韵》:"枸,木名,出蜀子,可食。江南谓之木蜜,其木近酒,能薄酒味也。"

按:"木蜜"指"枳椇"。先秦时期,"木蜜"尚未被定性为楚方言词,唐代苏鹗曾指出其为南方植物。"木蜜"在宋代被明确定性为江南方言词。《诗·小雅·南山有台》:"南山有枸。"陆玑疏:"枸树高大似白杨,有子着枝端,大如指,长数寸,噉之甘美如饴,八月熟,今官园种之,谓之木蜜。"唐苏鹗《苏氏演义》卷下:"木蜜生南方,合体皆甜,嫩枝及叶,皆可生啖,味如蜜,解烦止渴。"

葑田 《广韵·用韵》:"葑,菰根也。今江东有葑田。"

按:"葑"在先秦时期指"芜菁",并非古楚方言词。《诗经·邶

第四章 历代古楚方言词例举

风·谷风》："采葑采菲,无以下体。"汉郑玄笺:"葑,蔓菁也。陈宋之间谓之葑。"

"葑"自晋代至宋代楚地指"茭白根"。《晋书·毛璩传》:"海陵县界地名青蒲,四面湖泽,皆是菰葑。"1936年《盐城县志》:"菰根连结曰葑。"

"葑"在清代湖北蕲春地区指"白菜"。章炳麟《新方言·释植物》:"蕲州谓白菜为葑。"

芧栗 《广韵·入薛》:"栵,细栗,《尔雅》:'栵,栭',今江东呼为栭栗,楚呼为芧栗。"

按:芧栗,木名,指小栗。"芧栗"在宋代被定性为楚方言词。宋沈括《梦溪笔谈·辨证》:"江南有小栗,谓之'芧栗'。芧音草茅之茅。以余观之,此正所谓芧也。则《庄子》所谓'狙公赋芧'者,芧音序。此文相近之误也。"笔者认为沈说是。《庄子·齐物论》:"狙公赋芧。"唐成玄英疏:"芧,橡子也,似栗而小也。"

虾蟆衣 《广韵·尤韵》:"苤苢,车前也。江东谓之虾蟆衣。"《广韵·止韵》:"苢,薏苢,莲实也。又苤苢,马舄也。……江东呼为虾蟆衣,山东谓之牛舌。"

按:苤苢、马舄:指车前草。"虾蟆衣"在宋代被定性为江东方言词,指"车前草"。宋陆游《戏咏园中春草》之二:"童子争寻鹁鸽饭,医翁日曝虾蟆衣。"明李时珍《本草纲目·草五·车前》:"虾蟆喜藏伏于下,故江东称为虾蟆衣。"此外,"虾蟆衣"在唐代楚方言地区指"青苔"。详见第一章"虾蟆衣"条。

滫 《广韵·寘韵》:"滫,匹赐切。蜀汉人呼水洲曰滫。"

按:"滫"指水中的陆地。其在汉代已被定性为蜀汉方言词。《方言》卷十二:"水中可居为洲,三辅谓之淤,蜀汉谓之滫。"

湍 《广韵·江韵》:"泷,南人名湍,亦州,在岭南。"

按:泷水,在今广东省。此外,今河南省境内有"湍水"。《山海经·中山经》:"荆山之首,曰翼望之山,湍水出焉,东流注于济。"汉张衡《南都赋》:"推淮引湍,三方是通。"北魏郦道元《水经注·浊漳水》:"水出邯郸县西堵山，东流分为二水，洪湍双逝，澄映两川。"宋梅尧臣《南阳谢紫微挽词》："忆昨临湍水，宁知隔夜台。"

坝 《广韵·祃韵》："坝，必驾切。蜀人谓平川为坝。"

按："坝"在宋代被明确定性为蜀方言词，在清代至今南方方言区仍有沿用，指"平地"。清阮元《西台》："登台万丈列苍岩，远见层坡近平坝。"阮福注："滇人呼岭路皆曰坡，凡平土皆呼曰坝子。"毛泽东《关于农业互助合作的两次谈话·十月十五日的谈话》："成都坝子可能比阜平那些地方发展得快。"李劼人《死水微澜》第二部分："门口是一片连五开间的饭铺，进去是一片空坝。"

盐 《广韵·铣韵》："䀈，蜀人呼盐。"

塩 《广韵·㑃韵》："䕲，南夷名塩。"

䕲 《集韵·㑃韵》："䕲，千㑃切。一曰南夷谓塩曰䕲。"

按："䕲"在宋代南方地区指"盐"。

酱 《广韵·夬韵》："䤍，南方呼酱。"

按："酱"在宋代首次被定性为南方方言词。《太平御览》卷九三六引三国魏曹操《四时食制》："郫县子鱼，黄鳞赤尾，出稻田，可以为酱。"宋苏轼《物类相感志·饮食》："萝卜解酱豆腥，蘸酱吃不嗳。"

在近现代南方方言区，"酱"引申出"搅混；沾染"义。鲁迅《彷徨·高老夫子》："我辈正经人，确乎犯不上酱在一起。"郭沫若《海涛集·流沙》："我脚上穿的是一双胶鞋，昨天落水，酱上了污泥，穿在脚上满不舒服。"

瓯 《广韵·果韵》："瓹，长沙呼瓯也。"

按：瓯，指"盆盂类的瓦器"，在宋代首次被定性为楚方言词。《方言》卷五："自关而西谓之瓺，其大者谓之瓮。"《淮南子·说林训》："狗彘不择瓺瓯而食，偷肥其体，而顾近其死。"

此外，"䍃"也指"盆盂类的瓦器"，在汉代已被定性为古楚方言词。《方言》卷五："瓺，陈魏宋楚之间谓之䍃。自关而西谓之瓺，其大者谓之瓮。"

在现代汉语方言中，建瓯、厦门、萍乡和黎川的"瓯"有"杯子"义；广州和东莞的"瓯"、温州的"瓯儿"、南宁平话的"瓯崽"有"小碗"义。

第四章 历代古楚方言词例举 ◆◇◆

鞍鞯 《广韵·先韵》:"韀,则前切。楚人革马谓鞍鞯。"

按:"鞍鞯"指"马鞍和垫在马鞍下的东西"。在现代汉语方言中,万荣的"鞍鞯""马鞍子和垫在马鞍子下面的东西",已进入通语。

钴鏻 《广韵·过韵》:"锉,蜀呼钴鏻。"

犁刃 《广韵·换韵》:"辖,车轴头铁。一曰江南人呼犁刃。"

五两 《广韵·桓韵》:"绕,胡官切。船上候风雨,楚谓之五两。"

按:"五两"是汉代楚地用鸡毛五两或八两系于高竿顶上以观测风向或风力的测风仪。汉代许慎已将"五两"定性为古楚方言词,其在唐宋楚方言文献中仍有沿用。《文选·郭璞〈江赋〉》:"觇五两之动静。"李善注:"兵书曰:'凡候风法,以鸡羽重八两,建五丈旗,取羽系其巅,立军营中。'许慎《淮南子》注曰:'绕,候风也,楚人谓之五两也。'"唐独孤及《下弋阳江舟中代书寄裴侍御》:"东风满帆来,五两如弓弦。"宋贺铸《木兰花》:"朝来着眼沙头认,五两竿摇风色顺。"

㶁 《广韵·庚韵》:"㶁,户音切。方舟也。一曰荆州人呼渡津舫为㶁。"

按:魏晋时期,"㶁"被定性为荆州方言词,指"渡船"。其在历代文献中鲜有用例。《方言》卷九:"方舟谓之㶁"。郭璞注:"扬州人呼渡津舫为杭,荆州人呼㶁。"

賨 《广韵·东韵》:"賨,藏宗切。戎税。《说文》曰,南蛮赋也。"

按:"賨"在秦汉时期指西南少数民族巴人称其所交纳的赋税,唐宋仍有沿用。《说文·贝部》:"賨,南蛮赋也。"《晋书·李特载记》:"巴人呼赋为賨。"《后汉书·南蛮传·巴郡南郡蛮》:"秦昭王使白起伐楚,略取蛮夷,始置黔中郡。汉兴,改为武陵。岁令大人输布一匹,小口二丈,是谓賨布。"唐李商隐《为荥阳公谢赐冬衣状》:"賨布少温,蛮绵乏暖。"

深屋 《广韵·冬韵》:"庝,徒冬切。楚云深屋也。"

按:"庝"同"庝"。"深屋"在宋代楚地指"进深很长的房屋"。

穑 《广韵·支韵》:"穑,吕支切。长沙人谓禾二把为穑。"

按:"穑"为量词,指"禾两把"。

些 《广韵·个韵》:"些,苏个切。楚语辞。"

按:"些"为楚方言句末语气词。

宋仁宗时期,丁度等人奉诏编撰韵书《集韵》。《集韵》分韵的数目与《广韵》同,收字 32381 个。笔者根据上海辞书出版社 2013 年出版的赵振铎《集韵校本》找出如下词条:

猉　《集韵·之韵》:"猉,渠之切。汝南谓犬子为猉。"

按:"猉"指"狗仔",在宋代首次被定性为楚方言词。

𪕸　《集韵·侯韵》:"𪕸,奴侯切。江东呼兔子为𪕸,或作㲚,亦书作𪕲。"

鼪　《集韵·庚韵》:"江东呼鼬鼠为鼪。或从鸟。"

按:鼬鼠,俗称黄鼠狼。从先秦至宋代,江东地区已有此用法。《庄子·徐无鬼》:"夫逃虚空者,藜藋柱乎鼪鼬之径,踉位其空,闻人足音跫然而喜矣。"宋陆游《系舟下牢溪游三游洞二十八韵》:"穿林走惊麕,拂面逢飞鼪。"

蜦　《集韵·䰟韵》:"蜦,逋昆切。蛎也,南方人燔以羞。"

鱏　《集韵·侵韵》:"鱏,咨林切。鱼名。一说南方谓鲨曰鱏。"

䱄　《集韵·莫韵》:"䱄,古慕切。鱼肠,一曰杭越之间谓鱼胃为䱄。"

蝗　《集韵·映韵》:"蝗,为命切。江南谓食禾虫曰蝗。"

按:"蝗"在宋代首次被明确定性为江南方言词,指"食禾虫"。唐元稹《唐河南元君墓志铭》:"贞元初,蝗且俭。"宋陆游《喜晴》:"蝗孽幸扫空,努力谋春耕。"毛泽东《论联合政府》三:"灭蝗、治水、救灾的伟大群众运动,收到了史无前例的效果。"在现代汉语中,"蝗"已融入通语。

鴓　《集韵·侵韵》:"鴓,夷针切。江南呼鹬为鴓,或从隹。"

按:"鹬"是古楚方言词,宋代进入通语,以"鴓"指"鹬"。《尔雅·释鸟》:"鹬雉……江淮而南,素质五采皆备成章曰鹬。"明李时珍《本草纲目·禽》:"雉类甚多,亦各以形色为辨耳……青质五彩备曰鹬雉。"

䳑　《集韵·怪韵》:"䳑,居拜切。《说文》鸟似鹬而青,出羌中。"

鵚鹪　《集韵·东韵》:"鹪,徒东切。鵚鹪,水鸟,黄喙,长尺余。南人以为酒器。"

第四章 历代古楚方言词例举

鶅鶅 《集韵·之韵》:"鸟名。今江东呼䳇鹅为鶅鶅,或作鶅。"

稰 《集韵·鱼韵》:"稰,斤于切。蜀人谓黍曰穚稰。"

蔽 《集韵·巧韵》:"蔽,苦绞切。藕根也,江东谓之蔽,一说弓角接曰蔽。"

棹 《集韵·锡韵》:"棹,亭历切。楚宋谓梡曰棹,一曰木扶直上貌。"

按:棹,南方木名。晋嵇含《南方草木状·棹树》:"棹树,干叶俱似椿……出高凉郡。"晋嵇含《南方草木状·棹树》:"棹树……以其叶鬻汁渍果,呼为棹汁,若以棹汁杂魭肉食者,实时为雷震死。"

欉 《集韵·送韵》:"欉,粗送切。江东谓草木丛生。"

葋香 《集韵·纸韵》:"蕊,乳捶切。草木丛生貌。一曰香草根似茅,蜀人所谓葋香。"

箭竿 《集韵·脂韵》:"箮,旻悲切。竹名,江汉间谓之箭竿。一尺数节,叶大如扇,可以衣蓬。"

棘子 《集韵·职韵》:"棘,六直切。木名,野枣酸者,江南山东曰棘子。"

沝 《集韵·旨韵》:"沝,之诔切。闽人谓水曰沝。"

潬 《集韵·缓韵》:"潬,荡旱切。江东呼水中沙堆为潬,今河阳县南有中潬城。"

按:"潬"在宋代江东方言区指"水中沙堆"。宋姚宽《西溪丛语》卷上:"海商舶船,畏避沙潬,不由大江,惟泛余姚小江,易舟而浮运河,达于杭越矣。"

此外,现代汉语方言词"潬"在广州指"水边的沙地"或"近水的沙田"。

飓 《集韵·遇韵》:"飓,衢遇切。越人谓具四方之风曰飓。"

按:飓,宋代越人指"飓风"。宋余靖《和董职方见示〈初到番禺诗〉》:"客听潮鸡迷早夜,人瞻飓母识阴晴。"自注:"飓风欲至,西黑云起,谓之飓母。"

此外,唐刘恂《岭表录异》卷上曾提到南方人谓"恶风"为"飓":"南中夏秋多恶风,彼人谓之飓。"

在现代汉语方言区,上海和南昌的"飓风"指"台风"。

· 147 ·

灪 《集韵·元韵》:"灪,楚人谓水暴溢为灪。"

按:"灪"在汉代已被定性为古楚方言词,表示"泉水、江河涌溢出来"。《淮南子·俶真训》:"今夫树木者,灌以灪水,畴以肥壤,一人养之。"高诱注:"灪,波暴溢也。"唐李善注:"《淮南子》曰:'莫鉴于流灪,而鉴于澄水。'许慎曰:'楚人谓水暴溢为灪。'"

崋 《集韵·卦韵》:"崋,卜卦切。山谷陋也,一曰蜀中为山谷间田曰崋。"

娪 《集韵·蟹韵》:"女,奴解切。楚人谓女曰娪。"

按:宋代将"娪"定性为吴楚方言词,指"女"。《集韵·鱼韵》:"娪,牛居切。吴人谓女为娪。"

囝 《集韵·狝韵》:"囝,九件切。闽人呼儿曰囝。"

按:囝,在宋代闽方言区指"小孩"。唐顾况《囝》:"囝生闽方,闽吏得之……囝别郎罢,心摧血下。"原题解:"闽俗呼子为囝,父为郎罢。"宋陆游《戏遣老怀》:"阿囝略如郎罢老,稚孙能伴太翁嬉。"

在现代汉语方言中,建瓯、福州和厦门的"囝"有"儿子"义,也泛指"孩子"。

獠 《集韵·皓韵》:"獠,鲁皓切。西南夷谓之獠,或从犬,从人,亦作僚。一曰土人自谓獠獦,别种。"

按:獠,古代对西南少数民族的蔑称。

妪 《集韵·遇韵》:"妪,区遇切。姬也。一曰河南谓妇。"

按:"妪"在宋代河南地区指"年老的妇人"。

在现代汉语方言中,绩溪的"妪、太妪、朝妪"指"祖母";厦门的"妪人人"指"中年妇女"。"妪"在洛阳、扬州等的"妇女"义已进入通语。

袊 《集韵·静韵》:"袊,里郢切。江东通言下裳曰袊。"

按:"袊"在宋代江东方言区指"下身穿的衣服"(多指"裙")。汉代《方言》卷四中未将"袊"定性为楚方言词:"绕袊谓之裙。"沈从文《中国古代服饰研究·长沙马王堆一号汉墓中几件衣服》:"扬雄《方言》中提起的'绕袊谓之帬(即裙)'的'袊'字,或以为'衣领',或以为

'衣襟'……其实一接触实物，问题就得到了解决。首先将会承认衣领不能绕，衣襟才能绕，正如附图中附注所说，绕向后边，通叫做'帬'。"

晋代郭璞曾将"下裳"定性为江东方言词："俗人呼接下，江东通言下裳。"宋代峡江县罗田镇西江村人孔平仲《君住》："哀哉中截锦绣段，上襦下裳各一半。"

㦬 《集韵·肿韵》："㦬，笋勇切。楚人谓帉曰㦬，或作㦿。"

按：㦬，宋代首次被明确定性为楚方言词，指"满裆裤"。《说文·巾部》："㦬，裈也。从巾忽声。一曰帗。㦿，㦬或从松。"

脮 《集韵·佳韵》："脮，居佳切。楚人谓乳为脮。"

按："脮"在宋代被定性为楚方言词，指"乳"，鲜见于其他文献。

鮨 《集韵·之韵》："鮨，市之切。蜀以鱼为医曰鮨。"

按："鮨"在宋代首次被定性为蜀方言词，指"鱼酱"。《尔雅·释器》："肉谓之羹，鱼谓之鮨。"郝懿行义疏："鮨是以鱼作酱。"

膏环 《集韵·语韵》："粔，蜜饵也。吴谓之膏环，或从麦。"

按：玄应《一切经音义》卷五引《仓颉篇》将"膏糫"定性为江东方言词："粔籹，饼饵也。江南呼为膏糫。""粔籹"是古楚地食品记音词，其在唐代被定性为古楚方言词。《楚辞·招魂》："粔籹蜜饵，有餦餭些。"王逸注："言以蜜和米面，熬煎作粔籹。"唐刘禹锡《楚望赋》："投粔籹以鼓械，豢鳣鲂而如牺。"洪兴祖补注："粔籹，蜜饵也。吴谓之膏环。"

鬾 《集韵·尾韵》："鬾，举岂切。南方之鬼曰鬾，一说吴人曰鬼，越人曰鬾。"

篝 《集韵·侯韵》："篝，居侯切。……一曰蜀人负物，笼上大下小而长谓之篝筶，或作篝。"

按："篝筶"在宋代被定性为蜀方言词，指"上大下小而长的盛物竹笼"。《楚辞·招魂》："秦篝齐缕，郑绵络些。"《史记·滑稽列传》："瓯窭满篝，污邪满车，五谷蕃熟，穰穰满家。""篝"指"上大下小而长的盛物竹笼"。

橉 《集韵·稕韵》："橉，良刃切。门阈也，楚人曰橉，一曰木名。"

按："橉"在宋代首次被明确定性为楚方言词，指"门槛"。《淮南子·泛论训》:"枕户橉而卧者,鬼神跖其首。""橉"鲜见于其他文献。

铫锐 《集韵·屑韵》:"锐,欲雪切。楚宋谓棁曰铫锐。"

按:"铫锐"在宋代被定性为楚宋方言词,指"梁上的短柱",鲜见于其他文献。

矔 《集韵·换韵》:"矔,古玩切。《说文》目多精也。益州谓瞋目曰矔。一曰闭一目。"

按:"矔"在宋代南方方言中指"瞪眼怒视"。《汉书·扬雄传》:"羌戎睚眦。"唐颜师古注:"眶,字或作矔。矔者,怒其目眦也。"但未言明其为楚语。

眱 《集韵·脂韵》:"眱,延知切。《博雅》雠眱直视。一曰小视也,南楚谓眄曰眱,古作眡。"

按:"眱"在宋代被明确定性为南楚方言词,指"斜视;不用正眼看"。"眱"同"睇"。《楚辞·九歌·山鬼》:"既含睇兮又宜笑,子慕予兮善窈窕。"王逸注:"睇,微眄貌也。"《九章·怀沙》:"离娄微睇兮,瞽以为无明。"《汉书·司马相如传上》:"长眉连娟,微睇绵藐,色授魂予,心愉于侧。"苏文擢《粤东方言续考》:"独吾粤有睇字,外省皆以看字代之矣。"

在现代汉语粤方言中,仍保留着古楚方言词"睇":睇衰(蔑视),睇症(医生治病),睇化(看透世事),睇老婆(相亲),睇到、睇死(看死),睇册(看书),睇先(先看),睇住(看着),睇波(看球赛),睇相(看相),睇破(识破),睇落(看上去),睇人戏(看粤剧)。第九章第七节个案"睇"。

枋 《集韵·阳韵》:"枋,分房切。……一说蜀人以木偃鱼曰枋。"

按:枋,在宋代蜀语中指"用木头覆盖鱼"。《庄子·逍遥游》:"我决起而飞,抢榆枋。""枋"是木名。

在现代汉语方言中,厦门和建瓯的"枋"、于都的"枋子"、梅县的"枋皮"都有"木板"义。

譈 《集韵·灰韵》:"譈,通回切。江南呼欺曰譈。"

按:魏晋时期,"譈"已被定性为古楚方言词,指"欺诈"。《方言》卷三:"胶、谲,诈也。"晋郭璞注:"汝南人呼欺为譈。"

第四章 历代古楚方言词例举 ◆◇◆

此外，先秦两汉表"欺诈"义的楚方言词还有"眠娗，脉蜴，赐施，茭媞，譠谩，憴忚"。《方言》卷十："眠娗，脉蜴，赐施，茭媞，譠谩，憴忚，皆欺谩之语也。楚郢以南东扬之郊通语也。"宋代表"欺诈"义的楚方言词还有"嘿屎"。《集韵·屋韵》："嘿，莫六切。楚人谓欺曰嘿屎。"

嘿屎 《集韵·屋韵》："嘿，莫六切。楚人谓欺曰嘿屎。"

按："嘿屎"在宋代被定性为楚方言词，指"欺"，鲜见于其他文献。

蹪 《集韵·灰韵》："蹪，徒回切。楚人谓踬仆为蹪。"

按："蹪"是两汉时期被定性的表"颠仆；跌倒"义的古楚方言词。《淮南子·原道训》："终身运枯形于连嵝列埒之门，而蹪陷于污壑穿陷之中。"《淮南子·原道训》："其行也，足蹪趎培，头抵植木，而不自知也。"高诱注："蹪，踬也。楚人读踬为蹪。""蹪"鲜见于其他文献。

慲 《集韵·齐韵》："慲，田黎切。楚人谓惭曰憪慲。"

按："憪慲"在宋代首次被定性为楚方言词，指"惭愧"，鲜见于其他文献。

跨 《集韵·麻韵》："跨，枯瓜切。吴人谓大坐曰跨。"

按：跨，通"胯"。在汉代楚方言文献中指"两股之间"，在宋代吴语区指"大坐"。《史记·淮阴侯列传》："信至国……召辱己之少年令出胯下者，以为楚中尉。"

南昌的现代汉语方言词"跨"和扬州的"跨马势（像骑马的姿势坐在凳子或其他对象上）"指"两腿分开成骑式"。在湖北京山现代汉语方言中"跨"指"两腿"："她的胯子真细，跟竹竿似的。"

彤 《集韵·渗韵》："彤，丑禁切。吴楚谓船行曰彤。"

舣 《集韵·纸韵》："语绮切。南方人谓整船向岸曰舣，通作檥。"

按："舣"通"檥"，在三国时期已被定性为南方方言词，指"使船靠岸"。《汉书·项籍传》："于是羽遂引东，欲渡乌江。乌江亭长檥船待。"裴骃《集解》："孟康曰：'檥音蚁，附也，附船着岸也。'如淳曰：'南方人谓整船向岸曰檥。'"《文选·左思〈蜀都赋〉》："舣轻舟。"宋刘逵注："应劭曰：'舣，正也。'一曰，南方俗谓正船回济处为舣。"宋范成大《送汪仲嘉侍郎使虏》："清游不可迟，日日檥船待。"宋范成大

《吴船录》卷下："三十里得南岸平地，曰平善坝。出峡舟至是皆檥泊，相庆如更生。"宋张炎《扫花游》："绕长堤是柳，钓船初欸。"另见第四章"檥"。

瘔 《集韵·莫韵》："瘔，荒故切。江淮谓治病为瘔。"

按："瘔"在宋代首次被定性为江淮方言词，指"治病"，鲜见于其他文献。

臁 《集韵·养韵》："臁，汝两切。《说文》益州鄙言人盛讳其肥谓之臁。"

按："臁"指"肥胖"。《说文·肉部》："臁，益州鄙言人盛，讳其肥，谓之臁。"唐皮日休《遇谤》："鼋既臁而必烹兮，木方菱兮必折。"宋罗泌《路史后记·炎帝》："分龙断而戒之耕，然后六谷臁。""臁"指植物的肥壮。

瀞 《集韵·梗韵》："瀞，差梗切。楚人谓冷曰瀞。"

按：在现代汉语方言区，福州的"瀞天、瀞饭"；雷州的"瀞倒（着凉）"；海口的"瀞水、瀞冷、瀞物"都指"凉爽"。

誚 《集韵·笑韵》："誚，七肖切。轻也，江东语。"

按：广州的"誚"有"指桑骂槐"义。

疨 《集韵·业韵》："疨，乙洽切。江淮之间谓病劣曰疨。"

按："疨"在宋代首次被明确定性为江淮方言词，指"病劣"。"疨"鲜见于其他文献。

在现代汉语方言区，"疨"在温州有"（声音）沙哑"义、"疨鼻"有"鞍鼻"义。

孻倠 《集韵·骇韵》："倠，古骇切。桂林谓人短为孻倠，或作猎㾂。"

按：孻倠，在宋代桂林地区指"身材短矮"。

媞 《广韵·纸韵》："媞，江淮呼母也，又音啼。承纸切。"

按：《广韵·齐韵》："奶，楚人呼母。"《集韵·勘韵》："媣，淮南呼母，一曰媞也。"《集韵·齐韵》："嬭，弥计切。吴俗呼母曰嬭。"《说文·女部》："江淮之间，谓母曰媞。"《说文·女部》："淮南谓母曰社。"

吁 《集韵·虞韵》："吁，丐于切。齐楚谓言曰吁。"

第四章　历代古楚方言词例举

按：《说文·言部》："齐楚谓信曰吁。"《集韵》《说文》误。

"吁"在先秦两汉楚方言区表"广大"义。《方言》卷一："吁，敦，夏，于，大也。……荆吴扬瓯之郊曰濯，中齐西楚之间曰吁。"《诗·郑风·溱洧》："且往观乎？洧之外，洵吁且乐！"《毛传》："吁，大也。"郑玄笺："言其土地信宽大又乐也。"《诗·大雅·韩奕》："孔乐韩土，川泽吁吁。"《毛传》："吁吁，大也。"郑玄笺："甚乐矣，韩之国土也，川泽宽大。"

"吁"在先秦两汉楚方言区又引申出"说大话"义且沿用至清代江淮官话区。《郭店楚简·尊德义》："则民吁以寡信。"《睡虎地秦墓竹简·语书》："吁询疾言以视（示）治……故如此者不可不为罚。"清同治十三年《徐州府志》："人语而过谓之吁。"

清段玉裁《说文解字注》："按：'信'当作'大'。《释诂》：'吁，大也。'"清朱骏声《说文通训定声》："《玉篇》引《说文》：'齐楚谓大言曰吁。'是也。"故《说文·言部》："齐楚谓信曰吁"中"信"字误。

咦　《集韵·脂韵》："咦，馨夷切。《博雅》笑也。一曰呼也，一曰南阳谓失笑为咦。"

按：《说文·口部》："南阳谓大呼曰咦。"

寱　《集韵·语韵》："寱，忍与切。楚人谓寐曰寱。"

按：寱，同"瘽"，表"沉睡"。《说文·瘽部》："瘽，楚人谓寐曰瘽。"1922年《福建新通志》："疲卧不醒曰瘽。"

嫐　《集韵·皓韵》："嫐，乃老切。《说文》有所恨也。今汝南人有所恨曰嫐。"

按：《说文·女部》："嫐，有所恨痛也。……今汝南人有所恨言大嫐。"罗翙云《客方言·释言》："恶曰嫐，……也作'恼'。恼者，爱之反，不爱则恶，恶则有所恨，恨者怨也，义实相贯。今语谓所憎恶曰恼。"在现代汉语方言中，江苏无锡薛典方言："看见好伊人就嫐。"

麷　《集韵·东韵》："麷，敷冯切。《说文》煮麦也。郑众谓熬麦曰麷。"

按：《说文·麦韵》："麷，煮麦也。"

嫷　《广韵·果韵》："嫷，徒果切，又吐卧切。美也。《说文》曰南楚人谓好曰嫷。"

按：《说文·女部》："南楚之外谓好曰嫷。"

憗　《集韵·之韵》："憗，愁忧貌，楚颍间语。"

按：《说文·心部》："楚颍之闲谓忧曰憗。"华学诚《扬雄方言校释汇证》："《集韵·之韵》：'憗，愁忧貌，楚颍间语。'盖本《方言》或《说文》。是'憗'当据马（瑞辰）、郝（懿行）所校改作'憗'。"

健　《集韵·狝韵》："健，力展切。《尔雅》鸡未成者。一曰江东人谓畜双产曰健。"

按："健"在汉代被定性为陈楚方言词，在宋代被定性为江东方言词，指"畜类的双生子"。《方言》卷三："陈楚之间，凡人兽乳而双产，谓之釐孶。"此外，"健"还有"小鸡"义，详见第一章"健"条。

鸡　《广韵·钟韵》："䳺，《方言》云，南楚人谓鸡。"

按：《方言》卷八："鸡，桂林之中谓之割鸡，或曰䳺。"

鹎鶝　《集韵·麦韵》："鹎，博厄切。鸟名。《方言》野凫，其小好没水中者，南楚谓之鹎鶝。"

按：《方言》卷八："鸡，陈楚宋魏之间谓之鹎鴟。"

薸　《广韵·宵韵》："薸，符霄切。《方言》云，江东谓浮萍为薸。"

按：今本《方言》无此句。

稻　《广韵·缓韵》："糯，《方言》云，沛国呼稻也。"

按：今本《方言》无此句。

莽　《集韵·厚韵》："莽，莫后切。南昌谓犬善逐菟草中为莽。"

按：《方言》卷三："苏，芥，草也。江淮南楚之间曰苏，……南楚江湘之间谓之莽。"《方言》卷十："莽，草也。……南楚曰莽。"

在现代汉语方言中，武汉的"莽"有"（行动）快"义，如：做事好莽！/货到莽了。/他来得真莽。

桠杈　《广韵·麻韵》："桠，于加切。《方言》云，江东言树枝为桠杈也。"

按：今本《方言》无此句。

第四章　历代古楚方言词例举

在现代汉语方言区，温州、柳州、绩溪、金华的"桠杈"；金华的"桠杈路口（道路分岔的地方）"；绩溪、崇明、金华、黎川的"桠枝"；长沙的"桠几"；福州的"桠垂（下垂的树枝）"都有"树枝"义。

燬　《集韵·尾韵》："燬，诩鬼切。《说文》火也，引《诗》王室如燬，引《春秋传》卫侯燬。一曰楚人曰燬，或作毁。"

按：《方言》卷十："煤，火也，楚转语也。"清钱绎笺疏："《玉篇》云：'楚人呼火为煤。'《广韵》：'音贿，南人呼火也。'"

此外，宁波的现代汉语方言词"燬糊、燬焦"指"烧"。

聉　《广韵·黠韵》："聉，五骨切。无耳，吴楚音也。"

按：《方言》卷六："耸，聉，聋也。……聋之甚者，……吴楚之外郊凡无有耳者亦谓之聉。"

姼　《集韵·纸韵》："姼，上纸切。美女。一曰南楚谓妻母曰姼。"

按：母姼，指"已故的岳母"。《方言》卷六："俊、艾，长老也。东齐鲁卫之间凡尊老谓之俊，……南楚谓之父，或谓之父老。南楚瀑洭之间母谓之媓，谓妇妣曰母姼，称妇考曰父姼。"《湖南通志》："谓妇妣曰母姼。"

在现代汉语方言区，崇明的"姼姼"指"姑母"。

母　《广韵·纸韵》："媞，江淮呼母也，又音啼。承纸切。"

按：《广韵·齐韵》："妳，楚人呼母。"《集韵·勘韵》："媕，淮南呼母，一曰媞也。"《集韵·齐韵》："嬭，弥计切。吴俗呼母曰嬭。"《方言》卷六："南楚、瀑洭之间母谓之媓。"晋郭璞注："洭水在桂阳。"

崽　《广韵·皆韵》："崽，山皆切，又山佳切。《方言》曰，江湘间凡言是子谓之崽，自高而侮人也。"

按："崽"在汉代被定性为楚方言词，指"儿子"，无贬义。《方言》卷十："崽者，子也。湘沅之会凡言是子者谓之崽，若东齐言子矣。"明李实《蜀语》："谓子曰崽。"明焦竑《俗书刊误·俗用杂字》："江湘吴越呼子曰崽。"

《广韵·皆韵》所指"自高而侮人"的詈词为"崽"的引申义。清西厓《谈征·名部·崽团仔》："粤人称凶恶人亦曰烂崽。"章炳麟《新方言·释亲属》："成都、安庆骂人，则冠以崽字。"

在现代汉语方言区，柳州、长沙、娄底、南昌、萍乡、黎川、南宁平话、成都的"崽"有"儿子"义；贵阳、柳州、成都的"崽"有"小孩"义；贵阳、南宁平话、长沙、南昌、萍乡、柳州、成都的"崽"有"幼小的动物"义；贵阳、长沙的"崽"有"未长成的果实"义。

获　《广韵·麦韵》："获，胡麦切。得也。又臧获，《方言》云，荆淮海岱淮济之间，骂奴曰臧，骂婢曰获。"

按："获"是对奴婢的贱称。《方言》卷三："臧，甬，侮，获，奴婢贱称也。荆淮海岱杂齐之间，骂奴曰臧，骂婢曰获。"元张光祖《言行高抬贵手》卷四："汲公甚惧，遽撤两获。"

䊆　《广韵·纸韵》："䊆，息委切。《方言》云饼。"

按：《广韵》"饼"字误，应为"饦"。"䊆"为古楚方言词。䊆，指豆屑杂饴糖的食物。《方言》卷十三："饦谓之䊆。……自关而东陈楚宋卫之通语也。"晋郭璞注："以豆屑杂饧也。"

辕　《广韵·元韵》："辕，车辕。《方言》云，辕，楚卫谓之辕。"

按：《方言》卷九："辕，楚卫之间谓之辕。"《楚辞·九歌·东君》："驾龙辀兮乘雷，载云旗兮委蛇。"

舸　《广韵·巧韵》："舸，古我切。楚以大船曰舸。"

按：《方言》卷九："南楚江湘凡船大者谓之舸，小舸谓之艖。"南朝梁陆倕《石阙铭》："弘舸连舳，巨槛接舻。"

𨍍　《集韵·皆韵》："𨍍，蒲皆切。《方言》车箱。楚魏之间谓之𨍍。"

按：《方言》未提楚地。《方言》卷九："箱谓之𨍍。"

𨍗　《集韵·过韵》："𨍗，古卧切。车釭也。《方言》齐楚海岱之间谓之𨍗。"

按：《方言》卷九："车釭，齐燕海岱之间谓之锅，或谓之锟。"

簿　《广韵·铎韵》："簿，补各切。蚕具名，吴人用。"

按：蓬薄，汉代已被定性为南楚方言词。"薄"在宋代为吴人用的蚕具。《方言》卷五："薄，宋魏陈楚江淮之间谓之苗，或谓之曲。自关而西谓之薄，南楚谓之蓬薄。"

第四章 历代古楚方言词例举

盬 《广韵·模韵》:"盬,古胡切,又音古。陈楚人谓盐池为盬,出《方言》。"

按:今本《方言》无。在现代汉语方言中,雷州"盐庭、盐塍"指"生晒(海)盐的场地"。

第 《集韵·旨韵》:"第,蒋兕切。床也。《方言》陈楚谓之第。"

按:《方言》卷五:"床,齐鲁之间谓之箦,陈楚之间或谓之第。"

瓨 《集韵·江韵》:"瓨,初江切。《博雅》瓶也。长沙谓罂曰瓨。"

按:自秦汉至宋代楚方言区,"瓨"都有"大腹小口的酒器"义。《方言》卷五:"瓮、甀、瓮、瓿甊、甔、罃也。……淮汝之间谓之瓿,江湘之间谓之瓨。"

盌 《集韵·虞韵》:"《方言》盂,宋楚之间或谓之盌。"

按:"盌"是古楚方言词。自先秦两汉至宋代,"盌"在楚方言区都有所使用,表示"一种敞口且深的食器,特指饭碗"。《集韵·虞韵》引《方言》脱"魏"字。《方言》卷五:"盂,宋楚魏之间或谓之盌。"《三国志·吴志》:"宁先以银盌酌酒,自饮两盌。"唐韩愈《游青龙寺赠崔大补阙》:"二三道士席其闲,灵液屡进颇黎盌。"宋沈括《梦溪笔谈·杂志》:"方家以磁石磨针锋,则能指南,然常微偏东,不全南也。水浮多荡摇,指爪及盌唇上皆可为之,运转尤速,但坚滑易坠,不若缕悬为最善。"

镰 《广韵·宵韵》:"鉊,淮南呼镰。"

按:"镰"是宋代定性的楚方言词。"鉊"本是古楚方言词,指"镰刀",后进入通语。《方言》卷五:"刈钩,江淮陈楚之间谓之鉊,或谓之鐹。"明陈继《先妣吴孺人墓版文》:"操鉊荷镈,与奴共力畦圃。"

铊 《集韵·真韵》:"江淮南楚之间谓矛为鏦,或作铊。"

按:《方言》卷九:"矛,吴扬江淮、南楚、五湖之间谓之鏦,或谓之鋋,或谓之䂎,其柄谓之矜。"铊,宋代出现的楚方言词。《商君书·弱民》:"宛钜铁铊,利若蜂虿。"高亨注:"铊,与铊同。《说文》:'铊,短矛也。'"宋周邦彦《汴都赋》:"挥铊掷鏦,举无虚发。"

鎞箭 《广韵·麻韵》:"钯,《方言》云,江东呼鎞箭。"

按:今本《方言》无。

餂 《广韵·盐韵》："餂，女廉切。南楚呼食麦粥。"

按：《方言》卷一："飵，食也。……凡陈楚之郊南楚之外相谒而飧，或曰飵，或曰餂。"晋郭璞音义："餂音黏。"清钱绎笺疏："《说文》：'餂，相谒食麦也。'"

饙 《集韵·微韵》："饙，芳微切。《方言》陈楚之间相谒而食麦饘谓之饙。"

按：《方言》卷一："饙，飵，食也。陈楚之内相谒而食麦饘谓之饙，楚曰飵。凡陈楚之郊南楚之外相谒而飧，或曰飵，或曰餂。"

䁢 《广韵·董韵》："䁢，作孔切。《方言》云，南人窃视。"

按：《方言》卷十："䁢、䁖、窥、眙、占、伺，视也。凡相窃视，南楚谓之窥，或谓之䁢。"

在现代汉语方言区，广州"䁢擒䁢缩"指"偷看"。

攍 《集韵·清韵》："攍，怡成切。《方言》儋，齐楚陈宋曰攍。或从盈，通作嬴。"

按：攍，在汉代已被定性为古楚方言词，指"肩挑；背负"。魏晋南北朝时期，"攍"被定性为江东方言词。《方言》卷七："攍，儋也。齐楚陈宋之间曰攍。……南楚或谓之攍。"晋郭璞注："攍音盈。今江东呼担。"

攒 《集韵·未韵》："攒，父沸切。楚谓击搏曰攒，或省。"

按：《方言》载与"攒"义近的词"扰"。《方言》卷十："扰，抚，推也。南楚凡相推搏曰扰，或曰㧅。沅涌㵋幽之语或曰挡。"在现代汉语方言区，浙江苍南金乡方言："看他走来头扰转，特地不睬他。"江苏无锡薛典方言："伊扰转仔头勿理人家。"

揞 《集韵·陷韵》："揞，于陷切。弃也。吴俗云。"

按：揞，宋代吴语，表"弃"义。秦汉时期，"揞"在荆楚地区表示"藏"，是古楚方言词。《方言》卷六："揞，揜，错，摩，藏也。荆楚曰揞，吴扬曰揜，周秦曰错，陈之东鄙曰摩。"

建瓯、海口、黎川、南宁平话和绩溪的现代汉语方言词"揞"指"盖住、压住"；成都、温州的现代汉语方言词"揞"指"藏"。广东汕头有"揞目骗鼻"。

第四章 历代古楚方言词例举

荐 《集韵·霰韵》:"荐,作甸切。楚谓筏上居曰荐。"

按:"荐"指"住在竹木筏上"。《方言》卷九:"江淮家居篺中谓之荐。"钱绎笺疏:"《广雅》:'箄,筏也。'"

敉 《集韵·旨韵》:"敉,部鄙切。齐楚谓甓曰敉。"

按:敉,指"瓷器经过剧烈磕碰坯体产生裂纹而又里外一致",后泛指"东西裂而未碎"。《方言》卷六:"披,散也。……器破而未离谓之璺。南楚之间谓之敉。"章炳麟《岭外三州语》:"今三州亦器破曰敉。"姜亮夫《昭通方言疏证·释词》:"今昭人言竹木裂未离曰敉。""敉"在现代汉语方言区仍有所使用,如湖北武汉方言:"棍子敉了。"

民国时期,"敉"在粤语中又引申出"绸缎起毛将坏"义。1916年《番禺续志》:"广州谓绸缎之起毛将坏者曰敉。""敉"在广州的现代汉语方言区指"器物磨损"或"器物破损"。

贪 《广韵·覃》:"婪,贪也。"

按:"婪"同"惏","惏"和"贪"在汉代已被定性为古楚方言词。《楚辞·离骚》:"众皆竞进以贪婪兮,凭不厌乎求索。"《方言》卷二:"惏,残也。陈楚曰惏。"《方言》卷一:"琳,杀也。……晋魏河内之北谓琳曰残,楚谓之贪。南楚江湘之间谓之欿。"清钱绎笺疏:"琳之为言惏也。……《说文》:'河内之北谓贪曰惏。'《左传·僖二十四年》:'狄固贪婪',《释文》及《正义》并引《方言》'杀人而取其财曰琳。'今无此语。"

齂 《集韵·至韵》:"齂,几冀切。《方言》贪也。荆湘人贪而不施曰齂。"

按:《方言》卷十:"齂,啬,贪也。荆汝江湘之郊凡贪而不施谓之齂,或谓之啬,或谓之悋。"

诒 《集韵·海韵》:"诒,荡亥切。江南呼欺曰诒,通作绐。"

眠娗 《集韵·铣韵》:"眠,弥殄切。楚谓欺为眠娗,一曰偄劣。"

按:《方言》卷十:"眠娗、脉蜴、赐施、茭媞、譠谩、懵忚,皆欺谩之语也。楚郢以南东扬之郊通语也。"

偄劣 《集韵·铣韵》:"眠,弥殄切。楚谓欺为眠娗,一曰偄劣。"

讀谩 《集韵·寒韵》:"讀,他干切。《方言》讀谩。惑语。"

按:《集韵》未提"讀"为楚语。《方言》卷十:"眠娗,脉蜴,赐施,茭媞,讀谩,憎他,皆欺谩之语也。楚郢以南东扬之郊通语也。"清戴震《方言疏证》:"'脉蜴'当即'䂿摘',语之转耳。"清钱绎《方言笺疏》:"'脉蜴'即'眠娗'之转耳。"

伙 《广韵·果韵》:"伙,胡火切。楚人云多也。"

按:"伙"自汉代至宋代楚方言区,都表示"多"。《方言》卷一:"凡物盛多谓之寇,齐宋之郊楚魏之际曰伙。"汉司马相如《上林赋》:"鱼鳖欢声,万物众伙。"《史记·陈涉世家》"伙颐!涉之为王沉沉者。"唐司马贞索隐:"服虔云:'楚人谓多为伙。'"《说文解字·旡部·㤅》:"㤅,……读若楚人名多夥。"唐刘知几《史通·外篇·杂说》:"荆楚训多为伙,庐江目桥为圯。"《册府元龟·将帅部》:"楚人谓多为伙。"

慈 《集韵·之韵》:"慈,愁忧貌,楚颍间语。"

按:《方言》卷一:"慈,伤也。自关而东汝颍陈楚之间通语也。……楚颍之间谓之慈。"

喋 《集韵·叶韵》:"喋,去涉切。江南谓吃曰喋。"

按:在汉代楚方言区,"极"也表"结巴"义,在近代江淮官话区仍有所沿用。《方言》卷十:"䛐极,吃也。楚语也。或谓之轧,或谓之䜀。"晋郭璞注:"语䜀难也。"章炳麟《新方言·释言》:"通语谓言謇难为吃。淮南谓之'极'。"1934年《阜宁县新志》:"极子,指口吃之人。"

母 《广韵·纸韵》:"媞,江淮呼母也,又音啼。承纸切。"《集韵·勘韵》:"媣,淮南呼母,一曰媞也。"

按:媞,汉代被定性的古楚方言词,宋代已进入通语。《说文·女部》:"江淮之间,谓母曰媞。"《广韵·齐韵》:"奶,楚人呼母。"

湴 《广韵·谈韵》:"邯,胡甘切。江湘人言也。"《集韵·翰韵》:"湴,侯旰切。江湘之间谓如是曰湴。"

按:《广韵·谈韵》中"邯"同"湴",指副词"或"。《方言》卷十:"湴,或也。沅澧之间凡言'或如此'者曰湴如是。"周祖谟校勘记:"故宫王韵邯作湴。注云'或'。案此邯字当作湴。"清戴震《方言疏证》卷

第四章 历代古楚方言词例举

十："《广韵》：'郴，江湘人言也。'言下应脱一'或'字。"

《集韵·翰韵》中"渿"指代词"这样"，此义仍在清代广州方言中保留。章炳麟《新方言·释词》："今广州谓何故如是曰渿。"

穦　《广韵·脂韵》："穦，息遗切。禾四把，长沙云。"《集韵·脂韵》："穦，儒佳切。长沙谓禾四把曰穦，或作穤。"

按："穦"在宋代长沙方言区指"禾四把"。未见于其他文献。

洪兴祖，宋代丹阳人。其《楚辞补注》采各家之长、精勘细校，既补充旧注的不足，又多有阐发创新。笔者根据中华书局1983年出版的洪兴祖《楚辞补注》找出如下词条：

宿莽　《楚辞·离骚》："朝搴阰之木兰兮，夕揽洲之宿莽。"洪兴祖《楚辞补注》："草冬生不死者，楚人名曰宿莽。"

按：王逸注："草冬生不死者，楚人名曰宿莽。"唐独孤及《垂花坞醉后戏题》诗序："道士张太和伐薪为堰，封土以壅浍，余亦命薙氏治芜秽而划宿莽。"清史震林《高阳台》："垄头宿莽堪哀，有青青细草，禁得霜摧。""宿莽"表"经冬不死的草"义自先秦沿用至清代。

潭　《楚辞·九章》："长濑湍流，溯江潭兮。"洪兴祖《楚辞补注》："湍，亦濑也。逆流而上曰沂。潭，渊也。楚人名渊曰潭。"

按：王逸注："潭，渊也。楚人名渊曰潭。"姜亮夫校注："潭，深渊也，楚人名渊曰潭。"《文选·郭璞〈江赋〉》："若乃曾潭之府，灵湖之渊。"唐代李善注："曾，重也。王逸《楚辞》注曰：'楚人名渊曰潭府。'"唐代李善与宋代洪兴祖对"潭"的释义不同，详释见第四章。

在现代汉语方言区，贵阳和温州的"水潭"指"天然较深的水潭"。

颔　《楚辞·离骚》："苟余情其信姱以练要兮，长顑颔亦何伤。"洪兴祖补注："顑颔，食不饱，面黄貌。"

按：《方言》卷十："颔、颐，颔也。南楚谓之颔，秦晋谓之颔，颐其通语耳。""颔"为古楚方言词，指"下巴"或"腮颊"。"颔"在唐代被定性为南楚方言词。唐代玄应、慧琳《一切经音义·根本毗奈耶杂事律》："颔车，……释名云：颔车，辅车也，或作颐。南楚谓颐为颔，从页含声。"但洪注未将"颔"定性为楚方言词。详见第四章。

枻 《楚辞·九章》："乘泛枻以下流兮,无舟楫而自备。"洪兴祖《楚辞补注》："乘舟泛船而涉渡也。编竹木曰枻。楚人曰枻,秦人曰拨也。乘,一作乘。枻,一作枻。"

按:汉王逸注:"编竹木曰枻,楚人曰枻。"这里的"枻"指"木筏"。此外,"柎"在先秦江东方言中还有"花萼"义。《山海经·西山经》:"(崇吾之山)有木焉,员叶而白柎,赤华而黑理。"晋郭璞注:"今江东人呼草木子房为柎,音府。一曰:柎,花下鄂。"袁珂注:"柎,花萼房也。"南朝梁沈约《八咏·会圃临春风》":氛氲桃李花,青柎含素萼。"

长铗 《楚辞·九章》:"带长铗之陆离兮,冠切云之崔嵬。"洪兴祖《楚辞补注》:"长铗,剑名也。其所握长剑,楚人名曰长铗也。"

按:长铗,剑。王逸注:"长铗,剑名也。其所握长剑,楚人名曰长铗也。"朱熹《集注》:"铗,剑把。或曰刀身剑锋也。"

洪兴祖补注《文选》"离"作"蘺","蘺"为古楚方言词,表"蘼芜"。《说文·艸部》:"蘺,楚谓之蘺。"汉刘向《九叹·惜贤》:"怀芬香而挟蕙兮,佩江蘺之斐斐。"唐刘禹锡《重至衡阳伤柳仪曹》:"千里江蘺春,故人今不见。"

凭 《楚辞·离骚》:"众皆竞进以贪婪兮,凭不猒乎求索。"洪兴祖《楚辞补注》:"凭,满也。楚人名满曰凭。"

按:王逸注:"凭,满也。楚人名满曰凭。""凭"在这里指"满足"。此外,"凭"还有"愤怒"义。如《方言》卷二:"凭,齘,苛,怒也。楚曰凭。"《楚辞·离骚》:"依前圣以节中兮,喟凭心而历兹。"王夫之通释:"凭心,谓愤懑蕴积于心也。"

傺 《楚辞·离骚》:"忳郁邑余侘傺兮,吾独穷困乎此时也。"洪兴祖《楚辞补注》:"傺,住也,楚人名住曰傺。"洪兴祖《楚辞补注》:"郁邑,愁貌也。侘,犹堂堂立貌也。傺,住也。楚人谓失志怅然住立为侘傺也。"

按:傺,停留。王逸注:"郁邑,愁貌也。侘,犹堂堂立貌也。傺,住也。楚人谓失志怅然住立为侘傺也。"《楚辞·涉江》:"怀信侘傺,忽乎吾将行兮。"三国魏曹丕《弟苍舒诔》:"侘傺失气,永思长怀。"清末

第四章 历代古楚方言词例举

罗翙云《客方言·释言》："今语谓闷郁而气不伸即侘傺。"自先秦至清末，"侘傺"在南方多指"失意而神情恍惚的样子"。

近现代江淮官话"眙"与古楚方言"傺"义近。章炳麟《新方言·释言》："今淮南谓久立不前曰站眙。"1934 年《阜宁县新志》："站眙，谓逗留观望而不前也。""站眙"表"停留观望"义。其中，"眙"为汉代西秦方言。《方言》卷七："傺、眙，逗也。南楚谓之傺，西秦谓之眙。逗，其通语也。"郭璞注："逗，即今住字。"

遭 《楚辞·离骚》："遭吾道夫昆仑兮，路修远以周流。"洪兴祖《楚辞补注》："遭，转也。楚人名转曰遭。"

按：汉王逸注："遭，转也，楚人名转曰遭。"唐韩愈《杂诗》之三："昆仑高万里，岁尽道若遭。"

"遭"在现代汉语方言区宁波指"更换时间或地点"，如"遭预支（提前取应支款项）。/考试遭到后日夜里"。

爽 《楚辞·招魂》："露鸡臛蠵，厉而不爽邪。"洪兴祖《楚辞补注》："厉，烈也。爽，败也。楚人名羹败曰爽。言乃复烹露栖之肥鸡，臛蠵龟之肉，则其味清烈不败也。"

按："爽"指"伤败；败坏"。《老子》："五音令人耳聋，五味令人口爽。"王弼注："爽，差失也。失口之用，故谓之爽。"《列子·仲尼》："耳将聋者，先闻蚋飞；口将爽者，先辨淄渑。"张湛注："爽，差也。"章炳麟《新方言·释言》："湖北谓谋而不中为爽。"故"爽"自先秦至近现代都有"败"义。

譅讍 《楚辞·九思》："嗟此国兮无良，媒女诎兮譅讍。"洪兴祖补注："譅讍，语乱也。"

按："譅讍"形容言语支离繁杂，絮语不清。洪兴祖补注并未将其定性为楚语词，但《方言》卷十已记"譅讍"为古楚方言词："譅讍，拏也。……南楚曰譅讍。"

此外，"譅讍"仍在现代汉语南方方言区使用：上海的"譅讍"指"言多且乱"。浙江苍南金乡方言："大舌讲话譅譅讍讍，听也听不灵清。"浙江宁波方言："酒吃醉了，讲话譅譅讍讍（形容话多而含混不清的样子)。"

獼猴　《太平御览·兽部》："《毛诗草木虫鱼疏》曰：'猱，猕猴也，楚人谓之沐猴。老者为獼猴，骏捷也。'"

蚶子　《太平广记·水族》："瓦屋子，盖蚶蛤之类也，南中旧呼为蚶子。"

按：唐代南中呼"蚶蛤"为"蚶子头"，宋代呼"蚶子"。《岭表录异》卷下："瓦屋子，盖蚶蛤之类也。南中旧呼为蚶子头。因卢钧尚书作镇，遂改为瓦屋子。以其壳上有棱如瓦垄，故名焉。"

在现代汉语方言中，今湖北呼为崇"蚶子"，天门有"义和蚶"。崇明、上海、宁波的"蚶子"和东莞、厦门的"蚶"指"蚶蛤"。

稷　《医心方卷·五谷部》："稷米，……《传》云：'本草有稷不载穄，即穄也，今楚人谓之稷。'"

茷　《尔雅·释草》："蒿，茷。"宋邢昺疏："荆楚之间谓蒿为茷。"

蕙　《邵氏闻见后录》卷二十九："楚人曰蕙，今零陵香也。又名熏，所谓一薰一莸者也。唐人但名铃铃香，亦名铃子香，取其花倒悬枝间，如小铃也。"

按："蕙"见于先秦两汉楚方言文献，但未被定性为楚语词。《楚辞·离骚》："余既滋兰之九畹兮，又树蕙之百亩。"汉刘向《九叹·惜贤》："怀芬香而挟蕙兮，佩江蓠之斐斐。"

铃子　《补笔谈卷·异事》："零陵香，本名蕙，古之兰蕙是也，又名熏。《左传》曰：'一薰一莸，十年尚犹有臭。'即此草也。唐人谓之铃铃香，……铃子，乃其花也。此本鄙语，文士以湖南零陵郡。"

按："铃子"指蕙草的花。《补笔谈卷·异事》校《本草》："后人又收入《本草》，殊不知《本草正经》自有熏草条，又名蕙草，注释甚明。南方处处有，《本草》附会其名，言出零陵郡，亦非也。"

茹闾　《北梦琐言·逸文》："江夏汉阳县出毒菌，号茹闾。非茅搜也。每岁供进。县司常令人于田野间候之，苟有此菌，即立表示人，不敢从下风而过，避其气也。采之日，以竹竿芟倒，遽舍竿于地，毒气入竹。一时爆裂。……张康随侍其父宰汉阳，备言之。人有为野菌所毒而笑者，煎鱼椹汁服之，即愈。僧光远说也。"

按：宋孙光宪所撰《北梦琐言》主要记载唐五代的史事，其中包含文人、士大夫的言行。此例记载唐五代时期张康所述。茹闻，江夏汉阳县所产的一种毒菌，应为宋代记载的唐五代时期被定性的楚方言。"茹闻"未见于其他楚方言文献。

竹筊 陈造《房陵十首》之九："城中竹筊今年贵，盐茗新来免阙供。"陈造注："卖枯竹供爨曰'竹筊'，古巧切。"

按："竹筊"在宋代被陈造定性为楚方言词，指"用于烧火做饭的枯竹"。

方竹 《剡录·草木禽鱼诂》"方竹，陆龟蒙《笋赋》曰：'洪纤靡定，方圆不均。'注曰：'南方有方竹。'"

按：方竹，南方一种可供观赏的竹子。晋戴凯之《续竹谱》："方竹生岭外，大者如巾筒，小者如界方。"宋张淏《云谷杂记·竹之异品》："武陵桃源山有方竹，四面平整如削，坚劲可以为杖。"

苏州、杭州的现代汉语方言词"方竹"指一种可供观赏的茎呈方形的竹子。

石桂 《梦溪笔谈·补笔谈》："今莽草，蜀道、襄、汉、浙、江湖间山中有，枝叶稠密，团栾可爱，叶光厚而香烈；花红色，大小如杏花，六出，反卷向上，中心有新红蕊，倒垂下，满树垂动摇摇然，极可玩。襄、汉间渔人竞采以捣饭饴鱼，皆翻上，乃捞取之。南人谓之石桂。白乐天有《庐山桂》诗，其序曰：'庐山多桂树。'又曰：'手攀青桂树。'盖此木也。"

按：石挂，宋代被定性为南方方言词，指"倒垂的莽草花蕊"。

茶苦蒿 苏颂《本草图经》："汝南名白菊为茶苦蒿。"

鹭鹚花 朱弁《曲洧旧闻》卷三："郑、许田野间，二三月有一种花，蔓生，其香清远，马上闻之，颇似水樨花，色白，土人呼为鹭鹚花。取其形似也，亦谓五里香。"

按：鹭鹚花，宋代被定性的楚方言词，生于郑、许田野间，河南一带对一种清香白花的俗称。未见于其他楚方言文献。下同。

五里香 朱弁《曲洧旧闻》卷三："郑、许田野间，二三月有一种花……

色白，土人呼为鹭鸶花。取其形似也，亦谓五里香。"

鬼督邮 《梦溪笔谈·药议》："襄、汉间又有一种细辛，极细而直，色黄白，乃是鬼督邮，亦非细辛也。"

宫人草 《太平广记》卷四〇八："楚中往往有宫人草。……花似红翠。俗说：'楚灵王时，宫人数千，皆多怨旷。有因死于宫中者，葬之，墓上悉生此草。'"

按："宫人草"出自南朝梁任昉《述异记》。

枧 陈造《房陵①十首》之十："枧南枧北皆春社，且放乌犍卧晏温。"陈造注："村落所聚曰'枧'。"

按：枧的通行义是过水的竹木管子。宋杨万里《桑茶道中》："溪面只消横一枧，水从空里过如飞。"

酉 陈造《房陵十首》之三："雩坛歌舞杂嗟吁，下酉犹濡上酉枯。"陈造注："潴水溉曰'酉'。"

按："潴"是水停留处。《周礼·地官·稻人》："以潴畜水。"郑玄注："潴者，畜流水之陂也。""酉"指蓄水的池塘。

涝朝 陈造《房陵十首》之二："政使病余刚制酒，一杯要敌涝朝寒。"陈造注："晨起雾久乃开，土人目曰'涝朝'。"

担鼓 《岁时广记》卷二十六："郭璞注云今荆楚人呼牵牛星为担鼓，盖担者，荷也。"

按："担鼓"见于清代厉荃《事物异名录》卷一。自魏晋南北朝至清代，"担鼓"在楚方言中指牵牛星。

弩父 《太平御览·兵部》："《韵海》曰：南楚谓卒为弩父，卒主担弩导，因以为名也。又行鞭杖者也，皆赤帻绛鞴。"

按：《韵海》与《方言》所指方言地域不同；《方言》卷三："楚东海之间亭父谓之亭公。卒谓之弩父，或谓之褚。"晋郭璞注："言衣赤也。"又"主儋幔弩导幨，因名云"。清钱绎笺疏："弩父犹负弩，以其所主为名也。"清张慎仪《方言别录》："《太平御览》引《韵海》：'南楚谓卒

---

① 房陵，楚文化的发源地之一，位于湖北省西北部。

第四章 历代古楚方言词例举

为弩父,卒主担弩导,因以为名也。'"

骨在 陈造《房陵十首》之八:"农闲闾里有逢迎,白饮傍边骨在羹。"陈造注:"羹曰'骨在'。"

箩 《类篇》卷五:"江南谓筐底方上圆曰箩。"

按:箩,在楚方言区指"方底圆口的筐"。土家族民歌《哭嫁歌·骂媒人》:"花言巧语你有几箩斗,不愁银钱不到手,好比我家的饿嘴狗,东头吃了西头走。"

此外,"箩"还表示"可盛谷米倒入斛中的篑"。《方言》卷五:"所以注斛,陈魏宋楚之间谓之篙,自关而西谓之注箕,陈魏宋楚之间谓之箩。"晋郭璞注:"盛米谷写斛中者也。"

在现代汉语方言中,扬州、南京、柳州、丹阳、上海、苏州、宁波、金华、南昌、梅县、广州、南宁和东莞的"筐"指"竹编的较精细的容器"。

棹 《类篇》卷十七:"楚宋谓桡曰棹。"

按:棹,船桨。见《九歌·湘君》:"桂棹兮兰枻。"

赵 《太平御览·服用部》:"《方言》曰:'床,齐鲁谓之簀,陈楚之间谓之第,北燕朝鲜谓之树,秦晋之间谓之杠,南楚谓之赵。'"

按:《太平御览·服用部》引《方言》误。赵,指旧式床前的横木,并非指床。《方言》卷五:"床,……陈楚之间或谓之第。其杠,……南楚之间谓之赵。"

此外,"赵"在明清吴语区有"编造谎言"义。明冯梦龙《新灌园传奇·灌园邂逅》:"用起村学问,乱嚼蛆赵介两句。"清道光十四年《象山县志》:"今人以虚妄不实斥之曰赵。"清乾隆十五年《昆山新阳合志》:"妄语曰赵。"清代《何典》第三回:"千算万计,连我的壁挺如意,头肯簪,赵珠花,俱上了鬼当里,当出银子,方能凑足数目送去,弄你出来。"潘慎注:"妄语曰赵。俗语有七珠八赵,即胡说八道。"

"赵"在近代吴语区出现"用细长的东西挑拨"义。应钟《甬言稽诂·释动作》:"今以锥棍刺入物中,复挑而出之,呼为赵。"

聿 汉扬雄《太玄·饰》:"舌聿之利,利见知人也。"北宋司马光集注:"聿,笔也。"

按："聿"在古楚方言区指"笔"并沿用至清代湘语区。《说文·聿部》："聿，所以书也。楚谓之聿，吴谓之不律，"《湖南通志》："谓笔为聿。"

拖钩 《岁时广记》卷十六引南梁宗懔《荆楚岁时记》："春节悬长绳于高木，士女袨服坐立其上，推引之，名秋千。楚俗谓之拖钩。"

按："拖钩"在先秦两汉时期未被定性为楚方言词，其在《荆楚岁时记》中首次被定性为楚方言词，指"秋千"。"拖钩"鲜见于其他文献。

不借 《碧溪诗话》卷十："临川'窗明两不借'，楚人以草履为不借。"

燕窠 《宋朝事实类苑·风俗杂志》："予向过永州，有人赠一石板，上亦有燕形者在焉，土人呼为燕窠。"

顽 陈造《房陵十首》之八："老稚不妨顽过日，边头难得是升平。"陈造注："俗谓戏曰'顽'。"

按："顽"通"玩"，指"玩赏"。唐诗已有例。唐姚合《酬卢汀谏议》："杯觞引满从衣湿，墙壁书多任手顽。"

"顽"又指"嬉戏；游玩"。宋陈造《田家谣》："小妇初嫁当少宽，令伴阿姑顽过日。"郭沫若《行路难》上篇一："佛儿，你不要哭了，妈妈手空了便来抱你下来顽。"

胎 宋曾巩《杂诗》："心胎太极气，手扬斗间魁。"

按：这里"胎"指"养育"，是古楚方言义。隋唐宋时期多用于通语区表"孕于母体内的幼体"及其引申义。《方言》卷一："胎，陶，鞠，养也。……汝颍梁宋之间曰胎，或曰艾。"西晋陈寿《三国志·魏志》："胎养必全，则孕者无自伤之哀。"

怂慂 宋王迈《简同年刁时中俊卿》："君言虽怂慂，帅意竟缩瑟。"

按："怂慂"是古楚方言词，自汉代至宋代楚方言文献中指"从旁劝说鼓动"。《方言》卷十："食阎，怂慂，劝也。南楚凡己不欲喜，而旁人说之，不欲怒，而旁人怒之，谓之食阎，或谓之怂慂。""怂慂"自宋代起开始融入通语。

在现代汉语方言区，温州、长沙、成都和雷州的"怂"、成都的"怂祸（挑拨是非）"和"怂祸婆（爱挑拨是非的人）"以及湖北武汉方言"有人怂他吵/莫听别个的怂"、湖北京山方言"同学总是怂他（劝人做不好的事）"中的"怂"指"煽动、鼓动"。此外，"怂"在成都还指"唤狗去咬人"。

一拆雨 陈造《房陵十首》之三："谁谓朝来一拆雨，欢声已觉沸通衢。"陈造注："得雨曰'一拆雨'。"

倢 宋苏舜钦《送李冀洲》："眼如坚冰腷河月，气劲倢鹘横清秋。"

按："倢"指"敏捷"，在汉代已被定性为楚方言词，后融入通语。《方言》卷一："虔、儇，慧也。……宋、楚之间谓之倢。"郭璞注："言便倢也。"

须捷 宋陈师道《和黄预久雨》："贫可留须捷，恩当记庪廖。"

按："须捷"为古楚方言词，指"褴褛"，此义在宋代江苏地区仍有保留。《方言》卷三："须捷，挟斯，败也。南楚凡人贫衣被丑弊谓之须捷。"

第五章　楚方言词与楚地简帛

王国维《最近二三十年中中国新发见之学问》:"古来新学问起,大都由于新发见。有孔子壁中书出而后有汉以来古文家之学,有赵宋古器出而后有宋以来古器物、古文字之学。惟晋时汲冢竹简出土后即继以永嘉之乱,故其结果不甚著,然杜元凯(预)注《左传》,稍后郭璞注《山海经》,已用其说,而纪年所记禹、益、伊尹事至今成为历史上之问题,然则中国纸上之学问赖于地下之学问者,固不自今日始矣。"陈寅恪曰:"把地下的实物和纸上的遗文相互释证,外来的观念和故有的材料相互参证,异国的故书和吾国的古籍相互补证。"[①]

鲁国尧《华学诚〈周秦晋汉方言研究史〉序》:"华学诚同志先秦两晋的方言研究史,努力穷尽了传世文献。我还注意到他也曾利用过出土资料……这是值得嘉许的。我想向学诚同志提一条建议,如今地不爱宝,大量出土资料不断涌现譬如近年刊布的竹简材料主要有:尹安汉简(1997)、郭店楚简(1998)、九店楚简(2000)、周家台秦简(2001)、三国吴简(2001)……近若干年发现的大批简帛中有没有方言资料?这就需要进一步探究,我希望学诚同志继续追求,使这本书真正穷尽了现时所有的相关资料。"[②]

出土的楚简帛,先有河南信阳楚墓竹简、湖南长沙市战国楚墓帛书,接着有湖北江陵望山楚墓竹简、天星观楚墓竹简、九店楚墓竹简、包山楚

[①] 陈寅恪:《王静安先生遗书序》,《中学历史教学》2006年第4期。
[②] 华学诚:《周秦汉晋方言研究史》,上海人民出版社2014年版,第9页。

墓竹简及荆门郭店楚墓竹简、河南上蔡楚墓竹简、上海博物馆购藏竹简、清华大学购藏竹简。秦简牍有湖北睡虎地秦墓竹简、四川青川木牍。汉简帛有长沙马王堆汉墓帛书,江陵张家山汉墓竹简。楚人控制地区的简帛都属此类。

下面我们试图建立楚方言词与楚地简帛语料的联系,对楚简帛文献中的楚方言举证。

第一节 名词

一 植物:芰,蕀

（一）芰

"芰"为楚方言词,指"薐",即"菱角"。

《包山2号墓简册·遣册赠书》:"菥（芰）二𥫣共。"注:"菥,李家浩释,读为'芰',指'菱角'。东室2:191号、2:202号竹筒,签牌'𦵡（芰）',内盛菱角。"《马王堆医书考注·杂疗方》:"每朝啜阑（蘭）实三,及啜陵（菱）敉（芰）。"注:"陵敉,即菱芰。"又"陵敉即菱角,多生南方水中。《本草纲目》载菱可'解酒毒、射罔毒'"。

《说文·艹部》:"芰,薐也。从艹,支声。茤,杜林说,芰从多。"《说文·艹部》:"薐,芰也。从艹,凌声。楚谓之芰,秦谓之薢茩。"《说文解字注》:"而《说文》之芰、薢茩,即今菱角。"朱骏声《说文通训定声》:"言其叶之岐起曰芰,言其实有棱角曰菱。"《说文系传》:"《尔雅》'菱蕨攈',注云:'今水中芰也。'《齐民要术》有种芰法,亦同'一名薐,池中种之'。"又"《国语》'楚屈到嗜芰',则许慎云'楚谓之芰也。'屈到死,将以芰祭,其子去之,以为芰非祭用也"。

在先秦两汉楚方言中,"芰"与"薐"、"薢茩"为同一物;在中古时期,郭璞所注"今人水中芰",南朝贾思勰在《齐民要术》中所提到的"种芰法,一名薐"。杜甫《佐还山后寄》诗之三:"隔沼连香芰,通林带女萝。"明朝陆采《怀香记·索香看墙》:"芰荷池雨声轻溅,似琼珠滴碎还圆。"在现代汉语方言中,"芰"逐渐被"菱"所替代,保留在湖南方言中。

楚方言"芰"即"薐"。"菱""薐"为异体字,指今天的"菱角"。《离骚》:"制芰荷以为衣兮,集芙蓉以为裳。"《楚辞·招魂》:"芙蓉始发,杂芰荷些。"王逸《楚辞章句》:"芰,菱也。秦人谓之薢茩。"五臣注云:"芰,水草。"《列子·说符篇》:"夏日则食菱芰,冬日则食橡栗。"《淮南子·本经篇》:"乔枝菱阿,芙蓉芰荷。"注云:"芰,荷也。"《广韵》:"芰,菱也。奇寄切。"《广雅·释草》:"薐、芰,薢茩也。"《字林》:"楚人名薐曰芰,又四角、三角曰芰,两角曰薐。"王安平《武陵记》:"两角曰薐,三角四角曰芰。"李翘《屈宋方言考》:"《说文·艹部》'薐,芰也,楚谓之芰。'"《礼记·祭义》:"耆芰,楚人名菱为芰。"《湖南通志》:"楚人谓薐曰芰。"沈龄《续方言疏证》:"菱(薐),楚谓之芰,秦谓之薢茩。"《玉篇》:"芰,巨寄切。薐也。"又"䔖,同'薐',亦作'菱'"。

(二)朸

"朸"为楚方言,"凡草木刺人"谓"朸",泛指"有芒刺的草木"。《上海博物馆藏战国楚竹书(八)·李颂》第一简:"木斯蜀(獨)生,秦(榛)朸(棘)之閖(間)可兮。"上海博物馆藏战国楚竹书整理小组注:"朸"读为"棘"。《诗·小雅·斯干》"如矢斯棘"。陆德明《经典释文》:"棘,《韩诗》作朸。"

马王堆汉墓帛书《老子》甲本:"以道佐人主,不以兵强于天下。其事好还,师之所居,楚朸(棘)生之。"在马王堆汉墓帛书《老子》甲本中,"棘"作"朸"马王堆汉墓帛书整理小组注:"'楚朸生之',通行本作'荆棘'生焉,荆、楚义同,棘、朸音近。……乙本作'囗棘生之'。"其他的文本都作"荆棘"。"楚朸"即"楚棘",也就是我们常说的"荆棘"。

《说文·束部》:"棘,小枣丛生者,从并束。"段玉裁《说文解字注》:"小枣树丛生,今亦随在有之,未成则为棘而不实,已成则为枣。"扬雄

《方言》卷三："凡草木刺人，江湘之间谓之棘。"扬雄《方言》卷三："凡草木刺人，自关而西谓之'刺'，江湘之间谓之'棘'。"钱绎《方言笺疏》："《楚辞·九章·橘颂》'曾枝剡棘，圆果抟兮'。王逸注'剡，利也；棘，橘枝，刺若棘也'。是'棘'为'刺'也。"《楚辞·七谏·怨思》："行明白而曰黑兮，荆棘聚而成林。"王逸注："荆棘多刺，以喻谗贼。"《楚辞·九歌·思古》："甘棠枯于丰草兮，藜棘树于中庭。"王逸注："反种蒺藜棘刺之木满于中庭，以言远仁贤近谗贼也。"江湘即为楚地，楚辞为楚人作为，由此我们可以很肯定地说"棘"为楚方言，泛指"有芒刺的草木"。

作为楚方言的"棘"也见于其他文献典籍中，如扬雄《羽猎赋》："斩丛棘，夷野草。"《墨子·非攻下》："沓至乎商王纣，天不序其德，祀用失时……天雨肉，棘生乎国道。"王粲《从军诗》："城郭生榛棘，蹊径无所由。"

《老子》一书多用楚方言，《上海博物馆藏战国楚竹书》中的《李颂》为楚辞体作品，而两文都使用了"棘"，这也很好地证明了"棘"为楚方言词。另外帛书《老子》称"荆棘"为"楚棘"，在"棘"前冠上"楚"字，我们怀疑"荆棘"在楚地被称为"楚棘"，尚存疑虑，有待考证。

二 动物：刍豢

刍豢（牛）《淮南子·俶真训》："昔公孙哀转病也，七日化为虎。"高诱注："淮南之人，因牛食刍，谓之刍豢，有验如此。"《孟子·告子》："故理义之悦我心，犹刍豢之悦我口。"朱熹《集注》："草食曰刍，牛羊是也；谷食曰豢，犬豕是也。"《包山2号墓简册·卜筮祷祠记录》："赛祷文坪夜君、蔡公子家，各特豢，馈之。"

三 器物：篁，翣

"篁""翣"均为楚方言，释为"扇"。

四 人物：灵，媔，父，臧

（一）灵

"灵"为楚方言，释为"巫"或"神"。

《包山2号墓简册·文书》："八月丙申之日，需里子之州加公壬、里公苛諴受旨（幾）。"整理小组注：（陈伟1996D，93页）《楚辞·九歌·东皇太一》"靈连蜷兮既留"，王逸注"靈，巫也。楚人名巫为靈子"。简文中的"需"，也许是巫官之称。

《马王堆汉墓帛书·老子甲本·德经》："昔之得一者，天得一以清，地得一以寧，神得一以需（靈）……胃（谓）神毋已需（靈）将恐歇。"马王堆汉墓帛书《老子》甲、乙本皆作"需"，"需"应是"靈"的省写，而"灵"为"靈"的简体字。帛书《老子》应当用楚方言"灵"。我们知道，老子为无神论者，他认为"道"才是万物之源，是"道"主宰着世界和宇宙。把"灵"作"巫"，更符合《老子》的无神论思想。

《楚帛书诂林》657页："毋敢叡天需。"（甲六·三二）李零（1985）"需，读为灵。"何琳仪（1986）"'天需'即'天灵'，《吴越春秋》'蒙天灵之佑。'"冯时（2001）"需即灵，《吴越春秋》'蒙天灵之佑。'《楚辞·离骚》'夫唯灵修之故也。'王逸《章句》'灵，谓神也。'《风俗通义·祀典》'灵者，神也。'《尸子》'天神曰灵。'是天灵即为天神"。

《楚辞·九歌·东皇太一》："灵偃蹇兮姣服，芳菲菲兮满堂。"王逸注："灵，谓巫也。"洪兴祖补注："言神降而托于巫也。"又《楚辞·九歌·东皇太一》："浴兰汤兮沐芳，灵连蜷兮既留。"王逸注："灵，巫也，楚人名巫为灵子。"王国维《宋元戏曲考·上古至五代之戏剧》："古之所谓巫，楚人谓之曰灵。"由此，我们可以肯定的是"灵"为楚方言，释为"巫"。

严学宭先生在《论楚族和楚语》一文中提到："灵：楚人谓神为灵。'夫唯灵修之故也。'"由此，作为楚方言的"灵"也可释为"神"。

学者们考释"灵"的理论依据都来源于《楚辞》。《楚辞》带有非常明显的楚地色彩。在楚地，巫风盛行，楚人亦敬神尚巫。所以，在《楚辞》

第五章 楚方言词与楚地简帛

中，有关神、灵、鬼等词语经常出现。我们对《楚辞》中的"灵"字作了系统的考察，"灵"共出现了58次，如表5-1：

表5-1

篇目	次数	引文	王逸注释
《离骚》	9次	名余曰正则兮，字余曰灵均。	灵，神也。
		指九天以为正兮，夫唯灵修之故也。	灵，神也。
		余既不难夫离别兮，伤灵修之数化。	
		怨灵修之浩荡兮，终不察夫民心。	灵修，谓怀王也。
		欲少留此灵琐兮，日忽忽其将暮。	灵以喻君。一云：灵，神之所在也。
		索藑茅以筳篿兮，命灵氛为余占之。	灵氛，古明占吉凶者。
		欲从灵氛之吉占兮，心犹豫而狐疑。	言己欲从灵氛劝去之吉占，则心中狐疑，念楚国也。
		皇剡剡其扬灵兮，告余以吉故。	言皇天扬其光灵，使百神告我，当去就吉善也。
		灵氛既告余以吉占兮，历吉日乎吾将行。	言灵氛既告我以吉占，历善日吾将去君而远行也。
《九歌》	14次	灵偃蹇兮姣服，芳菲菲兮满堂。	灵，谓巫也。
		灵连蜷兮既留，烂昭昭兮未央。	灵，巫也。楚人名巫为灵子。
		灵皇皇兮既降，猋远举兮云中。	灵，谓云神也。
		望涔阳兮极浦，横大江兮扬灵。扬灵兮未极，女婵媛兮为余太息。	灵，精诚也。
		九嶷缤兮并迎，灵之来兮如云。	则百神侍送，众多如云也。
		灵衣兮被被，玉佩兮陆离。	
		緪瑟兮交鼓，箫钟兮瑶簴，鸣篪兮吹竽，思灵保兮贤姱。	灵，谓巫也。
		应律兮合节，灵之来兮蔽日。	言日神悦喜，于是来下，从其官属，蔽日而至也。
		灵何为兮水中，乘白鼋兮逐文鱼。	言河伯之屋，殊好如是，何为居水中而沉没也。
		杳冥冥兮羌昼晦，东风飘兮神灵雨。	言东风飘然而起，则神灵应之而雨。
		留灵修兮憺忘归，岁既晏兮孰华予。	灵修，谓怀王也。
		天时坠兮威灵怒，严杀尽兮弃原野。	虽身死亡，而威神怒健，不畏惮也。
		身既死兮神以灵，子魂魄兮为鬼雄。	言国殇既死之后，精神强壮。

· 175 ·

续表

篇目	次数	引文	王逸注释
《天问》	2次	见楚有先王之庙及公卿祠堂，图画天地山川神灵，琦玮僪佹，及古贤圣怪物行事。	
		角宿未旦，曜灵安藏？	曜灵，日也。
《九章》	4次	羌灵魂之欲归兮，何须臾而忘反。	精神梦游，还故居也。
		何灵魂之信直兮，人之心不与吾心同！	
		愁叹苦神，灵遥思兮。	灵遥思者，神远思也。
		高辛之灵盛兮，遭玄鸟而致诒。	帝喾之德茂神灵也。
《远游》	2次	恐天时之代序兮，耀灵晔而西征。	灵晔，电貌。《诗》云：晔晔震电。
		使湘灵鼓瑟兮，令海若舞冯夷。	百川之神，皆谣歌也。
《九辩》	1次	骖白霓之习习兮，历群灵之丰丰。	灵，一作神。
《七谏》	3次	何山石之崭岩兮，灵魂屈而偃蹇。	
		痛楚国之流亡兮，哀灵修之过到。	言怀王之过
		怨灵修之浩荡兮，夫何执操之不固。	言己念怀王信用谗佞，志数变移而不坚固也。
《哀时命》	1次	灵皇其不寤知兮，焉陈词而效忠？	言怀王暗蔽，心不觉寤。
《九怀》	4次	横垂涕兮泫流，悲余后兮失灵。	哀惜我后，违天法也。
		玄鸟兮辞归，飞翔兮灵丘。	悲鸣神山，奋羽翼也。
		登九灵兮游神，静女歌兮微晨。	想登九天，放精神也。
		神章灵篇兮，赴曲相和。	
《九叹》	13次	辞灵修而陨志兮，吟泽畔之江滨	
		灵怀其不吾知兮，灵怀其不吾闻。就灵怀之皇祖兮，愬灵怀之鬼神。灵怀曾不吾与兮，即听怀王夫人之谀辞。	
		兆出名曰正则兮，卦发字曰灵均。	
		合五岳与八灵兮，讯九魖与六神。	八灵，八方之神也。
		游清灵之飒戾兮，服云衣之披披。	灵，一作雾。
		兴《离骚》之微文兮，冀灵修之壹悟。	
		登昆仑而北首兮，悉灵圉而来谒。	灵圉，众神也。
		驰六龙于三危兮，朝西灵于九滨。	召西方之神。
		鞭风伯使先驱兮，囚灵玄于虞渊。	灵玄，玄帝也。
《九思》	5次	念灵闺兮陕重深，愿竭节兮隔无由。	灵，谓怀王闺合也。
		周徘徊兮汉渚，求水神兮灵女。	冀得水中神女，以慰思念。
		须发苎悴兮颠鬓白，思灵泽兮一膏沐。	灵泽，天之膏润也。灵，一作云。
		白龙兮见射，灵龟兮执拘。	灵龟，天瑞也。
		惟昊天兮昭灵，阳气发兮清明。	灵，神也。

第五章 楚方言词与楚地简帛 ◆◇◆

由上表可知，仅在屈原所作的《离骚》、《九歌》、《天问》、《九章》和《远游》五部作品中，"灵"就出现了31次。其中，"灵均"1次，王逸注："灵，神也。""灵修"4次，王逸注："灵，神也。"又"灵修，谓怀王也"。"灵氛"3次，王逸注："灵氛，古明占吉凶者。"即为我们所说的"巫师"。"灵保"1次，王逸注："灵，谓巫也。"在《楚辞》中，"灵"释为"神"的次数高于"巫"。在《离骚》中，"神"只出现了2次，而"灵"出现9次，《九歌》中，"灵"一共出现了14次之多，而"神"只2次。这就说明屈原喜用"灵"，而少用"神"，"神"和"灵"是有区别的。而在其他先秦的文献古籍中，"神"出现的次数远远高于"灵"。所以，严学宭先生谓"楚人谓神为灵"是有理可据的。

在出土的楚简帛文献中，整理者有谓"灵"为"巫"，也有谓"灵"为"神"，都是知"灵"为楚方言；反过来，楚简帛中出现训为"巫"或"神"的"灵"字，亦证明了"灵"为楚方言。

（二）嬭、妳

"嬭"为楚方言，或作"妳"，释为"母"，多见于楚国及其附属国的青铜器上。

《王子申盏盂》："王子申作嘉嬭盏盂，其眉寿无期，永保用之。"郭沫若先生指出："此亦楚器。楚有公子申二人，阮元以为子西，其说近是。"[①]
《左传·昭公》："九月，楚平王卒，令尹子常欲立子西。"杜预注："子西，平王之长庶。"

《叔嬭番妃簠》："上都公择其吉金，铸叔嬭番妃媵簠。"此器出土于河南省淅川县下寺楚墓。

《楚季苟盘》："楚季苟作嬭尊媵沬盘。"铭文首记用"楚"，由此可知，此器为楚国季氏所作。

《樊君鬲》："樊君作叔嬴嬭媵器宝鬻。"

《樊季氏鼎》："樊季氏孙仲嬭择其吉金。"

《楚王媵江仲嬭南和钟》："楚王媵江仲嬭南和钟。"

---

① 郭沫若：《两周金文辞大系》，日本文求堂书店昭和7年，第197页。

《曾孟嬭諫盆》："曾孟嬭諫作饗盆。"据郭沫若先生考证，此器为春秋时期曾国铜器。

《楚屈子赤角簠》："楚屈子赤角媵仲嬭璜食簠。"此器出土于湖北省随县涢阳，当属楚地出土文物。

《广雅·释亲》："嬭，母也。"在传世文献典籍中，《广雅》最早著录"嬭"字。《广韵·荠韵》："嬭，楚人呼母。奴礼切。"《广韵》是最早注明"嬭"为楚方言的，其义应为"母"。

上述出土文物都出土于楚地，"嬭"字频现，由此，也可以说明"嬭"为楚方言。《王子申盏盂》中所作的"嘉嬭"即为"皇母"，《叔嬭番妃簠》中的"叔嬭番妃"应为"三姨母番妃"，《樊君鬲》中的"叔嬴嬭"应是"叔嬴之母"，《樊季氏鼎》的"仲嬭"相当于"二姨母"，而《曾孟嬭諫盆》中的"孟嬭"即为"大姨母"。作为楚方言的"嬭"少见于传世文献典籍中，但在现今的湖北（原属楚地）等地方言中仍呼母为"嬭"，"嬭"在古楚地留下了不可磨灭的痕迹。黄树先先生在《古楚语释词》一文中提到："黄陂人管骂娘叫'通娘骂嬭'……黄陂人有时称婶娘为'细嬭'。"还指出"《湖北方言调查报告》记载'妈'：罗田i'（异），广济i'（异），蕲春i'（异），阳新i'（异），大冶ˌi，'异'也当是'嬭'之记音。"①朱骏声《说文通训定声》曰："苏俗称母曰阿嬭也，嬭亦有音无字，即母之转声。"

作为楚方言的"嬭"，还可以用来表示动物的性别。扬雄《方言》卷八："虎，陈魏宋楚之间或谓李父，江淮南楚之间谓之李耳。"王静如在《关于湘西土家语的初步意见》一文中指出："据考湘西土家语称公虎为lipa，母虎为lini，跟'李父'、'李耳'正宛然若合符节。""公虎"称为"李父"，"父"可表示"雄"，"李耳"为"母虎"，那"耳"可表示"雌"。在这里"耳"只采用了其标音的作用，应为"嬭"的记音字。

奶 《广韵·荠韵》："楚人呼母曰奶。"《玉篇·女部》："奶，齐人呼母。"清同治三年《广东通志》："广东谓母曰奶。"《阳江志》："母曰奶。"1931年《福州府志》："谓母曰奶。"清光绪十二年《顺天府志·宁

---

① 黄树先：《古楚语释词》，《语言研究》1989年第2期。

河志》:"奶,母也。"(天津宁河)。另见江淮官话、吴语。《楚王钟》:"楚王媵邛仲奶和钟。"楚王钟之奶相当于中原之母,邛仲奶是人名,周代妇女称某母之例常见,如苏冶妊鼎:"苏冶妊作虢妃鱼母媵。"

(三)父

"父"为楚方言,凡尊老为"父"。另见第九章第八节。

"父"常与老者所从事的职业相搭配,组成"所从事的职业+父"这一格式,例如我们最常见的《楚辞》里面的"渔父",即为打渔的老者,再如"造父",即为御车的老者。"父"在楚地出土简帛中用例如表 5-2:

表 5-2

楚地出土简帛名称	引文
《马王堆汉墓帛书·老子甲本·德经》	故人之所教,夕(亦)议而教人。故强良(梁)者不得死,我将以为学父。
《郭店 1 号墓简册·尊德义》	戚(造)父之驭(御)马,马也之道也。
《郭店 1 号墓简册·穷达以时》	穿(穷)四涔(海),至千里,遇造故也

先说"父"字。马王堆汉墓帛书《老子》甲、乙本都记为"父"字,传世文献也同帛书本一样。扬雄《方言》卷六:"凡尊老,楚谓之'父',或谓之'父老'。"这里扬雄已经明确指出"父"为楚方言,凡尊老为"父"。"父"字在《老子》一书中,也应为楚方言,即楚国人对老者的尊称。吴澄注曰:"父,谓尊而无出其上者也。"吴澄用"尊而无出其上者"解释"父",深得《老子》一书中用"父"之旨意也。《老子》一书多用楚语,这也进一步证明"父"为楚方言。钱绎《方言笺疏》:"《众经音义》卷四引《方言》曰:'妥、父,长老也。'"又"卷十六引文曰:'妥、父,长老也。'"由此,我们可以知道陈、楚等地称"父"为"长老"或"父老"。毫无疑问的是,《老子》一书中,"学父"应为"老师"或者"师长"。

作为楚方言的"父"在其他传世文献中我们也可以见到,例如《左传·哀公十三年》:"旨酒一盛兮,余与褐之父睨之。"杨伯峻注:"褐之父,着褐之老翁。"又《史记·伍子胥列传》:"此剑直百金,以与父。"《史记·冯唐列传》:"文帝辇过,问唐曰:'父老何自为郎?'"后又曰"父知之乎"。

再说"所从事的职业+父"这种格式。洪静在《说词尾"父"》一文中已提到这种格式,指出"词尾'父'并非我们常见的父亲或父辈的意思,而是读 fǔ,表示对所从事某行业的人的通称时,它形成一种构词格式,即'所从事的职业+父'"。郭店楚墓竹简中的"戚父"也就是《楚辞》中所提到的"造父"。《楚辞·九章·思美人》:"造父为我操之。"王逸注:"御民以道,须明君也。""造父"就是古时候善御的老者。在楚地出土的竹简中记为"戚父",古字通用。或省为"造",这种情况见于《郭店楚墓竹简·穷达以时》一文中,上表有引。由于造、就两字古字通用,"造父"也可作"就父",这在银雀山汉墓竹简《唐勒赋》一文中也有体现。另《穆天子传》:"天子之御:造父",郭注曰:"造父善御,穆王封之于赵城。"

在先秦时期的文献中,"所从事的职业+父"这种格式的词早就已经有所记载了。《楚辞》中的名篇就有《渔父》,"渔父"即为打渔的老者。另外在《列子》一书中还出现了"田父"。《列子·杨朱》:"周谚曰,田父可坐杀。"

"渔父"在先秦文献中的出现次数如表 5-3:

表 5-3

书目	次数
《楚辞》	4
《吴越春秋》	13
《养鱼经》	1
《战国策》	2
《庄子》	4

"田父"在先秦文献中的出现次数如表 5-4:

表 5-4

书目	次数
《列子》	2
《尹文子》	3
《战国策》	2

由以上两表我们可以知道,"渔夫"在先秦文献中出现了24次,"田父"出现了7次,两词共出现了31次。并且这些文献的内容大多反映的是有关于南方地区的,其中关于楚国的就有23次之多,占了绝大多数。由此,我们可以推断出"所从事的职业+父"这一格式带有楚地色彩。

除了"渔夫""田父""造父","所从事的职业+父"这一格式的词还有"亭父",《书抄》卷七十九引《风俗通义》佚文曰:"亭长者,一亭之长率也,为率吏;陈、楚谓之'亭父',齐谓之'师'也。"这也可以反映出"所从事的职业+父"这一格式带有楚地色彩。另外还有"耕父""弓父""药父"等,如《文选·张景阳〈七命〉》:"耕父推畔,鱼竖让陆。"《后汉书·蔡邕列传》:"弓父毕精于筋角,㱿非明勇于赴流。"《搜神记》:"偓佺者,槐山采药父也。"元代时期,在冯子振的散曲《鹦鹉曲》中提到的"所从事的职业+父"这一格式的词就有"田父""渔父""樵父""园父""耕父""农父""纶父""船父""采薪父"等。

(四)臧

"臧"为楚方言,为"奴婢贱称",常与"获"连用组成"臧获"一词,也为"奴婢的贱称"。

《郭店1号墓简册·穷达以时》:"邵(吕)室(望)为牂(臧)棘(棘)潕(津),战(守)监門棘埊(地)。"刘信芳学者认为"'牂'应该读为'臧'",并指出"包山楚简205记祭祀楚昭王用牲有'大牂',原简其字上从'臧',下从'立',读为'牂',知'牂'、'臧'读音可通"。《包山2号墓简册·卜筮祷祠记录》:"大🈯,馈之。"整理小组注:🈯,原考释:疑读作"牂"……李家浩(2001B,32页):"大🈯"就是简文"大臧"。由此,我们认为当从刘氏之说,释"牂"为"臧"。

先谈"臧"。《方言》卷三:"臧,奴婢贱称也。荆、淮、海、岱、杂齐之间,骂奴曰臧。齐之北鄙,燕之北郊,凡民男而婿(壻)谓之臧,女而妇奴谓之获。"由此可知,"臧"为楚方言,为"奴婢贱称"。戴震《方言疏证》:"《后汉书·何敞传》'然臧获之谋。'《注》引《方言》'臧获,奴婢贱称也。'"《文选·报任少卿书》:"且夫臧获婢妾,犹能引决。"注曰:"羌人以婢为妻,生子曰获;奴以善人为妻,生子曰臧。荆扬海岱淮齐之间，骂奴曰获；齐之北鄙，燕之北郊，凡人男而归婢谓之臧，女而归奴谓之获。皆异方骂奴婢之丑称也。"《墨子》："以臧为其亲也而爱之，以臧为其亲也而利之。"《墨子间诂》案："此臧即臧获之臧。"《荀子·王霸》："如是，则虽臧获不肯与天子易埶业。"杨倞注曰："臧获，奴婢也。"《楚辞·哀时命》："释管、晏而任臧获兮，何权衡之能称。"王逸注："臧，为人所贱系也。"

再谈"吕望"。在上文所引的郭店楚简的这段话中，我们提到了"吕望"这个人，"吕望"即我们所熟悉的"姜太公"。相传吕望的先世为贵族，故为吕氏，后来吕望家道中落沦为贫民，根据简文，我们推测，吕望可能娶某族之婢为妻，在女方家生活，相当于我们现今所说的"入赘"，在当时人们用羌族语称吕望为"臧"，也就是《方言》中所谓的"男而婿婢"。

吕望是否"入赘"而为"臧"，根据刘信芳学者的说法是确定的，这也可以从其他文献资料中得到证实。《史记·滑稽列传》："淳于髡者，齐之赘婿也。"淳于髡为齐国贵族，这里"赘婿"是指结婚后生活在女方家的男子，也就是我们现在所说的"上门女婿"，而吕望"入赘"于齐为"臧"与此颇为相似。《楚辞·离骚》："吕望之鼓刀兮，遭周文而得举。"刘信芳曰："补注引《战国策》：'太公望，老妇之逐夫，朝歌之废屠，文王用之而王。'"还指出"'老妇之逐夫'的文化涵义是指吕望外婚至妇家，生子以后，又回到原来的吕氏氏族。"

在商代末期至周代，和中原的婚姻制度相比，东夷的较为落后，吕望婿婢为"臧"，这体现的是当时母系氏族社会的婚姻制度。《后汉书·东夷列传》："其昏姻皆就妇家，生子长大，然后将还。"就是对当时东夷婚姻制度的很好说明。

郭店楚简《穷达以时》所记"吕望为牂"为我们深入理解《方言》"凡民男而婿婢谓之臧"无疑是提供了不可多得的参考价值。

五 衣物：褐，襟

（一）褐

《马王堆汉墓帛书·老子甲本·德经》："知者希，则我贵矣。是以圣人被褐而裹（懷）玉。"在马王堆汉墓帛书《老子》甲、乙本都写为"褐"字，指"短褐大衣"或"（短）袍"。

《淮南子·齐俗训》："短褐不完。"许注曰："楚人谓袍为短褐大衣。"《古文苑》卷十九《楚相孙叔敖碑》："（楚）庄王置酒以为乐，优孟乃言孙君相楚之功，即忼慨高歌曲曰'……廉吏而可为者，当时有清名；而不可为者，子孙困穷，被褐而卖薪。'"朱谦之《老子校释》曰："案'褐'乃《老子》书中用楚方言。"①《淮南子》《老子》为楚方言文献，"褐"应为楚方言。

《诗·豳风·七月》："无衣无褐，何以卒岁？"郑玄笺："褐，毛布也。"《孟子·滕文公上》："许子衣褐。"赵岐注："以毳织之，若今马衣也。或曰，褐，枲衣也。一曰粗布衣也。"焦循《正义》："任氏大椿《深衣释例》云'……凡此言褐者，必曰短褐。'"《晏子春秋·谏上篇》："怀宝乡有数十，饥氓里有数家，百姓老弱冻寒，不得短褐。"《慧琳音义》卷八十七："云褐：《方言》'楚人谓袍为褐也。'"《慧琳音义》卷九十一释"巾褐"、卷九十九释"短褐"："楚人谓袍为短褐。"又卷八十六："巾褐，南楚之人谓袍为短褐。"李贤注《后汉书·王望传》时也提到"楚人谓袍为短褐"。《史记·秦始皇本纪》："夫寒者利裋褐。"徐广曰："一作'短'，小襦也，音竖。"《索隐》曰："盖谓褐布竖裁，为劳役之衣，短而且狭，故谓之短褐，亦曰竖褐。"《广韵》："褐，衣褐，《说文》云'编枲袜也'；一曰短衣。""褐"为楚方言词，指"袍"，即"短褐""短褐大衣"，是一种粗衣。

（二）襮

《方言》："江淮南楚之间谓之襮。"《楚辞》："遗余襮兮澧浦。"《汉书·江充传》："充衣纱"宋姜夔《念奴娇·毁舍后作》："昔游未远，记湘皋闻瑟，澧浦捐襮。"楚人衣襟宽大。《淮南子·齐俗》："楚庄王裾衣博袍，令行乎天下。"楚汉时期荆楚地区男女盛行深衣（上衣下裳连体的一种服饰样式），从楚墓出土的木俑和衣物看，楚地的深衣较之北方各国

---

① 朱谦之：《老子校释》，中华书局1984年版，第281页。

有所创新，分化出几种不同的样式，这主要表现在衣袖和裾上，第一种是袖子肥大下垂，在袖口处突然收窄，衣裾长而拂地有人把这种袖子称为"垂胡"，这是比较华贵的衣饰；第二种衣服的肩、腋部分比较宽松，衣袖由肩部开始逐渐收缩、变窄，形成细长瘦窄的衣袖。衣裾拂地，足不外露，这种衣服显得轻便俏丽。这两种式样的衣服在江陵马山楚墓中都有实物出土；第三种衣服较为简陋，衣身宽松，袖子上下一样粗细，衣裾较低，下面露出双脚。这种服装可能流行于社会下层，成为劳动妇女的日常衣饰。深衣的质料有丝与麻两种，上层用丝帛，下层用麻布。《释名》："荆州谓禅衣曰布衣属，亦曰襜褕，言其襜襜弘裕也。""跪襜，跪时襜襜然张也。""床前帷曰襜，言其襜襜而垂也。"《说文》："南楚谓禅衣曰褋。"段注："按屈原赋当用南楚语，王逸云襜褕，殆非也。"陆羽《茶经》卷二："挈牛臆者，廉襜然。""廉"疑为帘（簾）。"簾襜"形容衣服飘动的样子。《释名·释衣服》："荆州名襜褕为禅衣。"指直襟单短衣。扬雄《方言》卷三："汗襦，陈谓宋楚之间谓之襜襦。"（汗襦即汗衣，贴身单层短衫）《楚辞》："裳襜襜以含风。"王逸注："襜襜，摇貌。"《茶经》卷一："檐 一曰衣，以油绢或雨衫、单服败者为之襦。"《方言》四："汗襦，魏宋楚之间谓之襜襦，或谓之禅襦。"《释名·释衣服》："荆州谓禅衣曰布襦，亦曰襜。"《张家山汉墓竹简》："缘五尺、絮三斤，襦二丈二尺。"《方言》四："汗襦，江淮南楚之间谓之襘，自关而东谓之甲襦。"《十四种》："一氏裯。"

六 其他：讁，涅，毂，纪

（一）讁

"讁"为楚方言，或作"谪"、"适"适，释为"过失"。

《马王堆汉墓帛书·老子乙本·道经》："善行者无达迹，善言者无瑕適（谪）。"

扬雄《方言》卷十："讁，过也。南楚以南凡相非议人谓之讁。"郭璞注云："谓罪过也。讁，音赜，亦音适，罪罚也。"扬雄已明确指出"讁"为楚方言，义为"过也"。

"讁",或作"谪"。《列子·力命篇》:"四人相与游于世,胥如志也;穷年不相讁发,自以行无愆也。"张湛注曰:"讁,谓责过也,通作适,亦作谪。"《列子》一书也多楚语,由此也可以进一步证明"讁"为楚方言。《广韵》云:"谪,责也;讁同'谪'。"钱绎《方言笺疏》云:"'讁'者……今《邶风·北风篇》作'谪',《毛传》'谪,责也。'《说文》'谪,罚也。'《成十七年》左氏《传》云:'国子谪我',《史记·申屠嘉传》'议以谪罚,侵削诸侯',义相通也。"

"讁",或作"適"。《诗·商颂·殷武》:"岁事来辟,勿予祸適,稼穑匪解。"《毛传》:"適,过也。"《孟子·离娄上》:"人不足与適也,政不足间也。"赵岐注云:"適,过也。《诗》云:室人交遍適我,间非也。时皆小人居位,不足过责也。"《管子·水地》:"瑕適皆见,精也。"尹知章注:"瑕適,玉病也。"

《老子》一书中当为"讁"字。老子本是楚国人,应用楚方言。根据文意,也应为楚方言"讁"。"善言无瑕讁",应解释为"善于言谈的,没有过失"。王引之《经义述闻·春秋名字解诂上》:"《老子·道篇》'善言無瑕讁。'河上公注曰'无瑕疵讁过于天下也。'讁与適通。"

(二)湩

"湩"为楚方言,释为"乳汁"。

《马王堆汉墓医书·十问》:"禹于是饮湩,以安后姚。"整理小组注:湩,《说文》:"乳汁也。"

《玉篇·水部》:"江东人呼乳为湩。"当时的江东为楚地,由此,我们可以知道"湩"为楚方言,义为"乳汁"。又《穆天子传》卷四:"因具牛羊之湩,以洗天子之足。"郭璞注曰:"湩,乳也,今江南人亦呼乳为湩,音寒冻反。"《说文·水部》:"湩,乳汁也,从水重声。"段玉裁《说文解字注》:"或借重字为之,《汉书·匈奴传》重酪之便美是也。"《史记·匈奴列传》:"得汉食物皆去之,以示不如湩酪之便美也。"裴骃集解曰:"湩,乳汁也。""湩酪"就是我们现在所说的"奶酪"。还有"湩酒",即为"以乳酿成的酒",如清代龚自珍《纪梦》诗之五:"月明湩酒薄,天冷塞花憨。"

《列子·周穆王篇》："巨搜氏乃献白鹄之血以饮王,具牛马之湩以洗王之足。"张湛注曰:"湩,乳也,以己所珍贵献之至尊。"又《列子·力命篇》:"女始则胎气不足,乳湩有余。"释文曰:"湩,竹用切,乳汁也。"《列子》一书多用楚方言,这也进一步证明了"湩"为楚方言。

(三)穀

"穀"为楚方言,释为"乳",引申为"乳养",常和"不"连用,组成"不穀"一词,即"君主谦卑之称",也为楚方言。

"穀"在楚简帛中的分布如下:

表5-5

楚地出土简帛名称	引文
《马王堆汉墓医书·十问》	治气之精,出生入死,驩欣咪穀,以此充刑(形),此胃(谓)槫(搏)精
《马王堆汉墓帛书·老子甲本·德经》	夫是以侯王自胃(谓)曰孤寡不橐(穀),此其贱之本與,非也
	天下之所惡,唯孤寡不橐(穀),而王公以自名也

在马王堆汉墓帛书《老子》甲、乙本中"穀"都写作"橐",帛书整理小组校订为"穀","橐"应为"穀"的省形。王弼、傅奕等作"穀"。

先谈谈"穀"。《左传·宣公四年》:"楚人谓乳穀,谓虎於菟。"杜预注曰:"穀,奴口切。"又《左传·庄公三十年》:"鬬穀於菟为令尹。"陆德明《经典释文·春秋音义》云:"穀,奴走反,楚人谓乳曰穀。"由此,我们可以明确地知道,"穀"为楚方言,义为"乳"。在《马王堆汉墓医书·十问》中,"穀"即为"乳",由此也可以证明"穀"为楚方言。

又《玉篇》云:"穀,生也。"《尔雅·释诂》《广韵》同。《广雅·释诂》云:"穀,养也。""生"和"养"意思相通。阮元在《积古斋钟鼎彝器款识》卷五中指出:"穀,尊名,《说文》云:'乳也'。《左》宣四年《传》'楚人谓乳、穀',当为穀。彝器凡作乳形者,义取养人。"由此,我们认为,楚方言"穀"又可进一步引申为"乳养"之义。这在其他文献典籍中也可以得到证实,如《诗·小雅·小弁》:"民莫不穀,我独于罹。"郑玄注曰:"穀,养也。"又《诗·小雅·蓼莪》:"民莫不穀,我

第五章 楚方言词与楚地简帛

独不卒。"《汉书叙传》如淳注云:"牛养乳汁曰榖。"

另外,谭步云学者在《古楚语词汇研究》一文中指出,"榖"又作"鞠",其义为"养育、哺育"。扬雄《方言》卷一:"台、胎、陶、鞠,养也……陈、楚、韩、郑之间曰鞠。"又《尔雅·释言》:"榖、鞠,生也。"而谭步云学者认为"'孝殳'是正体,'鞠'和'榖'都是俗体"。对于这种说法,我们尚存疑虑,需要进一步考证。"孝殳"多见于睡虎地楚简中,见表5-6:

表5-6

楚地出土简帛名称	引文
《云梦睡虎地秦简》141 正壹	乙亥生子,殳而富
《云梦睡虎地秦简》148 正壹	壬午生子,殳而武
《云梦睡虎地秦简》141 正贰	乙酉生子,殳好乐
《云梦睡虎地秦简》147 正贰	辛卯生子,吉及殳
《云梦睡虎地秦简》149 正贰	癸巳生子,殳
《云梦睡虎地秦简》145 正叁	己亥生子,殳
《云梦睡虎地秦简》140 正肆	甲辰生子,殳,且武而利弟
《云梦睡虎地秦简》145 正肆	己酉生子,殳有商
《云梦睡虎地秦简》143 正伍	丁巳生子,殳而美,有敌

再来谈谈"不榖"一词。《礼记·曲礼》:"东夷、南蛮,虽大曰子,于内自称曰不榖。"我们考证了《国语》一书,发现诸侯用"不榖"自称的情况共出现了十四次,如表5-7:

表5-7

用"不榖"自称者	次数
楚国君臣	六次
越王	五次
吴国君臣	三次
秦、齐、晋、燕、鲁、宋、卫等诸侯	零次

在春秋战国时期,楚国、吴国和越国都为东南、南方"夷蛮"之国,其君臣用"不榖",也很好地说明了在原来的楚地"不榖"一词,却为卑

称，这也是和周礼制度相吻合的。诸侯及周王共用"不穀"自称二十一次，而楚王自称"不穀"多达十六次（包括楚成王、楚庄王、楚共王、楚康王、楚灵王、楚昭王及其使臣等），这也再一次证明"不穀"之卑称是楚国特有的。根据"不穀"之"不乳养"之义，楚王自称"不穀"应为谦卑之词，应理解为"没有恩德乳养（百姓）"。《孙子兵法》佚文《见吴王》出土于山东临沂银雀山汉墓，该书记载了吴王和孙武的对话，吴王多次使用"不穀"自称，比如："不穀未闻道也""不穀之好兵"等。我们考证了司马迁所作的《史记》，其中《史记·孙子列传》一文中有记载吴王和孙武的对话，但是司马迁却用"寡人""吾"等取代了竹简中吴王自称"不穀"的地方，这应该是司马迁用通语"寡人""吾"取代了楚方言"不穀"，这也进一步证实了《礼记·曲礼》所说的"东夷、南蛮……于内自称曰不穀"。

（四）纪

"纪"为楚方言，释为"绪"，即"头绪""端绪"。

《上海博物馆藏战国楚竹书（八）·李颂》第一简："剌（莿）外㾪（置）审（中），眾木之綍（纪）可（兮）。"整理小组注："綍"，"己"下从"口"，为"纪"字繁构（战国文字习见曾"口"为繁构）。

马王堆汉墓帛书《老子乙本》："执今之道，以御今之有。以知古始，是胃（谓）道纪。"在马王堆汉墓帛书《老子》甲本中，"纪"字缺失，而《老子》乙本记为"纪"。

先说"纪"字。《说文·糸部》："纪，丝别也。""纪"本指丝缕的头绪。如《墨子·尚同上》："古者圣王为五刑，请以治其民，譬若丝缕之有纪，罔罟之有纲。"引申为事物的端绪。如《韩非子·主道》："明君守始以知万物之源，治纪以知善败之端。"扬雄《方言》卷十："绁、末、纪，绪也。南楚皆曰绁，或曰端，或曰纪，或曰末，皆楚转语也。"这里扬雄明确指出"纪"为楚方言，义为"绪"。《楚辞·九章·悲回风》："纷容容之无经兮，罔芒芒之无纪。"姜书阁在《先秦词赋原论》中提到："'无纪'，犹无绪也，与上句'纷容容之无经兮'意近。戴震《屈原赋注》曰：'无经纪者，临大野而不见区分之谓'，得之矣。此盖依《方言》以'纪'为楚语'绪'义也。"《玉篇》曰："纪，……绪也。"又"绪，似吕切，丝端也"。

作为楚方言词的"纪"也见于其他文献典籍中。如：《诗·小雅·江汉》："滔滔江汉，南国之纪。"另《吕氏春秋·仲秋纪·论威》："义也者，万事之纪也。"《晏子春秋》谏下十二："夫礼者民之纪。"

然后我们来谈谈《上海博物馆藏战国楚竹书》中《李颂》这篇文章。从体裁上看，《李颂》应是楚辞体作品；从内容上看，《李颂》主要是在歌颂李树。《李颂》一文没有载于今本的《楚辞》，但从《李颂》的体裁和句式看，整理小组认为："比今本各篇显得更具有原始性。"由此，《李颂》一文非常有助于我们研究楚辞这种诗体的形成。另外，我们也可以将《李颂》简文中有些诗句与今本的《楚辞》相比照，这也有助于我们为深入地研究《楚辞》作品。比如《李颂》简文中的"乱木曾枝"句，可与《楚辞·九章·橘颂》"曾枝剡棘"相比较，再比如"深利终逗，夸其不贰兮"此句，可与《橘颂》中"深固难徙，更壹志兮"一句互相阐发。"纪"字出现在楚辞体的《李颂》楚简简文中，也很好地证明了"纪"为楚方言词。

最后谈谈帛书《老子》中的"纪"。帛书《老子》中的"纪"应为楚方言。老子为楚国人，《老子》一书当用楚方言。在《老子》一文中的"纪"字，即谓"头绪"，也可引申作"根本"。而"执今之道，以御今之有。以知古始，是谓道纪"。这一句应解释为：如果我们掌握了现今之"道"，用"道"来驾驭现今之事物，就可以推测并知道古代的开始，这就是所谓的知道了"道"的"头绪"。

第二节 动词

一 动作：攃，闟，詘谩，踖，熬

（一）攃

"攃"为楚方言，或作"攖""搴"，指"拔取"。另见第九章第十

五节 "搴"。

《上海博物馆藏战国楚竹书（二）·子羔》："句（后）稷之母，又（有）邰氏之女也，游于串咎之内，冬（终）见芙孜而荐之。"黄灵庚先生认为"孜"即"搴"字，义为"取也"，我们同意他的说法。

《说文·手部》："攓，拔取也，南楚语。从手，寒声。楚词曰：'朝攓批之木兰兮'。"段玉裁《说文解字注》："《庄子·至乐》'攓蓬而取之'司马注曰：'攓，拔也。'《方言》曰'攓，取也。南楚曰攓'，又曰'楚谓之攓'。"戴震《方言疏证》："攓，《说文》作'攓'。"两字音近义通，应为楚方言。

《玉篇》："'攓'同'搴'，出《说文》。"又："搴，居辇切。取也。"《广韵》："搴，取也。"《广雅·释诂》："搴，拔也。"《广雅疏证》："《尔雅》：'芼，搴也。'樊光注云：'搴，犹拔也。'"又"《庄子·至乐篇》：'攓蓬而指之。'司属彪、尹知章注并云：'拔也。'搴、攓、寋、擥古通用。""攓""攓""搴"三个字形其实应为同一字。严学宭先生在《论楚族与楚语》一文中也提到"攓、搴与攓并一字"。"攓"为楚方言，或作"攓""搴"，释为"拔取"。

在传世文献中，《楚辞·离骚》："朝搴陁之木兰兮。"王逸注："搴，取也。"洪兴祖《楚辞补注》曰："《说文》：'攓，拔取也，南楚语。'引'朝搴陁之木兰'。"《楚辞·九歌·湘君》："采薜荔兮水中，搴芙蓉兮木末。"注："搴，手取也。"《慧琳音义》卷八十七："攓芙蓉：《方言》：'南楚谓取曰攓。'《苍颉篇》：'拔取也。'亦作攓，论作寋，亦通俗字。"《庄子·至乐篇》："列子行，食于道，从见百岁髑髅，攓蓬而指之曰。"（《列子·天瑞》同）

（二）䦱

"䦱"为楚方言，释为"窃视"，具体说来应为"从门户中向外窥视"。

马王堆汉墓帛书《老子》甲本："不出于户，以知天下；不规（窥）于牖，以知天道。"马王堆汉墓帛书整理小组则校订《老子》乙本为"窥"。"窥"应为楚方言"䦱"。

扬雄《方言》卷十："凡相窃视，南楚谓之䦱。"戴震《方言疏证》

曰："班固《西都赋》'鱼窥渊'，李善注引《方言》：'窥，视也。''窥'即'闚'。"《玉篇》："闚，相视也，与窥同。"《慧琳音义》卷二十七曰："窥看：《字林》：'小视也。'《方言》：'凡相窃视甫视，楚谓之窥。'又作闚，同。"《集韵》曰："窥，通作闚。""闚"或作"窥"。在《淮南子》中，"窥"字被使用了10次，"闚"字被使用了5次。

《说文·门部》："闚，闪也，从门规声。"段玉裁《说文解字注》："闚，闪也，此与窥别义，窥，小视也。"《说文·穴部》曰："窥，小视也，从穴规声。"《说文·门部》："闪，窥头门中也，从人在门中。"根据许慎释"闚"为"闪"，"闚"表"从门户中向外窃视"。《康熙字典》曰："《易·观卦》：'闚观，利女贞。'《注》：所见者狭，故曰闚观。《疏》：闚窃而观也。"又"《丰卦》：'闚其户。'《疏》：闚视其户也"。而"窥"是"从穴规声"。"窥"应为"从洞穴中向外窥视"。

《韩非子·喻老篇》中也作"闚"，陈鼓应、马叙伦、朱谦之等人都校作"闚"。李水海认为帛书《老子》应作"闚"；乙本作"規"之同音假借。蒋锡昌曰："闚，《释文》作'窥'，当据改。"又"王注：'故不出户闚牖而可以也'；七十章王注：'可不出户闚牖三知'"。刘师培《老子斠补》："《韩非子·喻老篇》引作'不出于户，可以知天下；不闚于牖，可以知天道'；当为《老子》古本，今本经后人删改。"因为"闚"可作"窥"，"不闚于牖"的"牖"为"窗户"，所以应为楚方言"闚"。

（三）詑谩

"詑谩"为楚方言，"詑"或作"訑"，或作"他"，释为"欺诈"。

《张家山汉墓竹简·二年律令·贼律》："诸上书及有言也而谩，完为城旦舂。其误不审，罚金四两。"整理小组注："谩，故意欺诳。"詑省作"也"。

《张家山汉墓竹简·奏谳书》："以上功詑（訑）其上，有白徒罪二。"整理小组注："訑，《广雅·释诂》：'欺也'。"

《张家山汉墓竹简·奏谳书》："信恐其告信，信即与苍谋，令贼杀武，以此不穷治甲之它（訑）。""訑"省作"它"。整理小组注："訑，字亦作'詑'、'他'，《广雅·释诂二》：'他，欺也。'"

扬雄《方言》卷十:"眠娗、脉蜴、赐施、茭媞、譠谩、憴忚,皆欺谩之语也。楚郢以南东扬之郊通语也。"由此,我们可以知道"譠谩""憴忚"皆为楚方言,义为"欺谩之语"。《玉篇》:"憴忚,欺谩之语。"《广雅》:"憴忚,欺谩也。"《广韵》同。

周祖谟《方言校笺》:"詑谩亦曰诞谩、譠谩。《史记·龟策列传》云:'人或忠信而不如诞谩。'本书卷十云:'譠谩、憴忚,皆欺谩之语。'诞谩、譠谩,与詑谩音近义通。惟连绵词上下二文间或倒置,'詑谩'古人亦有'谩詑'者,如《急就篇》云:'谩詑首匿愁勿聊。'《说文》'逸'下云:'免谩詑善逃也。'并是其例。"由此,"譠谩"又可作"詑谩"。

钱绎《方言笺疏》:"'忚'与'忚'、'慢'与'谩'并同。单言之则曰'憴'、曰'忚'。《广雅》又云:'憴,欺也。'忚'通作'詑'。《说文》云:'沇州(人)谓欺为詑。'《众经音义》卷八引《纂文》云:'兖州人以相欺人为詑人。''詑'即'詑'之俗字。《广雅》又云:'诞,詑也。''诞'与'娗'同。《燕策》云:'寡人甚不喜詑者言也。''詑'、'詑'并与'忚'同。"根据钱绎的说法,"詑"、"詑"与"忚"同,那么"詑谩"又可作"詑谩"。由上,"詑谩"可作"詑谩","詑谩"亦曰"譠谩",所以"詑谩"也应为楚方言。

《楚辞·九章·惜往日》:"或忠信而死节兮,或詑谩而不疑。"王逸注:"张仪诈欺,不能诛也。"洪兴祖补注曰:"詑、谩,皆欺也。"《说文》"詑"作"詑",《说文·言部》:"沇州谓欺曰詑。"沇州为河南省济源县,原属楚地。《说文·言部》:"谩,欺也。"《玉篇》:"《楚辞》'或詑谩而不疑'。野王案:《说文》:'兖州谓欺曰詑。'"《战国策·燕策一》:"寡人甚不喜詑者言也。"鲍彪注:"沇州谓'欺'曰詑。"由此可知,"詑谩"应释为"欺诈"。《西京杂记》卷四:"(古生)善詑谩。"

(四)蹠

"蹠"为楚方言词,释为"跳、跳跃"。

《张家山汉墓竹简》:"左足踱壁。"整理小组注:"踱读为蹠"。

《曾侯乙墓简册·甲胄》:"迈迁子(狞)爲左馭蹠。"《包山2号墓简册·卜筮祷祠记录》:"周客監臣迈楚之戬(岁)享月乙卯之日。"又:

· 192 ·

第五章 楚方言词与楚地简帛

敲言市既以迈郢。"《上海博物馆藏战国楚竹书（六）·平王与王子木》："吾先君臧（庄）王迈河淮之行。"《天星观楚墓竹简》："迈楚之岁。"黄灵庚先生认为，迈同蹠，释为"行也"。

《方言》卷一："踏、蹈、跳，跳也。楚曰踋。陈、郑之间曰蹈，楚曰跖。"郭璞注："踋，敕厉反，亦中州语……曰蹠。"《说文·足部》："蹠，楚人谓跳跃曰蹠。从足，庶声。""蹠"为楚方言词。

此外，"蹠"还有"践踏、足（脚掌）、至（到）"义。

《楚辞·九章·哀郢》："心婵媛而伤怀兮，眇不知其所蹠。"王逸注："蹠，践也。""蹠"训"践"。《淮南子·修务篇》："蹠沙石，蹠达膝。"高诱注："蹠，足。"《战国策·楚策》："上峥山，踰深溪，蹠穿膝暴。"鲍彪注："蹠，足下。"《汉书·贾谊传》："又苦蹠盭。"颜师古注："足下曰蹠，今所呼脚掌是也。"《淮南子·缪称篇》："故人之甘甘，非正为蹠也，而蹠焉往。"高诱注："言蹠乃往至也。"《淮南子·原道篇》："自无蹠有，自有蹠无。"高诱注："蹠，适也。""适"表"到"。《淮南子·主术篇》："明分以示之，则蹠、蹻之奸止矣。"高诱注："盗蹠，孔子时人。蹻，庄蹻，楚威王之将军，能大为盗也。"《吕氏春秋·异用篇》："蹠与企足得饴以开闭取举足高行也。"《说文·足部》："蹻，举足高行也。"

《玉篇》："蹠，之石切。《说文》曰：'足下也。'蹠同'跖'。又楚人谓跳曰蹠。"《广韵》："蹠，足、履、践也。楚人谓跳跃曰蹠。"《说文字通》："蹠，《玉篇》通跖。《战国策》'蹠穿膝暴'，注：'蹠，足下也。'"《汉书·扬雄传》："秦神下詟，跖魂负沴。"王先谦曰："跖与蹠同字。《说文》：'楚人谓跳跃曰蹠。'言秦神詟惧其灵魂跳跃远避而负倚坻岸也。"《说文解字注》："蹠，今所谓脚掌也，蹠或借跖为之。"

蹠、跖的上古音皆属铎部，中古音"之石切"。二者应为通假字，因此，"蹠"拥有了"跳、跳跃；践踏、足"等多个义项。

（五）熬

"熬"为楚方言，释为"火干"，这里的"火干"指"用火煎干"。

《包山2号墓简册·遣册赗书》："爔（熬）鸡一笾，庶（炙）鸡一笾，爔（熬）鱼，栗二笾。"整理小组校订"爔"为"熬"，并引《方言》说

193

明。刘信芳学者指出："爓，从火嚣声，读为'熬'，简文凡职官名'嚣'文献皆作'敖'。"在出土文献中，《兮熬壶铭》有"熬"字，可能是目前最早见于"熬"字的地方。"敖"作"嚣"，在楚地出土的文献中比较常见，例如"连敖"为"连嚣"，"莫敖"为"莫嚣"。所以，我们认为刘氏的说法可信。

扬雄《方言》卷七："熬，……火干也。凡以火而干五谷之类，自山而东、齐楚以往谓之熬。"由此，我们可以肯定"熬"为楚方言，义为"火干"。戴震《方言疏证》："'熬'亦作'䵅'，……《广雅》：'䵅、煎、……，干也。'"王念孙《疏证》："《内则》云：'煎醢加于陆稻上，沃之以膏，曰淳熬。'"《说文·火部》："熬，干煎也，从火敖声。"段玉裁注《说文》引《方言》证之。《礼记·丧服大记》："熬，君四种八筐；大夫三种六筐；士二种四筐，加鱼腊焉。"郑玄注曰："熬者，煎谷也。"孔颖达疏曰："熬者，谓火熬其谷使香；欲使蚍蜉闻其香气，食谷不侵尸也。"由此，作为楚方言的"熬"，应是"用火煎干"。我们现在说"熬"，常用"熬粥""熬汤"等，是将食物加上水之后煮，与楚方言"熬"相比，方式方法不同。楚简中的"熬鸡""熬鱼"，应是用火煎干的鸡和鱼，这也进一步证明了"熬"为楚方言。

二　心理：离
离

"离"为楚方言，释为"忧也"，"离骚"亦为楚语。

马王堆汉墓帛书《老子》乙本："戴营袙（魄）抱一，能毋离乎？"马王堆汉墓帛书《老子》乙本作"离"。而在马王堆汉墓帛书《老子》甲本中，"能毋离乎"之"离"缺失，马王堆汉墓帛书整理小组校定为"离"。其他各本都作"离"。

马王堆汉墓帛书《老子》乙本："知其雄，守其雌，为天下鸡（溪）。为天下鸡（溪），恒德不离。恒德不离，复归于婴儿。"马王堆汉墓帛书《老子》乙本作"离"。而在马王堆汉墓帛书《老子》甲本中，"常德不离"之"离"作"雞"，马王堆汉墓帛书整理小组则校定为"离"。其他各本

第五章 楚方言词与楚地简帛

都作"离"。许抗生曰:"甲本作'恒德不鸡',乙本作'恒德不离'。'鸡'为'离'之误。今从乙本。"张松如曰:"帛书甲本作:'知其雄,守其雌,为天下雞。为天下雞,常德不雞,复归于婴儿。'前两'雞'字显为'谿'之讹;后两'雞'字,显为'离'字之讹。"

先谈谈"离"。朱季海在《楚辞解诂·离骚第一》中指出:"《九章·惜颂》:'纷逢尤以离谤兮。'以逢、离对举,知二者于楚俗为代语。"由此,我们可以知道,"离"为楚方言,还为"代语"。扬雄《方言》卷十:"皆南楚江湘之间代语也。"郭璞注云:"凡以异语相易谓之代。"《诗·王风·兔爰》:"逢此百罹。"《经典释文》卷五曰:"罹,本又作'离',力知反,忧也。"《尔雅·释诂》云:"罹,忧也。"由此,"离"应训为"忧"。在《楚辞》中,也多次出现了"离"字,如:《楚辞·九歌·山鬼》:"风飒飒兮木萧萧,思公子兮徒离忧。"王逸注:"离,罹也。"《楚辞·九叹》:"哀仆夫之坎毒兮,屡离忧而逢患。"《楚辞·七谏》:"离忧患而乃寤兮,若纵火于秋蓬。"《楚辞·九章·怀沙》:"郁结纡轸兮,离愍而长鞠。"又"离愍而不迁兮,愿志之有象"。《招魂》:"上无所考此盛德兮,长离殃而愁苦。"

再谈谈"离骚"。《离骚》是屈原所作的楚辞体作品,在中国古代文学史上,《离骚》当是纵横古今的一朵奇葩,对后世文学产生了巨大影响。清代刘声木在《苌楚斋随笔》卷九中指出:"'离骚'二字,当是楚人方言,屈原遂用之以明书。其意取楚人通晓,志不在行远,无事钩辀棘刺,令人难测,此真三代命书名之意。"又"声木谨案:《楚语》伍举曰'则迩者骚离而远者距违'。注谓'骚,愁也。离,畔也。'云云。当时伍举告楚灵王语,其用楚方言无疑"。项安世《向氏家说》曰:"《楚语》伍举曰:'德义不行,则迩者骚离,而远者距违。'韦昭注曰:'骚,愁也。离,畔也。'盖楚人之语,自古如此。屈原《离骚》,必是以离畔为愁而赋之。"王应麟《困学纪闻》曰:"伍举所谓骚离,屈平所谓离骚,皆楚言也。扬雄为《畔牢愁》,与《楚语》合。"由此,我们可以肯定地说"离骚"二字皆为楚方言。

帛书《老子》"戴营魄抱一,能毋离乎?"一句中的"离"字,应为楚方言。根据老子的主张，只有形神统一才能符合"无为"的境界，由此，形神不能统一，就会使人忧愁，所以老子说：戴营魄抱一，能毋离乎？即：形神统一之举，能使人不忧愁不担心吗？根据文意，也能推断"离"为楚方言。帛书《老子》"恒德不离"中的"离"字，亦为楚方言，训为忧也。老子主张"柔弱、退守"，"恒德不离"，义为"大德不忧"，这正是老子守雌尚下思想的体现。

三 关系：肖

肖

"肖"为楚方言，或作"宵"，或作"俏"，释为"相似"。

《马王堆汉墓帛书·老子乙本·德经》："天下皆胃（谓）我大，大而不宵（肖），夫唯不宵（肖），故能大。若宵（肖），久矣细也夫。"在马王堆汉墓帛书《老子甲本》中，"大而不肖"句中的"肖"缺失，乙本作"宵"，马王堆汉墓帛书整理小组校订"宵"为"肖"。王弼、河上公、傅奕、司马光等诸本都为"肖"。汉语大词典释"宵"时也提到"宵通肖"，并引帛书乙本《老子》上文。

先谈"肖"字。扬雄《方言》七云："肖，类也。齐曰'类'，西楚、梁、益之间曰'肖'。……西南梁益之间，凡言相类者，亦谓之'肖'。"郭璞注云："肖者，似也。"《玉篇》云："肖，似也，法也，像也。"《小尔雅·广训》："不肖，不似也。"《广雅·释诂一》云："肖，类，灋也。"戴震云："灋，古法字。"《法言·学行篇》云："螟蠕之子殪，逢蜾蠃祝之曰：类我，类我久，则肖之矣。速哉，七十之肖仲尼也。"由此，我们可以肯定的是"肖"为楚方言，义为"相似"。

另《列子·力命》："佹佹成者，俏成也，初非成也；佹佹败者，俏败者也，初非败也；故迷生于俏。"张湛注："俏音肖。俏，似也。"《说文·肉部》："肖，骨肉相似也，……不似其先，故曰不肖也。"钱绎《方言笺疏》："'肖'，通作'宵'、'俏'。《汉书·刑法志》：'夫人宵天地之豸页'，应劭注：'宵，类也'。……'宵'、'俏'，并与'肖'同。"段玉裁在《说文解字注》中也提到，"肖"，《汉书·刑法志》假"宵"，

《列子》假"俏"。《汉语大词典》释"肖"时也提到"肖"为"俏的被通假字",亦为"宵的被通假字"。由此,我们可以知道,作为楚方言的"肖",或作"宵",或作"俏"。

再谈帛书《老子》本中的"肖"字。我们认为帛书《老子》中"宵"应为"肖"。上文我们已提到,"肖"或作"宵";另外根据文意理解,也应为"肖"。《老子》一文中的"不肖",即为"不相似"。在我们考证的"天下皆胃(谓)我大,大而不宵(肖)"这一句中,老子谈的是"道",王弼作"天下皆谓我道大,似不肖",而帛书中"道"自谓为"我",是将"道"拟人化。在《老子》第十四章中提到"道"为"无状之状,无物之象"。由此,我们知道作为世界本原或宇宙本体的"道"是没有形状的,它也不能同其他任何事物相似。而作为楚方言的"肖",有"相似"之意,"不肖"即为"不相似",切合《老子》一文的本义。另外,老子为楚国人,《老子》一书也多用楚方言,所以也进一步证明应为楚方言"肖"。

第三节　形容词

一　形状：抟

抟

《楚辞·九章·橘颂》:"曾枝剡棘,圆果抟兮。"王逸注曰:"抟,圆也。楚人名圜为抟。言桔枝重累,又有利棘……其实圆抟……"洪兴祖补注曰:"《说文》云:'抟,圜也。'"

《马王堆汉墓帛书·老子乙本》:"槫(搏)气至柔,能婴儿乎?"整理小组则校定为"抟"。马王堆汉墓帛书整理小组将《老子甲本释文》缺损的"抟"字校订为"抟"。马王堆汉墓《相马经》:"长必抟(抟),短必方。""抟"为楚方言,释为"圜"。

《说文·手部》:"抟,圜也。从手,专声。"《玉篇》曰:"《周礼》

'矢人凡相笴欲生而抟',抟谓圜也。"《广韵》曰:"抟,《说文》曰'圜也',《礼》云'无抟饭'。"段玉裁《说文解字注》:"抟,以手圜之也。各本作圜也,语不完,今依《韵会》所据补。以手圜之者,此篆文之本义,如《礼经》云'抟黍',《曲礼》云'抟饭'是也。又'因而凡物之圜者曰抟'。如《考工记》'抟以行石'、'抟身而鸿'、'相笴欲生而抟是也'。俗字作'团'。"《古楚方言同源词"圆"》:"抟是一种球状的圆,也指以手捏之成团。"

楚方言词"抟"在先秦时期已进入通语。《周礼·考工记·矢人》:"凡相笴,欲生而抟。"郑玄注:"抟,圜也。"《吕氏春秋·审时》:"得时之黍,芒茎而徼下,穗芒以长,抟米而薄糠。"俞樾《诸子平议·吕氏春秋》:"抟之言圜也……'抟米而薄糠',与上文'其粟圆而薄糠'文义正同。"许维遹集释:"俞说是,凡圆形物本书多谓之'抟'。"《庄子·逍遥游》:"鹏之徙于南冥也,水击三千里,抟扶摇而上者九万里,去以六月息者也。"郭庆藩:"《文选》江文通《杂体诗》注引司马云:'抟,圜也。扶摇,上行风也。圜飞而上行者若扶摇也。'《说文》'抟,以手圜之也'。""抟"为"圜"义。

在现代汉语方言区仍有"抟"的用法。湖南长沙、安乡方言称圆桌为"[tɔn]^{13}桌",称鳖为"[tɔn]^{13}鱼",江西临川方言称笪笠为"箕[tɔn]"。这些词的发音与"抟"的上古音非常相似,我们推测这应为"抟"字的遗存。

二 性质:爽

爽

"爽"为楚方言词,表"败"义。

《楚辞·招魂》:"露鸡臛蠵,厉而不爽些。"王逸注曰:"厉,烈也;爽,败也。楚人谓羹败曰'爽'。……其味清烈不败也。"洪兴祖补注:"爽,音霜,协韵。《老子》:'五味令人口爽。'"《广雅·释诂》:"爽,败也。"易顺鼎云:"《群经音义》卷二、卷十皆云'爽,败也。楚人羹败名曰爽。'……则爽者,伤败之名,古人有此语也。"郭沫若在《屈原研究》中："也足以证明'爽'为楚国方言。"

《吕氏春秋·本生篇》高诱注引《老子》作"五味实口，使口爽伤"。《庄子·天地篇》："五味乱口，使之伤爽。"《列子·仲尼篇》："耳将聋者，先闻蚋飞；口将爽者，先辨淄渑。"张湛注曰："爽，差也。"《文选·七发》李善注引《老子》："五味实口，爽伤。"《文选·七命》："耽口爽之馔，甘腊毒之味。"《南都赋》："其甘不爽，醉而不醒。"

《马王堆汉墓帛书·老子乙本》："五色使人目盲，驰骋田猎使人心发狂，难得之货使人之行仿，五味使人之口爽，五音使人之耳囗。"马王堆汉墓帛书《老子》甲本中"爽"作"𠷎"，马王堆汉墓帛书整理小组校为"爽"。张舜徽《老子疏证》中提到"𠷎"为"爽"的异体字。

《老子》中"爽"的释义有几种说法：河上公注曰："爽，亡也。"陈鼓应曰："'爽'引申为'亡'。"这里的"爽"有"亡"义。奚侗曰："'爽'乃'丧'之借字，由丧亡谊引申为败为伤。"于省吾曰："'爽''丧'二字，音义古并用。"朱骏声曰："爽，叚借为丧。"这里的"爽"有"丧"义。王弼曰："爽，差失也；失口之用，故谓之爽。"陆德明曰："爽，差也。"蒋锡昌："古人以爽为口病，盖犹今人所谓味觉差失也。"这里的"爽"有"差失"义。高亨曰："《广雅·释诂》：'爽，伤也'。"这里的"爽"有"伤"义。

《老子》为楚方言文献，"亡""差失""丧""伤"不是楚方言义。《老子》："五味之人之口爽"中的"爽"应解释为"败坏"。"五味"指"丰美的饮食"，类似于魏源在《老子本义》中提出的生活哲理："视久则眩，听繁则惑，尝多则厌。"

三 状貌：踦

踦

扬雄《方言》卷二："倚、踦。奇也。自关而西秦晋之间凡全物不具谓之倚，梁楚之间谓之踦，雍梁之西郊凡兽支体不具者谓之踦。"由此，我们可以明确地知道，"踦"为楚方言，训为"全物而体不具"。《山海经·海外西经》："奇肱之国，其人一臂三目。"《山海经》大荒西经："有人曰吴回,奇左,是无右臂。"

　　《曾侯乙墓简册·乘马》:"长肠人与杙人之马,丽,﨑(踦)马。"整理者注:《方言》卷二:"凡全物而体不具,梁楚之间谓之踦;雍梁之西郊,凡兽不全者谓踦。"疑简文之"踦马"之"踦"即用此义。踦马,《尔雅·释兽》:"左白,踦。"注:"左前脚白。"

　　《说文·足部》:"踦,一足也。"段玉裁《说文解字注》曰:"引申之凡物单曰踦。"段注并引《方言》。《管子·侈靡》:"其狱一踦腓、一踦屦而当死刑。"房玄龄注:"诸侯犯罪者,今着一只履以耻之,可以当死刑。"赵守正注:"腓,读为扉,亦作菲,草鞋。草鞋与常屦有别。一踦腓一踦屦,即一脚着草鞋,另一脚则穿常屦。以此当作死罪,言古代刑罚宽简。"王念孙《读书杂志》引王引之:"腓读为扉,乃草履之名……一踦扉、一踦屦,谓足着一只履、一只草履,明罪人之履异于常人也。"戴震《方言疏证》:"《鲁语》:'踦跂毕行,无有处人。'韦昭注云:'踦跂,跰蹇也。'《春秋》僖公三十三年《公羊传》:'匹马双轮无反者。'何休注云:'只,踦也。'"

　　寂　㝬,安,静也。江湘九嶷之郊谓之㝬。(《方言》卷十)《老子》四十六:"忽兮其若海,㝬兮若无所指。"想尔本作"㝬",御注、英伦等本作"寂"。四十七:"有物混成,先天地生。寂兮寥兮,独立不改。"王弼注:"寂者无音声;寥者空无形。""寂",帛书《老子》甲本作"繡"(绣),马王堆汉墓帛书整理小组校订此为"寂"字;乙本作"萧",亦校订为"寂"字。《楚辞·远游》:"野㝬漠兮其无人。"《庄子·大宗师》:"其容㝬。"《经典释文》:"本亦作寂,崔本作家。"《楚辞·大招》:"汤谷寂寥只。"《九辩》:"蝉寂寞而无声。"《楚辞·九歌·惜贤》:"声嗷嗷以寂寥兮。"宋玉《九辩》:"燕翩翩其辞归兮,蝉㝬漠而无声。"王逸注:"寂寥,空无人民之谓也。"《易·系辞》上:"寂然不动。"刘向《九叹·忧苦》:"忧空虚以寂寞。"南北朝江淹一作"寂历"。《杂体》诗:"寂历百草晦,欻吸鹍鸡悲。"一作"寂寞"。《别赋》:"造分手而衔涕,感寂寞而伤神。"

第四节 虚词

一 副词：屯

屯

"屯"为楚方言，为总括副词，释为"全，全都是"。

我们统计了"屯"字在楚地出土简帛文献中出现的次数，如下：

表 5-8

楚地出土简帛文献名称	次数
《曾侯乙墓简册》遣册简	100
《长台关 1 号墓简册》遣册简	17
《包山 2 号墓简册》法律简	1
《上海博物馆藏战国楚竹书》典籍	5
《葛陵 1 号墓简册》祭祷简	12

由上，我们知道在《曾侯乙墓简册》遣册简中，"屯"出现了 100 次，例如：《曾侯乙墓简册·入车》："二戈，屯一翼之翿。"

在《长台关 1 号墓简册》遣册简中，"屯"出现了 17 次，例如《长台关 1 号墓简册·遣册》："一让缶、一汤鼎，屯又（有）盍（蓋）。"

在《包山 2 号墓简册》法律简中，"屯"出现了 1 次，为《包山 2 号墓简册·文书》："屯二儋之飤、金鉘二鉘。"

在《上海博物馆藏战国楚竹书》典籍中，"屯"出现了 5 次，例如：《上海博物馆藏战国楚竹书·天子建州》："故亡礼大废，亡义大孽。刑，屯用情，邦亡；屯用物，邦亡。"

在《葛陵 1 号墓简册》祭祷简中，"屯"出现了 12 次，例如：《葛陵 1 号墓简册·卜筮祭祷》："囗敓（就）祷三楚先屯一牂。"

另外，"屯"在鄂君启节中还出现了 3 次，车节："如马，如牛，如犆，屯十以当车；如担徒，屯二十担以当一车。"舟节："屯三舟为一舿。"

由上，我们可以看出"屯"在楚地简帛中主要分布于遣册简。

在《信阳楚简屯字释义》一文中，朱德熙、裘锡圭先生曾指出在简文中，"屯"字出现的频率非常高；另外从语法位置看，"屯"字后面都是先列举出若干器物的名称，说明器物的数量，然后说"屯如何如何"，由于"屯"字有 8 次出现在"又（有）"前，而"简文在同样语法位置上出现的还有一个'皆'字"，所以朱德熙、裘锡圭先生认为"屯"应解读作"皆"，且"屯"字为一个总括副词。我们认为，朱德熙、裘锡圭先生这种说法是很对的，"屯"字解作"皆"，在曾侯乙墓竹简、包山楚简和鄂君启节中也是如此。①

《说文·中部》："屯，难也。"我们认为这并不是"屯"的本义，在甲骨文中，"屯"为量词，用来指肩胛骨的一对。如朱德熙先生在《朱德熙古文字论集》178 页中所说："殷人称卜骨或背甲一对为'一屯（纯）'。"一般认为，"纯"的本义指"丝"，引申为"皆"。《墨子·节用上》："若纯三年而字子，生可以二三年矣。"孙诒让间诂："《周礼·玉人》注：'纯犹皆也。'"而"屯""纯"通用，所以"屯"也可指"皆"。

"屯"作为"皆"，在传世文献中也有用例，例如《韩非子·外储说右下》："訾其里正与伍老屯二甲。"这里"屯"就解释为"皆"。另外，"屯"有时写作"纯"，例如：《周礼·考工记·玉人》："诸侯纯九，大夫纯五。"郑玄注："纯犹皆也。"再如：《墨子·节用上》："若纯三年而字子，生可以二三年矣。"孙诒让间诂："《周礼·玉人》注：'纯犹皆也。'"另外"屯"或写作"淳"，如《左传·襄公十一年》"广车軘车淳十五乘"。这里的"淳"字，朱德熙、裘锡圭先生认为应读为"纯"，释为"皆"。"屯"还讹作为"毛"，在《山海经》中，"毛"字常出现在讲祭祀诸神所用祭品之时，据我们统计，讹作"毛"的"屯"字在《山海经》中出现了16次，都是采用的"毛用+祭品"的格式。例如：《南山经》："其神状皆鸟身而龙首，其祠之礼，毛用一璋玉瘗，糈用稌米，一璧，稻米、白菅为席。"郭璞注曰："言择牲取其毛色也。"袁珂案："毛谓祀

---

① 朱德熙、裘锡圭：《战国文字研究（六种）》，《考古学报》1972 年第 1 期。

神所用毛物也，猪鸡犬羊等均属之……郭注不确，诸家亦竟无释。"朱德熙先生对此赞同李家浩先生的意见，认为"毛"是"屯"字的讹误，并指出"这一点可以从《山海经》本文中得到证实"。又"因为在同样的语法位置上，有时出现'毛'字，有时却出现'皆'字，跟信阳楚简的情形相同"。朱德熙先生认为"如果把上边引文的'毛'字看成'屯'的讹字，有关文字就全读通了"，他还采用实例对此进行了证明，"战国秦汉时期，'屯''毛'两个字形体相似，常常混淆"。[①]

值得我们注意的是，在其他战国出土文献中尚未发现的"屯"，而其在楚地出土文献中大量出现，因此杨泽生（2004）先生怀疑"屯"是带有楚地色彩的一个词。谭步云先生（1998）也指出"屯字'全都、全都是'的义项，却是典籍无载，当属独创的方言词义"。我们同意两位学者的说法，即"屯"为楚方言词。在《山海经》中，作为总括副词的"屯"大量讹作"毛"，也证明了"屯"为楚方言词。尽管《山海经》不是由一人写成的，也并非成于一时，但袁珂先生曾考证，《山海经》的作者是楚国和楚地人，其著作的时代是从战国中期到汉代初年，而其著作的地方为战国时代的楚国和汉代初年的楚地。我们也可以说，在楚地出土文献中大量出现的楚方言词"屯"，也反过来从语言上证明了《山海经》是楚地楚人所作。

二 语气词：兮

"兮"为楚方言词，用作句中或句末语气词，表示停顿或感叹。

我们对先秦主要文献中"兮"字出现的次数进行了统计：《楚辞》780次；《诗经》327次；《荀子》25次；《礼记》11次；《国语》9次；《论语》5次；《孟子》4次；《左传》4次；《吕氏春秋》3次；《庄子》2次；《韩非子》2次。

《郭店楚墓竹简·老子》、马王堆汉墓帛书《老子》甲本"兮"皆作"可"。《郭店·老子丙》："淡可（兮）其无味也。视之不足见，听之不足闻，而不可既也。"

[①] 朱德熙：《朱德熙古文字论集》，商务印书馆1999年版，第176页。

《上海博物馆藏战国楚竹书》有楚辞佚篇《李颂》《兰赋》《有皇者起》《鶹鷉》等，句末语止词皆为"可"。《李颂》第一简："相虡（吾）官桓（树），桐廈（且）息（怡）可（兮）。"《兰赋》第二简："缓才（哉）菜（蘭）可（兮）。"《有皇者起》第一简："又（有）皇牁（将）记（起）含可（兮）。"《鶹鷉》第一简："子遗余蠻（鶹）栗（鷉）含可（兮）。"

《上海博物馆藏战国楚竹书·孔子诗论》："鳲鸠曰：'其仪一氏（兮），心如结也。吾信之。'"这里的"兮"用于句中表示感叹，舒缓语气。李学勤（2002，2004）认为《诗经·曹风·鳲鸠》："淑人君子，其仪一兮。其仪一兮，心如结兮。"有指出马王堆帛书引《诗》中的"兮"皆作"氏"。周凤五（2002）认为"氏"作"兮"。何琳仪（2002）认为"氏"为"只"，而且指出"'只'与'兮'均为语气叹词，在《诗经》、《楚辞》中习见"。于莉（2004）认为"氏"是假借"兮"字。我们认为"氏"为"兮"，应从李、周之说。

由先秦时期，"兮"字的使用和分布广泛，主要集中在《诗经》和《楚辞》中。《文心雕龙·章句》："《诗》人以'兮'字入于句限；《楚辞》用之，字出于句外。"指出了"兮"字用法的不同。陈士林先生（2002）曾经推想《楚辞》中用"兮"为主，可能是因为楚声南音与巫风、神曲的相结合。

严学宭先生《论楚族与楚语》认为"兮"为楚语："兮，音同侯字，句中、句末语气词。"例如《楚辞·离骚》："帝高阳之苗裔兮，朕皇考曰伯庸。"又如《楚辞·九歌·云中君》："浴兰汤兮沐芳，华采衣兮若英。"《古书虚字集释》卷四指出："'兮'犹'也'也。""兮"古读为"阿"音。清代学者孔广森《诗声类》曰："兮，《唐韵》在十二《齐》，古音未有确证。然《秦誓》'断断猗'，《大学》引作'断断兮'。似兮、猗音义相同。猗，古读阿，则兮字亦当读阿。曾考《诗》例，助字在韵句下者必相谐。如《墓门》之、止同用，《北门》之、哉通用，《采菽》之、矣同用，皆之、哈部字也。兮字则《旄丘》、《君子偕老》、《氓》、《遵大路》皆与'也'同用。今读兮为阿，于'也'声正相类。"

《诗·伐檀》："河水清且涟猗。"汉石经作"猗"为"兮"。猗，《集

第五章　楚方言词与楚地简帛

韵》："倚可切。"由此可以证明"兮"字古音为"阿"。黄灵庚先生在《楚辞与简帛文献》中认为"兮"简帛皆作"可"，古"呵"字，"兮，为语止之词，以行于楚，汉人谓之'楚词'，则因用'兮'也"。郭沫若先生认为"兮"字应读"呵"。

第六章 古楚官职名称考释

第一节 楚官职中的"尹类"

自商周时期起，楚国已开始广泛设立和沿用"尹类"官职，且经过观察比较我们发现，"尹类"官职为古楚官职名称中的一类特例，它由古楚国独创，曾几何时是古楚国独有的官职名称，后被其属国和其他国家模仿使用。尹，西汉许慎《说文解字》有云："治也。"清段玉裁《说文解字注》云："治也。伊下曰。尹治天下。"《广韵》曰："正也，进也，诚也。"《尚书·皋陶谟》："庶尹允谐。"郑玄注："尹，正也。"正，《尔雅·释诂》云："正，长也。"《郭注》："谓官长。"杜注："五正，五官之长。"《尚书·顾命》："成王将崩，命召公、毕公率诸侯相康王，作《顾命》。惟四月，哉生魄，王不怿。甲子，王乃洮□水。相被冕服，凭玉几。乃同，召太保奭、芮伯、彤伯、毕公、卫侯、毛公、师氏、虎臣、百尹、御事。"其中"百尹、御事"孙星衍释为："众正之官主事者。"故可知，尹即为正、长之义。在官职之中运用此字，表示该领域的最高执行者。下文将系统地从"尹类"官职的分类及其职掌进行分析和研究。

一 "尹类"官职分类

据出土文献和传世文献归类整理，楚国"尹类"官职有68个。其中大致可以分为两大类：尹前加职掌者，尹前加特殊限定者。

第六章 古楚官职名称考释

（一）尹前加职掌

表 6-1

名称	职掌	出处	备注
工尹	掌百工之官，兼神职	《左传·文公十年》："王使为工尹。"杜预注："掌百工之官。"	也写作"攻尹"
宫厩尹、中厩尹、监马尹	管理马匹的官员	《左传·襄公十五年》："楚公子午为令尹，公子罢戎为右尹，蒍子冯为大司马，屈到为莫敖，公子追舒为箴尹，屈荡为连尹，养由基为宫厩尹，以靖国人。"	
连尹	主车之官	《左传·成公二年》："王以予连尹襄老。襄老死于邲。不获其尸。其子黑要烝焉。"	
玉尹	掌管治玉的首席官员	《新序·杂序》："荆人卞和得玉璞而献之荆厉王，使玉尹相之曰：石也。"	
乐尹	负责宫廷乐队的首席官员	《左传·定公二十三年》："钟建负我矣。以妻钟建。以为乐尹。"	
卜尹	掌管卜事的长官	《左传·昭公十三年》："对曰：臣之先佐开卜。乃使为卜尹。"	
龟尹	掌管卜事的长官	龟尹知王之炙于日而病，盖仪愈天（上博简1、2）	
寝尹	管理寝庙的官员，为神职官员	《左传·哀公十三年》："王曰：'寝尹、工尹、勤先君者也。'"	
箴尹	掌管谏议的官员	《左传·哀公十六年》："胄而进。遇箴尹固。帅其属将与白公。"	
环列之尹	负责王宫外围卫队的首席官员	《左传·文公元年》："穆王立。以其为大子之室与潘崇。使为大师。且掌环列之尹。"	
代易厩尹		十月辛未之日不行代易厩尹之人（包山简261）	诸厩之主管者皆为某厩尹
陂尹	管理陂泽或水利工程的职官	鄝连嚣景、攻尹赗、波尹宜为鄝贷邯异之黄金七益以翟穜（包山简110）	
右仟尹	仟门人即守门人，右仟尹、"仟公"等是守卫城门、禁苑之门的长官	右仟尹李肱受期（包山简44）	
郊尹	都城郊区的首席官员	《左传·昭公十三年》："王夺斗韦龟中犫。又夺成然邑。而使为郊尹。"	
王尹	主管内务政务	《论衡校释》："或若楚之王尹以玉为石，卒使卞和受刖足之诛。"	或为"工尹"
门尹	守卫王宫之门的首席官员	《左传·哀公二六》："将盟之。祝襄以载书告皇非我。皇非我因子潞。门尹得。"	

207

续表

名称	职掌	出处	备注
糸胾尹	总楚国宫廷膳食的机构的长官	集胾尹之人（包山简 278 反）	裘锡圭等认为或为管理车马甲胄和车马器的办事人员
胾尹、大胾尹		正易胾尹（包山简 173）	或为主膳食之官
讓命尹	代楚王处理日常事务，接待诉讼者的传令官员	讓命尹省为视日（上博简藏四《昭王毁室》3）	
裁尹	职责或与监管铸造有关		裁令为其副职
甸尹、少甸尹	主公田、田猎之官	甸尹宋之述（葛陵简甲三 400）	晋有"甸人"，周有"甸师"
牒尹、大牒尹		鄢于牒尹肷（包山简 175）	或为管理贳贷的官员
马尹	管理驿站马匹的官员	马尹（曾侯乙简 52）	或为"驻尹"
县尹	县之最高长官	《左传·襄公二十六年》："下其手，曰：此子为穿封戌。方城外之县尹也。"	

（二）尹前加特殊限定

尹前的特殊限定主要包括四类：尹前加地名者、尹前加官府名者、尹前加限定以区分官阶者、尹前加其他字样者。

1. 尹前加地名者

（1）沈尹：（沈地）见于《左传·哀公十七年》："王与叶公枚卜子良，以为令尹沈尹朱曰：吉。过于其志。"

（2）武城尹：（武城）见于《左传·哀公十七年》："王卜之，武城尹吉，使帅师取陈麦。"

（3）莠尹：（莠地）出自《左传·昭公二十七年》："楚莠尹然，工尹麇，帅师救潜。"

（4）芋尹：（芋地）出自《左传·哀公十五年》："芋尹盖对曰：寡君闻楚为不道，荐伐吴国。"本为门禁官，兼管禁苑猎兽之事，后为芋地之尹。该官非独楚国有。

（5）嚣尹：（嚣地）出自《左传·昭公十二年》："楚子狩于州来。次于颍尾。使荡侯。潘子。司马督。嚣尹。午陵。尹喜。帅师围徐。"或为军事官员。

（6）陵尹：（陵地）陵尹之人黄奚（包山简179），为直属国家的官员，负责征收关税的官员，掌山泽位在朝廷。与《周礼·地官》的山虞、林衡相类。

2. 尹前加官府名者

（1）新偌辵尹（新偌府）子左尹属之新偌辵尹丹（包山简16）

3. 尹前加限定以区分官阶者

（1）大仟尹：邥昜大仟尹宋歓讼範（包山简87），管理门禁者为"仟尹"，此官职非楚独有。

（2）大敓尹：大敓尹屈达（包山简121），"敓尹"与《周礼·地官》"山虞""泽虞"之类职掌相似。

（3）大工尹：大工尹（鄂君启节）

（4）大驻尹：大驻尹师（包山简28、126）

（5）大辻尹：大辻尹之黄为左服（曾侯乙简145），曾侯乙简中的大辻尹是直属国家的官员，在包山简中此官为地方官。

（6）大胆尹：大胆尹公弼必（包山简139），主膳食的官，类《周礼·天官》之膳夫、庖人。

（7）大赎尹：大赎尹连虔（包山简138），或为管理贳贷的官员。

（8）大尹：大尹之人黄慎（包山简187），宋国有亦"大尹"，非楚独有。

（9）大佯尹：大佯尹夏句浩受期（包山简67），官阶排在"大宫"之后，职位不高。

（10）中兽尹：中兽尹之黄为左服（曾侯乙简152），主要是管理畜生的官职。

（11）小令尹：封小令尹以杜阳（《史记·列传》），可能属于因人设事的临时职官，非为常设。

（12）左关尹：左关尹黄惕（包山简138），关尹一类，司关，掌四方之宾客。

（13）左尹：左尹以王命告汤公（包山简135反），主要负责在战时出征,不战时是司法部门的长官。

(14) 左乔尹:鄡左乔尹穆癸(包山简49)

(15) 右仟尹:右仟尹李肱受期,十月辛巳之日不归登人之金(包山简44),其为守卫城门、关门或者禁院的长官。

(16) 右尹:出自《春秋》成公十六年:"令尹将左。右尹子辛将右过申。"

(17) 少甸尹:蒌陵少甸尹烧(包山简186),同周朝的"小甸尹"类,依例楚官还应有"大甸尹",并是主公田、田猎之官。

(18) 少攻尹:少攻尹憼(包山简106)

(19) 少宰尹:鄡少宰尹(包山简157反)

(20) 亚尹:出自《庄子·亢仓子》:"寿拜为亚尹,曰庶吾国有瘳乎。"

4. 尹前加其他字样者

(1) 敖尹:敖尹之骐为右服(曾侯乙简158),为楚王近侍,且主神职。

(2) 让尹:成易让尹成(包山简145),其官阶高于以"让"命名之官。

(3) 甐尹:甐(列)尹癸(包山简125),"甐"或为卫兵之义。"列"或许可以理解为卫兵,"列"前面或冠以高官的人名,或冠以官府名,或冠以地名,乃是官府之卫兵。

(4) 乔尹("少里乔与尹"之简称):乔尹申之述(葛陵简甲三310),诸以"乔"命名的官职并为摄行代理之职位。

(5) 乔牙尹:乔牙尹之黄为右骖(曾侯乙简156)

(6) 芈尹:出自《史记·楚世家》:"灵王饥不能起,芈尹申无宇之子申亥曰:吾父再犯王命,王弗诛,恩孰大哉,乃求王奉之以归。"

(7) 清尹:出自《左传·成公七年》:"子重、子反,杀巫臣之族子阎,子荡,及清尹弗忌,及襄老之子黑要,而分其室。"

(8) 士尹:五师士尹宜咎(包山简185),为执行拘捕案犯命令的基层小吏,职能或与司法有关,《周礼·秋官》有士师,"士尹"应与之类。

(9) 酷尹:大室酷尹溺(包山简177),为神职,或也兼管膳食。

(10) 宰尹:福阳宰尹之州里妻毛受期(包山简37),或为治膳官。

(11) 豚尹:出自《左传·襄公十八年》:"楚子闻之,使杨豚尹宜告子庚曰：'国人谓不谷主社稷，而不出师，死不从礼，不谷即位…'"或与外交事务有关。

（12）蓠尹：告诉属于蓠尹（包山简193），为左尹附上的司法属员。

（13）命尹：命尹子庚（王子午鼎），其职能仅次于楚王，权力受楚王牵制。代表楚王总管政治、军事、财务等，统筹全国。

（14）陵让尹：陵让尹之相里余可内之（包山简149），与《周礼·地官》的山虞、林衡相类。

（15）蓝尹：出自《左传·定公五年》："蓝尹亹涉其帑。不与王舟。"董说《七国考·楚职官》引《楚书》云："蓝尹、陵尹分掌山泽，位在朝廷。"

（16）郎尹：出自《淮南子·人间训》："太宰子朱侍饭于令尹子国，令尹子国啜羹而热，投卮浆而沃之。明日，太宰子朱辞官而归。其仆曰：'楚太宰，未易得也。辞官去之，何也？'子朱曰：'令尹轻行而简礼，其辱人不难。'明年，伏郎尹而笞之三百。夫仕者先避之，见终始微矣。"为掌管行刑的首席官员。

（17）敠尹：敠尹加一马（曾侯乙简211），"敠尹"典籍写作"缄尹"，非楚独有。

（18）咸尹：出自《左传·昭公四年》："冬。吴伐楚入。棘。栎。麻。以报朱方之役。楚沈尹射奔命于夏汭。咸尹宜咎城钟离。薳启疆城巢。然丹城州来。东国水。"为掌管谏议的官员。

（19）趯尹：郯趯尹虎（包山简128、141、143、179）

二 "尹类"官职的职掌特点

从上述分类中不难发现，"尹类"官职贯穿于整个楚国的政治生活之中，其中不乏一些特点。

（一）职掌权限大

尹可释为正、长之意，"尹类"官职者在自己执掌的领域里多为身居高位、位在朝堂者，或为该领域的最高执掌者，即首席官员。如：工尹（掌百工之官，兼神职）、玉尹（掌管治玉的首席官员）、乐尹（负责宫廷乐队的首席官员）、环列之尹（负责王宫外围卫队的首席官员）、郊尹（京城郊区的首席官员)、门尹(守卫王宫之门的首席官员)、县尹(县之最高长官)、令尹(其职能仅次于楚王,权力受楚王牵制。代表楚王总管政治、军事、财务等统筹全国)等。

其中值得一提的是县尹和令尹。顾炎武曾说:"春秋之世,灭人之国,固为己县。"可知,县尹掌管的县并不是后来发展的县,而是曾经作为一个国家而存在的。县尹的职掌权力是非常大的。楚国曾流传着这样一句话"令尹贤则楚国兴,令尹昏则楚国衰",可见,令尹在楚国政治上起到的作用绝对是举足轻重的,其权力也非同一般。

(二)职掌范围广

《尚书·顾命》:"百尹御事",《尚书·皋陶谟》:"庶尹允谐。"从中我们可以看出,当时的"尹类"官职数量是庞大的,并且能够互相协作帮助楚王处理朝政内外的国事。从上述例中,不难看出"尹类"官职覆盖了楚国官职系统中的绝大部分领域。一个封建王朝的管理主要包括三个方面:内政管理、外交管理、国防管理。

1. 内政管理

(1)经济:工尹、少攻尹、陵尹、玉尹、箴尹、甸尹、少甸尹、赎尹、大赎尹、中獸尹等。

(2)政治:宫厩尹、蓝尹、连尹、陵尹、代易厩尹、波尹、右仟尹、郊尹、让命尹、裁尹、县尹、马尹、监马尹、沈尹、武城尹、左尹、士尹、斋尹、陵让尹、郎尹等。

(3)文化祭祀:工尹、乐尹、卜尹、龟尹、敖尹、酤尹等。

(4)宫廷内务:寝尹、环列之尹、右仟尹、芋尹、王尹、门尹、条胵尹、胵尹、大仟尹、敖尹、大胆尹、右仟尹、酤尹、宰尹、少宰尹等。

2. 外交管理

如左关尹、豚尹等。

3. 国防管理

如令尹、左尹、毆尹、嚣尹、县尹等。

由上可知,在内政、外交、国防三个方面,"尹类"官职占据最多的是内政管理。而在内政管理中,占据最高比例的是政治领域,其次是宫廷内务,

212

再次是经济领域,最后是文化领域。由此,"尹类"官职在整个国家的政治经济运行上,可以说是起到了举足轻重的作用。

古尹字像人手持杖之形。手杖故名扶老,是一种帮助老年人行走的工具。东晋陶渊明《归园田居》曰:"策扶老以流憩,时矫首而遐观。"后引申为辅佐之义。"尹类"官员就像尹字代表的手杖一样,辅佐着历代楚国君王,在历史的长河里稳步前行。

(三)职掌分部缺乏细化

成熟的职能分部是细化的分部,各部门各有所掌,各执其司,权力均衡。但春秋战国时期的楚国官制还不够成熟。其中的"尹类"官职虽然可以"庶尹允谐",但其职能并不够细化。例如:

(1)工尹掌百工之官,兼神职;陵尹为直属国家的官员,负责征收关税的官员,兼掌山泽位在朝廷。

(2)芋尹本为门禁官,兼管禁苑猎兽之事。

(3)令尹总管政治、军事、财务等,统筹全国。

(4)县尹总管一县之政治军事,守护楚之边境。

这些官员都分掌了两个或多个不同领域的部门,尤其是当时掌有重权的令尹、莫敖类官,容易产生集权的现象,对于政治稳定来说存在一定的风险。

(四)职掌者多出身名门

楚国素有贵族政治特点,其高级掌权者多为王室血统或者是贵族血脉。历史上可以考证的28位令尹分别为:彭仲爽、蒍吕臣、蒍子冯、蒍艾猎、蓮罢(子荡)、成得臣、成大心、成嘉、斗祁、斗谷於菟(子文)、斗椒、斗成然、斗般、斗勃、匀阳、子元、子重、子辛、子囊、子庚、子南、王子围、子晳、囊瓦、子西、叶公子高、子国、屈建。其中彭仲爽为彭氏集团成员。蒍吕臣、蒍子冯、蒍艾猎、蓮罢(子荡)为蓮氏成员。成得臣、成大心、成嘉为成氏成员。斗祁、斗谷於菟(子文)、斗椒、斗成然、斗般、斗勃为斗氏成员。匀阳、子元、子重、子辛、子囊、子庚、子南、王子围、子晳、囊瓦、子西、叶公子高、子国为王室成员。

历史上素有将官名当作姓氏来继承者,而这些官名多为显官。门尹、沈尹、芋尹、莠尹、连尹、监尹、蓝尹等都流传成为复姓是又一例证。

第二节 楚官职中的"司类"

楚国的诸多官职名称中,除了类最多的"尹类"官职,"司类"官职也很多,就目前从传世文献和出土文献中搜集到的 221 个古楚国官制名称中,"司类"官职共计 28 个。"司类"官职名称不同于"尹类"官职名称,并不是古楚国独有的官职名称,一些官职也与周官或者其他国家的官职名称有所对应,从对应中,我们可以发现其中的异同,以此来解决一些古楚官职名称的命名缘由和意义。司,西汉许慎《说文解字》有云:"臣司事于外者。"清段玉裁《说文解字注》云:"外对君而言,君在内也,臣宣力四方在外。"《玉篇》:"主也。"可见,司与掌管、负责的意思类似。《礼·曲礼》有言:"天子之五官,曰司徒、司马、司空、司士、司。"又《正字通》有言:"司徒,司马,司空,皆复姓。"唐白居易诗曰:"四十著绯军司马,男儿官职未蹉跎。一为州司马,三见岁重阳。武元衡诗,惟有白须张司马,不言名利尚相从是也。"可见,"司类"的官职名称出现时间较早,同时在周官中得到了广泛的应用。在职官名称中使用此字,表示掌管和负责该领域。下文将系统地从"司类"官职的分类及其职掌进行分析和研究。

表6-2

名称	职掌	出处	备注
司败	管理司法刑御	五师宵倌之司败(包山简15)	春秋已有,多为地方官、官署、贵族封地
少司败	管理司法刑御	邻少司败(包山简23)	一地不止有一个司败,所以有大司败和少司败的区别
大司败	管理司法刑御	邻大司败(包山简23)	
王私司败	专门负责处理楚王室司法事务	王私司败(包山简128)	是左尹官署的重要属员

第六章 古楚官职名称考释

续表

名称	职掌	出处	备注
偏司败		菽陵之偏司败郱教（包山简166）	或为管理劳役之官
佸鬲司败	为左尹官府的司法属员	佸鬲司败邔（包山简166）	
右司寇正		上新都人蔡甦讼新都南陵大宰戀痻、右司寇正陈得、正史赤、以其为其兄蔡瘝断，不法（包山简102）	
司城		司城均（葛陵简甲三3493）	春秋时期，宋国名司空为司城。《尚书·周官》："司空掌邦土，居四民，时地利。"
少司城		鄂少司城龚颉（包山简155）	
大司城		大司城（葛陵简零102）	
司工		乃立禹以为司工（上博藏竹书《容成氏》23）	
司马	主管国家兵权。左司马、右司马是司马的副官	司马之府（玺汇5538）	直属国家的官吏
城司马			
司宫	太监首领		春秋时齐、楚均有此官
司马徒		司马徒（包山简8）	直属国家的官吏
大司马	主管军事首领	大司马昭阳败晋师于襄陵之岁（包山简103、115、鄂君启节）	
少司马	御士	郑少司马龚柳（包山简162）	为地方官，或与《周礼·夏官》中的"小司马"类似
司豊	掌对天神祖先的祭礼，并掌宗庙中和宗族内各种礼仪	司豊之客须▢书言谓：小人以八月甲戌之日舍肉禄之鹙人▢▢，归客之禄金十两又一两（包山简145反）	略与周官的司仪同
司愿	司法官	郷郢司愿郱瞪受期，十月辛巳之日不详安陆之下隋里人屈犬。少宫瞪申廷，阴门又败（包山简62）	古代"直"为胜诉方，"不直"为败诉方
司衣	掌管王之吉凶衣服，辨别其名号物色与用途	远乙讼司衣之州人珂骑，谓取其妾娈（包山简89）	与周官"司服"相类。《周礼·春官·司服》："掌王之吉凶衣服。"《天官·内司服》："掌往后之六服。"
司舟	为掌管船类的官员	司舟（包山简157）	楚有"舟师"为水军，司舟职能或与之相似
司舟公		舟斯公券、司舟公免（包山简168）	

215

续表

名称	职掌	出处	备注
敔司马	为牢狱之官，看守牢狱，为地方或官府之司马		即圄司马
宜司马	为兵甲执事之人，管理地方军事的官员	鄝之兵甲执事人宜司马景丁（包山简81）	经史未见，应属"邑大夫"之列
子司马		陈与之告言之子司马（包山简159）	直属国家的官吏
左司马	掌管与军事相关的事宜	左司马适命左令默定之（包山简152）	直属国家的官吏
右司马	掌管与军事相关的事宜	鄝君之右司马（包山简175）	直属国家的官吏
大厩馯司败	管理驾车者司法事务的专司官员	大厩馯司败䍒㢑受期（包山简69）	"大厩馯"或为驾车者之名

一 "司类"官职分类

据出土文献和传世文献归类整理，楚国"司类"官职有 28 个。其中大致可以分为两大类：司前加职掌者，司前加特殊限定者。

（一）加职掌

1. 司败

司败与周官司寇的职能基本是对应的，《左传·文公十年》："陈楚名司寇为司败。"在"败"和"寇"两字上，我们也能找到联系。败，西汉许慎《说文解字》有云："毁也。"《释名》："溃也。又坏也。"《玉篇》："破也。"《增韵》："损也。又颓也。"寇，西汉许慎《说文解字》有云："暴也。"《增韵》："仇也，贼也。"两个字均是在强调社会里出现的负面现象：暴乱、鸡鸣狗盗者等致使社会和谐遭到破坏。司败和司寇则意在表示，管理这种紊乱的社会现象，对应的职能也就是司法刑御，等等。

2. 王私司败

王私司败是专门为王室服务的官，主要负责处理王室司法事务。王，《广韵》："大也，君也，天下所法。"《正韵》："主也，天下归往谓之王。"《诗·小雅》："宜君宜王。"注："君，诸侯也。王，天子也。"私，西汉许慎《说文解字》有云："禾也。北道名禾主人曰私主人。又对公而言谓之私。"将"王""司"合起来就是天子私人所有。顾名思义，王私司

· 216 ·

败为专门处理王室司法事务的官员。

3. 司马：主管国家兵权。左司马、右司马是司马的副官。马，西汉许慎《说文解字》有云："怒也，武也。"《左传·宣公十二年》："楚子曰：止戈为武。"又，"夫武，禁暴戢兵，保大定功，安民和众，丰财者也。武有七德。又谥法之一"。从这个解释可以合理推出，司马是掌管战争军事的官员，其"司马"二字，或也是根据字面意思来命名的。

4. 司宫：为太监首领。宫，西汉许慎《说文解字》有云："室也。"《周礼·春官》："妇人称寝曰宫。宫者，隐蔽之言，天子谓之六寝。"故，宫也理解为皇宫内院，掌管皇宫内院者之官为司宫。

5. 司豊：掌对天神祖先的祭礼，并掌宗庙中和宗族内各种礼仪。豊，西汉许慎《说文解字》有云："行礼之器也。"《六书正伪》："即古礼字。后人以其疑于豐（丰）字，礼重于祭，故加示以别之。"礼，西汉许慎《说文解字》有云："礼，履也，所以事神致福也。"徐铉曰："五礼莫重于祭。"礼中最为重要的一环是祭祀大礼，司礼作为中央直属官员，掌握大礼显然是必要的。同时，其他的礼仪也不可荒废，应兼顾之。故，司豊一职也是直接通过职能来命名的。

6. 司惪：司法官。"惪"即为"德"。德，《广韵》："德行也。"《集韵》："德行之得也。"《正韵》："凡言德者，善美，正大，光明，纯懿之称也。"《书·皋陶谟》："九德，宽而栗，柔而立，愿而恭，乱而敬，扰而毅，直而温。"《洪范》："三德，一曰正直，二曰刚克，三曰柔克。"《周礼·地官》："六德：知、仁、圣、义、中、和。"又《玉篇》："德，惠也。"《书·盘庚》："施实德于民。"《诗·小雅》："既饱以德。又善教也。"

7. 敔司马：牢狱之官，为地方或官府之司马。敔，西汉许慎《说文解字》有云："禁也。"《释名》："敔，御也。御，止也，所以止乐也。"所谓"敔司马"即为"圄司马"，"圄"有牢狱之意，故，"敔司马"为牢狱之官也是根据其含义所取之官名。

8. 司衣：掌管王之吉凶衣服，辨别其名号物色与用途。西汉许慎《说文解字》有云："上曰衣，下曰裳。"《释名》："衣，依也。人所以依以庇寒暑也。"《玉篇》："所以形躯依也。"《傅玄·衣铭》："衣服从其依，君子德也。衣以饰外，德以饰内。又系衣，祭服也。"故，"司衣"乃职掌衣服之官名。

9. 司舟：为掌管船类的官员。舟，西汉许慎《说文解字》有云："船也。"《尔雅·水》："天子造舟。"注：比船为桥。又：诸侯为舟。注：维连四船。又：大夫方舟。注：并两船。又，士特舟。注：单船。《扬子·方言》："官西谓之船，关东谓之舟。今吴越皆谓之船。"故，从字义上可以看出，"司舟"是掌管船类的某一官员。

（二）加特殊限定

1. "司马"类

（1）敔司马：为牢狱之官，为地方或官府之司马，即圉司马。

（2）宜司马：为兵甲执事之人，管理地方军事的官员，经史未见，应属"邑大夫"之列。

（3）子司马：其职掌尚不可知。为直属国家的官吏。

（4）左司马：掌管与军事相关的事宜，为直属国家的官吏。

（5）右司马：掌管与军事相关的事宜，为直属国家的官吏。

（6）司马徒：其职掌尚不可知。为直属国家的官吏。

（7）大司马：主管军事首领。为直属国家的官吏。

（8）少司马：御士。为地方官，或与《周礼·夏官》中的"小司马"类似。

2. "司败"类

（1）司败：管理司法刑御，春秋已有，多为地方官、官署、贵族封地。

（2）少司败：管理司法刑御，一地不止有一个司败，所以有大司败和少司败的区别。

（3）大司败：管理司法刑御，是左尹官署的重要属员。

（4）王私司败：专门负责处理楚王室司法事务，或为管理劳役之官。

（5）偖斋司败：为左尹官府的司法属员。

二 "司类"官职的职掌特点

从上述分类中不难发现,"司类"官职贯穿于整个楚国的政治生活之中,其中不乏一些特点。

（一）国家直属官员,手掌核心权力

在上述总结的"司类"官职中,有一半以上的官职都是国家直属官职。与此同时,众所周知,国家职能分为对内和对外两个方面,对内职能主要包括：政治职能和社会管理职能；对外职能主要包括：保卫职能、交往职能等。在"司类"官职职掌中,对内对外职能都有所涉及：

对内：司败、少司败、大司败、司礼、司悳、司舟、敔司马、宫司马等。

对外：司马、大司马、少司马、左司马、右司马等。

这说明"司类"官职在国家机器中所占有的权力是相对较大的,并且是相对核心的。

（二）职掌单一,有针对性

"司类"官职基本只处理执掌范围内的一个大类事情,少有监管多项事宜的情况。

（三）掌司法、军事者占了大部分

就现能掌握的 28 例"司类"官职中,掌握司法权力的官员占了总数的 25%左右,掌握军事权力的官员占了总数的 30%左右。

（四）官职在命名时多将可代表职能的文字直接嵌入

我们在解释和研究这类官职名称的时候,其职掌一目了然。

三 "司类"官职与"尹类"官职比较

（一）门第背景

出任"尹类"官职的人员多为王室血统或者是贵族血脉,"司类"官职的职掌者的门第背景相对低于"尹类"官职的出任者。但司马和令尹一样,要求高门第出身,因为令尹通常是由司马接任的,两类官职在某种程度上来说是一种顺承的关系。

(二) 职掌范围

出任"尹类"官职者多是身兼数职的,且监管的门类有的是没有联系的独立部门,而"司类"官职的出任者一般只掌管一类事务中的一项或者几项,掌管的事宜是有联系的,相互关联的。

(三) 古楚官职名称

"司类"官职名称和"尹类"官职名称都有相当一部分的官职名称是由"司"字和"尹"字和其能够代表职掌的文字所组成的,只要稍了解前加的字意,其职掌很轻易地就可以辨别出来。

从整体上看,"司类"官职多为掌管军事和司法者,而"尹类"官职多为掌握政治权力和军事权力者。古楚国为尚武之国,所以官员很多都是能文能武的,所以,"尹类"和"司类"官职中,军事类官职居多也是可以理解的。它们之间的主要区别在于:"尹类"官职的权力涉及古楚国政治的方方面面,而"司类"官职只负责整个政治生活中的一类——司法。可见,"尹类"官职的高度和广度总的是高过"司类"官职的。

"司"者,西汉许慎《说文解字》有云:"臣司事于外者。"清代段玉裁注为:"外对君而言,君在内也,臣宣力四方在外,故从反后。"通俗地说,就是在外办事的官员。延伸到现代的"司"的"官署"义项,即为政府机构。现用以称中央机关部以下一级的行政部门。"尹"者,西汉许慎《说文解字》有云:"治也。从又丿,握事者也。"清代段玉裁注为:"治也。伊下曰。尹治天下。广韵曰。正也。进也。诚也。"从又丿"句。握事者也。又为握。丿为事。余准切。十三部。"通俗地说,就是治理的意思,一手掌握万千事务的意思。《传》有:"尹,正也。众正官之长也。"从"司"和"尹"二字的意义可以看出,"尹类"官职出任者为高级管理、兼顾多项者,而"司类"官职出任者为听命王权的高级办事者,为屈于"尹类"官职者之下。

(四) 唯一性

"尹类"官职名称为古楚国独创的官职名称,后在其属国等深受影响的国家里沿用开来。而"司类"官职名称则多受周官影响而得,和"尹类"官职名称相比,缺乏独创性和代表性。

第三节　楚官职中的"公类"

古楚国的诸多官职名称中，除了类最多的"尹类"官职和"司类"官职，就目前从传世文献和出土文献中搜集到的 221 个古楚国官制名称中，"公类"官职共有 77 个，作为一个泛称的官职名称，在整个古楚官职名称系统中很有特色。公，西汉许慎《说文解字》有云："平分也。从八从厶。八犹背也。韩非曰：背厶为公。古红切。"《尔雅·释言》："无私也。"《玉篇》："方平也，正也，通也。"又《礼·礼运》："大道之行，天下为公。"注："公犹共也。又爵名，五等之首曰公。""公类"的官职名称出现时间较早，同时在周官中受到了广泛的应用。在职官名称中使用此字，二者相互比较，可以得出周官和楚官的"公"类官职的异同，从而更好地了解古楚国"公类"官职。下文将系统地从"公类"官职的分类及其职掌进行分析和研究。

一　"公类"官职分类

"公类"官职名称是古楚官职中一个十分特殊的类。"公"为泛指官名，有时甚至是一种称号，根据目前现已在传世文献和出土文献出现的"公类"官职统计，有 71 例。主要可分为三种类型。

（一）前加地名

1. 前加郡县名者

登公（包山简 58）、陈公（包山简 166）、鄳公（包山简 159）、舟敔公（包山简 168）、长沙公（包山简 61）、羕林公（包山简 177）、䢵陵公（包山简 103、115）、䩷公（包山简 183）、安陵公（包山简 117）、䣅鄢公（包山简 185）、易城公（包山简 120、121）、鄦正公（包山简 186）、定易公（包山简 125）、鄦易公（包山简 183）、邥思公（包山简 163）等。

2. 前加州名者

（1）鄟司马之州加工李瑞、里公隋得受期。（包山简 24、30）为"鄟司马"地最高长官。

（2）邸易君之州里公登睱受期。（包山简 27、35）为"鄟司马"地最高长官。

（3）新游宫中谕之州加公弼彲受期。（包山简 37）为"鄟司马"地最高长官。

（4）靁里子之州加公文壬、里公苛諴受期。（包山简 42）为"鄟司马"地最高长官。

（5）鄘君之耆州加公周迠受期。（包山简 68）为"鄟司马"地最高长官。

（6）让大命珊之州加公周迠、里公周歔受期。（包山简 74）为"鄟司马"地最高长官。

（7）秦大夫怡之州里公周瘀。（包山简 141）为"秦大夫怡"地最高长官。

（8）邬思公之州里公虘。（包山简 141）为"邬思公"地最高长官。

（9）荇君之加公柊年。（包山简 164）为"荇君"地最高长官。

（10）宝抚之州加公许胜。（包山简 164）为"宝抚"地最高长官。

（11）鄝令之州加公苛暗。（包山简 165）为"鄝令"地最高长官。

（12）新埜君之州加公迨。（包山简 173）为"新埜君"地最高长官。

（13）景卖之州加公墅豫。（包山简 180）为"景卖"地最高长官。

（14）右司马愄之州加公番佔。（包山简 182）为"右司马愄"地最高长官。

（15）西里州里公州泌。（包山简 184、191）为"西里"地最高长官。

（16）椰鄂之州加公瘨。（包山简 189）为"椰鄂"地最高长官。

（17）株易莫器州加公张欢。（包山简 189）为"株易莫器"地最高长官。

（18）阡竟之州加公邯寑。（包山简 189）为"阡竟"地最高长官。

（19）卷州加公周蚕。（山简 190）为"卷"地最高长官。

（20）篁令州加公墅女。（包山简 190）为"篁令"地最高长官。

（21）应族州里公黄固。（包山简 191）为"应族"地最高长官。

222

(22) 坪陵君之州加公弝新。(包山简 192) 为"坪陵君"地最高长官。

(二) 前加职掌

(1) 舟斨公：舟斨公券、司舟公免 (包山简 168)

(2) 司舟公：舟斨公券、司舟公免 (包山简 168)

(3) 敔公：付罂之关敔公周重耳受期 (包山简 39)，是看守牢狱的官员。

(4) 大胆尹公：大胆尹公 (包山简 139)，为大胆尹的属员。

(5) 芺公：郯易司马达、芺公骑为郯易贷邠异之金十益一益四两 (包山简 117)

(6) 箸公：邧易之造券券公 (包山简 99)，为监造券箸的官员。

(7) 锌缶公：锌缶公 (包山简 85)，为孤例，疑为量器制作的监造官。

(三) 仅为称号

(1) 鲁易公：复尹之一骐一黄，以乘鲁阳公之盼车 (曾侯乙简 162)

(2) 鲁阳公：鲁阳公以楚师后城郑之岁 (包山简 1)

(3) 句䣍公：句䣍公郑余敓大城兹方之岁，屈栾之月，癸未（之日）(葛陵简乙 14)

二 "公类"官职名称的特点

(一) "公类"官职中的"公"字是泛称，类型多样化

与上文的"尹类"和"司类"不同，"公"在古楚官职名称中没有特定的含义和指代。"公类"官职名称不限于一种形势，可以表示尊敬意义的称呼，可以表示有一具体职掌者的官职名称，还可以表示某个州县的最高职掌者的称呼。

(二) 多数地位较高

"公"前加有地名者，基本都为该地区的最高执行长官，其权力和地位在当地是首屈一指，一般由楚王直接任命，且管辖地多为被楚国所灭之国，其地位是比较高的。作为称号的"公"也是有一定地位者的称呼，一般官员不可以使用。

(三) 独具特色，与周官之"公"有异有同

相同之处在于，无论是周官还是楚官，与"公"相关的官职出任者地

位都比较高，且很受王的重视。不同之处在于，周官中的"公"有自己明确的分属，在《礼记·礼运》中记载："大道之行，天下为公。"注："公犹共也。又爵名，五等之首曰公。"《韵会》："周太师，太傅，太保为三公。汉末大司马，大司徒，大司空为三公。东汉太尉，司徒，司空为三公。又官所曰公。"而在古楚国的"公"分属模糊，用的范围也更广，并不拘于周官的用法。

三 "公类"官职与"尹类"官职比较

（一）运用范围

"公类"不单单可以作为一个官职名称而存在，还可以作为爵位等重要名称而存在，它较于"尹类"官职涉及面更广、涵盖面更宽。在运用范围上远远广于"尹类"官职。

（二）官职名称

"公类"官职在从文字表面上看很难分辨其执掌属性，其"公"前的指代十分模糊，涉及范围也十分广泛。而"尹"类官职则不同，从文字表面看，其大部分官职名称都能够让人清晰地分辨其职掌权限，以及其取名由来。

（三）唯一性

"尹类"官职名称为古楚国独创的官职名称，后在其属国等深受影响的国家里沿用开来。而"公类"官职名称则多受周官影响而得，和"尹类"官职名称相比，显然少了一些独创性和代表性，区分度相对较低。

第七章 楚方言器物词

第一节 生活器具

生活器具涵盖面很广。日常生活不仅自身涵盖的内容广泛,包括饮食、炊具、食器及风俗习惯等,而且反映着社会的文明和进步,如炊具、食器与工艺制造业有关。所以日常生活是反映社会文化的重要内容。楚方言词中现已知的与生活器具相关的并不是很多,也不成系统,但是涉及的面较广。

一 炊具与食器
（一）锜

许慎《说文解字·金部》:"锜,鉏也。从金奇声。"王筠《说文释例》有云:"终疑锜为锯之古名也。"郭沫若《殷契粹编考释》曰:"古人谓之鉏,即今人之所谓锯矣。"《汉语大字典》也释之为"鉏,锯"。则"锜"之本义为"鉏",即今人所称之"锯子"。

"锜"亦为楚方言词,表示古代的一种三脚锅。《说文解字·金部》"锜"字下云:"江淮之间谓釜曰锜。"扬雄《方言》卷五曰:"鍑,北燕朝鲜洌水之间或谓之錪,或谓之鉼。江淮陈楚之间谓之锜,或谓之鏤。吴扬之间谓之鬲。"

古人炊煮用的锅统称为"釜"。釜是无脚之锅,是一种古老的烹饪器,从新石器时代就出现,长久以来以陶制为主;进入青铜器的商周时代,也有了铜制的釜;自汉代起铁器普遍使用,铁釜也逐渐盛行。"釜,自关而西或谓之釜,或谓之鍑。"鍑是釜的一种,较一般的釜小。《急就篇》颜师古注云:"釜,所以炊鬻也。大者曰釜,小者曰鍑。"虽同为"锅",而具体形制所释不一。《说文解字·金部》:"鍑,釜大口者。"《正字通》引《宣和博物图》以周鍑"似釜而口敛",则是为小口之釜。扬雄《方言》卷五中所云"錪""铧"是"釜"的方言异名,"錡""镂"也是楚方言异名。然则楚方言中所言"錡""镂"之形制稍有区别。郭璞"錡"字下注云:"或曰三脚釜也。"即三只脚的锅。《诗·召南·采蘋》:"惟錡及釜。"《毛传》曰:"錡,釜属。有足曰錡,无足曰釜。"《左传·隐公三年》曰"筐筥錡釜之器",杜注同。钱绎《方言笺疏》案:"《诗》及《左传》皆'錡釜'并言,盖以有足别于釜,而江淮陈楚之间语正同耳。"

（二）镂

"镂"表"釜"之义时,为楚方言。扬雄《方言》卷五云:"鍑,北燕朝鲜洌水之间或谓之錪,或谓之铧。江淮陈楚之间谓之錡,或谓之镂。吴扬之间谓之鬲。"又许慎《说文解字·金部》:"镂,刚铁,可以刻镂。从金娄声。《夏书》曰:'梁州贡镂。'一曰镂,釜也。"详见第二章第三节"镂"。

（三）箪、㰅、瓢

古人舀水的器具是瓠瓢,楚地方言有不同的称谓。扬雄《方言》卷五云:"蠡,陈楚宋魏之间或谓之箪,或谓之㰅,或谓之瓢。"晋代郭璞"蠡"字下注曰:"瓠勺也。"《广韵·戈韵》:"蠡,怜题切,音黎。瓠瓢也。"《汉书·东方朔传》:"亦蠡测海。"张晏注曰:"蠡,瓠瓢也。"《楚辞·忧苦》:"莞苇弃于泽洲兮,䉬蠡蠹于筐簏。"王逸注曰:"䉬,匏也。蠡,瓢也。"

"箪"者,许慎《说文解字·竹部》曰:"箪,笥也。从竹单声。《汉津令》:'箪,小筐也。'《传》曰:'箪食壶浆。'"又"笥,饭及衣之器也"。由此可见,"箪"之本义为古代盛饭的圆形竹器。《孟子·卷二·梁惠王章句下》:"以万乘之国伐万乘之国,箪食壶浆,以迎王师。"《淮南

· 226 ·

子·精神训》:"饥而餐之,渴而饮之,其入腹者不过箪食瓢浆,则身饱而敖仓不为之减也。"然楚方言谓"箪"为"蓝"者,钱绎《方言笺疏》有云:"'蓝'又名'箪'者,异物不嫌同名也。"《广韵·荠韵》:"以瓢为饮器也。一曰箪也。"由此,"箪"者,通语为盛饭和衣物的竹器,为楚方言时则表示舀水的器具。

"㭞"者,瓢勺也,为楚方言词。《玉篇》云:"㭞,杓也。蠡为㭞也。"许慎《说文解字·木部》:"杓,枓柄也。从木从勺。""杓"与"勺"同。郭璞注扬雄《方言》卷五"㭞"字下云:"今江东通呼勺为㭞。"《广雅·释器》云:"瓤,瓢也。"王念孙《广雅疏证》曰:"'瓤',即《方言》'㭞'字也。"曹宪音作"鱼偃反"。《众经音义》卷十八引《广雅》作"瓤",音"羲"。《汉书·王莽传》云:"建华盖,立斗巇。"颜师古注云:"巇,音羲。谓斗魁及杓末,如勺之形也。"《众经音义》卷十六云:"'㭞',《律文》作'棯'。"《广韵·支韵》云:"匜,似棯,可以注水。"钱绎《方言笺疏》有云:"'瓤'、'巇'、'棯',并与'㭞'通。《众经音义》卷十八又云:'江南曰瓢瓤,蜀人言蠡瓤。'故注云'今通呼勺为瓤'也。又引《三苍》云:'瓢,瓠勺也。'"又《正字通·木部》:"㭞,蠡也,即今之瓢勺也。"

"瓢"者,为楚方言词。楚人谓"蠡"曰"瓢"。许慎《说文解字·瓠部》云:"瓢,蠡也。从瓠省。"段玉裁注曰:"以一瓠劙为二曰瓢,亦曰蠡。"《广雅·释器》:"蠡,瓢也。"《玉篇》:"瓢,瓠也。"《正字通》:"匏瓢,剖开可为酒尊,为要舟浮水。"《周礼·春官·鬯人》:"禜门用瓢赍。"注曰:"瓢,谓瓢蠡也。"《庄子·逍遥游》:"剖之以为瓢,则瓠落无所容。"《前汉·东方朔传》:"以瓢测海。"又《蜀本草》引《切韵》云:"瓢,匏也。"《广雅·释草》:"匏,瓠也。"然"匏也""瓢也""瓠也",实为一物。段玉裁所言"以一瓠劙为二曰瓢"即为瓢勺之形制,即将成熟的瓠瓜(或言"瓢瓜")剖开成两半而成。舀水的器具楚方言又谓之"瓢",今湖北恩施称之为"瓢瓜"。

(四)篙

篙,楚方言词,义为小而高的箩筐,用于盛谷物灌注于斗斛中。

扬雄《方言》卷五："所以注斛，陈魏宋楚之间谓之篙，自关而西谓之注箕，陈魏宋楚之间谓之䈰。"郭璞注云："盛米、谷写斛中者也。今江东亦呼为篙，篙亦䈰属也，形小而高，无耳。"《广雅·释器》云："斛注谓之篙。"曹宪音"呼的反"。《玉篇》："篙，䈰属，形小而高。"

（五）䈰

䈰，本义为竹编器具，用于盛物或淘米。亦为古楚方言词，是一种可盛米谷倒入斛中的竹器。

扬雄《方言》卷五："所以注斛，陈魏宋楚之间谓之篙，自关而西谓之注箕，陈魏宋楚之间谓之䈰。"郭璞"注斛"下注云："盛米、谷写斛中者也。"《广雅·释器》："䈰，箕也。"然"注箕""䈰"具体形制上有不同，"箕"是浅平的、三边有围、上面和一边皆敞的器具，《急就篇》颜师古注："箕可以簸扬及去粪。""䈰"是上圆下方形。《集韵·戈韵》："䈰，江南谓筐底方上圆曰䈰。"元代王祯《农书》卷十五云："䈰，匠竹为之，上圆下方，洁米谷器，量可一斛。"

（六）盌

"盌"为楚方言词，同"碗"。扬雄《方言》卷五云："盂，宋魏陈楚时间或谓之盌。盌谓之盂，或谓之铫锐。盌谓之櫂，盂谓之柯。海岱东齐北燕之间或谓之䀢。"许慎《说文解字·皿部》："盌，小盂也。从皿夗声。"王智群在《〈方言〉与扬雄词汇学》中有云："'盂谓之櫭。河济之间谓之䀢盌。椀谓之䀢。盂谓之铫锐，椀谓之桷枙。''椀'同'盌'、'盂'、'盌'、'䀢'义同，皆曲貌。'盂'之言迂曲，'盌'之言宛曲，'䀢'之言捲曲。"此则说明了"盌"的取义。

（七）杯落

杯落，为楚方言词，是楚人盛放杯器的器具。

扬雄《方言》卷五云："杯落，陈楚宋卫之间谓之杯落，又谓之豆筥；自关东西谓之杯落。"郭璞"杯落"下注曰："盛杯器笼也。"戴震《方言疏证》："杯落所以居杯。"又《广雅·释器》："豆、篓，杯落也。"王念孙《广雅疏证》云："《说文》：'筶，杯筶也。'徐锴传云：'筶，亦笼也。筶者，络也，犹今人言箩。'落、筶并与络通。(《广雅》)卷二：

'落，居也。'杯落亦所以居杯也。"钱绎《方言笺疏》有云："盛杯之笼谓之落，犹熏衣之笼谓之笿也。《说文》：'籅，笿也。可熏衣。'下文注云：'籅，今熏笼也。'皆以笼络为义也。"由此可见，楚人盛杯具之器谓之"杯落"，取"居落"和"笼络"之义。

（八）豆筥

豆筥，为楚方言词，楚人盛杯器具又谓之"豆筥"。扬雄《方言》卷五有云："杯落，陈楚宋卫之间谓之杯落，又谓之豆筥；自关东西谓之杯落。"

许慎《说文解字·豆部》曰："豆，古食肉器也。"《考工记》曰："食一豆肉，中人之食也。""豆"是食器，形似高足盘，或有盖。新石器时代晚期开始出现，盛行于商周时，多陶制，也有青铜制或木制涂漆的。又《说文解字·竹部》云："筥，䈰也。"又云："䈰，饭器，容五升。""篆，饮牛筐也。方曰筐，圆曰篆。"《仪礼·聘礼》："米百筥，筥半斛，设于中庭。"《吕氏春秋·季春纪》云"具栚曲篆筐"，高诱注云："员底曰篆，方底曰筐，皆受桑器也。"《淮南子·时则训》文作"筥筐"。"篆筐"与"筥筐"对文，则"筥"为筐之圆底者。

然楚方言谓盛杯器具为"豆筥"者，钱绎《方言笺疏》有云："云'豆筥'者，九谷之中，豆为最大，盛之者其器可疏，杯亦宜然，以之盛杯，即谓之豆筥矣。"王智群在《〈方言〉与扬雄词汇学》中说："'筥'是圆底竹编盛饭食之器。'豆'是木制食器，形似高足盘，或有盖。《说文·豆部》：'豆，古食肉器也。''豆筥'之称犹'栖落'，盛杯器之落谓之'栖落'，故盛豆之器之筥则谓之'豆筥'。两者都是竹器。"

（九）筲

筲，为楚方言词。

一为筷筒，同"䈰"。

扬雄《方言》卷五云："箸筒，陈楚宋魏之间谓之筲，或谓之籝；自关而西谓之桶檧。"郭璞"箸筲"下注曰："盛朼箸籝也。"《广雅·释器》："籝、筲、桶檧、籫，箸筒也。"王念孙《广雅疏证》："《说文》：'宋魏谓箸筒为䈰。''䈰'与'筲'通。箸筒谓之筲，犹刀室谓之削也。"

二为古人盛饭食的竹器。义同"筥""簇"。

扬雄《方言》卷十三云:"簇,南楚谓之筲,赵魏之郊谓之筌簇。"郭璞"簇"字下注曰:"盛饼筥也。"《广雅·释器》:"筲,簇也。"王念孙《广雅疏证》云:"'簇',即'筥'字也。"许慎《说文解字·竹部》:"筥,筲也。""筲,饭筥也,受五升。秦谓筥曰䈰。"又"䈰,陈留谓饭帚曰䈰。一曰:'饭器,容五升。'""䈰""箱",与"筲"同。

古代楚人用"筲"盛饭食,其容量二升或三升,或曰容一斗,或曰容五升。《仪礼·既夕礼》:"筲三:黍、稷、麦。"郑玄注曰:"筲,畚种类也,其容盖与簋同,一觳也。"贾公彦疏:"觳受斗二升。"《论语·子路篇》:"噫!斗筲之人,何足算也。"郑注云:"筲,竹器,容斗二升。"《汉书·公孙刘田王杨蔡陈郑传赞》:"斗筲之徒,何足选也!"颜师古注曰:"筲,竹器也,容一斗。"《续汉书·礼仪志下》:"筲八盛,容三升,黍一,稷一,麦一,粱一,稻一,麻一,菽一,小豆一。"

"筲"常与"斗"连用为"斗筲",表示"微小"之义。《说文解字·斗部》:"斗,十升也。""斗"本义为中国古代的容量单位,即十升为一斗。"斗"亦可形容事物之微小,比如:斗禄(微薄的俸禄);斗船(小船)。"筲"与"斗"连用,在传世文献中常见,表"微小"之义,通常比喻器量狭小、才识浅薄。《春秋·繁露·玉杯第二》:"他国不讨贼者,诸斗筲之民,何足数哉!"《东观汉记·郑璩》:"建初五年,辟司徒府,拜侍御史,上疏曰:'臣斗筲之小吏,擢在察视之官,职任过分,当刺邪矫枉。'"《汉书·公孙刘田王杨蔡陈郑传赞》:"斗筲之徒,何足选也!" 颜师古注曰:"筲,竹器也,容一斗。选,数也。《论语》云子贡问曰:'今之从政者何如?'孔子曰:'噫,斗筲之人,何足选也!'言其材器小劣,不足数也。"扬雄《法言》有云"非夷尚容,依隐玩世,其滑稽之雄乎",汪荣宝《义疏》曰:"诙嘲谓之滑稽,犹鄙细谓之斗筲,皆取器物以喻人事,盖古语有然。"

(十)篓

篓,楚方言称名"篾小者"曰"篓"。另见第二章第三节"溇"系列。

扬雄《方言》卷十三:"筲、篓、籅、筥,篾也。江沔之间谓之籅,赵代之间谓之筥,淇卫之间谓之牛筐。篾,其通语也。篾小者,南楚谓之篓。"

《广雅·释器》:"篓,篆也。"《说文解字·竹部》:"篓,竹笼也。"唐代唐彦谦诗《蟹》:"扳罾拖网取赛多,篾篓挑将水边货。"皮日休《茶中杂咏·茶人》:"日晚相笑归,腰间佩轻篓。"《全元散曲·朱庭玉》:"切意采芝编药篓,留心垂钓棹鱼艖,汾水岸晋山坡。"《天工开物·彰施》第三:"山中结箬篓,输入舟航。"

又《急就篇》:"筵箪箕帚筐箧篓。"颜师古注云:"篓者,疏目之笼,亦言其孔楼楼然也。"钱绎《方言笺疏》案:"'篓'之言缕也,小而细密之名也。"钱氏之说与颜师古相异。今湖北恩施所称之篓,比一般筐小,竹篾编织较为细密,其更小者可系带挂于腰间,用于播种。

(十一) 笿

笿,楚方言称名"笼"曰"笿",或曰"敛",竹笼是也。

扬雄《方言》卷十三:"笼,南楚江沔之间谓之笿,或谓之敛。"

笿者,"笿"字下郭璞注云:"今零陵人呼笼为笿。"《广雅·释器》:"笿,笼也。"《旧唐书·列传·安禄山》:"为置第宇,穷极壮丽,以金银为笿筐笊篱等。"《新唐书·列传》:"帘幕率缇绣,金银为笿筐、爪篱,大抵服御。"

敛者,《说文解字·竹部》:"敛,鸟笼也。"《玉篇·竹部》:"敛,笼答也。"《广雅·释器》:"敛,笼也。"《楚辞·九章·怀沙》:"凤皇在敛兮,鸡鹜翔舞。"王逸注曰:"敛,笼落也。"洪兴祖《楚辞补注》引《说文》云:"敛,笼也。南楚谓之敛。"皮日休《补周礼九夏系文·九夏歌九篇》:"凤之愉愉,不篝不敛。"刘彝《秀才归江南》:"凤鸟不受敛,麒麟宁受鞯。"《全宋诗·放鹑》:"急令开敛还故栖,其间无力飞不齐。"《元诗选初集·夜何长三叠寄周参政伯温邬金院本初》:"凤凰在敛骥服箱,雪埋石栈冰河梁。"

(十二) 槅

槅,楚方言词,楚人谓"案"为"槅"。

扬雄《方言》卷五云:"案,陈楚宋魏之间谓之槅,自关东西谓之案。"

华学诚《扬雄方言校释汇证》:"'案'为木制器物,几属,本指古时进食所用短足木槃。"《玉篇·木部》:"槅,案之别名也。"《急就篇》

卷三云"櫺杅槃案柘閜盨",颜师古注云:"无足曰槃,有足曰案,所以陈举食也。"《广雅·释器》曰:"案谓之櫺。"王念孙《广雅疏证》:"案之言安也,所以安置食器也。櫺之言寫也,《说文》:'寫,置物也。'案亦所以置食器,其制盖如今承槃而有足,或方或圆……古人持案以进食,若今人持承槃。"说明了"櫺"之形制。钱绎《方言笺疏》有云:"承物案谓之櫺,犹履底有木谓之舄,柱下石谓之碣也。然则案之为櫺,以承藉得名也。"此则解释了楚方言谓"櫺"之缘由。

二 生活日用陶瓦器

(一)䍃、甏

䍃(䍃)、甏,为楚方言词,表示瓮瓶一类大腹小口的瓦器。

扬雄《方言》卷五云:"瓴、瓱、甀、䍃、甄、甏、甄、瓮、瓪甄、甖,甖也。灵桂之郊谓之瓴,其小者谓之瓱。周魏之间谓之甀,秦之旧都谓之甄,淮汝之间谓之䍃,江湘之间谓之甏。自关而西晋之旧都河汾之间,其大者谓之甄,其中者谓之瓪甄。自关而东赵魏之郊谓之瓮,或谓之甖。东齐海岱之间谓之甖。甖,其通语也。"

䍃者,旧字形作"䍃"。许慎《说文解字·缶部》:"䍃,瓦器也。从缶,肉声。"徐灏《说文解字注笺》云:"䍃,为瓦器之通名,因谓烧瓦灶为䍃,后又增'穴'为'窑'也。'䍃'、'匋'语之转,肉声、䍃声,古音并在'幽'部。"《玉篇》同《说文》。《广雅·释器》:"䍃,瓶也。"

甏者,《广雅·释器》:"甏,瓶也。"《玉篇》云:"甏,仕江反,甖也。"《博雅》曰:"甏,瓶也。"

(二)甀、瓶

甀、瓶,备火长项瓶也,古楚方言词。

《方言》:"罃,陈魏宋楚之间曰甀,或曰瓶。燕之东北朝鲜洌水之间谓之瓺。齐之东北海岱之间谓之儋。周洛韩郑之间谓之甄,或谓之罃。"《广雅·释器》:"罃、甖,瓶也。""罃""甖"同音。然扬雄《方言》卷五"甖"字另列一条,则可知二者应该有所区别。许慎《说文解字·缶部》:"罃,备火长项瓶也。"段玉裁注云:"罃,备火,今之长颈瓶也。按各本无'今之'二字。备火长项瓶者,备火之汲罋。则长其颈以多盛水。且免倾覆也。"则可知二者同为瓶,罋之特征在其"长项"也。

瓺者,《广雅·释器》:"瓺,瓶也。"《玉篇》与此同。《正韵》:"瓺,罋也。"《荀子·大略篇》云"流丸止于瓯臾,流言止于智者",杨倞注云:"瓯臾,皆瓦器。"钱绎《方言笺疏》曰:"'臾'与'瓺'通。"

瓻者,《广雅·释器》云:"瓻,瓶也。"《博雅》:"瓺,瓶也。"《玉篇》:"瓻,小罂也。"《广韵》:"瓻,小罂。"《韵会》:"瓻,罋也。"

（三）题

题,楚方言词,古人所用的小盆。

扬雄《方言》卷五:"甌,陈魏宋楚之间谓之题,自关而西谓之甂,其大者谓之瓯。"郭璞"题"字下注云:"今河北人呼小盆为题子。"许慎《说文解字·瓦部》:"甂,似小瓿,大口而卑,用食。从瓦扁声。"段玉裁注:"《淮南书》曰:'狗彘不择甂瓯而食。'《玉篇》曰:'小盆大口而卑下。'"又《广雅·释器》:"题、瓯,甂也。"王念孙《广雅疏证》:"《太平御览》引《通俗文》云:'小瓯曰题。'"《玉篇》:"题,徒啟切,小盆也。"可知,古人所用小盆通语言"甂"或"瓯",楚方言谓之"题"。

三 日常家居木器、竹器

（一）墙居

《说文解字·竹部》:"篝,笭也。可熏衣。从竹冓声。宋楚谓竹篝墙以居也。"清代段玉裁《说文解字注》:"按也字衍文。当云笭可熏衣者。'宋楚谓竹篝墙居也'。各本墙居之间误衍以字。又《方言》曰:'篝,陈楚宋魏之间谓之墙居。'《广雅·释器》:'篝,笼也。熏篝谓之墙居。'"钮树玉《说文解字校录》云:"当作'宋楚谓竹篝墙居也',《方言》:'陈楚宋魏之间谓之墙居。'《博雅》:'熏篝谓之墙居。'《说文解字注》:'各本墙居之间误衍以字。'"由此可见,"墙以居"应该为"墙居",出自扬雄《方言》的著录。

古人用竹编成，罩在火上，作熏衣之用，通称作"篝"。《史记·滑稽传》："淳于髡曰：'道傍禳田者，操一豚蹄，酒一盂。'而祝曰：'瓯窭满篝。'"徐广《史记音义》："篝，笼也。"又云："燃火而笼罩其上。"洪兴祖《楚辞补注》云："篝，络也，笼也。"《类篇》："上大下小而长，谓之篝筡。"《玉篇》："篝，笼筡。"由此可见，燃火熏衣，取自"笼络"之义。然楚方言作"墙居"。扬雄《方言》卷五云："篝，陈楚宋魏之间谓之墙居。"晋代郭璞注："今薰笼也。"

楚方言以"墙居"呼薰笼，尚有不同之说法。清代说文四大家之一王筠在《说文句读》中有云："《方言》：'篝，陈楚宋魏之间谓之墙居。'筠在安徽时，见贫民以竹篮盛小儿，挂之于壁，殆墙居之谓呼。"马宗霍先生在《说文解字引方言考》中说："熏衣之笼，未必常用，不用时则栖之壁间，故俗有墙居之号。犹褐簟之笼，暑时置床席间以息手足，俗谓之竹夫人也。"但又说："姑臆说之以俟考。"《辞源》修订本释云："古人以衣挂于壁上，用篝放在墙下薰之，故谓之墙居。"刘先枚先生《楚言榷论》中亦认为，"篝笼不用时可挂于墙上，故名墙居。"由此，虽然有不同之说，但综合几种说法，其取义都与"挂之于壁"有关。《方言音释》卷五有云："篝，古音读扣，俗谓覆盖为篝，《史记·陈涉世家》：'夜篝火。'《集解》引徐广云：'篝者笼也。'笼火为篝，笼之薰衣覆火者，亦即谓之篝。薰笼俗谓之烘篮。墙居合声为筡（古音读路）。《说文》：'篝，筡也。可熏衣。从竹冓声。宋楚谓竹篝墙（以）居也。'"则从音的层面上给予了解释，这种合声的释义命名方法，也弥补了单音在数量上的不足。

据考证，"墙居"一词在江淮官话以及湘语中还在继续使用。例如江苏泰兴《泰兴县志》中有记载曰："薰笼谓之墙居。"《湖南通志》亦也有其记载。

（二）倚佯

倚佯，为楚方言词，义为竹编的粗席。

扬雄《方言》卷五："符籇，自关而东周洛楚魏之间谓之倚佯，自关而西谓之符籇，南楚之外谓之篇。""符籇"下郭璞注云："似籧篨，直文而粗。"《广雅·释器》："佯籇、倚阳，符籇也。"曹宪"佯"音"羊"。

"阳"与"佯"同。吴予天《方言注商》有新说:"符簦,盖竹席之粗者,其作用若今人之毡……谓之符簦者,符,行也。行唐,乃古时之叠韵联语,徘徊来往之谓也。竹席,人常来往于其上,俗遂呼之为行唐也。"吴氏所谓"倚佯"同"倘佯"也以来往行走名也。[1]

(三) 赵

赵者,为楚方言时,表示床前横木。

扬雄《方言》卷五:"床,齐鲁之间谓之簀,陈楚之间或谓之笫。其杠,北燕朝鲜之间谓之树,自关而西秦晋之间谓之杠,南楚之间谓之赵,东齐海岱之间谓之樺。""赵"字下郭璞注云:"赵,当作'桃',声之转也。中国亦呼杠为桃床,皆通语也。"

《广雅·释器》:"簀、笫、树、朓,杠也。"戴震《疏证》云:"《说文》云:'杠,床前横木也。'……赵亦作桃。"《集韵》:"桃,直绍切,音赵。与朓同。"颜师古《急就篇·卷三》注云:"杠者,床之横木。亦谓之朓。"《集韵》:"朓,或作桃、挑。""桃"与"赵"上古音均属宵部,定纽,二者是双声同韵之关系,可互通。

(四) 桯

桯为楚方言,表示一种"榻前几",即床前几。扬雄《方言》卷五:"榻前几,江沔之间曰桯,赵魏之间谓之椸。"

四 其他

鹿觡、鉤格

扬雄《方言》卷五:"鉤,宋楚陈魏之间谓之鹿觡,或谓之鉤格;自关而西谓之鉤,或谓之镰。"郭璞"鉤"字下注曰:"悬物者。"华学诚先生《扬雄方言校释汇证》有云:"'鉤'之为用,或鉤钓,或连接,或縣物。"许慎《说文解字·金部》:"鉤,曲也。"又《句部》:"句,曲也。从叫声。凡句之属皆从句。古俟切。"《玉篇》:"鉤,铁曲也。"由此可知,"鉤"之言"句"也,皆取"曲"之义,所以可悬

---

[1] 吴予天:《方言注商》,商务印书馆1936年版。

物也。

《说文解字·角部》："觡，骨角之名也。从角各声。"《玉篇》："觡，麋鹿角也。有枝曰觡，无枝曰角。"段玉裁《说文解字注·角部》"觡"字下曰："《玉篇》云'有枝曰觡，无枝曰角'，此取枝格之意，惟麋鹿有角有枝，则其说非异也。"《淮南子·主术训》云"桀之力，制伸鉤"，高诱注云："觡，角也。"钱绎《方言笺疏》："惟鹿角有枝格，故谓之鹿觡，以鉤形似之也。故或呼鹿角，或谓之鉤格。""觡"与"格"上古均属见纽铎部，古伯切，二者是双声同韵的关系，可互通。古楚方言谓"鹿觡""鉤格"者，皆取枝格之义，所以可悬物。

第二节　农具与农业生产

农业文化是中华文化的基石，是古代社会经济发展的基础。楚方言记录了很多有关农业生产的器物词，各个不同的农具名称一方面体现了当时楚地的农业发展水平，另一方面也说明了当时楚人制造这些工具的水平。

一　翻土播种用具
畚

"畚"为楚方言器物词，是楚地当时的翻土工具，相当于今天的铁锹。

扬雄《方言》卷五："臿，沅湘之间谓之畚。"《广雅·释器》："畚，臿也。"王念孙疏证云："郭注云：'皆古鍫锸字。'"《管子·度地》："笼臿版筑各什六。"《广雅》："畚，臿也。"《说文》："畚，蒲器也。䈪属，所以盛种。"《左传·宣公十一年》："称畚筑。"杜注："畚，盛田器。"

二 收获工具

(一) 铦

铦，楚方言词，刈钩也，即今镰刀。是古人刈禾、芟草的工具。

扬雄《方言》卷五："刈钩，江淮陈楚之间谓之铦，或谓之鉊；自关而西或谓之钩，或谓之鎌，或谓之鍥。"许慎《说文解字·金部》："铦，大铁也。鎌或谓之铦，张彻说。"王筠《说文句读》云："此固不可通，然小徐及汲古本作大鎌也，则与张彻说複，姑乃之。《释名》：'铚，获禾铁也。'则铚亦谓之鍥。今铦、铚二篆相次，或铦为铚之别名乎，然铚仍是鎌也。"段玉裁注作"铦，大鎌也"。《广韵·宵韵》："铦，淮南谓之鎌。""鎌"又作"镰"。《集韵》："'镰'同'鎌'。"《管子·轻重己》第八十五："耟耒耨怀，铦銍九觳，权渠缏絓，所以御春夏之事也。"明刘绩注曰："铦，鎌也。"明陈继《先妣吴孺人墓版文》："操铦荷镈，与奴共力畦圃。"

后"铦"亦可表示动词，与"刈"同，意为用镰刀割。

(二) 鉊

鉊为"镰刀"义时为楚方言词。

扬雄《方言》卷五："刈钩，江淮陈楚之间谓之铦，或谓之鉊；自关而西或谓之钩，或谓之鎌，或谓之鍥。"钱绎《方言笺疏》云："鉊，《广雅》作划，曹宪音'工卧反'。《玉篇》'鉊'、'划'皆云'刈钩也'。划与鉊声义并同。"《广韵》《集韵》均为："古火切，音'果'。刈钩。"又"鉊，鎌也"。

(三) 柍

《说文解字·木部》："柍，梅也。从木央声。一曰江南樗材，其实谓之柍。"清代段玉裁《说文解字注》曰："柍，梅也。柍梅合二字成木名，今各本删去柍字，是柍即柟矣。《释木》：'时英梅。'《齐民要术》引郭注云：'英梅未闻。'今本注云：'雀梅。'殆非郭语。《南都赋》曰：'柍柘檍檀。'与樱梅山柙等各为一条。柍梅非今之梅类明矣。"王筠《说文解字句读》："'柍，梅也。'《释木》：'时英梅。'《玉篇》、《广韵》

皆有楄无柍,云'楄梅也'。桂氏曰:梅当作某,《释木》注曰雀梅,案:《名医别录》曰雀梅一名千雀,叶与实俱如麦李,是梅之别种也。《类篇》:'柍,杏也。'"《说文校议》:"'梅也'上脱'柍'字。《释木》:'时英梅。'柍、英同音。"《尔雅·释木》:"时,英梅。"徐铉注《说文解字》"柍"条下曰:"於京切。"《集韵》《韵会》《正韵》:"於京切,音英。"又《韵会》:"於良切,音央。"扬雄《甘泉赋》:"日月缠经于柍桭。"李善注:"柍,中央也。"《玉篇》:"楄,猗明切,楄梅也。"又云:"柍,於两切,木实。"《广韵》:"楄,於京切。楄梅今之雀梅。"又"养"韵:"柍,於两切,木名。"由此可见,"柍""楄"为《玉篇》《广韵》《集韵》所兼收,然二者各有其音,意义也不尽相同。清钱大昕在《说文答问》中有云:"柍即'时英梅'之英。"马宗霍先生《说文解字引方言考》曰:"'楄'盖缘《尔雅》'英'字而加'木'旁,'英'为借字,'柍'为正字,'楄'则俗字。"马宗霍先生由此则厘清了"英""柍""楄"三个字形之间的关系,综上,"柍"之本义应为"柍梅",即为今之"杏"。

"柍"亦为楚方言。楚人既用"柍"称名"江南橦材之实",又用"柍"指称"连枷"。

《说文解字·木部》"柍"条下有云"一曰江南橦材,其实谓之柍"。然在其意义层面与上述本义无任何关联。段玉裁《说文解字注》此条曰:"橦,帐极也。与此不相涉。以《唐式》柴方三尺五寸曰一橦,音钟,解之。下文又不属也。况汉人曰章,唐人乃曰木钟乎。'枷'字下曰:'淮南谓之柍。'宜以订正此句。一说《蜀都赋》:'布有橦华。'刘逵云:'橦,树名。'谓此橦材坚实者谓之'柍'也,'实'下当有'者'字。"徐锴《说文系传》:"臣锴《尔雅》'时英梅',注曰'今之雀梅'。又 古谓木材之实者为章,故曰'豫章之材'。《史记·货殖传》曰'木于千章',《汉书·百官表》有'章曹掾'。近代变'章'言'橦'义亦同,'橦'音'钟',故旧长安有司农木橦渠,即引木渠也,合亦谓'船柁',干为柁橦。自古栋梁之木多出江南。"

马宗霍《说文解字引方言考》有云:"'橦'当借为'栋'。"《说文解字·木部》:"栋,极也。从木东声。"段玉裁注:"极者,谓屋至高之处。《系辞》曰:'上栋下宇。'五架之屋,正中曰栋。《释名》曰:'栋,中也。居屋之中。'"《韵会》:"柍,於良切,音央。"扬雄《甘泉赋》:"日月缠经于柍桭。"李善注:"柍,中央也。""栋""柍"(音央)在其义上有相关性。从古音的层面上来说,也有相通之处,可以互转。"橦",徒红切,在上古属定纽;"栋",多贡切,上古属端纽,且"橦"与"栋"在上古都同属"东"部,二者是双声且同韵的关系。由上述可见,"柍"的本义与表"中央"之义并没有什么关联,二者共用同一字形耳。

除上述以外,"柍"在楚方言中还表示"连枷"之义,是楚人将成熟的禾收割以后,用于将谷从禾秆上分离出来的工具。扬雄《方言》卷五有云:"佥,宋魏之间谓之欓殳,或谓之度;自关而西谓之棓,或谓之柫;齐楚江淮之间谓之柍,或谓之桲。""佥"字下郭璞注曰:"今连枷,所以打谷者。"王智群(2011)《〈方言〉与扬雄词汇学》认为:"'佥'为记音,盖由'枷'声转。"许慎《说文解字·木部》:"枷,柫也,从木加声。淮南谓之柍。"又《集韵》《类篇》:"於亮切,音怏。"《博雅》:"杖也。一曰打谷具。"《广雅·释器》:"柍,杖也。"

"连枷"多为木制,使用时以打击为主。刘熙《释名》对此工具所说甚详:"枷,加也。加杖于柄头,以挝穗而出其谷也。或曰罗枷,三杖而用之也。或曰了了,杖转于头,故以名之也。""欓殳""度""棓""柫""柍""桲"皆取义于这两个特点或其中之一。郭璞注《方言》卷五"佥"条曰:"此皆打之别名也。"《广雅·释器》云:"棓、桲、柷、柍、欓殳、梴、度,杖也。"王念孙《广雅疏证》有云:"'柍'之言'抰'也。卷三云:'抰,击也。'"由此可见,楚方言谓"连枷"曰"柍",取"柍"之"击打"义。

"柍"在现代汉语的江淮官话中还保存,《泰兴县志》:"击谷杖谓之柍。"

(四)桲

"桲"为楚方言,其本义为一种打谷脱粒的农具,即连枷。

扬雄《方言》卷五云:"佥,宋魏之间谓之欓殳,或谓之度;自关而西谓之梻，或谓之柫；齐楚江淮之间谓之柍，或谓之桲。""佥"字下郭璞注曰："今连枷，所以打谷者。"《说文解字》未收录"桲"。《集韵》："薄没切，音勃。"《广雅·释器》："梻、桲、桅、柍，櫡殳、梃、度，杖也。"《博雅》："杖也。"《玉篇》："桲，今连枷，所以打谷也。"

三 加工工具

樴

"樴"言"碓机"时，为古楚方言词，是一种对收获的谷物进行加工所使用的工具。

扬雄《方言》卷五云："碓机，陈魏宋楚自关而东谓之樴。"许慎《说文解字·石部》："碓，舂也。"《木部》："机，主发谓之机。"《臼部》："舂，捣粟也。从廾持杵临臼上。午，杵省也。古者雍父初作舂。"由此可见，"碓机"应包括臼和杵。《说文解字·木部》："樴，长木也。"古楚方言呼"碓机"谓之"樴"，钱绎《方言笺疏》曰："碓机谓之樴，盖谓机在此而舂在彼也。"

第三节 纺织品生产工具

楚人纺织业的生产水平除了体现在其服饰的种类和样式之外，还可以从其纺织生产工具上反映出来。主要有两类与纺织业相关的器具。

一 养蚕工具

（一）苗

苗为楚方言词，义为"薄"，即蚕箔，是一种养蚕的工具。

扬雄《方言》卷五："薄，宋魏陈楚江淮之间谓之苗，或谓之麴；自关而西谓之薄，南楚谓之蓬薄。"《说文解字·艹部》："苗，蚕薄也。"徐锴《说文系传》曰："《汉书》：'周勃织薄苗。'"今本《汉书·周勃传》作"曲"。《说文解字·曲部》："曲，象器曲受物之形。或说曲，蚕薄也。"是"苗"同"曲"。《吕氏春秋·季春纪》："具栙曲筥筐，后妃斋戒，亲东乡躬桑，禁妇女无观。"郑玄注曰："时所以养蚕器也，曲，薄也。"《淮南子·时则训》："鸣鸠奋其羽，戴鵀降于桑，具扑曲筥筐，后妃斋戒，东乡亲桑，省妇使，劝蚕事。"高诱注："曲，薄也。清徐谓之曲。"《史记·绛侯世家》"勃以织薄曲为生"，《索引》引《韦昭》云："北方谓薄为曲。"又引许慎《淮南子注》云："曲，苇薄也。"

又作"筁"，《广雅·释器》："筁谓之薄。"《玉篇·竹部》："筁，养蚕具也。"

是"苗""曲""筁"三者同。段玉裁《说文解字注·曲部》"曲"字下云："《七月传》曰：'豫畜萑苇，可以为曲也。'其字俗作'苗'。又作'筁'。"字形的差异或与其形制有关。钱绎《方言笺疏》有云："薄之制，书传虽未明言，大约如簀第之簀，故《史记·范雎传·索隐》云'簀，谓苇荻之薄也。'盖编苇为之，故字从'草'。亦如席之可舒可卷。"钱氏的这种活法是可信的，"曲"又作"筁"，大概因其为竹篾所编。

（二）麹

麹表"薄"之义为楚方言词，即蚕箔，养蚕的工具。

扬雄《方言》卷五云："薄，宋魏陈楚江淮之间谓之苗，或谓之麹；自关而西谓之薄，南楚谓之蓬薄。"郭璞"麹"字下注云："此直语楚声转也。""苗"上古音在屋部，溪纽；"麹"上古音在觉部，溪纽。二者双声，韵部元音相近，韵尾相同，可旁转。可知，"苗"音转而为"麹"。

（三）蓬薄

以"蓬薄"谓之"薄"者，楚方言词也。为养蚕的工具。

扬雄《方言》卷五云："薄，宋魏陈楚江淮之间谓之苗，或谓之麹；自关而西谓之薄，南楚谓之蓬薄。"钱绎《方言笺疏》云："'苗薄'之或为'蓬薄'，犹'簟，宋楚之间或谓之籧苗。自关而西或谓之箈'，注云：'今云箈篾篷。'皆以曲折为名也。"故南楚谓"薄"曰"蓬薄"也。

（四）植、㯉、缳、環

植、㯉、缳、環，这一组词在楚方言中表示搁架蚕箔的工具。

扬雄《方言》卷五："槌，宋魏陈楚江淮之间谓之植，自关而西谓之槌，齐谓之样。其横，关西曰槤，宋魏陈楚江淮之间谓之楴，齐部谓之持。所以县楴，关西谓之㯺，东齐海岱之间谓之䋼，宋魏陈楚江淮之间谓之缳，或谓之環。"华学诚《扬雄方言校释汇证》有云："'槌'为搁架蚕箔之木桩。"

植者，义为"搁架蚕箔的木柱"。《礼记·月令》："具曲植籧筐，后妃齐戒，亲东乡躬桑。"郑玄注曰："植，槌也。"

楴者，表示搁架蚕箔的横木。上文提及的"植"为竖置，而"楴"为横置。

缳者，用作悬蚕箔横木的绳子。即为"植"与"楴"之间连接、拴系之索。"環"与此同。

二　纺织工具

（一）䌆

牵动繀车转动的绳索楚方言谓之"䌆"。

扬雄《方言》卷九："车下䩔，陈宋淮楚之间谓之䌆。"戴震《方言疏证》："此言繀车之索。各本'䩔'讹作'鐵'，非也。《玉篇》云：'䩔'，索也。古作'䩔'。"又引证："《考工记》：'天子圭中必。'郑注云：'必，读如鹿繀之繀，谓以组约其中央，为执之以备失队。'"《说文解字·糸部》："䌆，止也。从糸畢声。"段玉裁注"按鹿车即繀车。东齐海岱之间谓之道轨。《广雅》曰：'道轨谓之鹿车。'鹿车下䩔，陈宋淮楚之间谓之䌆。所谓鹿车繀也。与用组约圭中央皆所以止者。"

（二）䌼

繀车之大者，楚方言谓之"䌼"。

扬雄《方言》卷九："车下䩔，陈宋淮楚之间谓之䌆。大者谓之䌼。""䌼"字下郭璞注云："鹿车也。"钱绎《方言笺疏》云："'大者谓之䌼'句，旧本别为一条，'者'字作'车'，今并从戴校，云：'此言繀车之索。'"由此则可知，郭璞所注"鹿车"即为"繀车"。

唐刘禹锡诗《咏古二首有所寄》："车音想辚辚，不见䌼下尘。"

第四节 房屋与建筑

一 闬

《说文解字·门部》曰:"闬,门也。从门,干声。汝南、平舆里门曰闬。"在东汉许慎看来,"闬"的本义为"门",古汝南和平舆地区将"里门"呼为"闬"。《广雅》曰:"里、闾、闬,尻也。"后代学者对"闬,门也"存疑。清代段玉裁《说文解字注》对其进行解释:"闬,闾也。《左传》《尔雅》释文、《左传正义》、《芜城注》、《玉篇》、《广韵》引皆作'闾'。至《尔雅》疏乃讹为'门',今正。惟《左传》'高其闬闳'用为凡门之称。"又严可均《说文校议》曰:"《玉篇》、《广韵》、《集韵》、《释宫·释文》、《左襄三十一年传·释文》、《后汉书·马援传》注、《文选·芜城赋》注引作'闾'也。此作'门也'误。"又《说文解字·门部》云:"闾,里门也。从门,吕声。"段玉裁注:"《周礼》:'五家为比,五比为闾。'闾,侣也。二十五家相群侣也。"即认为"闬"的本义应是"里门"之义。段玉裁《说文解字注》对其进一步阐释:"汝南、平舆里门曰闬,当许时古语犹存于汝南平舆也。"然古汝南平舆地区为楚地,则许慎所言"汝南平舆里门曰闬"应为古楚方言之义。又《汉书序传》:"绾自同闬。"应劭曰:"闬,音扞,楚名里门为闬。"班固《述韩英彭卢吴传赞》:"绾自同闬,镇我北疆。"李善注引应劭曰:"南楚汝沛名里门曰闬。"此与许慎之言"汝南平舆里门曰闬"义合。《后汉书·马援传》:"援素与述同里闬。"又《成武孝候顺传》:"顺与光武同里闬。"注云:"闬,里门也。"亦与此义同。则"闾"与"汝南平舆里门曰闬"义同,"闾"为通语,"闬"为方言词。由此,"闬"之本义为"里门",为古楚方言无疑。

《楚辞·招魂》:"魂兮归来!去君之恒干,何为四方邪?舍君之乐处,而离彼不祥些。"王逸注曰:"恒,常也。干,体也。《易》曰:贞者事之干。"又"言魂灵当扶人养命,何为去君之常体,而远之四方乎?夫人须魂而生,魂待人而荣。二者别离,命则贾零也。或云'去君之恒闬'。闬,

· 243 ·

里也。楚人名里曰闬也"。近人郭沫若从或说,列"闬"楚地方言,且引王逸注云:"'干'或作'闬',闬,里也,楚人名里曰闬。"意为"乡里""家乡"。里,指民众居住的地方,楚方言呼为"闬"。王念孙《广雅疏证》有云:"《广雅·释宫》篇亦云'闬,里也','里'谓之'闬',故'里门'亦谓之'闬'。《管子·立政篇》云'审闾闬'是也。此篇云:'闬,居也。''居'谓之'闬',故'馆门'亦谓之'闬'。《左传·襄公三十一年》云'完客所馆,高其闬闳,厚其墙垣'是也。"

综上所述,楚方言既以"闬"称指里巷之门,又以"闬"称名乡里。这两个意义到汉代都一直在使用。《全后汉文》卷五十二:"长廊广庑,途阁云蔓。闬庭诡异,门千户万。重闺幽闼,转相逾延。"《后汉书·列传》第四:"顺与光武同里闬,少相厚。"又《汉书·列传》第七〇下:"绾自同闬,镇我北疆,德薄位尊,非胙惟殃。"

现已知"闬"字最早出现于出土文献毛公鼎铭文中。毛公鼎是西周晚期毛公所铸造的青铜器,清代道光二十三年(1843)出土于陕西岐山(今宝鸡市岐山县),收藏于台北故宫博物院,为台北故宫博物院镇馆三宝之一。毛公鼎内铭文三十二行,共四百九十九字,记载了毛公衷心向周宣王为国献策之事,被誉为"抵得一篇尚书"。是研究西周晚期政治史的重要史料。

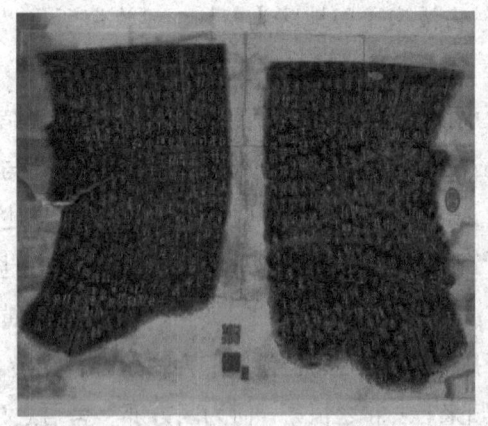

图7-1

"闬"字出自鼎内铭文第一段,据整理小组,并转换为简体如下:

第七章 楚方言器物词 ◆◇◆

王若曰："父歆，丕显文武，皇天引厌厥德，配我有周。膺受大命，率怀不延方，亡不闬于文武耿光。唯天将集厥命，亦唯先正略又厥辟，恪谨大命，肆皇天亡，临保我有周，丕巩先王配命，旻天疾威，司余小子弗汲，邦将曷吉？迹迹四方，大从丕静。呜呼！惧余小子，溷湛于艰，永恐先王。"

整理小组注释："闬，域也，限也。"与楚方言表"乡里""里门"之"闬"义相近，具有相通之处。《周礼·地官·大司徒》有云："五家为比，五比为闾。"又《周礼·地官·遂人》亦云："五家为邻，五邻为里。"王念孙《广雅疏证》曰："闾者，《周官·大司徒》：'五家为比，五比为闾。'《说文》：'闾，侣也。二十五家相群侣也。'又云：'闾，里门也。'案：闾、里，一声之转。乡为之闾，遂谓之里，其义一也。二十五家谓之闾，故其门亦谓之闾也。"由此可见，古代社会二十五家为里，同里的人家聚居一处，以便于管理。"里门"即为二十五家所居住区域的门，通语谓之"闾"，楚方言谓之"闬"，也暗含"区域""限制"之义在其中。

在其后的发展中，"闬"字之义并非一成不变，除了表"里门"和"乡里"之义外，还引申发展出其他的义项。东汉时期，"闬"字可以表示"墙垣"。《文选·张衡〈西京赋〉》："长廊广庑，途阁云蔓。闬庭诡异，门千户万。重闺幽闼，转相逾延。"李善注："闬，垣也，胡旦切。"时至唐代，"闬"还可表"防备"之义。唐代韩愈《汴州东西水门记》："乃作水门，为邦之郛，以固风气，以闬寇偷。"注曰："闬或作捍。"

时代的变迁影响着汉语词汇的变化发展，现代汉语中，已无"闬"的说法。但今有"某村"为"某关"称名。例如：湖北宜昌五峰有渔洋关（渔关），石首市调关，宜城市何关，荆州市卢关、港关、前敖关、后敖关、柳关，天门市叶关、夏关、董山关，荆门市京山县董关、段关、王关、鞠关、余关、侯关、茅关、何关、扬关、谢关、彭关、宋关、肖关、戴关、邵关、严关、罗关、唐关、袁关、杜关、江关、周关、殷关、黄关、吉关、姚关、申关、高关、大屈关、小董关、小蒋关等。"闬"上古属匣纽，元部；"关"上古属见母，元部。二者韵部相同，声母相近，同属牙音，可旁转。

二 梠

梠，为楚方言，释为"屋檐"。

《说文解字·木部》："楣，秦名屋櫋联也，齐谓之檐，楚谓之梠。从木，眉声。"又云："梠，楣也。从木，吕声。"

《广雅·释宫》："檐、梜，梠也。"《尔雅·释宫》："檐谓之樀。"郭注云："屋梠。"扬雄《方言》卷十三云："屋梠谓之梜。"郭璞注曰："雀梠，即屋檐也。亦呼为连绵。"刘熙《释名·释宫室》："梠，旅也。连旅，旅也。或谓之櫋。櫋，绵也，绵连榱头，使齐平也。上入曰爵头，形似爵头也。"又言："凡言吕者，皆相连之意。"由此可见，"梠"取相连之义。《文选》卷第十一："诤梠缘边，周流四极。"《大唐西域记·三国》："隅楼四起，重阁三层，榱梠栋梁，奇形雕镂。"皮日休《读书》："家资是何物，积帙列梁梠。"《全唐诗补编·全唐诗续拾》卷二十："基颓柱根朽，椽梠脱差抽。"晋代郭璞注以"屋檐"训释"屋梠"，可推断，至少在汉末魏晋时期，"屋檐"已经成为通称。而用"梠"指称"屋檐"，在今湖南湘语中还有保存。

三 轔

轔者，楚方言称"门切"曰"轔"，即"门槛"。

《淮南子·说山训》云："刬靡勿释，牛车绝轔。"高诱注曰："刬，切也。轔，楚人谓门切为轔。"依据高诱所注，"轔"所指即为门槛。然"轔"的字形结构与"车"有关。《说文解字（新附）·车部》："轔，车声。"《集韵·真韵》："轔，轔轔，象车声。"《楚辞·九歌·大司命》："乘龙兮轔轔，高驰兮冲天。"王逸注："轔轔，车声。《诗》云'有车轔轔'也。"又云车轮。《仪礼·既夕礼》"迁于祖用轴"，贾公彦疏云："轔，轮也。"此皆都与"车"有关。楚人把门槛叫作"轔"，华学诚认为："高诱其原名曰：'车行其上则断之。'臆说而已，不足为据。"[①]由此可见，

---

① 华学诚：《周秦汉晋方言研究史》，复旦大学出版社2003年版，第372页。

"鏻"字实为楚方言之记音字，无关乎字之形体结构。

第五节　交通与舟、车马器

一　舟

扬雄《方言》卷九："舟，自关而西谓之船；自关而东或谓之舟，或谓之航。南楚江湘凡船大者谓之舸，小舸谓之艖，艖谓之艒䑠，小艒䑠谓之艇，艇长而薄者谓之艕，短而深者谓之䑨，小而深者谓之㮐。"此皆为舟船名。《说文解字·舟部》："舟，船也。古者，共鼓、货狄，刳木为舟，剡木为楫，以济不通。象形。凡舟之属皆从舟。"《周礼·冬官·考工记》："作舟以行水。"南楚江湘之地舟船的种类和名称较为复杂，说明在这一带舟船使用非常普遍，是重要的交通工具。

（一）舸

舸，楚方言称名"船之大者"为"舸"。陈昌治刻本《说文解字·舟部》："舸，舟也。"《广雅·释水》同。《玉篇》："舸，船也。"左思《吴都赋》："弘舸连舳，巨槛接舻。飞云盖海，制非常模。"李善注引《方言》云："大船曰舸。"《汉末英雄记·周瑜》："未即渡，瑜夜密使轻船走舸百数艘，艘有五十人移棹。"马缟《中华古今注·孙权舸船》："孙权，吴之主也，时号舸为赤龙，小船为驰马。"又《陈书·列传》第一四："皎乃与戴僧朔单舸走，过巴陵，不敢登城，径奔江陵。"《三国志·吴书》："袭与凌统俱为前部，各将敢死百人，人披两铠，乘大舸船，突入蒙冲里。"是"舸"为大船也。

（二）艒䑠

艒䑠，楚方言"艖"又或谓之"艒䑠"，小船也。《广雅·释水》："艒䑠，舟也。"《玉篇》："艒䑠，船名。"又《广韵·屋韵》："艒，小艖。"《宋书·吴喜传》："从西还，大艑小艒，爰及草舫，钱米布绢，无船不满。"皮日休《吴中苦雨因书一百韵寄鲁望》："唯堪著箬笠，复可乘艒宿。"汤恢《八声甘州》:"想当年,龙舟凤艒,乐宸游,摇曳锦帆斜。"是"艒"与"艒䑿"同。

（三）艇

艇,楚方言小艒䑿谓之艇,轻便小船也。《广雅·释水》:"艇,舟也。"《说文解字·舟部》:"艇,小舟也。"《释名·释船》:"二百斛以上曰艇。"又云"其行径挺,一人二人所乘行者也。"《小尔雅·广器》:"小船谓之艇。"《淮南子·俶真训》:"越舲蜀艇,不能无水而浮。"高诱注曰:"蜀艇,一板之舟,若今豫章是也。"《北史·列传》第四三:"亮乃备小艇百余,皆载长锁,锁头施钉。"《全齐文》卷二十三:"棹河舟之轻艇,历星术之熠耀。"

（四）艜

艜,楚方言称名"艇长而薄者"曰"艜"。《广雅·释水》:"艜,舟也。"《玉篇》云:"艜,艇船。"《广韵》释同。钱绎《方言笺疏》云:"'艜'之言'带'也。卷十三'带,行也',注云:'随人行也。'又《庄子·齐物论·释文》引崔撰注云:'带,蛇也。'亦以长得名也。"

（五）艀

艀,楚方言称名"艇短而深者"曰"艀"。郭璞"艀"字下注云:"今江东呼艖艀者。"《广雅·释水》:"艀、艖,舟也。"《小尔雅·广器》:"艇之小者曰艀。"《玉篇》云:"艀,艇短而深也。"《梁书·羊侃传》:"于两艖舟符起三间通梁水斋。"《陈书·侯景传》:"以舣艀贮石,沈塞淮口。"《广韵·虞韵》:"艀,艇舩也。"钱绎《方言笺疏》云:"下卷云:'短,东阳之间谓之府。''府'与'艀'声相近,是'艀'以短得名也。《注》'江东呼艖舟符者',合言之也……倒言之则'舟符艖'。《释名》云'步叉,人所带,以箭叉其中也。'刘昭注《续汉书·舆服》引《通俗文》'箭箙谓之步叉。'其义同也。"

（六）艐

艐,楚方言称名"艇小而深者"曰"艐"。"艐"字下郭璞注云:"即长舼也。"二者同。《广韵·钟韵》:"艐,《方言》:'南楚江湘凡船小而深者谓之艐。'或作舼。"《淮南子·俶真训》曰:"越舼,蜀艇,不能无水而浮。"注曰:"舺,小艇。"《后汉书·马融传》:"然后方余皇,连舺舟,张云帆,施蜺帱。"李贤注曰:"舺,小舟也。"《通雅》云:"今皖江之太湖呼船小而深者谓之艓艚。"《玉篇·舟部》:"舺,小船也。"又云:"艓,小船也。"是"舺""艓""艓"三者同,指小而深的船。

（七）䚄

䚄,楚方言称名"船短而广安不倾危者"曰"䚄"。

《释名·释船》:"三百斛曰䚄。䚄,貊也;貊,短也,江南所名,短而广安不倾危者也。"

《广雅·释水》:"䚄,舟也。"《初学记》卷二十五引《埤苍》云:"䚄,吴船也。音雕。"《集韵》:"䚄,小船也。或从周。"毕沅《疏证》曰:"䚄,俗字也,《北堂书钞》、《初学记》、《御览》皆引作䚄。"《毛诗·国风·河广》:"谁谓河广,曾不容刀。"郑玄《毛诗传笺》云:"小船曰刀。"段玉裁《说文解字注·舟部》:"小船也。从舟,周声。各本无此字。……《释文》曰:'《说文》作䚄。小船也。'《正义》曰:'《说文》作䚄。小船也。'合据补于末,其形从《正义》。"可知,"刀""䚄"皆与"䚄"同,指小船。

（八）泭

泭,楚方言称名小筏子为"泭",是一种由木编成的渡水工具。

《楚辞·九章·惜往日》:"乘氾泭以下流兮,无舟楫而自备。"王逸注云:"乘舟泛船而涉渡也。编竹木曰泭。楚人曰泭,秦人曰拨也。"

《说文解字·水部》:"泭,编木以渡也。"段玉裁注云:"《周南》'江之永矣,不可方思'。《传》曰:'方,泭也。'即《释言》之'舫,泭也'。《尔雅》字多从俗耳。《释水》曰:'大夫方舟。士特舟。庶人乘泭。'"《尔雅·释言》:"舫,泭也。"孙炎注曰:"方木置水中为泭筏也。"又扬雄《方言》卷九云:"泭谓之䉡,䉡谓之筏。"《国风·周南·汉广》:"江之永矣,不可方思。"《释文》引郭氏《音义》云:"木曰䉡,竹曰筏,小筏曰泭。"《国语·齐语》"方舟设泭,乘桴济河",韦昭注云:"编木为泭,小泭曰桴。"是"泭""桴"义同。泭即为小筏子。《管子·轻重甲》："冬不为杠，夏不束洰。"《三国志·吴书》："宜伐芦苇以为洰，佐船渡军。"是为其例。

（九）荐

荐，楚方言称"家居椊中"为"荐"。

扬雄《方言》卷九："洰谓之椊，椊谓之筏。筏，秦晋之通语也。江淮家居椊中谓之荐。"钱绎《方言笺疏》云："'荐'之言藉也。《释名·释床帐》云：'荐，所以自荐藉也。'卧席谓之荐，车茵谓之荐，履屟谓之荐，义并相近也。"

（十）㵞

㵞，楚方言称"渡船、筏子"曰"㵞"。

扬雄《方言》卷九："方舟谓之㵞。"郭璞注曰："扬州人呼渡津舫为杭，荆州人呼㵞。"《广雅·释水》："㵞，筏也。"即用以过渡口的船或筏子，楚人称之为"㵞"。

二 车及其构件

楚人另外一种重要的交通工具就是车，当时一般是马或者牛拉。楚方言中并没有记述马、牛的情况，而是对车本身的构造作了详细的描写。

（一）軑

軑为楚方言，一为古代车毂端圆管状的冒盖。

扬雄《方言》卷九："辖、軑，鏈鐴也。关之东西曰辖，南楚曰軑，赵魏之间曰鏈鐴。"

戴震《方言疏证》曰："軑，毂端鐴也。"《说文解字·车部》："軑，车辖也。"《汉书·扬雄传》："陈众车于东阬兮，肆玉軑而下驰。"晋灼曰："軑，车辖也。"《楚辞·离骚》："屯余车其千乘兮，齐玉軑而并驰。"王逸注曰："軑，锢也。一云车辖也。"段玉裁《说文解字注·车部》："《离骚》曰：'齐玉軑而并驰。'王逸释为'车辖'，非也。《玉篇》、《广韵》皆云'车辖'，'辖'皆'辖'之误也。"李贞芥《六书系韵》、钱绎《方言笺疏》皆同段玉裁之说，朱季海《楚辞解故》也从段玉裁的说法。李新魁先生认为王逸所言之'辖'与许慎所说的'辖'在古代汉语中从音、义、形各方面都可以互通。①又戴震《屈原赋注》云："轪，毂端錔也。《方言》：'关之东西曰辖，南楚曰轪，赵魏之间曰錬鏅。''齐玉轪'，言并毂而驰。"

由此，辖与錔指的是相同的东西，同为车轴头铁也，楚方言谓之"轪"。
二是借以指称"轮"。

扬雄《方言》卷九："轮，韩楚之间谓之轪，或谓之軧。"

从其本义说来，"轮""轪""軧"当为三种不同的器物。"轮"，《说文解字·车部》："有辐曰轮，无辐曰辁。"《老子·道经》："三十辐共一毂。"由此可知，"轮"应该包含外圈和辐。"轪"为"车錔"，即车毂端圆管状的冒盖，对毂加固的作用。又"軧，长毂之軧也，以朱约之"。是车毂的饰物。"轪"、"軧"皆与"轮"联系紧密，是故楚方言借以指称"轮"。《广雅·释器》："轪，轮也。"王念孙《疏证》云："'轪'本毂錔，'軧'本毂帱，以其系于轮舆，亦通谓之轮……此皆方俗之称名耳。或分别言之，则轪自轪，軧自軧，且不得谓之毂，况于轮乎！"是故楚方言用"轪"指称"轮"。

《文选·谢朓〈始出尚书省〉》："青精翼紫轪，黄旗映朱邸。"胡绍煐《文选笺证》："《广韵》'轪，车轮'，玉轪，犹言玉轮。"唐代韩愈《秋雨联句》："深路倒羸骖，弱途拥行轪。"现代汉语方言中亦有"轪"。今广州话中，"轪"指汽车的方向盘，例如"把轪""揸轪""把稳轪""左轪"等说法。汽车方向盘与轮形同，是楚方言以"轪"称名"轮"之今证。

（二）軧

车轮，楚方言或谓之"軧"。

扬雄《方言》卷九："轮，韩楚之间谓之軑，或谓之軧。"

《说文解字·车部》："轮，有辐曰轮，无辐曰辁。"《老子·道经》十一章："三十辐共一毂，当其无，有车之用。""毂"是连接轮和轴的重要构件，"軧"本指车毂上的装饰，也对车轴端有保护作用。《说文解

---

① 李新魁：《屈原〈离骚〉"玉轪"解》，《中山大学学报》1983年第2期。

字·车部》:"軝,长毂之軝也,以朱约之。《诗》曰:'约軝错衡。'軝,軝或从革。""軝"与"轮"联系紧密,故楚方言借用"軝"称名"轮"。王念孙《广雅疏证》云:"'軝'本毂帱,以其系于轮舆,亦通谓之轮……此皆就方俗之称名耳。"

（三）辀

楚方言称车前驾牲口的长木为"辀"。

扬雄《方言》卷九:"辕,楚卫之间谓之辀。"此言车杠,一头与车轴相连,由车前伸出,通过其他的配件连接到马或者牛身上,其力就通过"辕""辀"带动车轮前进。楚方言称名"辕"曰"辀",然具体说来,二者是有区别的。

《说文解字·车部》:"辀,辕也。"朱骏声《说文通训定声》"辀"字下云:"小车居中一木曲而上者谓之辀,故亦谓之轩辕,谓其穹隆而高也。"《篇海类编·器用类·车部》:"辀,车前曲木上句衡者谓之辀。"又《说文解字·车部》云:"辕,辀也。"段玉裁注曰:"《考工记》:'辀人为辀'。'车人为大车之辕。'是辀与辕别也。许浑言之者,通称则一也。"朱骏声《通训定声》云:"大车、柏车、羊车皆左右两木,曰辕。其形直,一牛在辕间。田车、兵车、乘车,皆居中一木穹隆而上,曰辀。其形曲,两马在辀旁。辕与辀对文则别,散文则通。"《周礼·冬官·考工记》:"辀人为辀。"郑玄注:"辀,辕也。"孙诒让《正义》曰:"小车曲辀,此辀人所为者是也。大车直辕,车人所为者是也。散文则辀、辕亦通称。王宗涑云:'析言之,曲者为辀,直者为辕。小车曲辀,一木居中,两服马夹辀左右。任载车直辕,两木分左右,一牛在两辕中。'"

由此可知,"辀"与"辕"的区别有三:一是所适用车的大小之别,"辀"适用于小车,"辕"适用于大车;二是形制的区别,"辀"者形曲且穹隆而上,"辕"者形直;三是使用方式上的区别,"辀"者为独木,一般用于马车,两马在辀旁,"辕"为双木,一般用于牛车,牛在两辕中间。据上述扬雄所记《方言》可知,至少到汉代,"辕"已经基本成为"车杠"的通称,而"辀"只在楚卫方言中使用。据萧圣中先生考察,"楚车基本上属于独辀车"，① 此所以楚方言谓之"辀"。

《毛诗·国风·小戎》："小戎俴收，五楘梁辀。游环胁驱，阴靷鋈续。"《毛传》云："梁辀，辀上句衡也。"张衡《思玄赋》："魂眷眷而屡顾兮，马倚辀而徘徊。"《孔丛子·嘉言第一》："今齐君失之已久矣，子虽欲挟其辀而扶其轮，良弗及也。"《说苑》卷第十四："楚庄王有茅门者法曰：'群臣大夫诸公子入朝，马蹄蹂霤者斩其辀而戮其御。'"《全后汉文·洛都赋》："于是乘兴鸣和，按节发轫，列翠盖，方龙辀。"是以言"辀"也。

《春秋公羊传·僖公元年》："曰：'吾不得入矣。'于是抗辀经而死。"东汉何休注云："辀，小车辕，冀州人以此名之。"由此可见，在东汉时期称名为"辀"者，已不独楚卫之间也。

（四）緧、曲绹、曲纶

楚方言称名"车纣"曰"緧"、或"曲绹"、或"曲纶"。

扬雄《方言》卷九云："车纣，自关而东周洛韩汝颍而东谓之緧，或谓之曲绹，或谓之曲纶。"此言古代套车时拴在牲畜尾部横木上的绳套。《说文解字·系部》："纣，马緧也。"又云："緧，马纣也。"《释名·释车》："緧，遒也，在后遒迫使不得缩也。"《周礼·冬官考工记》："不援其邸，必緧其牛后。此无故，唯辕直且无梢也。"郑玄注："倍任用力倍也，故书'緧'作'鰌'。"郑众注云："'鰌'读为'緧'。关东谓纣为'緧'。"

緧者，《集韵·尤韵》："緧，《说文》：'马纣也。'或从秋，亦作'鞧'。"可知，"緧""緧""鞧"三者同。

"曲绹""曲纶"皆是绳索之称名。郭璞《方言》卷九"曲绹"下注曰："绹，亦绳名。"《尔雅·释言》："绹，绞也。"注云："纠绞绳索。"《诗·豳风》："宵而索绹。"郑《笺》云："夜作绞索，以待时用。"又"曲纶"下郭璞注云："今江东通呼为索纶。"是"索伦"与"曲纶"同。

（五）筿、蔧笼

古代车弓，楚方言称名为"筿"、或"蔧笼"。

---

① 萧圣中：《曾侯乙墓竹简释文补正暨车马制度研究》，科学出版社 2011 年版，第 256 页。

扬雄《方言》卷九："车枸篓，宋魏陈楚之间谓之筱，或谓之籢笼。""车枸篓"下郭璞注云："即车弓也。"钱绎《方言笺疏》引《考工记·轮人》云："所谓'盖弓'也。"即为古代车上的弓形骨架。

筱者，《广雅·释器》："筱，䡊也。"《集韵·麦韵》："筱，车弓。"郭璞"筱"字下注云："今呼车子弓为筱。"又云："筱，音巾帼。"《释名·释首饰》："簂，筱也，恢廓覆发上也。"又《后汉书·列传》卷八〇："妇人至嫁时乃养发，分为髻，著句决，饰以金碧，犹中国有簂步摇。"李贤注曰："簂音吉诲反。字或为'帼'，妇人首饰也。《续汉·舆服志》曰：'公卿列侯夫人绀缯帼。'"钱氏《方言笺疏》云："覆发谓之簂，车盖弓谓之筱，其义同也。"

籢笼者，《广雅·释器》："籢笼，䡊也。"王念孙《疏证》："籢笼，《说文》作'穹隆'，倒言之则曰'隆穹'，故李奇《汉书》注云'广柳，大隆穹也。'司马相如《大人赋》云'诎折隆穷躩以连卷。'是其义也。或但谓之'籢'。《玉篇》'籢，姑篓也。'姑篓即拘篓之转。《考工记》谓之弓，弓亦穹也。故《释名》云'弓，穹也，张之穹隆然也。'"《说文解字·车部》："輂，淮阳名车穹隆輂。"段玉裁注曰："车穹隆，即车盖弓也。……郭云：'即车弓也。'按许之'穹隆'即'籢笼'也。"是"穹隆"与"籢笼"同。

亦可谓之"籢"。《玉篇》："籢，姑篓也，即车弓也。"

（六）輂

古代车弓，楚方言又或称名"輂"。

许慎《说文解字·车部》："輂，淮阳名车穹隆輂。从车，贲声。"段玉裁注云："车穹隆，即车盖弓也。……郭云：'即车弓也。'按许之'穹隆'即'籢笼'也。许之言輂盖即橎字与。抑淮阳谓之輂，为《方言》所不载也。《释名》曰'隆强'，或曰'车弓'。"又扬雄《方言》卷九："车枸篓，宋魏陈楚之间谓之筱，或谓之籢笼，西陇谓之橎。"郭璞注云："即车弓也。""橎"字下注曰："即'䡊'字。"又桂馥《说文解字义证》云："'橎'或作'䡊'。"《集韵》："䡊，步本切。车上蓬也。"钱绎《方言笺疏》："橎，《说文》作輂。"可知，"橎"同"輂"。然扬雄《方言》收"檜",许慎《说文解字》收"輚",二者所涉及的地名不同,可能"輚（檜）"不只是限于"淮阳"一地的称名。或是因为地域导致的音的差异,"輚"上古在文部、並纽,"檜"从"畚"得声,"畚"上古在元部、帮纽,二者音近,然实为同一称名。

（七）䈴、篗

楚方言称名车篷带为"䈴",或"篗"。

扬雄《方言》卷九:"车枸篗,宋魏陈楚之间谓之筱,或谓之簟笼。其上约谓之䈴,或谓之篗。"

䈴者,"䈴"字下郭璞注云:"即軬带也。"《集韵》:"軬,步本切,音泍。车上篷也。"《广雅·释器》:"䈴、篗,軬带也。"《广韵·觉韵》:"䈴,车軬带也。"《玉篇》同。篗,郭璞注音"砚"。

三　养马器

马在古代社会生活中非常重要,打仗、交通、邮驿等都离不开马,楚方言中没有直接记载马,但是记载了与养马有关的器物。即"槄""皁"。

槄、皁

扬雄《方言》卷五:"枥,梁宋齐楚北燕之间或谓之槄,或谓之皁。"郭璞注云"养马器",即喂养马的食槽。

槄者,楚方言词也。《广雅·释器》:"槄、皁,枥也。"《玉篇》:"槄,枥也。养马器也。"钱绎《方言笺疏》案:"'槄'之言'宿'也。《周官·野庐氏》'宿息、井',郑注云:'宿息,庐之属。'所以止息谓之宿,所以皁栈亦谓之槄,事虽异,义则同也。"

先秦"皁"已有"养马之官,服劳役的人"的用法。《左传·昭公七年》:"士臣皁,皁臣舆。"又十二匹马为一皁。《周礼·夏官·校人》:"乘马一师四圉,三乘为皁,皁一趣马。"郑玄注:"郑司农云'四匹为乘,养马为圉。'趣马,下士。"

皁者,"皁"之言"槽"也。《庄子·马蹄篇》:"编之以皁栈。"成玄英疏云:"皁,谓槽枥也。"许慎《说文解字·木部》:"槽,畜兽之食器也。"《释文》云:"皁,枥也。一云:'槽也。'"《淮南子·览冥训》云:"青龙进驾,飞黄伏皁。"《吕氏春秋·权勋篇》高诱注云:"皁,枥也。"宋代文天祥《正气歌》:"牛骥同一皁。"《史记·邹阳传》"使不羁之士与牛骥同皁",裴骃《集解》曰:"《汉书音义》曰:'食牛马器,以木作,如槽也。'"则"皁"与"槽"义同。又《广雅·释器》:"楢、皁,枥也。"王念孙《广雅疏证》云:"槽与皁声相近,今人言马槽是也。""皁"上古韵在"从"部,"豪"韵,声母为"幽"纽;"槽"上古韵在"从"部,"皓"韵,声母为"幽"纽。二者是双声同韵的关系,可以互通。故"皁"之言"槽"者,从音义上都可以说得通。

第六节　兵器

一　长铗

"长剑",楚方言谓之"长铗"。

《楚辞·九章·涉江》:"带长铗之陆离兮,冠切云之崔嵬。"王逸《楚辞章句》注云:"长铗,剑名也。其所握长剑,楚人名曰长铗也。"《玉篇·金部》:"铗,剑也。"

"铗"字本是指"剑柄(剑把)"。《庄子·说剑》:"天子之剑,以燕溪、石城为锋,齐、岱为锷,晋、魏为脊,周、宋为镡,韩、魏为夹。"陆德明《释文》云:"司马(彪)云:'夹,把也。'一本作铗,同。"唐代成玄英疏:"铗,把也。"战国时齐国语中"铗"已经可以代指剑,"长铗"就是"长剑"。最早其例证见于《战国策·齐策》之记载,齐国人冯谖初次寄食于孟尝君门下做门客,对其待遇不满,曾三弹剑铗三为歌,后成为著名的典故。其文为:"居有顷,倚柱弹其剑。歌曰:'长铗归来乎,食无鱼!'左右以告,孟尝君曰:'食之,比门下之客。'居有顷,复弹其铗,歌曰:'长铗归来乎,出无车!'左右皆笑之。以告,孟尝君曰:'为之驾,比门下之车客。'于是乘其车,揭其剑,过其友曰:'孟尝君客我。'后有顷,复弹其剑铗,歌曰:'长铗归来乎,无以为家!'"

其文单言"剑""铗",亦连言"剑铗",然三者义同。其歌亦有"长铗归来乎"句,"长铗"即为长剑。临淄人左思《吴都赋》:"羽族以觜距为刀铍,毛群以齿角为矛铗。"李善注引刘逵曰:"铗,刀身剑锋,有长铗、短铗。"此为齐国语例证。

华学诚先生《周秦汉晋方言研究史》认为:"楚方言称名长剑为'长铗',比齐语的用例还要早。"[①]汉魏晋时期仍是以"长铗"为剑,上文中王逸注《楚辞》即解释为楚语。

二 孑

"戟"是古代的一种分枝状兵器,楚方言谓之"孑"。

扬雄《方言》卷九云:"戟,楚谓之孑。"《广雅·释器》:"孑,戟也。"《左传·庄公四年》:"楚武王荆尸,授师孑焉,以伐隋。"杜预注:"尸,陈也。荆亦楚也,更为楚陈兵之法。扬雄《方言》:'孑者,戟也。'"《考工记·疏》引《旧注》云:"孑,句孑戟也。"清代顾炎武《禹陵》:"投戈降北固,授孑守西兴。"皆与楚方言义同。

"孑"或通作"釪"。钱绎《方言笺疏》云:"正文'孑',卢氏依宋本作'釪'。"

三 匽戟

楚方言称"三刃枝"为"匽戟",是古代的一种兵器。

扬雄《方言》卷九:"三刃枝,南楚宛郢谓之匽戟。""三刃枝"下郭璞注云:"今戟中有小孑刺者,所谓雄戟也。"《广雅·释器》:"匽戟,雄戟也。"

传世文献中多作"雄戟"。《全陈文》卷十四:"如其雄戟在前,强弩自卫。"《全后汉文》卷九十三:"左骈雄戟,右攒干将。"《全晋文》卷八十五:"铩铩雄戟,清金练钢,名配越棘,用过干将。"《乐府诗集》卷六十三:"雄戟摩白日,长剑断流星。早出飞狐塞,晚泊楼烦城。"又

---

① 参见华学诚《周秦汉晋方言研究史》,复旦大学出版社2003年版,第332页。

司马相如《子虚赋》曰:"曳明月之珠旗,建干将之雄戟。"

四 鏦、鈹、錝

矛是一种古兵器,楚方言谓之"鏦"、或"鈹"、或"錝"。

扬雄《方言》卷九:"矛,吴扬江淮南楚五湖之间谓之鏦,或谓之鈹,或谓之錝。其柄谓之矜。"

鏦者,《广韵·支韵》:"鈹,短矛。"钱绎《方言笺疏》云:"'鏦',《说文》作'鉈',云:'短矛也。'《广雅·释器》作'扡,矛也'。《玉篇》:'𨥥,短矛也。亦作鏦。'又'扡,短矛也。'字异声义并同。"《荀子·议兵篇》:"宛钜铁鉇。"杨倞注云:"鉇,矛也。"并引《方言》云:"自关而西谓之矛,吴扬之间谓之鏦。"又《文选·左思·吴都赋》:"藏鏦于人。"李善注引刘逵曰:"鏦,矛也。"

鈹者,许慎《说文解字·金部》曰:"鈹,小矛也。"段玉裁注:"矛者,酋矛,长二丈,建于兵车者也。其小者可用战曰鈹。"《史记·匈奴传·索隐》引《埤苍》云:"鈹,小矛也,铁矜。"《汉书·晁错传》云:"崔苇竹萧,屮木蒙茏,支叶茂接,此矛鈹之地也,长戟二不当一。"又《汉书·列传·匈奴上》:"其长兵则弓矢,短兵则刀鈹。"颜师古注云:"鈹,铁把小矛也,音蝉。"扬雄《长杨赋》:"兖鈹瘢者、金镞淫夷者数十万人。"颜师古云:"鈹,铁矜小矛也。"另班固《东都赋》:"戈鈹彗云。"《后汉书·马融传》:"飞鈹电激。"《六韬·军用篇》:"旷林草中,方胸鈹矛千二百具。"皆是以"鈹"言"矛"也。

錝者,《说文解字·金部》:"錝,矛也。从金從声。鎿,錝或从豙。"《广韵·钟韵》:"錝,短矛。"《集韵·钟韵》:"錝,稍小者。"《淮南子·兵略训》:"以为甲胄,修铩短錝,齐为前行。"高诱注云:"錝,小矛也。"许慎注同。

五 矜

古兵器矛之柄,楚方言谓之"矜"。

扬雄《方言》卷九:"矛,吴扬江淮南楚五湖之间谓之鏦,或谓之鈹,或谓之鏦。其柄谓之矜。""矜"字下郭璞注云:"今字作'㰌'。"《说文解字·矛部》:"矜,矛柄也。或作㰌。"《集韵·庚韵》:"矜,渠巾切。戈戟柄。"

贾谊《过秦论》:"陈涉之位,不齿于齐、楚、燕、赵、韩、魏、宋、卫、中山之君;锄耰棘矜,不敌于钩戟长铩。"颜师古注云:"矜,与㰌同,谓矛铤之把也。"《汉书·列传》卷三四:"然起穷巷,奋棘矜,偏袒大呼,天下从风,此其故何也?"颜师古注曰:"棘,戟也。矜者,戟之把也。时秦销兵器,故但有戟之把耳。"又《淮南子·兵略训》云"伐棘枣而为矜,周锥凿而为刃"。皆是以"矜"为矛柄,故其字亦从"矛"。

六 镞

楚方言称名"箭"曰"镞"。

扬雄《方言》卷九:"箭,自关而东谓之矢,江淮之间谓之镞,关西曰箭。"《说文解字·金部》:"镞,矢金镞翦羽谓之镞。"《尔雅·释器》:"金镞翦羽谓之镞。"

《毛诗·大雅》:"敦弓既坚,四镞既钧。舍矢既均,序宾以贤。敦弓既句,既挟四镞。四镞如树,序宾以不侮。"《疏》云:"镞矢,参亭三分之,一在前,二在后,轻重钧亭也。"《周礼·冬官·考工记》:"矢人为矢。镞矢参分。"《后汉书·列传》第七六:"其民户出幏布八丈二尺,鸡羽三十镞。"注云:"《仪礼》:'矢镞一乘。'郑玄曰:'镞犹候也,候物而射之也。'"《文选》卷一:"尔乃期门佽飞,列刃钻镞,要跌追踪。"

第八章 楚方言词今证

丁惟汾《方言音释》："大凡物之能鸣者，多以其声为名。其所命之名，皆以各地之方音名之，方言各别，名则互异，以故一物而有多名，然其所命之名，皆以物之名鸣声相肖，若别其声音之部居，审其转变之音纽，虽名有复杂不同，可以知其为同条共贯，此审音之妙用也。由是推之，则古今方言之转化变迁，可以察知其故矣。"

朱建颂："对于方言词的发展，我综合为纵横两个方面。纵面包括传承、历史、借入、新创、复用等，横面包括全民族通用、局部通用、独用等。"我们这里谈的是纵面传承。

楚方言词保留在今方言中，试举例如下：

睊　《方言》卷二："睊，眄也。吴扬江淮之间或曰睊。"斜视，偷看，甘肃兰州音 $ə^{42}$。

独　《方言》十二："蜀，一也。南楚谓之独。"《老子》四十八："有物昆成，先天地生。寂兮缪兮，独立而不改，可以为天地母。"陈鼓应："'独立而不改'，形容'道'的绝对性和永存性。'道是个绝对体，它绝于对待；现象界的一切事物都是相对的，而'道'是个独一无二的，所以说：'独立不改'。"今扬州西北郊有一孤独山冈，名曰"蜀冈"，正《尔雅》之义也。王念孙：凡物之大者皆有独义。

蜀　《方言》卷十二："蜀，一也。"章炳麟《新方言》："福州谓一为蜀，一尺、一张、一百、一千，则云蜀尺、蜀丈、蜀百、蜀千，音皆如束。"今闽语有蜀工（一天）、蜀千（一千）、蜀支（一把）、蜀区（一块）、蜀仑（一座）、蜀只（一个）、蜀仙（一尊）、蜀丛（一棵）、蜀合（一对）、蜀张（一封）、蜀轮（一趟）。①

悼　《方言》卷一："悼，伤也。自关而东汝颍陈楚之间通语也。"《诗经·卫风·氓》："静言思之，躬自悼矣。"悼　济南 tɔ⁵⁵ 悲伤。

嫷　《方言》卷二："娃、嫷、窕、艳，美也。吴楚衡淮之间曰娃，南楚之外曰嫷。"郭璞注："嫷，言婑嫷也。"《列子·杨朱篇》："皆择稚齿婑嫷者。"宋玉《神女赋》："嫷被服。"李善注引《方言》："嫷，美也。他卧反。"《说文·女部》："嫷，南楚之外谓好曰嫷。从女，隋声。"《集韵·果韵》："媠，或作婑。"《说文·女部》："媠，媠女厄也。"段注："媠女厄与旖施音义皆同，俗作婀娜。"嫷子　许庄叔《黔雅·释颂体》："今谓面目姣好曰嫷子。"湖北天门称身材好曰称嫷 tsʰən tɵt。

䯀　《方言》："䯀，举也，楚谓之䯀。"《楚辞·九歌》："翾飞兮翠曾，展诗兮会舞。"王逸注："曾，举也。"《说文》："䯀，飞举也。"《远游》："鸾鸟轩䯀而翔飞。"洪兴祖补注："《方言》：'䯀，举也。楚谓之䯀，章庶切。'"韩愈《石鼓歌》："鸾翔凤䯀众仙下，珊瑚碧树交枝柯。"姜亮夫《昭通方言疏证》："䯀，昭人言高举，音如主。"

娭　《说文》："娭，戏也。"《方言》卷十："江沅之间，戏，或谓之嬉。"《楚辞·招魂》："娭光眇视，目曾波些。"王逸注："娭，戏也。"《九章·惜往日》："属贞臣而日娭。"洪兴祖注："娭音嬉，戏也。"湖北天门说"嬉科"（开玩笑）。"他蛮嬉"（不正经），"嬉把把"（不上台面）。

嗄　《庄子·庚桑楚》郭象注：楚人谓啼极无声为嗄。《老子》："终日号而不嗄，和之至也。"章太炎《新方言》："司马彪曰：'楚人谓号极无声曰嗄。'今通谓不能言声为'嗄'，号极无声亦曰'嗄'通借'哑'字为之。'哑'本训笑，《易》言'笑言哑哑'，然《史记·刺客列传》已云'吞炭为哑'，其假借久矣。"（声音嘶哑）张舜徽《老子疏证》："'嗄'，即今之'哑'字。《老子》此语，谓婴儿终日啼哭而声不嘶哑者，由于无所

---

① 许宝华、宫田一郎：《汉语方言大词典》，中华书局 2020 年版，第 6573 页。

用心，可止则止，未尝寓喜怒于其间而和气不散也。"1935年《云阳县志》："今人谓笑为嘎，当是哑哑转声。"

咍 相调笑。《惜颂》："行不群以巅越兮，又众兆之所咍也。"王逸注："咍，笑也。楚人谓相调笑曰咍。"左思《吴都赋》："东吴王孙，然而辗咍。"刘逵注："楚人谓相笑为咍。"1935年《莱阳县志》："笑而嗤之曰咍。"1936年《牟平县志》："咍，表鄙薄的叹词。"

挹 《方言》卷十："挹、攎，取也。南楚之间凡取物沟泥谓之挹，或谓之攎。"温州：挹，取、拿，例如：钞票挹两个来添。《集韵》马韵子野切："《博雅》取也。"《说文》："挹也，一曰取物泥中。"攎 ma^{55} 福州 五指取物，抓，例如：攎物（一手攎钱，一手攎命）攎茶 福州 抓治疗小病的中药。攎药 抓中药，买中药 攎龟子 游戏，抓子儿。用几个小沙包或石子儿，扔起其一，做规定的动作后再接住。攎晬 $ma^{55}tsɔy^{212}$，福州民间习俗，父母于儿女周岁时，陈列各种物品，听任抓取，以为可以预测其将来的志向爱好，叫"攎晬"。北京话叫"抓周"。

豨 《庄子·知北游》："正获之问于监市履豨也，每下愈况。"郭象注："豨，大豕也。"《列子·黄帝》："食豨如食人。"张湛："楚人呼猪作豨。"《方言》卷八："猪，南楚谓之豨，其子或谓之豚，或谓之貕。"《尔雅》："豕子，猪。"郭璞注："今亦曰彘，江东呼豨，皆通名。"邓展注《汉书·高帝纪》："东海人名猪曰豨。"（颜师古引）《淮南子·本经训》："封豨修蛇。"高诱注："封豨，大猪。"《墨子·耕柱篇》："狗豨犹有斗。"《初学记》引何承天《纂文》："梁州以豕为猪，河南谓之彘，吴楚谓之豨。"《玉篇·豕部》："豕，猪豨之揔名。"豨豨，猪跑动的样子。《说文》："豨，豕走豨豨。"《墨子·耕柱》："言则称于汤文，行则譬于狗豨。"《庄子·知北游》："正获之问于监市履豨也，每下愈况。"《尔雅·释兽》："豕子，猪。"郭璞注："今亦曰彘，江东呼豨，皆通名。"豨，香衣切：平声，微韵，晓母，微部。福建建阳：豨仔（猪崽）、豨血（猪血）、豨肝、豨肚、豨栏、豨豝（公猪）。福建大田前路：豨公、豨家（种猪）。福建顺昌：豨泔、豨公仔、豨肠仔。"豨"另见第四章"豨"。

濊 《集韵·元韵》："濊，楚人谓水暴溢为濊。"另见第二章楚方言

第八章 楚方言词今证

同源词"濛"系列。

侘傺 失意的样子。《离骚》:"忳郁邑余侘傺兮,吾独穷困乎此时也。"王逸注:"侘傺,失志貌。侘,犹堂堂立貌也。傺,住也,楚人名住曰傺。"《楚辞·哀郢》:"惨郁郁而不通兮,蹇侘傺而含慼。"《九章·惜颂》:"心郁邑余侘傺兮,又莫察予中情。"《九辩》:"收恢台之孟夏兮,然欿傺而沈藏。"王逸注:"楚人名住曰傺也。"侘傺:怅然若失地呆立着。后世吴语和客家话中还有这个词语。张慎仪《方言别录》引恽敬《大云山房杂记》:"今吴人以不遂意为侘傺。"罗翙云《客方言·释言》:"鬱结曰侘傺……今语谓心郁而气不伸即侘傺。"

飵 《方言》卷一:"飵,食也。楚曰飵。"徐锴《说文解字系传》:"飵,人相谒相见后,设麦饭以为常礼,如今人之相见饮茶也。"宋梅尧臣《访石子涧外兄林亭》:"既能置鲁酒,又复饷楚飵。"明方以智《通雅·谚原》:"飵,闽人呼食,饭为飵飵。"(意义已演变为吃饭。)方言、少数民族语言有例。[①]湖北广济 闽食 刘赜《广济方言》:"不速而食曰飵。"海南文昌、琼山、海口、府城:吃,聚餐,比如:飵饭(吃饭);我们请他飵一顿狗肉。咕飵儿 Ku^{51}tsər:水饺,饺子。咕飵儿汤。疙瘩汤。咕飵儿汤打鸡蛋,不吃不喝两碗半。民间认为疙瘩汤能消灾解难、结束不幸,好多人在遇上怪事、可怕的事、不幸的事以后,一般都做顿疙瘩汤喝,说是用疙瘩汤把这些事堵上。

梦 《招魂》:"与王趋梦兮,课后先。"湖北今犹有"云梦"为县地名。见第九章"梦"。

渚 《楚辞·涉江》:"乘鄂渚而反顾兮,欸秋冬之绪风。"《涉江》:"朝发枉渚兮,夕宿辰阳。""入溆浦余儃佪兮,迷不知吾所如。"《尔雅·释水》:"小洲曰渚。"《释丘》:"水中小洲曰渚。"《九歌·湘君》:"朝骋骛兮江皋,夕弭节兮北渚。"王逸注:"渚,水涯也。"《庄子·秋水》:"泾流之大,两涘渚崖之间,不辨牛马。"《诗经·召南·江有汜》:"江有渚。"《山海经·中山经》:"青要之山……南望墠渚。"注:"水

[①] 严学宭:《民族研究论集》,民族出版社1997年版,第399页。

中小洲曰渚。"《尔雅·释丘》："陕，隈。"郭璞注："今江东呼为浦。"（河岸弯曲的地方）《禹贡》："大野既猪，彭蠡既猪，荥播既猪，传书皆谓水所停。"《水经》：夏水入沔处为堵口。《晋书》谓猪口。湘、资、沅、澧与江所汇合曰五渚。武昌岸有驿渚，即船官浦、黄军浦。

  箑 《说文》："箑，扇也。"《方言》卷五："扇，自关而东谓之箑，自关而西谓之扇。""自关而东"可以包括荆楚。[①]箑山辄切，入，叶韵，审二。翣所甲切，入，狎韵，审二。详见第五章第一节第三部分。

  健 《方言》卷一："宋魏之间谓之健。"郭注："言便健也。"《庄子·徐无鬼》："搏捷矢。"注："捷，速也。"翣扇 "一羽翣。二竹翣。"[②]朱建颂《武汉方言词典》："撒扇：折扇，用竹、木、象牙等做骨架再蒙上纸或绢制成的可折叠的扇子。撒，此处读阳平。"

  纫 《离骚》："扈江离与辟芷兮，纫秋兰以为佩。"王逸注："纫，索也。纫索秋兰，以为佩饰。"《离骚》："岂为纫夫蕙茝。"《方言》六："擘，楚谓之纫。"郭注："今亦以线贯针为纫，音刃。"陆羽《茶经》卷二："其囊，织青竹以卷之，裁碧缣以缝之，纽翠钿以缀之。""纽"，涵芬楼本作"纫"。《玉篇·糸部》："纫，绳缕也，展而续之也。"华学诚认为，绳索谓之纫，以绳索贯针接续亦谓之纫。《礼记》之纫正当训"以线贯针"，（戴震《方言疏证》引《礼记·内则》"衣裳绽裂，纫针请补缀"），《离骚》之纫则当训连缀、联结，即接续之义。《现代汉语词典》："1.引线穿过针鼻儿；2.用针缝。"陕西商县张家塬：纫纫头（将两条绳或线连接起来）（许宝华）纫，鄂东和湘赣方言同音，其意为以手指搓动某物。《走西口》电视剧有"纫针"一词，即穿针。

  姱 《九歌·礼魂》："姱女倡兮容与。"王逸注："姱，好貌。"《招魂》："姱容修态，絙洞房些。"《离骚》："苟余情其信姱以练要兮，长顑颔亦何伤。""余虽好修姱以鞿羁兮。""汝何博謇而好修兮，纷独有此姱

[①] 李恕豪：《扬雄方言〈方言〉与方言地理学研究》，巴蜀书社 2003 年版，第 63 页。
[②] 陈伟等：《楚地出土战国简册》（十四种），经济科学出版社 2009 年版，第 126、384、390 页。

节。"《大招》:"朱唇皓齿,嫭以姱只。""姱修滂浩,丽以佳只。""姱"的貌美义不见于先秦两汉通语文献,独见于《楚辞》,可推知是楚方言。《离骚》:"謇朝谇而夕替。"王逸注:"言己虽有绝远之智,姱好之姿,然以为逸人所革几羁而系累矣。故朝谏謇謇于君,夕暮而身废弃也。"是楚人用楚语。又作"夸"。《文选》汉傅毅《舞赋》:"埒材角妙,夸容乃理。"李善注:"夸,犹美也。"《淮南子·修务训》:"曼颊皓齿,形夸骨佳。"高诱注:"夸,弱也。"此说误。与之相对的"曼""皓""佳"都是美的意思,这里"夸"不可能是弱的意思。又作"誇"。《抱朴子·外篇·行品》:"觌艳逸而心荡,饰誇绮而思邪者,淫人也。"《王力古汉语字典》:"古以丰大为美,'姱'本丰大、美好分别字。"《山海经·大荒北经》之"夸父"为炎帝裔。《列子·汤问》:"命夸娥氏二子负二山。"此两神话人物之"夸"疑为大或美意。"姱"即"荂"。《方言》卷一:"华、荂,晠也。齐楚之间或谓之华,或谓之荂。"郭注:"今江东呼华为荂。"天门话:女伢长得好刮气。这个伢蛮瓜精。沙市话:这个东西好瓜基。意为干净漂亮。

冒 钱大昕《十驾斋养新录·古无轻唇音》:"无,又转入毛。《后汉书·冯衍传》:'饥者毛食。'注云:'按《衍集》作无'。《汉书·功臣侯表序》:'靡有孑遗,耗矣。'注:孟康曰:'耗音毛。'师古曰:'今俗犹谓无为耗。'大昕案:今江西、湖南方音读无如冒,即毛之去声。"李光庭《乡言解颐》卷三"言语":"江汉善操土风,而谓无曰毛……又谓之曰冒。"陈士元《俚言解》卷二:"楚蜀呼无曰毛。"章炳麟《新方言·释词》:"今湖南闽广皆谓无为毛。"清梁绍壬《两般秋雨庵随笔·毛》:"《佩觿集》云:'河朔谓无曰毛。'今粤中及两蜀皆然。"李实《蜀语》:"谓无曰耗。耗,莫褒切。音毛。"湖南常宁唐训方《俚语徵实》:"无谓之耗。'耗'音'毛',亦有呼'毛'清声者。"清洪亮吉《晓读书斋初录》上:"关中土音以无为毛,如问'已食乎?'曰:'毛',则未食也。《后汉书·冯衍传》:'饥者毛食。'衍,三辅人,故操其土音耳。《水经注》、《地理风俗记》:'燕语呼毛为无',是燕秦土音相似。"冯登府《经义丛抄·国朝石经考异·视年之丰耗》:"案《说文》:'耗,稻属。'段氏曰:《水经注》曰:'燕人谓无为毛。'故有用毛为无者,又有用秏者,初读莫报切,既又读呼到切,改禾旁为末,罕知其本音本义本形矣。《大雅》:'秏斁敷下土。'秏者乏无之谓。此丰秏之秏正训为无。唐石经宋大字本作秏。"(隋时)吴楚方言已改汉时的面貌,其源头应是汉时的北方方言。如汉时意为"没有"的"冇"(音 mao),后来分布在吴、闽、粤、客家等方言中。今吴方言中的"冇",是古方言的底层遗存。隋时的吴、楚方言从陆氏的归类中可知,较为相近。当时的吴方言即为今天的闽方言。[①]

些 《楚辞·招魂》:"何为四方些。"洪兴祖补注:"些,苏贺切。说文云,语词也。沈存中云:今夔峡湖湘及南北獠人,凡禁咒句尾皆称些。乃楚人旧俗。"《梦溪笔谈》卷三,此条下尚有"即梵语萨缚诃三字合言之,即些字也"数字。石林翁《岩下放言》卷上:"楚辞言些。息个反,又音细。沈存中谓梵语萨缚诃三合之音。不知梵语何缘得通荆楚之间。此正方言,各系其山川风气使然,安可以义考。"《说文新附》:"些,语词也。见楚辞。从此,从二,其义未详。苏个切。"钮玉树《说文新附考》:"些即啙之俗体。"《尔雅·释诂》:"兹、斯、咨、已,此也。"郭璞注:"咨、已,皆方俗异语。"跳丧又称"撒尔嗬",是丧鼓的较原始形式。它传承于鄂西土家山寨,以歌、舞、乐结合为特色。隋以前,苗蛮土著,"无衰服,不复魄。始死,置尸馆舍,邻里少年,各持弓箭,绕尸而歌,以箭扣弓为节,其歌词说平生乐事"。土家老人去世,装殓入棺后即停放在自家堂屋里,让远亲近邻入夜聚集到灵前击鼓唱歌跳舞,狂欢一至三个夜晚,通宵达旦。那几晚,死者的家属,早早地设置了跳"撒尔嗬"的场地。一到天黑,周围的人陆陆续续地涌来,一进入灵堂,抢起鼓槌就打,张开口就唱,提起脚就跳。整个夜晚,鼓锣急切紧凑,歌声高昂凄婉,曲调一夕数变,舞姿粗犷古朴。一般是两个老汉手拉手在灵前翩翩起舞,另一位老汉站在牛皮鼓边,捶鼓并领唱。灵前的舞者和着鼓点,边唱边舞,头、手、肩、背、脚一齐动作,腰胯以下

[①] 吴安其:《汉藏语同源词研究》,《汉藏文化的历史背景和汉藏语的历史分布》,中央民族大学出版社 2002 年版。

还有节奏地颤动着。唱词内容大多为追念死者的生平劳绩，有叙事长诗、神话故事、民间传说、历史演义。每当歌手唱完一首，舞者和或围观的群众都要跟着应和一声"哎—跳撒尔—嗬呃"的衬词拖腔，表示为死者家里散忧解愁。

闬　《说文》："汝南名门为闬。"《说文》："楚人名里为闬。"详见第七章第四节第一部分。

棘　《桔颂》："曾枝剡棘，圆果抟兮。"王逸注："剡，利也。棘，桔枝，刺若棘也。言桔枝重累，又有利棘，以象武也。"《老子》五十一章："以道佐人主，不以兵强于天下。其事好还，师之所居，楚棘生之。"有本作"朸"，马王堆汉墓帛书整理小组校订为"棘"。《方言》卷三："凡草木刺人……江湘之间谓之棘。"《说文》："棘，小枣丛生者，从并朿。"段玉裁注："棘庳于枣而朿犹多，故从并朿以会意。"《尔雅·释木》："终，牛棘。"郭璞注："即马棘也，其刺粗而长。"湖北天门：刺好棘人。棘音tɕi。

扈　《离骚》："扈江离与辟芷兮。"王逸注："被也，楚人名被为扈。"扈，披义。《离骚》："扈江离与辟芷兮。"王逸注："扈，被也。楚人名被为扈。"《方言》卷四："帍裱谓之被巾。"郭注："妇人领巾也，方庙切。"《广雅》："帍裱，被巾也。"王念孙《广雅疏证》："裱犹表也，表谓衣领也。'帍'犹'扈'也。被巾所以扈领，故有帍裱之称。"犹又为扈从、随从也。《九辩》："扈屯骑之容容。"至今鄂东英山人称被子为"被扈"。

陵　《老子》："盖闻善执生者，陵行辟矢虎，入军不被甲兵。"帛书《老子》甲、乙本作"陵"。《左传·定公六年》："子期又以陵师败于繁扬。"孔颖达《正义》："上云舟师水战，此言陵师陆军。南人谓陆为陵。""南人"，春秋战国时指称楚人。

橪　《方言》："陈楚宋魏之间或谓之箪，或谓之橪。（注：今江东通呼勺为橪）或谓之瓢。"《汉书·王莽传》云："建华盖立斗献。"颜师古注云："獻音羲，谓斗魁及杓末如勺之形也。"

鸡头　《方言》卷三："茙，鸡头也。青徐淮泗之间谓之茙，南楚江湘之间谓之鸡头，或谓之雁头，或谓之乌头。"《广雅·释草》："芡，鸡头也。"王念孙疏证："《神龙本草》云：'鸡头，或谓之乌头，一名雁喙。'陶注云：'此即今蒍子，形上花似鸡冠，故名鸡头。'苏颂《图经》云：'盘花下结实，形类鸡头，故以名之，其茎耿之嫩者名为耿，人采以为菜茹。'"《淮南子·说山训》："鸡头已瘘。"高诱注："鸡头，水中芡，幽州谓之雁头。"罗愿《尔雅翼》："上下文狸头愈鼠，鸡头已瘘，虻散积血，斫木愈龋。此类之可推者，详书本意，皆谓此禽虫平日所啄食，故能治此病，类可推行。鸡头似不为此也。鸡头，一名鸡廱。"《庄子·徐无鬼》："药也，其实堇也，桔梗也，鸡廱也。"《武汉方言词典》："芡实。芡是一年生草本植物，生水池中，株有刺，叶子像荷叶，花紫色，花托像鸡头，种子即芡实，又叫'鸡头米'。"

姼 《方言》卷六："南楚瀑洭之间……谓妇妣曰母姼，称妇考曰父姼。"郭璞注："姼音多。古者通以考妣为生存之称。《广雅·释亲》："妻之父谓之父姼，妻之母谓之母姼。"章太炎《新方言·释亲属》："山西犹称妇考曰姼人，山西犹称妇妣曰姼母。"湘南土语和粤北土话许多把"外公、外婆"说成"姼公""姼婆"。黄树先（1989）《古楚语释词》，称岳父母为"姼"或"公姼、母姼"，还见于壮侗语。

曾 《方言》十："曾、訾，何也。湘潭之原、荆之南鄙谓何为曾，或谓之訾。若中夏言何为也。"郭璞注："今江东人语亦云訾，为声如斯。"章炳麟《新方言·释词》："《方言》'曾、訾，何也。'今通语曰'曾'，俗作'怎'；或曰'訾'，音转如'债'，四川成都以东谓何曰訾，扬越亦如之。'訾'转'债'者，脂支相转。"黄侃《蕲春语》："以曾为何，经传恒见，不独荆南。今通语为何为争么、怎么，皆即曾字。而汉口以南迄长沙，谓'何''曰''么子'，'子'即'訾'也，语有逆顺耳。"

羌 《离骚》："羌内恕己以量人兮，各兴心而嫉妒。"王逸注："羌，楚人语词也，犹言卿何为也。"洪兴祖补注："羌，去羊切，楚人发语端也。《文选》注云：'羌，乃也。一曰叹声也。'"清胡文英《诗书补遗》："'康'与'羌'声同而通耳。'不羌'犹云'不意'也。今谚谓'不意'

曰'不羌',亦谓'不匡'。"刘先枚收集了《楚辞》数十例,归纳为"怎么,为什么"义。并举汉川黄陵矶一带口语证之:"下这样大的雨,你是抢样回家的?"认为"抢样"是"羌"的遗音。今天门人说"象啷",例:"这事象啷搞?"(这件事怎么做?)亦单说"啷":"这是啷搞的?"(这是怎么搞的?)"你啷要这样啊?"(你为什么要这样呢?)"啷"音 nag。湖北松滋语单说"象"。意为"怎么"。"象""啷"疑是"羌"的分音词。清胡文英《诗书补遗》:"'康'与'羌'声同而通耳。'不羌'犹云'不意'也。今谚谓'不意'曰'不羌',亦谓'不匡'。"

哈 《楚辞·九章·惜颂》:"行不群以巅越兮,又众兆之所咍。"王逸注:"咍,笑也。楚人谓相嘲笑曰咍。"今湘语多谓玩笑为咍。(彭逢澍,1999)

粪草 《荆楚岁时记》:"又,以钱贯系杖脚,回以投粪扫上,云令如愿。""后至正旦,如愿起晚,乃打如愿,如愿走,入粪中,商人以杖打粪扫,唤如愿,竟不还也。""今北人正月十五日夜立于粪扫边,令人执杖打粪堆,云云,以答假痛。"谭麟《荆楚岁时记译注》:"粪扫:秽土堆。粪:粪土、粪壤,即粪除之土。扫:同'埽',有土堆之义。"谭麟在"前言"中还特别提到这个词条的考释:"'扫'也是土堆的意思。'粪扫'连用成词就是指扫地而成的垃圾堆。"范成大《打灰堆词》:"除夕将阑晓星烂,粪扫堆头打如愿;杖敲灰起飞扑篱,不嫌灰涴新节衣。"袁宏道《天目书久见》:"拾它粪扫堆,秘作无价宝。"湖北天门:你的伢是宝贝,人家的伢是粪草。

猋 《楚辞·云中君》:"猋远举兮云中。"王逸注:"猋,去疾貌也。"

箬 《说文·竹部》:"箬,楚谓竹皮曰箬。"

舂 《广韵》洽韵楚洽切:"舂去皮也。"杭州:舂米。温州:"舂米",擦米,指借助于擦米机中的装有橡皮条等的转筒或铁辊,擦去粘附在米粒表面的细糠,使米色光洁。温州:"舂米头儿",米头儿指碎米。碎米不直接供食用,不必进行舂米。故比喻不抓紧完成主要任务而热衷于无关的事:你勿要舂米头儿讲闲谈,妆紧逮生活搦起做。

差 《方言》卷三:"差,愈也。南楚病愈者谓之差。"通语曰病。

揞 成都"藏"。绩溪：罩（住）；揞知了。揞，温州：隐藏不露。建瓯：用手压住。海口：用手盖住。黎川：用手遮掩。揞住：南宁平话；严密地遮盖住。

垤 《方言》卷十："楚郢以南蚁土谓之垤。"（蚁穴外面隆起的小土堆）清光绪十二年《顺天府志》："蚍蜉，燕谓之蛾蚁，其场谓之坻，或谓之垤。"河北唐山：垤蜉，小蚂蚁。

緵 《方言》卷十："车纣，自关而东周洛韩郑汝颍而东谓之緵或谓之曲绹，或谓之曲纶。自关而西谓之纣。"钱绎曰："纣緵绹鞧皆语之转。"[1]"緵之冥。"[2]纣棍系在驴马等刞尾下的横木，两端用绳子连着鞍子，防止鞍子往前滑。（现汉）天门话：像个纣棍（指又臭又硬）。"又纣倒了"（指赌气，不理人）。

艠 幽静义。唐李华《寄赵七侍御》："玄猿啼深艠，白鹇戏葱蒙。"自注："楚越谓竹树深者为艠。"《马王堆汉墓帛书·老子甲本·德经》："请（清）艠可以为天下正。"潗，《玉篇》"寒极也，巨饮切"。又有"渠饮切"一读。苗瑶语中带 m 尾的说法与汉语"潗"有同源关系。[3]清《说文》："清，冷寒也。楚人谓冷曰清。"《庄子人间世》："孽无欲清之人。"《九辩》："天高而气清。"瀞《广雅释诂》四："瀞，寒也。"靓《九辩》："靓杪秋之遥夜兮，心缭悷而有哀。"淊《世说新语·排调》："刘真长始见王丞相，时盛暑之月，丞相以腹熨弹棋局曰：'何乃淊！'"刘孝标注："吴人以冷为淊。"《太平御览》七五五引作："何如乃瀺。"注："吴人以冷为瀺，音楚敬切。"《集韵》："淊，冷也。吴人谓之瀺，或从人，亦作淊。"瀞，福州、雷州、海口意为凉；凉爽。雷州：秋后天瀞啦，暝头（夜里）都欠盖宁物啦（晚上睡觉都要盖点东西了）。瀞天，福州意为冬天，冷天。瀞冷，海口（东西或身体）很凉，但有强调的语气。瀞痹，福州意为四肢因冷而无知觉。

---

[1] 钱绎：《方言笺疏》，上海古籍出版社 1984 年版，第 522 页。
[2] 陈伟等：《楚地出土战国简册》（十四种），经济科学出版社 2009 年版，第 287 页。
[3] 丁邦新、孙宏开：《汉藏语同源词研究》，中央民族大学出版社 2002 年版，第 66 页。

茅栗 《广韵》薛韵良薛切："栵,细栗,《尔雅》云栵栭,今江东呼为栭栗,楚呼为茅栗也。"见于官话、吴语、赣语、客家话。

诼 《方言》卷十："诼,愬也。楚以南谓之诼。"李恭《陇右方言发微》："渭水流域谓捏造谣言曰诼,音在'谮''凿'之间。"广东潮州咒骂曰诼 tuk^2："伊乞人诼到无滴囝。"（他被人家骂得一塌糊涂）。广东汕头音 tok^4。"诼"的古代汉语用法另见第九章第五节。

部分楚方言词在现代汉语方言中的分布情况如表 8-1：

表 8-1

方言词	意义	现代汉语义	现代汉语分布区
翻翻	有羽毛为遮饰的旗	鱼鳍：翻	温州
簟竹	竹名	1 竹器：簟箩 2 竹席：簟仔 簟子	1 温州 2 黎川 南昌、武汉
蓴菜	其茆	多年生的水生植物	苏州
方	计量用于征发赋税徭役的土功筑作的单位	1 量词。用于土地：一方地皮 2 旧时官府出的地契：方单	上海
柿	砍削木头为木片或柴薪等	用利器斫下的碎片：柿、柴柿、碗柿	福州 厦门
蚶子头	蚌蛤	软体动物,壳厚而坚硬：蚶子	崇明、上海、宁波
瓦屋子	蚌蛤	软体动物,壳厚而坚硬：瓦楞子	上海
涵	沉	排水的阴沟：涵 涵口水 涵口空 涵口涂 涵空（阴沟）	雷州 雷州 雷州 雷州 厦门
哈	嗤笑	漫声讽颂：哈	扬州
渴	水反流	1 口渴；2 贪求 3 稠；粥渴 4 植物水分少而萎缩,长不大：许粒甜瓜都渴去	1、2 义已进入通语 3 海口、雷州 4 福州
鲨帆	鲨背部上举的甲壳	1 鲨鱼甲壳的尾部,成三角形,锋利如梭镖：鲨尾 2（三棱形的）刺刀	1 雷州 2 厦门
筋竹	竹名	细竹,可做钓鱼竿	柳州、南宁平话

续表

方言词	意义	现代汉语义	现代汉语分布区
梢子	方形的椽子	方形的椽子：梢 梢子 梢子板 梢仔 梢仔板 梢儿	东莞、雷州 于都、南宁平话、海口 柳州 厦门 建瓯 梅县
瓢概	瓢勺	1 用于舀水或攫取粮食的器具：瓢 2 量词：一瓢水 3 羹匙：瓢子 瓢 瓢儿 瓢羹	1 柳州、洛阳、崇明、南宁平话、福州、杭州 2 柳州、洛阳、崇明、南宁平话、福州、成都 3 扬州、柳州 绩溪 杭州 福州、金华、武汉、贵阳、柳州、绩溪、金华、娄底、南昌、黎川、南宁平话
僄	轻捷	1 轻快 2 轻佻：长沙里手湘潭僄	1 银川等，已进入通语 2 娄底
蹻	鞋	1 将脚抬起 2 跷起二郎腿 3 噘嘴：蹻嘴	1 温州、广州 2 海口 3 温州
孀居	寡	守寡；寡妇：孀居	福州
铜銚	烹煮器	1 小铁锅：銚 2 烧水的水壶：銚子 铜銚 3 罐子：銚	1 厦门 2 扬州、苏州、武汉、丹阳 苏州 3 武汉
豨	猪	豨肺；豨毛；豨肝；豨血 豨猳（公猪） 豨嫲（母猪） 豨嘴筒（猪的突出的长嘴）	建瓯
喜母	长脚蜘蛛	蜘蛛 蟢 蟢儿 壁蟢 壁蟢子、蟢蛛子 壁蟢蟢 蟢蟢	金华 杭州 苏州、杭州 扬州 丹阳 绩溪
鹧鸪	鸟名	鸟名：鹧鸪 鹧鸪儿 鹧鸪鸟	武汉、成都、宁波、黎川、柳州、东莞等，已进入通语 梅县 柳州、萍乡、于都
志	黑色的痣	黑色的痣	武汉、长沙、成都、扬州、绩溪等，已进入通语
妯娌	兄、弟妻的合称	兄妻和弟妻的合称	宁波、扬州等，已进入通语

第八章 楚方言词今证 ◆◇◆

续表

方言词	意义	现代汉语义	现代汉语分布区
燥	火	1干燥： 燥 燥田（干燥的水田） 燥灰（干燥的蛎灰） 2闷热 3上火；脾气暴躁： 燥火 燥性（易上火的食物） 燥血（热性血液）	1南京、绩溪、上海、宁波、杭州、厦门、福州、广州 金华 温州 2长沙、南昌 3柳州 成都 成都 梅县
皂荚	羖羊角	植物名	已进入通语
鞍鞯	鞍子和托鞍的垫子	马鞍子和垫在马鞍子下面的东西：鞍鞲	万荣等，已进入通语
揞	弃	1盖住；压住 2藏	1建瓯、海口、黎川、南宁平话、绩溪 2成都、温州
訬	轻佻	指桑骂槐	广州
餐	遭杖	1量词。顿，用于打、骂等：一餐打/一餐 打佢一餐 2量词。用于吃饭的次数：一天吃三餐饭 3助词。着，表动作持续：讲餐讲餐/走餐走餐 4饭食：中餐	1娄底、南宁平话、长沙、柳州、广州 2武汉、绩溪、金华、南昌、萍乡、黎川、于都、东莞、柳州、娄底 3长沙 4梅县、广州等，已进入通语
稻谷	稻有稃	1稻 2稻子的籽实，去壳后即成稻米	1武汉等，已进入通语 2南京、丹阳、崇明
断肠草	毒草	木质藤本植物。花喇叭形，黄色，内有淡红色斑点。全株有剧毒	南宁平话、雷州
㶧	水暴溢	液体受热沸涌溢出	湖北武汉、湖北宜都、湖南平江、湖南长沙、湖南娄底、江西南昌、江西于都、江西黎川、江西新余、安徽安庆、安徽岳西、安徽歙县、安徽绩溪、江苏南京、江苏扬州、江苏苏州、浙江杭州、浙江金华、福建厦门、广东海康、海南海口、中国台湾
枋	以木偃鱼	木板：枋 枋子 枋皮	厦门、建瓯 于都 梅县
方竹	竹名	茎呈方形的竹子	苏州、杭州
妇	妪	1祖母：妇 太妇 朝妇 2中年妇女：妇人人 3妇女：妇道人家	1绩溪 2厦门 3洛阳、扬州等，已进入通语

续表

方言词	意义	现代汉语义	现代汉语分布区
父	蓍	父亲	武汉、长沙、福州、牟平等，已进入通语
覆寔	轻薄之词	1 詈词：覆转香炉（断子绝孙） 2 私吞；覆没	1 广州 2 福州
鹽	盐池	1 生产食盐的池子 2 生晒（海）盐的场地：盐庭、盐塍 3 食盐	1 牟平等，已进入通语 2 雷州 3 已进入通语
蛤	蟾蜍	蟾蜍：蛤蟆	已进入通语
蚶子	蚌蛤	软体动物，壳厚而坚硬：蚶子、蚶	崇明、上海、宁波 东莞、厦门
寒蟪	蚯蚓	蚯蚓： 寒虫 寒宜（蟥） 寒蟥 寒蟮 寒星子	安徽东至 江苏靖江 江西南昌 江苏南通 安徽青阳
蚝甲	蛎	牡蛎	广州、东莞、雷州、厦门、南宁平话
颔	腮	1 腮 2 脖子 3 喉咙	1 浙江温州、广东雷州、福建厦门 2 广东揭阳、福建厦门 3 福建漳平、中国台湾
蝗	食禾虫	吃禾本作物的昆虫	已进入通语
焜	火	烧：焜糊 焜焦	宁波
鸡	雚	鸡	已进入通语
囝	儿	1 儿子 2 孩子	1 建瓯、福州、厦门 2 厦门、建瓯、福州
江	水	特指长江	南京等，已进入通语
酱	䤄	酱	已进入通语
舅	丈人	母亲的兄弟	已进入通语
飓	具四方之风	台风	上海、南昌
苦荬	苦蕒	野菜，叶长卵形，边缘有不规则齿裂，折断时有乳白色汁液渗出，嫩叶可做猪饲料	萍乡
跨	大坐	1 两腿分开成骑式：跨马势（像骑马的姿势坐在凳子或其他对象上） 2 两腿	1 南昌 扬州 2 湖北京山
镰	铞	镰刀： 镰子	已进入通语 武汉、长沙、萍乡、扬州

第八章 楚方言词今证

续表

方言词	意义	现代汉语义	现代汉语分布区
灵子	巫	1 女巫：灵姑 灵姑桶 灵姑妈 落灵姑个 2 搞巫术的人，自称肚子里会讲话： 灵哥 3 灵验 4 灵活；机灵；聪明	1 武汉、温州 温州 黎川 2 贵阳 3、4 已进入通语
筹	筐	1 竹编的较精细的容器 2 网筹，用于筛面粉等的圆形器具	1 扬州、南京、柳州、丹阳、上海、苏州、宁波、金华、南昌、梅县、广州、南宁、东莞 2 已进入通语
马蹄香	中药名	多年生草本植物。全草入药	温州
莽	犬善逐菟草中	（行动）快：做事好莽！/货到莽了/他来得真莽	武汉
茉莉花	花名	常绿灌木，香味浓厚的白花	已进入通语
瓯	瓾	1 杯子 2 小碗： 瓯儿 瓯崽	1 建瓯、厦门、萍乡、黎川 2 广州、东莞 温州 南宁平话
沤	浸泡	1 浸泡 2 腐烂 3 发霉	1 广东惠州、广东梅县、广东潮州 2 福建漳平永福、福建厦门、湖南耒阳、湖南长沙 3 广东增城、广东汕头
敀	璺	（竹、木等）裂开或有裂纹	已进入通语
瀸	冷	凉爽：瀸天 瀸饭 瀸倒（着凉） 瀸水 瀸冷 瀸物	福州 雷州 海口
热熟	鄙语	胡说；热说	扬州
媌	妻母	姑母：媌媌	崇明
石斑鱼	鱼名	海鱼；石斑 石斑鱼	东莞 绩溪、温州
潬	水中沙堆	1 水边的沙地 2 近水的沙田	1 广州 2 广州
潭	渊	1 天然较深的水潭；水潭 2 深水池	1 贵阳、温州 2 已进入通语
抟	圆	1 把东西揉弄成球状 2 盘旋	1 上海、杭州、梅县 2 娄底
顽	戏	顽皮；柔韧	已进入通语
蚊	蚊蚋	蚊子	已进入通语

275

续表

方言词	意义	现代汉语义	现代汉语分布区
蟋蟀	促织	昆虫。雄虫好斗，前翅摩擦能发出声音：蟋蟀 蟋蟀子 蟋蟀儿	成都 温州、萍乡 娄底 金华、梅县
弇	聚、合	1 聚合 2 蒙盖 3 焖、闷	1 湖南 2 福建厦门、海南海口 3 广东潮州、广东广州
蕈	菌	1 野生蘑菇 2 蘑菇：蕈子	1 绩溪、金华 2 娄底
桠杈	树枝	植物的分枝处：桠杈 桠杈路口（道路分岔的地方） 桠杈 桠几 桠垂（下垂的树枝）	温州、柳州、绩溪、金华 金华 绩溪、崇明、金华、黎川 长沙 福州
鸭脚树	树名	常绿乔木或灌木：鸭脚木	南宁
遭	转	1 更换时间或地点： 遭预支（提前取应支款项）/考试遭到后日夜里 2 打闹：无遭	1 宁波 2 建瓯
棹	桡	1 船桨：棹 2 划船：棹船	1 海口 2 东莞、雷州
息	子	1 儿子 2 小孩 3 幼小的动物 4 未长成的果实 5 家伙（鄙语）	1 柳州、长沙、娄底、南昌、萍乡、黎川、南宁平话、成都 2 贵阳、柳州、成都 3 贵阳、南宁平话、长沙、南昌、萍乡、柳州、成都 4 贵阳、长沙 5 黎川
䁙	窃视	偷看；窥视： 䁙擒䁙缩（偷看）	广州
譠謱	絮语不清	1 形容话多而含混不清的样子：譠謱謱謱 2 言多且乱：譠謱	1 宁波 2 上海
芹	菜名，茎可食	芹菜	已进入通语
蛇医	虫名	蜥蜴；蛇鰍	金华
怂恿	从旁劝说鼓动	1 煽动、鼓动：怂 怂祸（挑拨是非） 怂祸婆（爱挑拨是非的人） 有人怂他吵/莫听别个的怂！ 同学总是怂他（劝人做不好的事） 2 唤狗去咬人	1 温州、长沙、成都、雷州 成都 成都 武汉 湖北京山 2 成都

第八章 楚方言词今证 ◆◇◆

续表

方言词	意义	现代汉语义	现代汉语分布区
贪	婪	贪图；贪得无厌	武汉、长沙、崇明、南昌、梅县、金华、南宁平话等，已进入通语
坛	平场广坦	1 旧时举行大的祭祀活动用的土石台：天地坛 2 某一区域、位置、空间的一部分：坛上	1 福州 2 黎川
胎	养育	怀孕或生育的次数	已进入通语
鲐	老人（引申义）	鲐鱼（本义）：鲐鳀	福州
艇	轻便小船	比较轻便的船： 艇仔（小船）	柳州、广州、福州 广州、东莞、雷州、海口
投	丢弃	1 跳（自杀行为）：投水 2 向一定的目标扔、掷：投篮	1 武汉、柳州、长沙、福州等，已进入通语 2 厦门等，已进入通语
豚	小猪	小猪：豚 豚猪	福州、厦门 洛阳
嬉	玩耍	1 游玩：出去嬉 2 玩耍：去嬉 3 嬉笑，不严肃：不要伙我嬉	1 温州 2 建瓯、绩溪 3 贵阳、福州、黎川、南昌、上海、扬州
肖	相似	1 相似：像 2 属相	1 温州 2 绩溪、金华、福州、崇明等，已进入通语
颜	额头	1 腮 2 牙床：颜槽	1 海口 2 海口

第九章 楚方言词个案研究

第一节 粔籹

"粔籹"在唐玄应《一切经音义》卷五引《仓颉篇》中被定性为古楚方言词:"粔籹,饼饵也。江南呼为膏粿。"其在宋代被定性为吴方言词。洪兴祖补注:"粔籹,蜜饵也。吴谓之膏环。"《集韵·语韵》:"粔,蜜饵也。吴谓之膏环。"

《楚辞·招魂》:"粔籹蜜饵,有餦餭些。瑶浆蜜勺,实羽觞些。"东汉王逸注:"粔籹,言以蜜和米面,熬煎作粔籹。""粔籹"是古代楚地食品的记音词。

时贤对"粔籹"的解释各执一词。前人认为"粔籹"是一种由蜜和米面制成的(糕)饼,如唐玄应《一切经音义》卷五引《仓颉篇》:"粔籹,饼饵也。江南呼为膏粿。"宋洪兴祖补注:"粔,音巨。籹,音女,又音汝。粔籹,蜜饵也。吴谓之膏环。饵,粉饼也。《方言》曰:'饵谓之糕。'"《东京梦华录》卷三:"粔籹以蜜和米面煎熬,餦餭饧也。中书赵舍人云:方言饵糕也。"也有人指出了"粔籹"的具体形状,如宋代朱熹《楚辞集注》:"粔籹,环饼也。吴谓之膏环,亦谓之寒具,以蜜和米面煎熬作之。"清蒋骥《山带阁注楚辞》:"粔籹,环饼也。即今粣子。"[①]清朱起凤《辞通》卷十三:"《齐民要术》粔籹名环饼,象环钏形。《广雅》谓之粰𥻦,

---

① (清)蒋骥:《山带阁注楚辞》,上海古籍出版社1964年版,第165页。

今通名馓子。"①清陈伯陶纂修《东莞县志》卷十二:"粔籹谓之糖环。莞俗以糖为之,故曰糖环,然亦炸以膏油,即古之粔籹也。"还有人只提到"粔籹"的制作方法,没有指出具体的食品样式,如张愚山《楚辞译注》:"粔籹,用蜜和米面煎制的点心。"②金开诚《楚辞选注》:"粔籹,古代的一种点心,以蜜和米面油煎而成。"③

今人普遍认为"粔籹"类似于现在的馓子或麻花。《汉语大字典》:"粔籹,也作'粔籹'。古代食品名,类似今天的麻花、馓子之类。"④《汉语大词典》:"粔籹,古代的一种食品。以蜜和米面,搓成细条,组之成束,扭作环形,用油煎熟,犹今之馓子。又称寒具、膏环。"⑤那么,"粔籹"究竟是"饵糕""膏环(糖环)""寒具""馓子"中的哪一类呢?笔者试从"粔籹"在历代传世文献中的使用情况,"膏环(环饼)"、"寒具"、"馓子"与"粔籹"的关系,"粔籹"与南方少数民族语言,"粔籹"与"餈"、"糗"的关系四个方面,对"粔籹"作进一步考证。

一 "粔籹"在历代传世文献中的使用情况

"粔籹"集中出现在古楚方言传世文献中,但使用的频率很低。先秦时期,"粔籹"仅见于《楚辞·招魂》。秦汉时期,崔寔《全后汉文·四民月令》:"是月(五月)五日,……食粔籹。霖雨将降,储米、谷、薪炭,以备道路陷滞不通。"此文详细描述了东汉时期洛阳地区的民风民俗。隋唐时期,段成式《酉阳杂俎·酒食》⑥:"三材、九沸、……粔籹、寒具。"酉阳即今重庆市酉阳土家族苗族自治县,但此篇主要讲北方地区的酒食。刘禹锡《楚望赋》:"投粔籹以鼓楫,橐鳣鲂而如牺。"杜甫《戏作俳谐体遣闷二首》:"于菟侵客恨,粔籹作人情。"李群玉《九日越台》:"旭日高山上,秋天大海隅。黄花罗粔籹,绛实簇茱萸。"皮日休《吴中苦雨

---

① 朱起凤:《辞通》,上海古籍出版社1982年版,第1244页。
② 张愚山:《楚辞译注》,上海古籍出版社1986年版,第218页。
③ 金开诚:《楚辞选注》,北京出版社1980年版,第137页。
④ 徐中舒:《汉语大字典》,四川辞书出版社2010年版,第3142页。
⑤ 罗竹风:《汉语大词典》,汉语大词典出版社1986年版,第198页。
⑥ (唐)段成式:《酉阳杂俎》,中华书局1981年版,第69页。

因书一百韵寄鲁望》："一钱买粔籹，数里走病仆。"其中，杜甫的祖籍在湖北襄阳，李群玉和皮日休分别是湖南澧县和湖北天门人，故"粔籹"应是古代楚地的特色食品，考证这一名物词也应从楚语切入。

1961年6月，长沙市南郊砂子塘的西汉墓被湖南省考古人员发掘清理。该墓虽然遭受两次盗掘，但此次出土的随葬物品仍然珍贵精美。其中，木封泥匣12刻有文字"熬驢粔□"；木封泥匣26刻有文字"粔□□"。高至喜等《长沙砂子塘西汉墓发掘简报》注"粔□□"："可能即煎糖粑粑之类。"①遣策主要以简牍为书写材料，是记录丧葬活动随葬物品的清单。马王堆汉墓是西汉长沙国丞相的墓葬，该墓遣策124号简记有文字"居女"："右方居女、唐（糖）、仆糭、卵糣笥三合。"通过以上出土材料可知，西汉时期的"粔"和"居女"与先秦楚地文献记载的"粔籹"音近义通，"粔籹"应该是古代楚地食品的记音词。

"粔籹"口感香甜，老少皆宜，是南方地区十分受欢迎的小吃。1978年，湖北省随州市擂鼓墩1号墓出土了可以用于煎烤食物的东周铜炉盘（上层用于煎烤食物，下层用于盛放炭火），现藏于湖北省博物馆。

二 "膏环、环饼、寒具、馓子"与"粔籹"的关系

膏环/环饼 "膏环"最早出现在后魏贾思勰《齐民要术》卷九："膏环：用秫稻米屑，水、蜜溲之，强泽如汤饼面。手搦团，可长八寸许，屈令两头相就，膏油煮之。""膏环"在通语区指用米面粉和水搓成细条，组之成束，入油炸制而成的食品。《齐民要术》卷九："细环饼、截饼：皆须以蜜调水溲面；若无蜜，煮枣取汁；牛羊脂膏亦得；用牛羊乳亦好，令饼美脆。截饼纯用乳溲者，入口即碎，脆如凌雪。""环饼"指一种呈环钏形的油炸面食，故"膏环"和"环饼"都是环形的油炸面食。

寒具 "寒具"最早出现在东汉时期的吴越地区。安徽淮北相城人桓谭《新论·启寤》："孔子匹夫耳，而然名著，至其冢墓，高者牛羊鸡豚而祭之，下及酒脯寒具，致敬而去。"魏晋南北朝时期，会稽余姚人虞龢

---

① 高至喜、张中一：《长沙砂子塘西汉墓发掘简报》，《文物》1963年第3期。

第九章 楚方言词个案研究 ◆◇◆

《全宋文》卷五十五："客有食寒具者,仍以手捉书,大点污。后出法书,辄令客洗手,兼除寒具。"隋唐五代时期,《书断》卷四："《晋书》中有饮食名'寒具'者,亦无注解处,后于《齐民要术》并《食经》中检得,是今所谓'馓饼'。"故"寒具"在隋唐五代又指"馓(环)饼"。

"具"本身可指饮食之器。《左传·襄公二十三年》："季孙喜,使饮己酒,而以具往,尽舍旃,故公鉏氏富。"杜预注："具,飨燕之具。"后引申为"筵席,酒食",如《韩非子·内储说下》："无极因谓令尹曰:'君爱宛甚,何不一为酒其家?'令尹曰:'善。'因令之为具于郄宛之家。"《史记·项羽本纪》："项王使者来,为太牢具。"《集韵·遇韵》："餕,寒餕,饼属。"明代崇祯末年国子监生张自烈撰《正字通·食部》："餕,本作具。汉桓谭《新论》:'孔子匹夫,莫不祭之下及酒脯寒具,致敬而去。'加食旁者,俗增也。寒具之名不一。《食经》云'环饼。'"明李时珍《本草纲目·谷部》:"林洪《清供》云:寒具,捻头也。以糯粉和面,麻油煎成,以糖食之。可留月余,宜禁烟用。观此,则寒具即今馓子也。以糯粉和面入少盐,牵索纽捻成环钏之形,油煎食之。"时珍曰:"寒具冬春可留数月,寒食禁烟用之,故名'寒具'。"故"寒具"在明代又指"馓子",即"寒食节吃的馓子"。

馓子 "馓子"在宋代以前无文献用例。《东京梦华录》卷二:"环饼即寒具,亦曰馓子。"《鸡肋编》卷上:"食物中有馓子,又名环饼,或曰即古之寒具也。"故"馓子""环饼""寒具"在宋代指同一类食物。

由以上材料可知,"膏环""环饼""寒具""馓子"都是呈环形的油炸食品。其中,"寒具"是出现最早的词。

唐代段成式《庐陵官下记》:"重编《说郛》卷九十七《食经》按语引《官下记》:三材、九沸、具酸、楚苗……粔籹、寒具。"《酉阳杂俎·酒食》:"粔妆、寒具、小蛳、熟蚬。"宋裴《燕石集》卷九:"粔籹不甜寒具小,风光那似十年前。""粔籹"和"寒具"能在同一篇文章中出现,说明这两种食物在唐代、元代的种类不同,所以"粔籹"自隋唐起既不是"寒具",也不是"馓饼"、"膏环"和"馓子"。

"粔籹"最早出现在先秦时期的楚地文献,指由蜜和米面干煎而成的楚地食品。东汉王逸最早为"粔籹"作注："言以蜜和米面,熬煎作粔籹。"《淮南子·本经训》："煎熬焚炙,调齐和之适。"《方言》卷七："熬,聚,煎,㷅,㷯,火干也。凡以火而干五谷之类,自山而东,齐楚以往,谓之熬。"《说文·火部》："煎,熬也。从火前声。"《说文·火部》："熬,干煎也。从火敖声。""熬"属于古楚方言词,表示"煎干;炒干",故"粔籹"在先秦两汉时期是通过"煎干、炒干"的手法制成的食品。

实际上,"粔籹"、"寒具"、"环饼"、"膏环"和"馓子"都是材料和做法类似的面食,不同之处在于形状。扬州大学旅游烹饪学院周爱东在《"粔籹"考》中将前人的观点与食品加工工艺相结合,认为"粔籹"不是"馓子"。因为普通米粉的延展性较差,若不借助机械,没办法做成很细的条[1]。董楚平(浙江省玉环人)《楚辞译注》认为"粔籹蜜饵"即"油炸蜜饼和甜糕"。[2]吴广平(湖南省汨罗市人)注译《楚辞》："粔籹,用蜜和糯米粉、面粉油煎而成的一种圆饼。"[3]

综上,东汉时期,"寒具"和"粔籹"分别出现在吴越和古楚地区的文献资料中,这两种食品自唐代起不指同一食品。那么在唐以前,"寒具""粔籹"是否指同一食品?"粔籹"是否和"寒具"一样呈环形?由于传世文献材料不足,我们再结合"粔籹"与南方少数民族语言的同源关系做进一步考证。

三 "粔籹"与南方少数民族语言

因为"粔籹"是古代楚地食品的记音词,所以历代学者通常用"巨""女(汝)"为"粔""籹"记音。

"巨"在中古时期是群母鱼韵、合口三等字。其上古拟音为:

gia(王力)　　　　gjagx(李方桂)　　　　gjaʔ(白一平)

"女"在中古时期是娘母鱼韵、合口三等字。其上古拟音为:

nia(王力)　　　　nrjagx(李方桂)　　　　nrjaʔ(白一平)

---

[1] 周爱东:《"粔籹"考》,《农业考古》2012年第6期。
[2] 董楚平:《楚辞译注》,上海古籍出版社1986年版,第258—260页。
[3] 吴广平:《注译〈楚辞〉》,岳麓书社2001年版,第283页。

第九章 楚方言词个案研究 ◆◇◆

"汝"在中古时期是日母鱼韵、合口三等字。其上古拟音为：

ȵia（王力）　　　　njagx（李方桂）　　　nja?（白一平）

藏缅语、侗台语和苗瑶语具有发生学关系。吴安其《汉藏语同源研究》："汉语、藏缅语、侗台语和苗瑶语是四支有亲缘关系的语言"[①]，那么"粔籹"很可能与藏缅语、侗台语和苗瑶语中的某类食品存在同源关系。

糌粑是藏族的传统食品，由青稞炒熟后磨成面制成。杨光荣《藏语汉语同源词研究——一种新型的，中西合璧的历史比较语言学》："རྒྱགས་ [rgjags]：食物；食品；干粮。杨རྒྱགས་为果腹之食品。བརྒྱགས་ [brgjags]：口粮；干粮。以上各词，在语义上均含有'果饱'义。"[②]故表示"食品；干粮"的藏语词"རྒྱགས་"和"བརྒྱགས་"与"粔（巨）"的拟音[gjagx]相近，存在同源关系。

张济川《藏语词族研究——古代藏族如何丰富发展他们的词汇》[③]认为藏语中的 zas（食物）、zan（糌粑团）属于同一词族，举例如下：

饭：za ma　　　　　揩油：bar zos
素食：dkar zas　　　揉好的糌粑：spags zas
饼子：bag zan　　　糌粑团：zan gong
米饭：vbras zan

藏语中[z]和[dz]都是舌尖前浊音，中古全浊声母清化，精组声母遇细音改读[ɕ]和[tɕ]，与"粔"的现代汉语读音相似。

青稞是藏族人民一日三餐必不可少的食材。《藏缅语语音和词汇》[④]为"青稞"的拟音：

藏文：nas　　藏：ni　　白：ŋu³³　　白：ŋo³³

[n][ŋ]与单音节词"籹"的上古拟音声母一致，故藏语的"青稞"、"食

---

① 吴安其：《汉藏语同源研究》，中央民族大学出版社 2002 年版，第 76 页。
② 杨光荣：《藏语汉语同源词研究——一种新型的，中西合璧的历史比较语言学》，民族出版社 2000 年版，第 222 页。
③ 张济川：《藏语词族研究——古代藏族如何丰富发展他们的词汇》，社会科学文献出版社 2009 年版，第 63 页。
④ 藏缅语语音和词汇编写组：《藏缅语语音和词汇》，中国社会科学出版社 1991 年版，第 559 页。

品"、"糍粑"与古楚方言词"粔籹"同源。

"糍粑"是广泛分布于南方少数民族地区的传统小吃。毛宗武《汉瑶词典（勉语）》①表"粑粑、糍粑"的瑶语词是：dzwo³ 和 dzwo³·²tsoŋ¹。

《苗瑶语方言词汇集》②表示"饼"的苗瑶语有：黔东苗语 tɕə³；川黔滇苗语 ɲtɕuɑ³；布努瑶语 ɲcʀu³。"饼"在上古时期表示一个宽泛的概念，不单指我们现在常见的饼。

王辅世、毛宗武《苗瑶语古音构拟》③中表示"粑粑"的苗瑶语读音与古楚方言词"粔籹"的读音相近。

养蒿：tɕə	高坡：ŋku	梁子：ɖu
三江：tɕu	枫香：ŋka	东山：ɖu
瑶里：ɲtɕau	文界：ŋo	览金：ɖu
先进：ɲtɕua	复员：ŋʔka	江底：dzwo
石门：ɲtɕa	罗香：ju	湘江：dzwə
青岩：ɲtɕo	长坪：gju	
七百弄：ɲtɕu	大坪：gu	
宗地：ɲtɕa		

其中，[ŋ][g]是舌根音，故高坡、枫香、文界、复员、长坪、大坪地区表示"粑粑"的苗瑶语古音与单音节词"粔（巨）"在上古时期声母的发音部位相似。[tɕ][ɲ][ɖ][dz]是舌面前音，故养蒿、三江、瑶里、先进、石门、青岩、七百弄、宗地、梁子、东山、览金、江底、湘江地区表示"粑粑"的苗瑶语古音与单音节词"籹（汝）"在上古时期声母的发音部位相似。可见，苗语表示"粑粑、糍粑"的词与古楚方言词"粔籹"同源。

此外，侗语、壮语、布依语、傣语和土家语中表示"（糍）粑"的词也与"粔籹"的声母发音相近，存在同源关系：

---

① 毛宗武：《汉瑶简明分类词典（勉语）》，四川民族出版社1992年版，第97页。
② 中央民族学院苗瑶语研究室：《苗瑶语方言词汇集》，中央民族学院出版社1987年版，第110页。
③ 王辅世、毛宗武：《苗瑶语古音构拟》，中国社会科学出版社1995年版，第576页。

欧享元《侗汉词典》[①]用侗语 sii[11] 表示名词"粑"。

《壮侗语族语言词汇集》[②]中，水族的词语 ɕi[2] 以及壮族的词语 ɕei[2] 都表示"糍粑"。

李如龙《汉语方言研究文集》[③]在比较闽南方言和台语的关系词时，举"糍粑"例：

闽南话（泉州话）：tsi[2]　　　　　　壮语（龙州/武鸣）：tɕi[2]/ɕi[2]
布依语（龙里羊场/安龙八坎）：tsi[2]　　傣语（西双版纳/德宏）：tsi[5]

张伟权《汉语土家语词典》[④]中表示"糍粑"的"nie[53]tei[53]"与"粔籹"音近。

"糍粑"是将蒸熟的糯米反复捶打制成的饼状食品。邢公畹《汉台语比较手册》为"糯米"的拟音[⑤]：

泰：niau[1']〈*hn-　　雅：no[1']no[1]　　德：lo[1]

可见，台语"糯米"与"籹[nia]"的声母拟音一致，说明泰语、雅语与"粔籹"有同源关系。

从上述藏语、苗瑶语、壮侗语、土家语、雅语、傣语和泰语的拟音材料可以看出，"粔籹"的发音与南方少数民族语言中的"青稞、糯米（食材）"或"糌粑、糍粑（成品）"存在同源关系。《楚辞·招魂》中的"粔籹"显然是已加工完成的食品，故"粔籹"指"由蜜和米面干煎而成的圆饼"。随着制作工艺的进步和创新，现在的"糌粑"或"糍粑"与先秦时期的"粔籹"存在着一定差异。

四 "粔籹"与"餈、糗"的关系

糌粑和糍粑是南方少数民族地区流传至今的传统美食，与其类似的记音词"粔籹"早在先秦时期的楚地文献就已经出现。那么，在先秦两汉的

[①] 欧享元：《侗汉词典》，民族出版社 2004 年版，第 246 页。
[②] 中央民族学院少数民族语言研究所第五研究室：《壮侗语族语言词汇集》，中央民族学院出版社 1985 年版，第 88 页。
[③] 李如龙：《汉语方言研究文集》，商务印书馆 2009 年版，第 339 页。
[④] 张伟权：《汉语土家语词典》，贵州民族出版社 2006 年版，第 38 页。
[⑤] 邢公畹：《汉台语比较手册》，商务印书馆 1999 年版，第 241 页。

传世文献中是否有与"粔籹"表意相近的词在汉语中使用呢？

餈 "糍粑"最早出现在明代，就是我们今天吃的糍粑。《石点头·第八回》："任你铜筋铁骨的汉子，到此也打做一个糍粑。"《醒世恒言》卷十五："大卿……却像初出锅的糍粑，软做一塌，头也伸不起来。"但是，"餈"在先秦时已出现，是"糍"的古字，指"用糯米煮饭或用糯米粉、黍米粉制成的糕饼"。

《周礼·天官·笾人》："羞笾之实，糗饵、粉餈。"郑玄注："此二物皆粉稻米、黍米所为也。合蒸曰饵，饼之曰餈。"贾公彦疏："今之餈饙皆解之名出于此。"《说文·食部》："饼，面餈也。从食并声。"《说文·食部》："餈，稻饼也。从食次声。""餈（糍）"在中古时期是从母脂韵开口三等字，上古时期的拟音与苗瑶语的"粑粑"声母相近，存在同源关系。其上古拟音如下：

dziei（王力）　　　　　dzjid（李方桂）　　　　　dzjij（白一平）

糗 "糗"大量出现在历代楚语文献和通语文献中。在先秦时期，"糗"最初指"炒熟的米麦"，后泛指"干粮"。《楚辞·九章·惜诵》："播江离与滋菊兮，愿春日以为糗芳。"洪兴祖补注："江离与菊以为糗糒，取其芳香也。""糗芳"指"芳香的干粮"。《左传·哀公十一年》："国人逐之，故出，道渴，其族辕咺进稻醴粱糗腵脯焉。"杜预注："糗，干饭也。"

秦汉时期，《列女传·楚子发母》："异日有献一囊糗糒者，王又以赐军士，分而食之，甘不逾嗌，而战自十也。"《史记·世家》："峙尔刍茭、糗粮、桢干，无敢不逮。"《淮南子·说林训》："狡兔得而猎犬烹，高鸟尽而强弩藏。虻与骥，致千里而不飞，无糗粮之资而不饥。"北魏贾思勰《齐民要术·飧饭》："作粳米糗糒法：取粳米汰洒作饭，曝令燥捣细磨，粗细作两种折。"唐初颜师古注《汉书·列传》："糗即今之熬米麦所为者。""糗"在早期没有呈饼状，故与"糍粑"无关，但与"糈粑"具有同源关系。

"糗"在中古时期是溪母尤韵、开口三等字。其上古拟音为：

khiu（王力）　　　　　khjəgwx（李方桂）　　　　　khjuʔ（白一平）

《藏缅语语音和词汇》①为"青稞"和"饭"的拟音与"糗"的上古声元音近：

"青稞"： 贵琼：khi^{35}　　彝：kho^{21}mʌ^{33}　　土家：tɕhin^{55} kho^{55}
"饭"：　　藏文：kha lag　　藏：kha^{53}laʔ^{13}

宋代宋祁《九日食糕》："飙馆轻霜拂曙袍，糗餈花饮斗分曹。刘郎不敢题餻字，虚负诗家一代豪。"由于"糗"与"餈"的材料相似、做法相同，"糗"在后期由"干粮"引申为"糕类食物"，故"餈"、"糗"与"粔籹"表意相近，且与藏语"饭"和"青稞"具有同源关系。

综上，"粔籹"是表示古代楚地食品的记音词。"粔籹"与藏语、苗瑶语、壮侗语、土家语、雅语、布依语、傣语和泰语的"青稞、糌粑"或"糯米、糍粑"同源。因"糗"在上古时期指"炒熟的米麦"，尚未演变成"饼"状，故《楚辞·招魂》中的"粔籹"应该与"餈"类似，指"由蜜和米面干煎而成的圆饼"，并非指环状点心。所以玄应和洪兴祖注粔籹为"膏糫"、朱熹注粔籹为"膏环""寒具"、蒋骥和朱起凤注粔籹为"栅子（馓子）"、《东莞县志》注粔籹为"糖环"、《汉语大字典》和《汉语大词典》注粔籹为"馓子"或"麻花"的观点有误。

第二节　沈沈

一　"沈沈"释义

《史记·陈涉世家》："其故人尝与庸耕者闻之，之陈，扣宫门曰：'吾欲见涉。'……陈王闻之，乃召见，载与俱归。入宫，见殿屋帷帐，客曰：'伙颐！涉之为王沈沈者！'楚人谓多为伙，故天下传之，伙涉为王，由陈涉始。"前人对"沈沈"有不同的理解。南北朝裴骃《史记集解》："应劭曰：'沈沈，宫室深邃之貌也。沈，音长含反。含一作金。'"唐代张

---

① 藏缅语语音和词汇编写组：《藏缅语语音和词汇》，中国社会科学出版社1991年版，第559、392页。

萱："陈涉既王陈，其故人尝以佣耕者故人求见，及见王殿宇帷帐，曰伙颐……余谓沉沉二字亦当是方言，若以为宫室深邃之貌，则伙颐二字重复矣，沉沉二字必有所指，今苦未能详耳。"唐代司马贞《史记索隐》："服虔云：'楚人谓多为伙。'又言'颐'者，助声之辞也。谓涉为王，宫殿帷帐庶物伙多，惊而伟之，故称伙颐也。刘伯庄以'沈沈'犹'谈谈'，谓故人呼为'沈沈'者，犹俗云'谈谈汉'是。"《说文通训定声》："沈，……《史记·陈涉世家》：'伙颐！涉之为王沈沈者！'《集解》：'宫室深邃之貌。'《淮南·俶真》：'茫茫沈沈'注'盛貌'。《上林赋》：'沈沈隐隐'注'深貌'。谢元晖诗：'衰柳尚沈沈'注'茂盛之貌'。垂貌。"姜可瑜（1987）《〈史记·陈涉世家〉"夥涉为王"考辨》[①]认为"沈沈"表"宫室深邃之貌"。宋子然（1989）《释"涉之为王沈沈者"》[②]认为"沈沈"表示"盛多"，非"宫室深邃之貌"。综上，"沈沈"被释为"宫室深邃之貌"、"盛多"或"谈谈汉"。

已有"伙颐"表示"盛多"，"沈沈"当不是"盛多"。"者"用于句尾表示"……貌"，前面应为形容词。"谈谈汉"是表示"故人（老朋友）"的名词，后面不能跟"者"。若此处解释为"谈谈汉"，则不符合语法格式，故"沈沈"应释为"宫室深邃之貌"。

清黄生《字诂义府合按·沈沈》[③]："《史记·世家》：'伙颐！涉之为王沈沈者！'沈读为潭，潭潭，尊严之貌。"苏文擢《粤东方言续考》："粤谓深曰深沈沈……沈沈原是潭潭，以形容其深也，又曰深临临。"[④]陈涉故人的感慨是："真多呀，陈涉当了王宫殿深深，好气派咧！"我们认为此说是。

二 "沈"与"眈、觇、谈、谭、覃"的关系

沈，《广韵·侵韵》："澄母。直深切。"《汉书·司马相如传》："决

---

① 姜可瑜：《〈史记·陈涉世家〉"夥涉为王"考辨》，《文史哲》1987年第6期。
② 宋子然：《释"涉之为王沉沉者"》，《四川师范大学学报》（社会科学版）1989年第4期。
③ （清）黄生撰，黄承吉合按，包殿淑点校：《字诂义府合按》，中华书局1984年版，第197页。
④ 许宝华、宫田一郎：《汉语方言大词典》，中华书局1999年版，第5775页。

第九章 楚方言词个案研究

江疏河，洒沈澹灾，东归之于海，而天下永宁。"颜师古注："沈，深也。"三国魏曹植《吁嗟篇》："自谓终天路，忽然下沈泉。"丁晏铨评："《志注》作'渊'，唐人避讳改渊为'泉'，当作'渊'为是。"前蜀韦庄《和元秀才别业书事》："莫饮宜城酒，愁多醉易沈。"南朝宋鲍照《观漏赋》："注沈穴而海漏，射悬涂而电飞。"《南史·刘怀慰传》："怀慰至郡，修城郭，安集居人，垦废田二百亩，决沉湖灌溉。""沈"同"沉"，都表示"深"。唐李白《赠丹阳横山周处士惟长》："抱石飞献玉，沉泉笑探珠。"唐黄滔《水殿赋》："穿河彰没地之象，泛水示沉泉之丑。""沈泉（沉泉）"指"深渊或险境"。

当"沈沈"用于表"宫室深邃之貌"时，《集韵·覃韵》："定母。徒南切。沈，沈沈，深邃貌。通作觞。"上古时期无舌上音。舌上音澄母由古舌头音定母分化而来，故"沈"在上古时期表"深貌"、"盛貌"或"宫室深邃之貌"的读音相近。《文选·司马相如〈上林赋〉》："沈沈隐隐，砰磅訇礚。"李善注："沈沈，深貌也。"南朝宋鲍照《观漏赋》："波沈沈而东注，日滔滔而西属。""沈沈"表示"水深"。南朝宋鲍照《代夜坐吟》："冬夜沉沉夜坐吟，含声未发已知心。"唐罗隐《秋夜寄进士顾荣》："秋河耿耿夜沈沈，往事三更尽到心。""沈沈（沉沉）"表"深沉"义。唐魏征《暮秋言怀》："沈沈蓬莱阁，日久乡思多。"宋洪迈《夷坚丁志·张敦梦医》："大屋沈沈如王居，立俟门左，吏导之使入。"这两处"沈沈"引申为"宫室深邃之貌"义。

湛，《广韵·侵韵》："澄母。直深切。"汉董仲舒《春秋繁露·玉杯》："故因其所贤而加之大恶，系之重责，使人湛思而自省悟以反道。"凌曙注引颜师古曰："湛，读曰沈。沈，深也。"三国魏刘劭《人物志·材理》："浮沈之人，不能沈思。""沈"同"湛"，"湛思"和"沈思（沉思）"都指"深思"。

"湛湛"也有较多表示"深"的用例。《楚辞·招魂》："湛湛江水兮上有枫，目极千里兮伤春心。"王逸注："湛湛，水貌。"南朝梁武帝《逸民》："岩岩山高，湛湛水深。""湛湛"表"水深貌"。《楚辞·九章·哀郢》："忠湛湛而愿进兮，妒被离而鄣之。"王逸注："湛湛，重厚

· 289 ·

貌。""湛湛"表示"深厚貌"。唐韦应物《善福精舍示诸生》:"湛湛嘉树阴,清露夜景沉。"唐皇甫湜《伤独孤赋》:"涕浪浪以相接兮,痛湛湛而不移。""湛湛"表"深切貌"。

此外,"沈沈(沉沉)"还与"眈眈"、"斟斟"、"谈谈"、"谭谭"和"罩罩"音近义通,存在互通现象。

眈,《广韵·覃韵》:"定母。徒含切。"《文选·左思〈魏都赋〉》:"翼翼京室,眈眈帝宇。"薛综注:"眈眈,深邃之貌也。"唐岑参《河西太守杜公挽歌》:"漫漫澄波阔,眈眈大厦深。"宋欧阳修《送慧勤归余杭》:"越俗僭宫室,倾赀事雕墙。佛屋尤其侈,眈眈拟侯王。""眈眈"指"宫室深邃貌"。

斟,《广韵·覃韵》:"定母。徒含切。"张衡《西京赋》云:"'大厦眈眈。'义并与'斟斟'同。"《广韵·覃韵》:"斟,斟斟,室深貌。"唐李华《含元殿赋》:"上极霄际,却视斟崟。"《王力古汉语字典》[①]注"斟崟":"叠韵联绵字。屋宇高大的样子。按,《说文》无斟字。朱骏声《说文通训定声》临部'斟'字云:'字亦作斟'。"

谈,《广韵·谈韵》:"定母。徒甘切。"南朝宋刘义庆《世说新语·赏誉》:"庾太尉目庾中郎:'家从谈谈之许。'"余嘉锡笺疏引李详曰:"谈谈犹沈沈,谓言论深邃也。""谈谈"表"深邃貌"。

谭,《广韵·覃韵》:"定母。徒含切。"汉刘向《列女传·阿谷处女》:"子贡曰:'我北鄙之人也,自北徂南,将欲之楚,逢天之暑,我思谭谭,愿乞一饮,以伏我心。'""谭谭"表"深沉貌"。

罩,《广韵·覃韵》:"定母。徒含切。"张素《题亚子〈分湖旧隐图〉》:"罩罩每沈思,宁止千百场。""罩罩"表"深邃"。南朝宋谢灵运《辞禄赋》:"荷赏延之渥恩,在弱龄而罩惠。""罩惠"表示"深恩"。

故"沈沈(沉沉)"、"眈眈"、"斟斟"、"谈谈"、"谭谭"和"罩罩"都可表"深邃"义。"沈"、"谭"和"罩"在两汉时期的其他语境中也存在互通现象。《后汉书·列传》:"沈思专精,博览书传。""沈

---

① 王力:《王力古汉语字典》,中华书局2011年版,第736页。

思"指"深思"。《文选·班固〈答宾戏〉》:"扬雄谭思,《法言》、《太玄》。"李周翰注:"谭,深也。""谭思"表"精深的思想"。《晋书·隐逸传》:"惟研考经典,谭思文章。""谭思"表"深加探究"。《尚书序》:"于是遂研精覃思,博考经籍,采摭群言,以立训传。"宋杨万里《华镗秀才著六经解以长句书后》:"当时浪说析骸骨,今日覃思雕肺肠。""覃思"表示"深思"。

三 楚语词"潭潭"与"沈沈"

陈胜生于楚国阳城,其故旧也说楚语,"伙颐"和"沈沈"都是楚语词。但"沈"在多数语境下读音为"chén",只有用于表"宫室深邃"的"沈沈"读音为"tán",前人未将"沈"定性为楚语词。"沈"应与楚地表示"深;宫室深邃之貌"的词相通,即"沈"应为楚地表示居宅深邃的记音词。

潭,《广韵·覃韵》:"定母。徒含切。"古无舌上音,故"潭"读如"沈"。《楚辞·九章》:"长濑湍流,溯江潭兮。"王逸注:"潭,渊也。楚人名渊曰潭。"姜亮夫校注:"潭,深渊也,楚人名渊曰潭。"《文选·郭璞〈江赋〉》:"若乃曾潭之府,灵湖之渊。"李善注:"曾,重也。王逸《楚辞》注曰:'楚人名渊曰潭。'"北魏郦道元《水经注·渭水》:"溪中有泉,谓之兹泉。泉水潭积,自成渊渚。""潭积"指"深积"。晋左思《魏都赋》:"荒裔带其隅,岩冈潭渊,限蛮隔夷,峻危之窍也。""潭渊"指"深渊","潭"是表示"深渊"的古楚方言词。

"潭府"在楚地有"宫室深邃貌"义。南北朝时期,"潭府"用于尊称别人深广的居宅。《颜氏家训集解》卷七:"即卓荦如韩退之,亦惟以公相潭府之荣盛,利诱其子,而未及于道义。"

"潭潭"最早出现在秦汉时期,表"深广貌"。《韩诗外传》卷一:"子贡曰:'吾、北鄙之人也,将南之楚,逢天之暑,思心潭潭,愿乞一饮,以表我心。'""潭潭"表"深广貌"在唐代袭用。唐韩愈《昌黎集·符读书城南》:"一为公与相,潭潭府中居。"唐彦谦《拜越公墓因游定水寺有怀源老》:"越公已作飞仙去,犹得潭潭好墓田。""潭"不仅在"深邃"

义上与"沈沈（沉沉）"、"眈眈"、"戡戡"、"谈谈"、"谭谭"和"覃覃"互通，还在"潭思"等其他合成词中与"沈"、"谭"、"覃"存在互通现象。《汉书·扬雄传》："于是辍不复为。而大潭思浑天，参摹而四分之，极于八十一。"颜师古注："潭，深也。""潭思"指"深思"。汉赵晔《吴越春秋·越王无余外传》："禹伤父功不成……七年闻乐不听，过门不入，冠挂不顾，履遗不蹑，功未及成，愁然沈思。""沈思（沉思）"指"深思"。汉马融《广成颂》："沦灭潭渊，左挈夔龙，右提蛟鼍。""潭渊"指"深渊"。南朝梁江淹《杂体诗·效袁淑〈从驾〉》："羽卫蔼流景，彩吹震沈渊。""沈渊（沉渊）"指"深渊"。晋郭璞《〈尔雅〉序》："诚九流之津涉，六艺之钤键，学览者之潭奥，摛翰者之华苑也。""潭奥"指"深室"，后引申为"深奥之处"。汉郭宪《洞冥记》卷四："东方朔因滑稽浮诞以匡谏，洞心于道教，使沉奥之迹，昭然显著，故曰洞冥。""沈奥（沉奥）"指"深邃奥妙"。故"潭思"通"沈思（沉思）"、"潭渊"通"沈渊（沉渊）"、"潭奥"通"沈奥（沉奥）"，"潭"与"沈"音近义通，存在互通现象。

"潭"的上古拟音为：王力 dyəm；李方桂 dəm；白一平 dəm，邢公畹《汉台语比较手册》①提出泰语称"沉入"为 dam¹（⟨*²dl/r-），如 dam¹nam⁴ "潜水"，这个字可以和汉语"沉"字比较：广州"沉" tsham²（⟨*꜀drjəm）。对应式为：

广州 tsham² ⟨*꜀drjəm "沉"：泰 dam¹ ⟨*²dl/r- "沉没"

壮语"daemz"指"池塘"。"daemz"还有"地势低洼"和"深水"义。"坛涊"指"深水塘"。"涊"是壮语 boengz 的谐音，指烂泥。因村前有大而深的烂泥潭得名。

《藏缅语语音和词汇》②为"深"的拟音为：

纳木义：da⁵⁵mo³³　　藏：tin⁵⁵rin¹³bo⁵³

---

① 邢公畹：《汉台语比较手册》，商务印书馆1999年版，第2页。
② 藏缅语语音和词汇编写组：《藏缅语语音和词汇》，中国社会科学出版社1991年版，第804页。

王辅世、毛宗武《苗瑶语古音构拟》①中表示"深"的苗瑶语读音与古楚方言词"潭"的读音相近：

长坪：du　　　三江：du　　　东山：du　　　览金：du
江底：du　　　湘江：du　　　罗香：do　　　梁子：do

楚语词"潭"与泰语、壮语、藏缅语和苗瑶语中表"深"的词同源。据唐磊统计，现今包含"潭"的地名多分布在湖南、浙江、广东、湖北、安徽、广西、江西、福建、江苏等省份，均达2000处以上。

综上，"沈沈"应释为"宫室深邃之貌"。"沈沈（沉沉）"、"眈眈"、"耽耽"、"谈谈"、"谭谭"和"覃覃"音近义通，都有"深邃"义。"沈沈"与楚地表"宫室深邃之貌"的"潭潭"互通，"潭"与泰语、壮语、藏缅语和苗瑶语中表"深"义的词具有同源关系，故"涉之为王沈沈者"中的"沈沈"应为古楚方言词"潭潭"。陈涉故人的感慨是："真多呀，陈涉当了王，宫殿深广，好气派咧！"

第三节　沓②

"踏"的本义是"踩""践踏"的意思。"遝"的本义是"及""达到"的意思，"搭"的基本义是"支""架"。经研究发现，上古还有一个"沓"字，与"踏""遝""搭"一样，还有一个重要的义项是"交合""婚合"。

一　文献故训

《楚辞·天问》："天何所沓？"王逸注："沓，合也；言天与地会合何所？"《天问》既用了"沓"，又用"合"："女歧无合，夫焉取九

---

① 王辅世、毛宗武：《苗瑶语古音构拟》，中国社会科学出版社1995年版，第576页。
② 参见邵则遂《〈楚辞〉楚语今证》，《古汉语研究》1994年第1期；《"沓"、"遝"、"踏"、"搭"之交合义解》，《中南民族大学学报》（社会科学版）2011年第5期。

子？"（女歧还未曾婚配，怎么有九个小孩？）"闵妃匹合，厥身是继。""合"是婚合的意思，《诗经·大明》："天作之合。"《毛传》："合，配也。"朱季海《楚辞解诂》："'沓'字本作'遝'。"扬雄《方言》三："遝，及也。曰遝者，谓前后相及也。"许慎《说文解字》："遝，迨也"，"及，逮也"。《尔雅·释言》："逮，迨也。"郭璞注："今荆楚人皆曰遝。音沓。"笔者认为："沓"是楚语，"合"是通语，都有婚合的意思。这种情况，在屈赋中反映了楚夏文化的交融与会合。后人也有用"沓"的：扬雄《羽猎赋》："天与地沓"，李善注引应劭云："沓，合也。"洪兴祖《楚辞补注》引《灵宪》云："'天体于阳，故圆以动。地体于阴，故平以静。动以行施，静以合化。埋郁构精，时育庶类，斯为天元。''天何所沓'，言与地合也。"陈本礼注《天问》"女歧无合"时说："易曰：天地絪蕴，万物化醇，此先天大父母；男女构精，万物化生，此后大父母。"我国古代朴素辩证思想认为，宇宙万物的生长，都是阴气与阳气这两个对立物渗合统一的结果，在万物有灵的时代，天与地亦被认为是有生命的，天与地相交能生万物。在汉民族里，有天与地结婚的传说，这正是万物有灵论遗迹。

与"沓"同源的字，跟婚合也有某种关系。

相及：遝，《说文》："语相及也"，他合切。誻，《说文》："语相及也，徒合切。"眔，《说文》："目相及也。"《广韵》合韵："目相见，他合切。"追，遝，《玉篇》："行相及。"《广韵》"他合切。""相及"很容易和交合相通。《左传·僖公四年》楚武王使臣说："唯是风马牛不相及也。"孔颖达疏："服虔云：'风，放也，牝牡相诱谓之风。'"《说文》有"馺"，"马行相及也"。还有"鞈""韐""鞜"，"小儿履也"。《集韵》合韵都音悉合切。"及"是前后关系，"沓"是上下关系。

并排：舟益，《广韵》："两槽大船，吐盍叨。"迭，《集韵》："排也，敌盍切。"鰈，《集韵》："比目鱼，吐盍切。"《尔雅·释地》："东方有比目鱼焉，不比不行，其名谓之鰈。"《释文》："鲽，本或作鳎。"龘龘，"《广韵》合韵、龙飞之状，徒合切"。

第九章　楚方言词个案研究

贴近：沓，《集韵》："物湿附著也，言毛合切。"龙龙，《广韵》："手打也，都褟切。"［湖北天门方言说："t'a（打）你几巴掌。"］榻，《广韵》："床也，吐盍切。"姜亮夫《昭通方言疏证》："褐榻则一形之孳乳也。然榻者，昭人谓贴近曰榻，言贴近身之衣也。其短褐曰大汗褐，暑服也。"褐，《玉篇》："衣也。"禢，陈刚《北京方言词典》："一种烹饪法，在主料上挂上蛋糊或者蘸上面粉，把它用油煎。"武汉儿歌："一个伢的妈，真拉瓜（脏），马桶盖上塌粑粑。"溻，《集韵》："湿也，音毛合切。"《北京方言词典》："（衣物）湿透贴在（身上）。"

还有两个比较重要的字：佮、媕。

佮，《广韵》合韵："合也，他合切。"朱骏声《说文通训定声》："经传通以合为之，按配偶之意为佮，聚合之意为合，和协之意为谘。"

媕，《说文》："俯伏也，从女沓声，一曰服意也。"段注："俛者，低头也；伏者，伺也。服意，悦服之意也。"

《说文》："沓，语多沓沓也。从水从曰。"徐玄注："臣铉等曰：'语多曰沓若水之流，从水会意。徒合切。'"这里"沓"字归于夏，但媕合意归于楚。按《说文》无"踏"字，见于《玉篇》："踏，足著地。"《说文》有"蹋"字。"蹋，践也。"段注："俗作踏字。""沓""蹋""踏"在践的意义上有继承关系。"沓"的词义核心是合，在词义发展中携带着它运动。

有用于一般意义的合：《说苑·善说》："庄辛迁延，沓手而称曰：'君独不闻乎鄂君子皙之泛舟于新波之中也？'""踏"在中古有跟踪含义：《古今小说·宋四公大闹禁魂张》："赵正道：'我妆做丞局，后面踏将你来。'"刘坚注："踏，跟踪。"[①]"践"的意义在元明清白话著作中特指男女私情的用法：《杀狗劝夫》三："是一个啜狗尾的乔男女，是一个拖狗皮的贼丑生。""啜、踏"音近，例可通假（参见蒋礼鸿《敦煌变文字义通释》）。《金瓶梅》七十八回："打伙儿替你爹做牵头，勾引

---

① 刘坚：《近代汉语读本》，上海教育出版社 2019 年版，第 181 页。

上了道儿,你们好踹狗尾儿,说的是也不是?"这是潘金莲骂玳安的话,玳安正是掩饰西门庆在外嫖娼,他又从中占便宜。"踏狗尾"是一个专用名词,是指前面一个男子与女子发生奸情,后面又一个男子与那女子鬼混。湖北天门、潜江话把这种事叫"踏尾巴根"。前一个男子最忌讳后一个人,知道了就以性命相拼。白维国先生认为是专指在男女私情上占便宜,并举《聊斋俚曲》二例为证:蒲松龄《聊斋俚曲·磨难曲》:"适才远远望见一个人,爬墙往方娘子家去了,想是他的个情人,俺也蹀个狗尾儿。"《富贵神仙》:"这一定是方娘子的后人,妙哉!我也跳过墙去,踏个狗尾,有何不可!"①王鍈先生认为,白文把此词适用范围缩小了,应该是跟在别人后面分些油水。其实白文释义是对的,今山东方言的"踏狗尾"就包含有男女私情的意思。

《醒世姻缘传》四十六回有"踏脚"一词:"姜副使对着晁凤说道:'你多拜上奶奶:这踏脚的营生,将来哄不住人,我岂肯把一个闺女许与买的小厮?'"黄肃秋先生注曰:"指骗人的勾当,诳人的把戏。"释义不确。这段话的语境是:晁梁本是晁思孝亲子,魏三受人挑唆来冒认是他的儿子,由晁家花银子买来的。姜副使说"踏脚的营生",即是说晁梁是野种,非晁家血统。那么,"踏脚"是一种不正当的婚合。冯梦龙编的《醒世恒言》二十三卷《海陵王纵欲亡身》:"阿里虎道:'何谓交合?'阿喜里可道:'鸡踏雄犬交恋,即交合之状也'。"浙江、嘉兴等地把禽鸟交尾叫"踏雄"②,这说明"踏"有交合义。

纪昀《阅微草堂笔记》卷有"沓男女男"一词,指对女子进行猥亵:"遥见似一少妇,避入河干古庙中。吕语诸恶少曰:'彼可淫也……吕突入,掩其口,众其褫衣沓男女男。'"

明清小说中,"搭脚"指与妇女有染。《南亭词话》:"《聊斋志异》有《惜余春》词,久已脍炙人口。有套其调贻某校书者,使校书见之,亦必曰魏收轻薄哉。然君知我者。词曰'戏子姘头,髦儿搭脚。日日为钱颠倒。负债从良,下堂求去,同是一般环抱。甚的新夫旧夫,拔去还生,有

---

① 白维国:《〈小说词语汇释〉误释举例》,《中国语文》1981 年第 6 期。
② 闵家骥:《简明吴方言词典》,上海辞书出版社 1986 年版,第 365 页。

如春草。'"

　　《白牡丹》第四十二回《定国公怒打权监》："及十三晚,正德虽见是热,但不及京城多是珠玉结就,又见男女拥塞,有一个酒醉汉,杂在妇女队中,摇头搭脚。"《合锦回文传》第四卷《蠢鲽夫欲续娇娃　硬媒人强求半锦》："媒婆只爱钱和钞,那顾郎才与女貌。赚得几封月老,死的说出活来;少了几两花红,美的当作丑笑。言语半毫不实,惯会两面三刀。伙伴分银不匀,骂出千罗百唣。有时搭脚,卖伴新娘,又伴新郎;常弄花手,心做宝山,又做厌倒。"《八洞天》卷四："大约人家不学好子弟,正经便不省得,唯有色欲一事不教而能。岑玉年已长大,情窦已开,在未搭脚之先,早结识下一个女子,乃是开赌的宇文周之女顺姐。""搭脚娘姨"是与男主人有染的女仆。《青楼梦》第二十九回："月素道,'我没有什么笑话,有一副对在此。'飞鸿道:'什么对儿?'月素道:'歪嘴丫头歪嘴歪嘴歪嘴。'章幼卿听了笑道:'月姐姐真会解颐,素性弄出许多歪嘴来了。'说着众人笑个不住。拖香道:'下联是什么?'月素道:'下联是搭脚娘姨搭脚娘姨搭脚。'"《绣屏缘》十五回《丑儿郎强占家资　巧媒婆冤招吊打》："有个《黄莺儿》为证:'黑脸嵌深麻,发黄芽,眼白花,龟胸驼背真难画。但闻得口中粪渣,更添着头上髻疤,鼻邪耳吊喉咙哑,生如蛙。癞皮搭脚,惯喜弄花蛇。'"

##　二　神话传说

　　前面举例的"龖"字,《说文》:"飞龙也,从二龙,读若沓。"从字形上看,它是由两条龙并排在一起。《史记·夏本纪》:"夏后氏德衰,诸侯畔之,天降龙二,有雌雄。"《国语·郑语》:"夏之衰也,褒人之神,化为二龙,以同(通)于王庭,而言曰:'余、褒之二君也。'夏后卜杀之,与去之,与止之,莫告,卜请其漦而藏之,吉。乃布币焉而策告之,龙亡而漦在,椟而藏之,传郊之,乃殷周,莫之发也。乃厉王之末,发而观之,漦沕于王庭,不可除也。王使妇人不帏而噪之,化为玄鼋,以入于王府,府之童妾,未既龀而遭之,既笄而孕,当宣王而生,不夫而

· 297 ·

孕，故惧而弃之。"袁珂先生认为二龙是在交尾，漦是精液。[1]赵建伟先生赞成袁先生的观点，并说："《国语·郑语》及《列女传》作'（二龙）同于王庭'，同即通，指交媾。《汉书·五行志》注：'漦，血也'，就是指精液。"[2]另外，《史记·高祖本纪》："其先刘媪尝息大泽之陂，梦与神遇。是时雷电晦暝。太公往视，则见蛟龙于其上，已而有身，遂产高祖。"在我国古籍文献中，常有"交龙""腾蛇"之类的说法，而所谓"交龙""腾蛇"，蕴含着雌雄交配状态的意义。《史记》《汉书》中说，刘邦出生时，他的母亲曾梦见与神交配，他的父亲则看见雷电中出现了一对"交龙"，"交龙"便是两龙交配。《淮南子》记述说："腾蛇雄鸣于上风，雌鸣于下风。"这里所谓雄上雌下，准确地说明"腾蛇"的含义是阴阳交配。《公羊传》说道："双双之鸟，一身二首，尾有雌雄，常不离散"，说明鸟、兽交尾隐喻雌雄交配，阴阳媾合。[3]

"踏"有交合意与中国古代的感生神话说相符。《山海经·海内东经》引《河图》："大迹出雷泽，华胥履之，生伏羲。"《史记·周本纪》："姜原出野，见巨人迹心忻然悦，欲践之，践之而身动如孕者，居期而生子。"《诗·大雅·生民》："厥初生民，时维姜源，生民如何，克禋克祀，以其无子，履帝武敏歆，攸介攸介，载震载夙。"郑玄笺注："时有大神之迹，姜源履之，足不能，履其拇指之处，心体歆然，如有人道感己者也，于是遂有身。"闻一多先生《古典新义》："耕时与人野合而有身，后人讳言野合，则曰履大人之迹，更欲神其事，乃曰履帝迹也。"布雷多克说："世界有的民族女子婚前发现自己不期而孕，她只需声称宙斯化作天鹅、公牛或金雨把她覆盖过了。"[4]"履迹"在其他民族中也有交合意。"澳洲土人认为足迹代表男子性器，因此，'履迹'便代表交合。""南斯拉夫少女认为踏看意中人的足迹（或影子）便会得到他的爱情。""在

---

[1] 袁珂：《中国古代神话》，上海古籍出版社 1988 年版，第 318 页。
[2] 赵建伟：《人世的"禁区"——中国古代禁忌风俗》，陕西人民教育出版社 1988 年版，第 138 页。
[3] 杨学政：《揭秘原始性崇拜密码》，云南人民出版社 2008 年版，第 211 页。
[4] [美]布雷多克：《婚床》，王秋海等译，生活·读书·新知三联书店 1986 年版，第 38 页。

我国彝族，妇女不育或生怪胎，便设法"接触龙石'，或坐，或拴以衣，特别是要'以脚踩龙石'，才能孕育后裔。"云南屏边的瑶族起源神话说：太初时，天空的云粉凝聚成一个女人，她下界踏草感生怀孕，生下了开天辟地和造人的盘古王。①

三 方言民俗

汉民族的通语是"履迹"，楚语是"沓"。除天地相交说沓，人类男女，牲畜牝牡之交也叫"沓"（踏）。湖南桃源县乡村男女发生不正当关系叫"踏脚"。先是男的踩女的脚试探，如女方嗔怒地收回脚即表示拒绝，如女的脚不动，即可约会。牲猪交配叫"搭脚"。例："来跟我的母猪搭个脚。"（笔者调查得知）。

河南省驻马店地区，牛马的交配叫搭（河南驻马店宋国均先生告知）。

四川广安县：牛交配叫搭背，如："牛在搭背"又说"巴背"。猪交配，叫搭脚，种猪叫脚猪。骂人叫"搭脚狗"（四川广安县何承玖先生告知）。

川江一带骂人，常说："你晓得不，你龟儿是老子搭了脚的。"或对女人开下流的玩笑："唉！莫那个样子嘛，老子搭一脚咋样？"（笔者1994年在四川调查得知）。

鄂西山区骂人："日妈的不得了嗒，你那个报应儿，晓得好多人搭过脚的。"有时骂自己儿女不肖："你这个混帐东西，一点都不象老子，只怕别个搭了脚的。"（湖北恩施市陈靖国先生告知）。

湖北省松滋县："牛马交曰遝""以此物加于彼物之上，亦曰遝"。

湖北沔阳，正当的婚配也可叫"踏脚"，如"一踏脚生了几个儿子"（仙桃市韩晏清先生告知）。

湖北天门，盖坛子的盖子叫"碗踏子"。也可作动词："把缸沓倒。"音踏，是把缸盖上的过程。公猪母猪交配叫"沓圈，或叫收圈"。天门蒋场、江陵郝穴骂人时，"你是我搭了脚的。"意思是我是你的父本。（本书所引天门方言为笔者母语）。

---

① 杨学政：《揭秘原始性崇拜密码》，云南人民出版社2008年版，第211页。

荆门人说:"野东西,你是我在哪个坟茔空的搭的脚。"(湖北荆门市刘海章先生告知)。强调活动是在荒郊野外。汉川人有"踏屎踏马"一词。(汉川吴天明先生告知)

山东临朐,湖南桃源、株洲,河南驻马店,四川广安,安徽岳西,江西萍乡,湖北大部把猪交配叫"搭脚"。天门话说:"跟我的母猪搭个脚。"《湖北常用方言词典》:"搭圈(牲畜)交尾。有的地方叫搭脚(多指猪)。""赶脚,牵起郎猪供人家给母猪配种,因郎猪叫脚猪,故称。"猪交配时,种猪要把脚搭在母猪身上,故云"搭脚"。河北安平县地方志办公室告知:"在母猪发情期,由母猪的主人带领它到配种站,路上遇见熟人问候,就说'去搭猪'。交配完成后,再遇到熟人问'搭上了吗?'便答'搭上了'。配种时,公猪的主人把圈门打开,母猪的主人把母猪送进圈去,在外面观看。交配时种公猪是要把前脚搭在母猪的腰背上(所以称之为搭圈或搭脚、搭交皆可)。'圈'读'倦'。"四川广安有"搭脚狗"一词,指好色的男人。湖北当阳县河溶镇,仙桃市长趟口把种公猪叫"搭脚猪"。按汉语双音节词占多数的规律,"搭脚猪"就省称"脚猪"。"脚猪"通行后,"搭脚猪"的说法就消失了。

下面再看汉语方言词典的记载:

踏:(海口)动物交配时雄的骑在雌的身上:狗公踏狗母。"踏蛋"(乌鲁木齐)(万荣)禽类交配。"踏蛋儿"(西安)鸟类交配:公鸡跟母鸡踏蛋儿。"踏雄"(绩溪)(崇明)(苏州)(厦门)指鸡交配。"踏卵"(福建明溪),指禽鸟交配。"沓雄"(贵州)。许庄叔《黔雅·释生物》:"沓,合也。今俗谓禽鸟孳尾曰沓雄。""潒阳"(温州)遗精。

"踏"与"踩"同义。"踩水"(武汉)(扬州)鸡、鸭交配。"踩花"(柳州)猫交合。"踩飞"(柳州)禽类交合。"踩胎"(于都)猪、牛等交配。"踩蛋"(成都)(西宁)(万荣)鸡交配。"踩鸡"(济南)鸡交配。

"搭"是此物加于彼物之上。(温州)姘合:倒外转做生意,伉该女個搭牢,屋里全不顾。"搭子"(扬州)有不正当关系勾搭在一起的人:孤老搭姘头。"搭伙精"(宁波)骂勾搭男人、乱搞男女关系的女人。"搭脚"

（上海）主人与女仆有染。"搭脚娘姨"（苏州）跟主人有暧昧关系的女仆。"搭窠"（万荣）（崇明）（猫、狗）交配。（以上材料来自李荣主编《现代汉语方言大词典》，许宝华、宫田一郎主编《汉语方言大词典》）

综上所述，《楚辞·天问》的"沓"是指天与地交合。有大量的同源词可以佐证，"沓"有"交合"的意思，它的义位是"婚合"。而且是一个楚方言。这个词可以上溯到原始的婚姻关系，野合生子，知其母不知其父。通语是说"履迹"，楚语是说"踏"。《史记·夏本纪》记录的两条龙相交，音沓，正与此暗合。汉语方言中"踏""踩"是上下交合，"遝"（及）"搭"是前后交合，"踏""搭"一声之转，原指动物交合，后借以言人，其"交合"义，进入通语。

第四节 鸟

与"鸟"有关的字有"朘""卵""屪""月㝡"等，都与男性生殖器有关，下面分述之。

一 文献语言

朘 《老子》五十五章："未知牝牡之合而全作。"河上公注："赤子不知男女之合会，而阴作怒者，由精气多之所致也。""全"一作"朘"，又作"峻"。《经典释文》引《说文·新附》："朘，赤子阴也。"《广韵》："朘，赤子阴也。峻、朘同。""峻"指雄性牲畜的生殖器。宋王禹《记马》："乃以数牝马诱之，乘峻作之势，以巾幂其目，间而进其母，既已，彻巾，然后晓其所生，因垂耳俯首，若不欲活者。"闻一多《古典新义·璞堂杂训·朘》："朘即月隹之别称，然月隹字本只作隹，隹鸟古同字，俗正呼男阴为鸟也。《老子》以为赤子阴，则犹俗谓小儿阴曰鸡儿，曰麻雀。要之，月隹之本字当作隹，以为男阴专字，始加肉作月隹，其别构作朘者，夋声字夌，息遗切，挼，子对切等并读入脂部，与隹音同。而儁同俊字，

·301·

鑴、俊同字，鑴鋑同字，挼训推，并隹夋可通之证。故月隹亦得假从夋声作朘也。"《马王堆汉墓医书·十问》："王子巧妇问彭祖曰：'人气何是为精虖（乎）？'彭祖合曰：'人气莫如竣（朘）精。竣气宛闭，百脉生疾；竣气不成，不能繁生，故寿尽在竣。'"

"隹"和"鸟"有语源关系，却属无可怀疑。①孙玉文提供佐证。②

鸟　《礼记·月令》："仲春之月，是月也，玄鸟至。至之日，以太牢祠于高禖。天子亲往，后妃帅九嫔御，乃礼天子所御，带以弓韦蜀，授以弓矢于高禖之前。"《史记·殷本纪》："殷契，母曰简狄，有娀氏之女，为帝喾次妃。三人行浴，见玄鸟坠其卵，简狄吞取之，因孕生契。"《索引》："谯周曰：'契生尧代，舜始举之，必非喾之。以其父微，故不著名。其女娀氏女，与宗妇三人浴于川，玄鸟遗卵，简狄吞之，则简狄非帝喾次妃明也。'"《集解》："礼纬曰：'祖以玄鸟生之也。'"《诗经·商颂·玄鸟》："天命玄鸟，降而生商。"（是说神鸟衔来鸟蛋让有娀女简狄吞下，怀孕生了商的祖先"契"。）商代有铜器称"玄鸟妇壶"（见《三代古金文存》），铭文里的"玄鸟"就像一只神鸟嘴里衔着两颗卵。"南部长江之楚文化，实亦殷人之嫡系。"③殷人是以鸟为图腾的，那么自然楚人又可以说以鸟为图腾的。楚人在所有的古帝中特别推崇帝俊，长沙子弹库楚墓中出土的帛书，有"帝夋乃为日月之行"句，显然，楚人把帝俊奉为宇宙的主宰了。此外，帝夋，"夋"为鸟形，楚人尊"夋"，而崇鸟——太阳鸟。日中有乌的神话，盖始于汉初，如马王堆汉墓帛画乌即在日中。汉王充《论衡·说文》："日中有三足乌。"《淮南子·精神训》："日中有踆乌。"④高诱注："踆，犹蹲也，谓三足乌。踆音俊。"有人认为三足乌中多的一条腿是雄性生殖器。而日中的三足乌取名"踆乌"，这又是根据《山海经》帝俊的神话而演变的。《山海经》："鸾鸟自歌，凤鸟自舞；凤卵，民食之，所欲自从也。百兽相与群居，在四蛇北。

---

① 单周尧：《"鸟"字古音试论》，《中国语文》1992年第4期。
② 孙玉文：《"鸟""隹"同源试证》，《语言研究》1995年第1期。
③ 郭沫若：《殷周青铜器铭文研究》，人民出版社1954年版，第24页。
④ 何宁：《淮南子集释》，中华书局1998年版，第508页。

其人操卵食之，而鸟居前导之。""其神祠礼，皆用一百鸡祈。"

中国古代有"日中金鸟"的神话传说。云南沧源崖画的第七地点画一位头饰长羽毛的男人，他右手持箭左手持弓，在他左边，画一个大而圆的太阳光芒四射，太阳里面站着一个持弓之人。另外，崖画上画的房屋为干栏式建筑风格，崖画屋顶栖息着小鸟。杨学政认为崖画反映的是古代氏族对太阳神的崇拜，而太阳和鸟的含义是男性和男根。在中国母系氏族社会晚期文化遗存中，常见鸟纹象征男根的器物，这是中国母系氏族社会晚期盛行男根崇拜的佐证。西安半坡出土鸟头形陶器盖钮、河姆渡有鸟形象牙圆雕、鸟首形木器及陶形钮。河南陕县庙底沟彩陶残片上、陕西宝鸡北首岭彩陶壶上、陕西华县柳子镇泉护村彩陶上有鸟纹，甘肃天水杨家坪彩陶罐上也绘有相向飞鸟纹。上述器物上的鸟纹、鸟形均象征男根。山西翼城县大河口墓地惊现"霸"国。盉在发现的数千件青铜器中，有一尊鸟形器物特别精美。经鉴定，该器物叫鸟盉。商周时期，盉是一种注水的水器。祭祀、宴饮、典礼时，参与者要盥洗。侍者将盉里的水倒出来供参加者洗手。谢尧亭说，鸟盉特别珍贵，在我国既往的考古发现和传世器物中，都未曾见过这样的器物。上世纪，山西在北赵晋侯墓地发现一尊十分精美珍贵的青铜器——鸟尊。①

《水经注·洧水注》："西南流又屈而东南迳零鸟坞西侧坞，东南流坞侧有水悬流赴壑，一匹有余，直注涧下，沦积成渊，嬉游者瞩望奇为佳观，俗人睹此水挂于坞侧，遂目之为零鸟水。"李寿《五音韵谱》："厶为男阴。蔡中郎《王孙赋》曰：'厶，瓜悬而瓠垂'。"《癸巳类稿》案："蔡邕无《王孙赋》，《古文苑》收汉王延寿《王孙赋》有此句，注云：'了'字为厶，丁了切，悬物貌。'了'之为'了'系厶之讹变。"《广韵》都了切："鸟，悬也。"与宋元称男阴之"鸟"，今俚语之"吊"暗合。释玄应《一切经音义》引"佻"作"厶"。《方言》卷七："佻，抗，悬也。赵魏之间曰佻，自山之东西曰抗。燕赵之郊悬物于台上谓之佻。"郭璞注："了、佻，悬物貌。丁小反。"刘台拱云："'佻'，《集韵·篠

---

① 《北赵晋侯墓地》，《光明日报》2011年4月28日。

韵》作'⼃'。'佻'，当作'⼃'，注内同。玄应《一切经音义》卷十三、《集韵》篠韵、《类篇》'了'字引《方言》皆作'⼃'。《广韵》云：'悬貌。'《玉篇》云：'悬物貌也'。""佻"音亦作鸟、吊。清翟灏《通俗编·身体部》云："升庵（杨慎）谓其义鄙亵，男子之私也。"又云"⼃"为"鸟"之本字。[①]

《敦煌变文集·燕子赋》："不曾触犯豹尾，缘没横罗鸟灾。"蒋礼鸿通释："鸟，骂人的话，和《水浒传》里的'鸟人'、'鸟男女'的'鸟'相同。"王实甫《西厢记》："赫赫，那鸟来了。"明冯梦龙《古今谭概·容悦部·洗鸟》："大学士万安老而阴瘘，徽人倪进贤以药剂汤洗之，得为庶吉士，授御史。时人目为洗鸟御史。"《西游记》第十九处："炼得钢筋铁骨，……摆锡鸡巴，我怕甚钢刀剁下我鸟来！"《宦门子弟错立身》第十二出："（旦）鹦鹉回言，这鸟敢来应口。"钱南扬校注："鸟，南音读屌，用意双关，鸟是指鹦鹉；屌是南音，詈词。""《正字通》：'屌，男子阴名。'按，此为方俗语，史传皆作势。"明孙柚《琴心记·花朝举觞》："鹅掌拖黄拌，鸡巴带粪尝。"《汉语大字典》："'⼃'，男性生殖器。《通志·六书略一》：'⼃'，男子阴。'"今俗语把男性生殖器称"鸡巴"，称儿童的为"鸡鸡"。"鸡"也是一种鸟，"巴"是其词缀。

卵 黄侃云："（卵）更引申之，则阳道亦为卵；《广韵》上声卅四果：卵，郎果切。吾乡呼男子阴器正作此音，而呼睾丸为卵，仍为力管切。"[②] 肖仁福《裸体工资》："龚卫民说，造纸厂还差800万，那个狗日的吴凤来昂得象条卵，我和国税的人几次找他都不买帐。"

屪 《字汇》："屪，男阴名。"字或作"膫"。《岳阳楼》第一折："灌得肚儿胀，溺得膫儿疼。"指男子或雄性动物的生殖器。明王世贞《明凤记·雪里归舟》："马又死了，止剩得马膫子。"清洪升《长生殿·进果》："马死单单剩马膫。"《广韵》洛萧切，平萧切。宵部。又力照切，去声、笑韵、来母。

膫子 男人或雄性动物的生殖器（常用于骂人）。《金瓶梅词话》第

[①] 萧兵：《老子的文化解读》，湖北人民出版社1994年版，第629页。
[②] 黄侃：《黄侃论学杂著·蕲春语》，上海古籍出版社1980年版，第419页。

七回："你这老油嘴，是杨家那膫子入的。"《醒世姻缘传》第八十九回："你是人家那鸡巴大伯！膫子大伯！"

屪子 雄性动物的外生殖器（也作骂人的话）。江淮官话。江苏盐城，音洛。

腏 《马王堆汉墓医书·五十二病方》："一，穿小瓠壶，令其空（空）尽容籄者肾与腏。""东鄉（向）坐于东陈垣下，即内（纳）肾腏于壶空中，而以采为四寸杙二七，即以采木椎剟之。"魏启鹏、胡翔骅《马王堆汉墓医书校释》："腏：读为脧，二字为一声之转，义为小孩的阴茎。今四川方言犹称男性生殖器为'cuǐ'子，而腏字古音古义之遗迹。"

以上这些字在声音和意义上都有联系：

鸟 都了切，上，篠韵，端母，宵部
卵 卢管切，上，缓韵，来母，元部
屪 郎果切，上，果韵，来母，歌部
膫 洛萧切，平，萧韵，来母，宵部
脧 臧回切，平，灰韵，精母，微部
脺 视佳切，平，脂韵，禅母，微部
最 腏祖外切，去，泰韵，精母，月部

二 汉语方言

在吴语区，鸟读音同"吊"，在人们俗信观念中，鸟有两种含义，一是指空中的飞禽；二是指男性生殖器。江浙民间，妇女常常粗俗地将男孩的阳具，称为"小鸟鸟""小麻雀"，民众间，将男根呼之为鸟，几乎人人知道，相互间吵架，骂一方男人无能，常说"侬迪只鸟鸡巴有什么用"。湖北天门俗语："值个 no（上声）。"湖北黄冈俗语："人死 no（阴上）朝天，不死万万年。""你个 no 入的。"《临朐续志》："俗谓旨把曰鸟，俗作屌。"（1935 年）

鸟 绩溪、雷州、海口 男阴。柳州也说"卵"luǎ[54]。
鸟 南宁平话 交合 tiu[33]。
鸟 于都 tio[45] 交合 鸟娘戳鳌。八十岁嫁老公——受得鸟。鸟崽 贵州黎平指男性生殖器。

鸟仔　雷州　婴儿阴茎的谑称。

鸟团　福州　赤子阴。tsɛu^{213}　iaŋ^{33}。

鸟䑋　梅县　南宁平话　男女交合。

鸟　柳州　niɑ^{54}男阴。

鸟崽　柳州　niɑ^{54} tsæ^{54} ①鸟儿，鸟类的总称。②赤子阴。

鸟浆　绩溪　ȵe^{212}tɕio^{21}精液① 厦门　乇鸟 lan^{44} tsiau^{41}　潮州　浪鸟 laŋ^{45} tsiəu^{53} 福州 ①裸鸟 løy^{31}zieu^{41}　②鸟鸟团 tsɛu^{41}iaŋ^{41}（《汉语方言词汇》）。

乇鸟　lan$^{33-11}$ tsiau^{51}厦门　小男孩的生殖器。

乇 lan^{33} 福建厦门　阴茎。乇毛　福建漳平：男阴毛。

鸟　交合；性行为。客话（福建永定下洋）、湘语。②湖南长沙：鸟鸟　男孩的外生殖器。

卵貑貑　男孩的生殖器。吴语　浙江宁波。应钟《甬言稽诂·释形体》："甬呼小儿男阴曰卵貑貑。"卵光屄净〈熟〉干干净净。客话　江西上犹社溪。

卵鸟团　男婴的生殖器。闽语　广东潮阳。

卵鸟　男阴。闽语　福建大田前路 永春。③

卵米子　男性生殖器。西南官话　云南水富　卵鸡子　男婴的生殖器。赣语　江西南昌。

卵鸟　厦门　lan^{11}tsiau^{52}阴茎。　苏州　冷水汰卵，越缩越短。

皮骨鸟　广东揭阳　男性生殖器 laŋ^{3521}tsiau^{53}；皮骨毛　阴毛；广东揭阳　阴毛；　皮骨头　龟头。

鸟　长沙 tiau^{41} ①形容词，举止轻浮、油嘴滑舌的样子：小王伢子向来有蛮鸟。②形容词，自以为是的样子：他打哒一隻一百分，就现出一副鸟样子。③动词，做轻浮动作，说油滑的话：你莫在咯里鸟来，你妈妈晓得会骂你的。④动词，炫耀自己：他们赢哒两场球，就鸟起来哒。④ "通语

---

① 李荣主编：《现代汉语方言大词典》，江苏教育出版社2002年版，第3861页。
② 许宝华、宫田一郎：《汉语方言大词典》，中华书局1999年版，第1350页。
③ 许宝华、宫田一郎：《汉语方言大词典》，中华书局1999年版，第2811页。
④ 鲍厚星：《长沙方言词典》，江苏教育出版社1993年版，第155页。

中的'鸟 diao'又指男阴，故指飞禽的'鸟'改读 niao 以区别。湘语中的'鸟'也指男阴，'鸟'的上述意义由男阴义引申而来。湘语中表飞禽义，男阴义即上述引申义的'鸟'均念都了切。"①

朘　广州 tsœ^{55} 小男孩的生殖器　朘仔　鸠朘（读书音 tsøy^{55} 口语变读 œ）。俗称"鸪鸪"ku^{21}ku^{55}。

𡲬　luan 上声，上海松江 lø^{22} 男子生殖器。郭友松《空玄经》第五回："挂了一把割𡲬三刀勿出血的指挥刀。"又第八回："面孔象油煎豆腐干，又象黑漆马𡲬。"

韩致中曰："如今，荆楚各地俗称男生殖器为'鸡鸡'或'雀雀'。妇女到娘娘庙里去求子，常是把她身边泥塑男孩子的'鸡鸡'掐下一点冲水喝，据传，可以因而怀孕。生孩子以后要吃红鸡蛋，送人红鸡蛋。""黄冈团风风俗，正月初一要喝鸡汤，众人要分食鸡肉，家长吃鸡头，主要挣钱者吃鸡爪，最有前途的人吃鸡翅膀。""如今，鸡毛的神奇作用，更是从各个方面反映出来：打清吉醮，用鸡毛；请茅草神，用鸡毛；端午节划龙船，船头的孩子插鸡毛；玩'古傩之遗'的急脚子，也要插鸡毛。"②鄂东英山，进入洞房喝圆房酒，其中一道菜是鸡腿，鄂东方言叫"鸡胯儿"，名义上鸡胯儿给新郎、新娘吃，所以俗称结婚为"吃鸡胯儿"。大概是取其生殖崇拜、早生贵子之意。

三　民族语言

三江侗语　鸟；男生殖器 nok^{14}。

吴安其《汉藏语同源研究》论"鸟"的同源：鸟　上古汉语 *lu-g　原始藏缅*s-ŋak　原始侗台*m-nuk　原始苗瑶*m-nok　原始汉藏*m-nok③　原始苗语*nuŋ^c，布努语 naŋ^6，巴哼话 taŋ^{1}moŋ^6　勉语 no^8　PMYm-nok。④

---

① 罗昕如：《湘方言词汇研究》，湖南师范大学出版社 2006 年版，第 146 页。
② 韩致中：《新荆楚岁时记》，上海文艺出版社 2001 年版，第 252—253 页。
③ 吴安其：《汉藏语同源研究》，中央民族大学出版社 2002 年版，第 310 页。
④ 吴安其：《汉藏语同源研究》，中央民族大学出版社 2002 年版，第 288 页。

《傣仂汉词典》①：鸟 nok⁸《傣仂汉词典》：ni⁵³①小；②男生殖器②。

赵振才《从民族名称看赫哲族的起源》③：赫哲就是中原"䳈雉"的同音同义语（此字《唐韵》读干侯切，指天鸡），赫哲的先世名豪"纳特一基"，就是"阳鸟"的同义语。

《汉、壮语接触与平话变异研究》："壮族人的姓有的可能来自图腾，如崇拜青蛙（壮族称'越'），而有越氏族，崇拜'鸟'（壮族称'骆、罗'）而有骆氏族和罗姓。"

在壮族神话中男性生育神"布洛陀"在壮语中有多种含义，其中之一便是"鸟的首领"。这就是说"布洛陀"这一壮族男性生育神的称谓，蕴藏着壮族鸟与祖先关系的生殖文化意蕴。在壮族神话《生仔》中，作为男性生育神的布洛陀，首先创造的不是人类生命而是鸟类。时至今日，壮族地区在祭祀布洛陀的时候，供品一只白公鸡和一只红公鸡是必不可少的（鸡也属鸟类），它们在一定程度上揭示了"鸟"——布洛陀（生育神）——祖先的"鸟"——生殖器循环。④

在中国西南民族动物象征男根崇拜中，鸟的男根象征意义亦极为丰富，其生殖含义极为深刻而广泛。鸟儿怎么成了男根的象征物呢？从表面看，鸟状似男根，男根有卵（睾丸），鸟儿亦生蛋，这是将鸟象征为男根的一方面原因，另一方面，成年男性外生殖器色素沉黑，且伴生阴毛，这与鸟长羽毛有相似之处。在云南少数民族的原始宗教中，鸟头、鸡头常象征男根，并有妇女儿童不食鸡头、鸟头的禁忌风俗。彝、苗、傈僳、藏、普米、纳西等民族的巫师常用鸡头骨和鸟头骨占卜吉凶和生育情况，其方法是巫师观察鸡头骨和鸟头骨，若裂纹密集，则象征求卜者多子多女，生殖繁盛，反之，象征不育或少育；骨纹粗壮呈直线，象征生育男儿；骨纹纤细而呈直线，象征生育女儿。这是原始宗教占卜中表现的鸡头、鸟头象征男根的例证。顺便提及中国很多民族都认为开啼公鸡能促进雄性的性能力，因而

---

① 喻翠容、罗美珍：《傣仂汉词典》，民族出版社2004年版，第211页。
② 喻翠容、罗美珍：《傣仂汉词典》，民族出版社2004年版，第186页。
③ 赵振才：《从民族名称看赫哲族的起源》，《求是学刊》1980年第1期。
④ 廖明君：《生殖崇拜的文化解读》，广西人民出版社2006年版，第408页。

有食开啼公鸡以增强男性性力的习俗。①云南许多民族都迷信天空飞翔的鹰、雁、乌鸦等飞禽和地上的老虎、豹、狼、蛇等动物的影子掠过女人的阴部，即会感生怀孕，而产下的是人兽合体人。基于这种迷信观念，这些民族的妇女不敢仰天躺在野地里，唯恐被飞禽走兽的影子掠过她们的阴部而感生怀胎，她们甚至不敢把洗净的裙裤晒在露天场所，怕的是飞鸟的影子掠过她们的裙裤或蛇虫爬过她们的裙裤而感生受孕，产下人兽合体的怪胎。

印欧语也有"鸟"喻两性关系的：英语：The birds and the bees（关于两性关系的基本常识）。Set the cock on (the) hoop（1. 纵欲；2. 放荡、放纵）②。越南口语鸟与男性生殖器同义。黄树先曰："印尼语 burung '飞禽，鸟；男性生殖器（一般指小孩的）'。葡萄牙语 pipi '（儿童用语）小孩对家禽，特别是对母鸡的称呼'；'男性或女性小孩的生殖器；（巴西）尿'；pito '雏鸟；女性生殖器'。意大利语 uccello '鸟，禽；阴茎'。土耳其语 kus '鸟；阴茎'。"③

综上所述，音郎果切的"卵"字，现代汉语方言中的 no（上声），与汉侗语中表男性生殖器的"鸟"是同源词。"鸟"既是飞鸟，也是男性生殖器，大概是取其象形，西方其他民族语言也有类似情况。

第五节　州

《尔雅》："白州驠。"郭璞曰："州，窍也。"《山海经·北山经》："伦山有兽，如麋，其川在尾上。"郭璞曰："川，窍也。""川"即"州"之误字。亦作丑。《内则》："鳖去丑"是也。亦转为"涿"。《三国志·周群传》："先主嘲张裕多须云：'诸毛绕涿居乎？'"《广雅》：

---

① 杨学政：《揭秘原始性崇拜密码》，云南人民出版社 2008 年版，第 62 页。
② 高永伟：《新英汉词典》，上海译文出版社 2009 年版，第 113 页。
③ 黄树先：《比较词义探索》，巴蜀书社 2012 年版，第 113 页。

"州""豚"皆训为臀。此唯指后窍言之。其实"州""涿"本为前窍。先主嘲裕之言。正以阴器有毛绕之耳。臀则无毛，何绕之有？《诗·大雅》："昏㭬靡供。"笺云："㭬㭬，毁阴者也。""㭬"，《说文》作斀，云去阴之刑也。夫唯涿为阴器，故毁阴曰㭬。犹去耳曰聇，去鼻曰去髌曰髌矣。《淮南·精神训》："烛营指天。"注："烛，阴华也。"营，其窍也。㭬烛古同声。则涿为阴华明甚。《说文》："涿，流下滴也。"是故阴器受名于此。犹乀训为流，而也字从之以得声义也。涿、州本一声之转。故知"州"本阴器，有时移以言后窍尔。今江南运河而东，皆谓阴器为涿。舌上音从舌头音读如督。山西平阳泽路蒲绛之间皆谓阴器为州。齿音从舌头音读丁流切（读州为丁流切者，所在有之，江西抚州人言抚州正作此音）。古音亦在舌头。《楚语》："日月会于龙虤。"贾侍中曰：虤，龙尾也。《玉篇》作虤，音丁角切。则如今呼涿。《广韵》虤音同鬥。则如今呼州。以"州交"亦曰"州"。广州谓交会曰"州也"。"州"读丁流切，"也"读如问。笼口上气呼之（也亚音相近，故广东呼此与，湖南呼亚宝同音）。烛营与属同声。故江河之域谓与烛交为属。《说文》："属，连也。从尾属声。"以尾相连，正谓交尾，本之欲切，今旁迤为楚欲切，皆齿音也。①

《山海经·北山经》："又北五百里，曰伦山。伦水出焉，而东流注于河。有兽焉，其状如麋，其川在尾上，其名曰羆。"郭璞云："川，窍也。"毕沅云："《尔雅》云：'白州驠。'郭云：'州，窍。'则川当为州。"②

鲁迅《三闲集·在钟楼上（夜记之二）》："但虽只这两句，我却发见了吾师太炎先生的错处了。记得先生在日本给我们讲文字学时，曾说《山海经》'其州在尾上'的'州'是女性生殖器。这古语至今还留存在广东，读若 Tiu. 故 Tiuhei 二字，当写作'州戏'，名词在前，动词在后的。我不记得他后来可曾将此说记在《新方言》里，但由今观之，则'州'乃动词，非名词也。"（骂人语 Tiu_na_ma）

烛营 《淮南子·精神训》："两脾在上，烛营指天。"高诱注："烛，

---

① 章太炎：《新方言》，华东师范大学出版社 2006 年版，第 96 页。
② 袁珂：《山海经校注》，北京联合出版公司 2014 年版，第 97 页。

第九章 楚方言词个案研究 ◆◇◆

阴华也。营，其窍也。"①豚《说文》："歝，去阴之刑。"（536页）详见何宁《释蜀篇》。

烛阴　《山海经·海外北经》："钟山之神，名曰烛阴。"郭璞云："烛龙者，是烛九阴，因名云。"袁珂案："《大荒北经》云：'西北海之外，赤水之北，有章尾山。有神，人面蛇身而赤，直目正乘。其瞑乃晦，其视乃明。不食，不寝，不息，风雨是谒，是烛九阴，是谓烛龙。'烛龙之称烛阴，盖以此矣；章钟则一声之转也。《楚辞·天问》云：'日安不到？烛龙何耀？'《大荒北经》郭璞注引《诗含神雾》云'天不足西北，无有阴阳消息，故有龙衔火精以往照天门中也。'"

"士"，甲骨文作│，郭沫若、马叙伦均认为是男性生殖器之形。

毐　"毋"甲骨文、金文显示与母同字。"毐"的构形，上为成年男子，下为成年女子，乃是男女两性交媾之象。毐为两性相交之意，男女相通便称为毐。《史记·吕不韦列传》记载，经吕不韦安排，与华阳太后通奸的男子称为嫪毐，取的就是两性相通之意。

嫪毐　lào ǎi 好色贪淫的人《说文》："毐，人无行也。从士，从毋。贾侍中说。秦始皇母与嫪毐淫，坐诛，故世骂淫为嫪毐。"安徽歙县：你家女孩子要留神，不要上了那个嫪毐的当。清同治甲子年《广东通志》："谓淫曰姣，又曰嫪毐。"

嫪生子　应钟《甬言稽古·释亲》："甬俗骂人曰'嫪生子'，犹法家所谓奸生子，谓嫪人所生者也。"

《老子》五十一章："故道生之，德畜之；长之育之，亭之毒之，养之覆之。"傅山《老子解》："亭毒二字最要紧，毒之最好最有意，其中有禁而不犯之意，又有苦而使之坚之意。"贾：《老子》所说的"亭之毒之"，是说德对万物起保护作用，使它不受伤害，同时它又使万物与外界相通。亭、毒在这里的指向相反。亭是把万物保护于内，毒是使万物通达于外，内外相对，彼此呼应，显示出德的广大全面。

《庄子·人间世》："尽矣，吾与若。若能入其樊而无感其名，入则

---

① 何宁：《淮南子集释》，中华书局1988年版，第534页。

鸣，不入则止，无门无毒，一宅而寓于不得已，则几矣。"贾学鸿认为：门指门户，供人出入。毒在这里指的也是相通、通达，和门是同义词，都是指出入通道。"无门无毒"就是指没有通道。

《楚辞·天问》："稷为元子，帝何竺之？投之以冰土，鸟何燠之？何冯弓挟矢，殊能将之？既惊帝切激，何逢长之？"王逸注："竺，厚也。后稷生而仁贤，天帝独何以厚之乎？""后稷是周族男性始祖，天帝怎么能和他相通达呢？竺，在诗中与毒字含义相同，指的是相通，具体指人神相通，天帝受到感应，反映的是天人相通、人神感应的观念。"贾学鸿《楚辞还须楚语解——〈天问〉篇"帝何竺之"破译》[①]中，"毒"字在《老子》《庄子》中指的都是相通、通达。那么，与老、庄同为楚文学作品的《天问》，其中的竺，也就是毒字，指的也应当是相通之意。毒 徒沃切，入，沃韵，定，觉部。

《尔雅·释畜》："白州驠。"郭璞注："州，窍。"邢昺疏："谓马之白尻尾，名驠。"《广雅·释亲》："州，臀也。"王念孙疏证："《内则》：'鳖去醜。'郑注云：'醜谓鳖窍也。''醜'与'州'声近而义同。'醜'与'豚'亦相近。《玉篇》：'豚，尻也。'"

《马王堆汉墓医书·十问》："（养生之法）一曰垂枝（肢），直脊，桡（挠）尻；二曰疏股，动阴，缩州。"《五十二病方》："人州出不可入者，以膏膏出者，而到悬其人，以寒水戋其心腹，入矣。"《天下至道谈》："旦起起坐，直脊，开尻，翕州，印（抑）下之，曰治气；饮食，垂尻，直脊，翕州（州）。"

脺 《玉篇》："脺，鸟尾上肉也。"《广雅·释亲》："脺，臀也。"字或作"翠"，鸟尾肉。

翠 《山海经·大荒南经》："有尾山，有翠山。"郭璞云："言此山有翠鸟也。"郝懿行云："翠亦尾也。《礼记》内则云：'舒雁翠，舒凫翠。'"袁珂案："郭、郝二人之说，恐均与山名无关。"

诼 《方言》卷十："诼，愬也。楚以南谓之诼。"郭璞注："诼譖亦

[①] 贾学鸿：《楚辞还须楚语解——〈天问〉篇"帝何竺之"破译》，《江汉论坛》2005年第6期。

通语也。"《离骚》："谣诼谓余以善淫。"王逸注："诼犹谮也。"《楚辞·九思·逢尤》："被诼谮兮虚获尤。"《左传·哀公十七年》："太子又使椓之。"杜预注："椓，诉也。""诼"的现代汉语用法另见第八章。

椓　《说文》："椓，击也。"《书·吕刑》："杀戮无辜，爰始淫为劓、刵、椓、黥。"孔颖达疏："椓阴，即宫刑也。"

毅　《广韵》屋韵丁木切："击声。"《集韵》觉韵竹角切："《说文》击也。"毅　贵阳：对着地上撞击。绩溪　上海：用指头、棍棒等轻击轻点。握着条状物垂直敲击使之整齐。毅更　宁波：打更。毅糖　宁波：旧时小贩用饴糖换破烂，成交以后，把刀放在饴糖上，用小锤子敲刀背，将饴糖凿成小块儿给对方，谓"毅糖"。

屎脏　肛门；直肠。《武汉方言词典》：掉屎脏（脱肛）屎肠　直肠　山西忻州。上海　to 屄　天门话底部曰 tu。

《张家山汉墓竹简·脉书》："脉者渎医。"整理小组注："渎，河渠。"[①]州，表通达的意思，是楚方言词。

第六节　陂

扬雄《方言》卷六："陂，衰也。陈楚荆扬曰陂。"取倾斜义项时"陂"为楚语，那么"陂"取"水域"义项时是否也为楚语呢？本书从"陂"字本来的义项着手，然后在方言、古汉语史料文献中查证。

一　"陂"音义辨查

《说文解字》："陂，阪也。"又"一曰沱也"。说明在汉代"陂"字已出现两个义项，笔者认为因其字属阜部，本义应该是斜坡、山坡。

段玉裁将"一曰沱也。"改为"一曰池也。"理由为"池。各本作沱。

[①] 张家山二四七号汉墓竹简整理小组：《张家山汉墓竹简》，文物出版社2001年版，第125页。

误。今依韵会正"。另附解释"陂得训池者，陂言其外之障，池言其中所蓄之水。曰叔度汪汪若千顷之，陂即谓千顷池也"。

笔者认为还是应该依照《说文》原本作"沱"，但是可以按照段玉裁的解释思路来理解"沱"字与"陂"字的意义联系。"沱"字《说文解字》："江别流也。出岷山东。别为沱。从水它声。"《现代汉语词典》："可以停船的水湾，多用于地名。（多见于四川）"

"陂"字本义为斜坡、山坡，另一义项为水湾、水池。后来，由"斜坡、山坡"根据相似、相因引申出倾斜（段注"凡陂必邪立，故引申之为倾邪"），山崖，堤岸，台阶等义项。由堤岸引申出水域义，这与"塘""堰"等词义发展相似。

许慎注音"皮声"，徐铉注音"彼为切"。《广韵》中"陂"注了两个音："书传云泽障曰陂。彼为切。"（平声）；"倾也。易曰无平不陂。又音埤"（去声）。

《汉语方言大词典》中"陂"字下义项：

bēi；坡 pō; bí

①形容词，倾斜；倾颓

②坝；水坝　粤语：广东信宜[pei53]

　　　　　　　　　广东阳江[pei33]

　　　　　　闽语：福建永泰[pie44]

陂头：名词，河堰；拦河坝

　　　江西上犹社溪[pi24 tʻio11]

　　　赣州蟠龙 [pi24 tʻieu211]

　　　福建永定下洋[pi55-35 tʻeu1]

　　　连成庙前[pi22 tʻie55]

笔者调查了目前一些地方带"陂"字的地名，并记录了当地人的读音。湖北省武汉市黄陂区 pʻi312（发音合作人：应翠萍）；河南省信阳市潢川县伞陂镇 pʻi35（发音合作人：赵雪莉）；江西省新余市渝水区雷陂 pi35（发音合作人：黄健）；广东省佛山市高明区东陂 pei55（发音合作人：岑嘉茵）。湖北省郧县的柳陂镇 pei55 位于丹江库区，当地人说，柳陂其本意为水边的柳树。

二 "黄陂"之"陂"

今天含"陂"字的地名,全国县级以上行政单位只有湖北省武汉市黄陂区一个,本书即以"黄陂"为"陂"字现代地名的代表做具体研究。

《王力古汉语字典》中"陂"字"地名用字。湖北黄陂县,音 pí。"列入"备考"栏。

《汉语大词典》"陂"字的第四个义项:pí[《集韵》蒲糜切,平支,并。]地名用字。黄陂。《旧唐书·地理志三》:"黄州领黄冈、木兰、麻城、黄陂四县。"

《中华大字典》:"陂,班靡切,音碑,支韵",下面的第十个分义项为"黄陂,县名,属淮南道黄州。当今湖北黄陂县"。

《康熙字典》:"《唐韵》彼为切,《集韵》《韵会》班糜切,《正韵》逋眉切,音碑。"置于该读音之下的分义项:"又地名。《左传·成公四年》许人败诸展陂。注:展陂,许地。又《昭十三年》次于鱼陂。注:竟陵县城西北有甘鱼陂。又《正字通》:黄陂,县名,今黄州府。"

黄陂之"陂"字《汉语大词典》注为 pí,《中华大字典》《康熙字典》立于"碑"音下。

《广韵》中"陂"注音"彼为切"(平声)和"音埤"(去声),《集韵》增补了"蒲糜切",《集韵》是《广韵》的补充,它反映了宋代的读音,"蒲糜切"的记载见于宋代。黄陂之"陂",现在黄陂人读[pʻi],为什么不读[pei]呢?因为黄陂方言 p、pʻ、m 不与 ei 拼读,只与 i 拼读,如"妹妹"读 mi。由此推测黄陂之"陂"最初黄陂人是读[pei]的。

据清朝刘昌续修,徐瀛纂《黄陂县志》:"北齐以石阳镇改置黄陂县属南司州治。黄陂盖自此始。"可知"黄陂"之为地名始于北齐。

又根据《黄陂县志》记载:"唐武德中复置南司州。七年州废。贞元时复黄陂县。唐侯喜复撰黄陂记。黄陂在汝州,汝州有三十六陂,黄陂最大,溉田千顷。始作于隋。记云'至贞元辛未,刺史卢虔始复之'。辛未,贞元七年也,碑元和三年建。喜之文辞尝为韩退之所称,而世罕传者,余

· 315 ·

之所得，此碑而已。"可知，黄陂的"陂"字作地名时取的是水池、水渠、灌溉系统之义。

以现今"黄陂"这个地名个案可以得出："陂"取"水湾、水池"义项最初是念"彼为切"，义项分流，该义项又与"蒲糜切"这个读音结合。

三 "陂"取水湾、水池、河渠义项时作地名为楚语词

（一）楚国地域范围

历经几代君王的楚国疆域不断向外扩张，据《史记·楚世家》记载，成王之世，"楚地千里"，传至楚庄王，确立其霸业，楚国进入鼎盛时期。

鼎盛时期的楚国，纵横家苏秦曾如此描述："楚，天下之强国也……西有黔中、巫郡，东有夏州、海阳（今山东半岛南部），南有洞庭、苍梧，北有汾陉之塞郇阳（今陕西旬阳），地方五千余里，带甲百万，车千乘，骑万匹，粟支十年，此霸王之资也。"（《战国策·楚策》）。《淮南子·兵略训》则曰："楚人地南卷沅湘，北绕颍泗，西包巴蜀，东裹郯淮。颍汝以为洫，江汉以为池，垣之以邓林，绵之以方城。山高寻云，谷肆无景，地形便利，士卒勇敢。"至于楚文化圈，则有"自春秋中叶以来，以楚国为中心的文化圈，除包括吴、越、徐、蔡、宋这些较大的国家之外，还包括汉、淮二水之间星罗棋布的小国"。简言之，鼎盛时期的楚国，其地域版图拥有今湘、鄂、川、赣、皖、苏、浙、豫、陕、鲁等省的全部或部分，势力扩展到贵州、云南、广东、广西，将这些地域都置于楚地文化的影响之下。

（二）《左传》最早出现"陂"为地名

《左传·成公》："冬。十一月。郑公孙申帅师疆许田。许人败诸展陂。郑伯伐许。取鉏任泠敦之田。"许国地域范围虽然很小，从都城向四周辐射方圆30公里左右，包括今河南许昌县及临颍县北、鄢陵县西南，但是许地作为"中原之中"，军事战略意义很大，弱小的许国便成为周边大国吞食的对象。许国灭亡在战国初期，许元公在位时，被楚国攻灭（此"陂"地名材料不足，不可考知是否为水名）。

《左传·昭公十三年》："因四族之徒以入楚。及郊，陈蔡欲为名，

故请为武军。蔡公知之，曰："欲速，且役病矣，请藩而已。"乃藩为军。蔡公使须务牟与史猈先入，因正仆人杀大子禄及公子罢敌。公子比为王。公子黑肱为令尹，次于鱼陂。"注：竟陵县（今湖北天门）城西北甘鱼陂。《史记》卷一二九　列传第六九　水居千石鱼陂，徐广曰："鱼以斤两为计也。"由上材料可知鱼陂是因水为名。

（三）二十四史记载"陂"为地名情况

我们对二十四史（主要是地方志）做了一个关于"陂"字的检索统计（其中有 5 部史书没有出现"陂"字地名）：

1. 《史记》

"陂" 43 见，地名 1 个：河南葛陂。河渠名 4 个：湖北江陵庐江陂；陕西兰池陂、皇子陂、西陂。

2. 《汉书》

"陂" 77 见，地名 1 个：陕西镐陂。河渠名 4 个：安徽芍陂；河南鸿隙陂；陕西皇子陂、西陂。

3. 《后汉书》

"陂" 81 见，地名 4 个：河南葛陂、蛾陂；湖北鱼陂、泽陂。河渠名 7 个：安徽芍陂；河南鸿郤陂、樊陂、钧台陂、狼陂；山西董池陂；江苏蒲姑陂。

4. 《三国志》

"陂" 39 见，地名 4 个：安徽菰陂；河南摩陂、龙陂、富陂。河渠名 5 个：安徽芍陂、茹陂、郑陂；河南弋阳陂、小弋阳陂。

5. 《晋书》

"陂" 61 见，地名 8 个：河南晋陂、沙阳陂、鸿陂、摩陂、葛陂；浙江白木陂；湖北屯龙陂；江苏代陂。河渠名 5 个：安徽芍陂、茹陂、新陂、郑陂、泗陂。

6. 《宋书》

"陂" 29 见，地名 7 个：河南陇陂城、沙阳陂、汴水陂、摩陂；江西陂阳；江苏安王陂、白米陂。河渠名 2 个：安徽芍陂；河南马人陂。

7. 《南齐书》

"陂" 11 见，地名 2 个：江西陂阳；河南鸿池陂。河渠名 1 个：安徽芍陂。

8.《梁书》

"陂"3见。河渠名1个：安徽芍陂。

9.《陈书》

"陂"2见，地名1个：江西三陂。

10.《魏书》

"陂"74见，地名14个：河南洪池陂、首陂、安陂城、葛陂、卓水陂、平皋陂；山西参合陂、北陂；陕西谷陂城；河北鸿鹕陂、大陆陂、戾陵陂、梁门陂；内蒙古白鹿陂。河渠名2个：河北长陂、畿陂。

11.《北齐书》

"陂"6见。河渠名2个：安徽芍陂；河北亢陂。

12.《隋书》

"陂"20见，地名8个：陕西金氏陂；河南蔡陂、鸿郤陂、葛陂；山西董泽陂；湖北㵺陂、盘陂、黄陂。河渠名1个：安徽芍陂。

13.《旧唐书》

"陂"28见，地名6个：河南龙陂、萧陂；陕西周氏陂、渼陂、龙尾陂；湖北黄陂。河渠名4个：安徽芍陂、梅天陂；江苏雷陂；陕西皇子陂。

14.《旧五代史》

"陂"35见，其中地名5个：河南胡柳陂、琉璃陂、刘（留）子陂；河北孙师陂；陕西梁田陂。河渠名1个：河南月陂堤。

15.《宋史》

"陂"150见，其中地名10个：湖北黄陂；安徽芍陂砦、化陂湖；河南赭阳陂、牧马陂、荆家陂、凤凰陂；江西渼陂；浙江石陂；陕西罗陂。河渠名8个：河南西贾陂、泽陂、钳庐陂；安徽芍陂、石塘陂；福建木兰陂；山东转陂鹊；江苏雷陂。

16.《金史》

"陂"16见，地名2个：辽宁阿里真陂；江苏胡陂。河渠名13个：河南邓艾陂、石塘陂、葛陂、新陂、淮陂、颍陂、大治陂；安徽陂水、椒陂、江陂；山东大野陂；陕西清泉陂、渼陂。山名1个：河南百门陂。

17.《元史》

"陂"52见，地名3个：湖北黄陂；安徽荀陂；江西辛陂。

18.《明史》

"陂"73见，地名10个：江西润陂、黄陂寨、湖陂；湖南张家陂、结陂、石陂；河南博陂；福建高陂；河北金陂镇；贵州陂带。河渠名7个：安徽黄陂湖；河南龙陂、桃陂；浙江上陂湖；福建大洋陂；贵州江西陂；江西云陂。

19.《清史稿》

"陂"184见，地名11个：湖北黄陂；河南鸤鹬陂、白陂；陕西陂西；江西头陂、大陂角、黄陂、湖陂；湖南青陂；河北梁门陂、范阳陂。河渠名45个：河南鸭陂、粪陂、白雁陂、马仁陂、钳卢陂、樊陂、安仁陂、南陂、七陂、黄陵陂、华陂、葛陂、泼陂河、申陂；江苏潼陂；湖南螺陂、青陂、演陂、油陂港、乙陂江、栗山陂；安徽黄陂湖；山东杨家陂、石人陂；江西石陂渡、千金陂、负陂、新陂、坂陂、卢陂、梅陂、龙陂；福建里老桥陂、官陂、大官陂、油陂、石陂溪、松林陂、张家陂、大陂圳、龙磜陂、下陂溪、大陂溪、新陂、陈陂溪。山名1个。湖北大陂山。①

将上面19部史书中统计的数据材料做成柱形表可更直白地看出该字使用的地域范围：

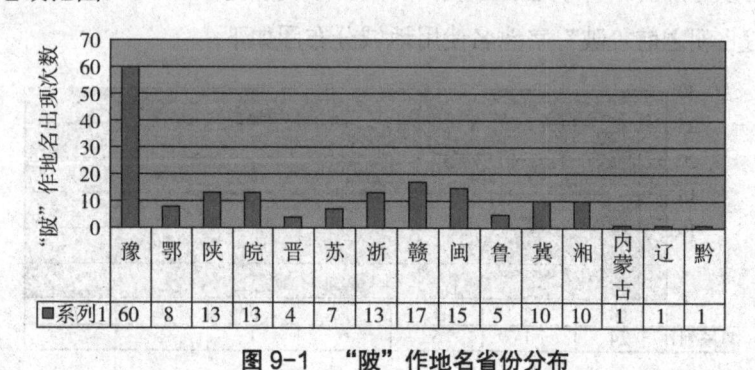

	豫	鄂	陕	皖	晋	苏	浙	赣	闽	鲁	冀	湘	内蒙古	辽	黔
系列1	60	8	13	13	4	7	13	17	15	5	10	10	1	1	1

图9-1 "陂"作地名省份分布

在检索的过程中发现，汉代"陂"字与波字相通，那么汉代"陂"字

---

① 陕西师范大学历史文化学院：《汉籍全文检索系统（第三版）》，2003年版。

地名应取水域义项。

《水经注》："汝南郡有富陂县。""富陂"在《汉志》中都记载为"富波"，又《孙叔敖碑》波障源泉，波即陂。波与陂古字通，依阚说县多陂塘故曰富陂，亦有义。

《史记·货殖传》有木居千石鱼陂，又《灌夫传》有陂池田园，这两处在《汉书》中俱作波，此又一证也。

通过对上面所有"陂"字出处材料的考证，"陂"做地名时，基本上都取"水池、河渠"义。

而且，对上面数据的分析看出，"陂"做地名时有明显的地域范围——南方地名。

对上面的数据资料做一个断代处理，发现"陂"字在用作地名时，在南北朝开始，地域分布与楚地地域是一致的，从南北朝时的魏开始，带"陂"字地名开始在北方广阔地域出现。像现今河北省含"陂"字的地名最早出现在《魏书》中，内蒙古含"陂"字的地名最早也是出现在《魏书》中，福建省含"陂"字的地名最早是出现在《宋史》中，金朝时"陂"字地名使用范围又扩大，出现在辽宁地区。随着历史的推进，中央政权的版图、行政统治范围不断扩大，加强了中原地区与少数民族地区的文化交流、人员迁移等，"陂"字地名出现在贵州少数民族地区。

南北朝之前"陂"字地名使用地域分布图如下：

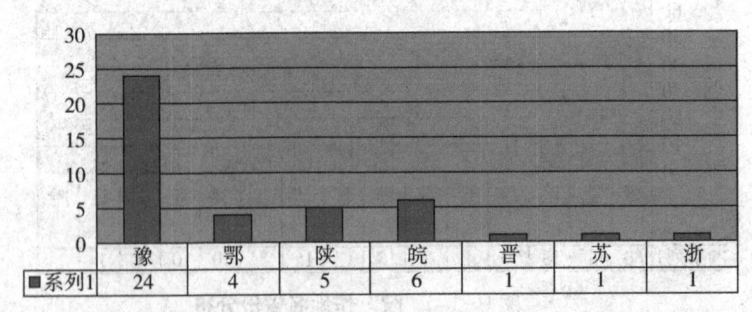

	豫	鄂	陕	皖	晋	苏	浙
■系列1	24	4	5	6	1	1	1

图 9-2　魏晋南北朝之前"陂"地名出现次数

在南北朝以前，"陂"字作为地名的分布地域与楚国的疆域版图是一致的。南北朝以后，在民族迁移、语言交流融合的作用下，"陂"字作为地名的地域分布范围扩大，且与民族迁徙的方向一致，主要向北和东南扩散。

四 小结

扬雄已经在《方言》中提出"陂"表倾斜义时为楚语，从本书上面的考证、数据分析可以得出，"陂"作地名时基本取水湾、水池、河渠等水域义项，且地名地理分布范围与楚地的地域范围一致，应为楚地地名。

第七节 睇

在先秦文献中，"睇"已见于《礼记·内则》："在父母舅姑之所，不敢哕噫、嚏咳、欠伸、跛倚、睇视、唾洟。"另一例见《周易·夏小正》，是斜着眼看的意思。"睇"在《楚辞》中三见。《九歌·山鬼》："既含睇兮又宜笑，子慕予兮善窈窕。" 王逸注："睇，微眄貌也。言山鬼之状，体含妙容，美目盼然，又好口齿，又宜笑也。"五臣云："山鬼美貌，既宜含视，又宜发笑。"洪兴祖补注："山鬼无形，其情状难知。故含睇宜笑，以喻姱美。"今人王泗原注："形容美人醉中不正眼视人，目光似流波。"《楚辞·招魂》："蛾眉曼睩，目腾光兮。"王逸注："睩，视貌。蛾，一作娥。睩，一作睇。"此例与上同，指女子含情脉脉地看人。《楚辞·怀沙》："离娄微睇兮，瞽谓之无明。"此例指斜视。扬雄《方言》卷二："睇，眄也。陈楚之间南楚之外曰睇。"《说文·目部》："睇，小衺视也。南楚谓眄为睇。"段玉裁注："依《小雅·小宛》正义，言小衺视者，别于睨眄为衺视也。《周易》：'夷于左股。''夷'，子夏作'睇'，郑、陆同，云：'旁视曰睇。'京作胰。按，胰即睇字也。《夏小正》：'来降燕乃睇。'睇者，眄也。《内则》：'不敢睇视。'郑曰：'睇，倾视也。'（许慎）谓眄曰睇也。眄为衺视，睇为小衺视者，析言之。此浑言之。""睇"使用的具体区域已在扬雄的《方言》《说文》中得到确定："陈楚之间南楚之外曰睇。""南楚谓眄为睇。"《汉书·地理志下》：

· 321 ·

"陈国,今淮阳之地。"陈国为楚所灭,但习惯上将故陈国之地称为"陈"。"陈楚之间"就是指陈国和楚国相邻的相当范围内。南楚,向来是一个争议颇大的区域。《史记·货殖列传》:"衡山、九江、江南、豫章、长沙,是南楚也。"正义:"九江,郡,都阴陵。阴陵故城在濠州定远县西六十五里。……淮南衡山、九江二郡及江南豫章、长沙二郡,并为楚也。"所以,"南楚"主要指汉代淮河以南的九江、卢江、六安(国)、江夏、豫章、长沙(国)等郡,是楚的南部地区,也是楚国的核心地区。"南楚之外",按《说文·夕部》:"外,远也。""外"并非里外之"外",是"远离"的意思。故"南楚之外"也应是"南楚的外鄙"的意思,还属"南楚"的范围,大概指汉代零陵、桂阳等与越地相接的地区。古楚方言词"睇"在两汉时期的使用区域大致就在陈国和楚国相邻区域和汉代与越地相接的地区。由古楚地图可以看出,这一区域也有相当大的面积。

首先,"睇"是一个楚方言词,词义是"小斜视"("微眄也"),有别于"眄",意思是"女子含情脉脉地看人",《山鬼》和《招魂》的用例最为明显。"睇"之"斜着眼看",即"倾视",是通语用法。下面讨论"睇"的语义发展。

在秦汉时期,"睇"字的出现频率较先秦相比,由 10 次增至 33 次。一是,"睇"继承了先秦的用法。

(1) 长眉连娟,微睇绵藐。(《汉书·司马相如上》)郭璞曰:"连娟,言曲细。绵藐,视远貌。藐,音邈。"师古曰:"微睇,小视也。娟,一全反。睇,大计反。"

(2) 眉连娟以增绕兮,目流睇而横波。(《文选·傅毅·舞赋》)李善注:"横波:言目邪视,如水之横流也。"

(3) 养游睇而猿号兮,李虎发而石开。(《汉书·叙传上》)师古曰:"养,养由基也,楚之善射者。游睇,流眄也。"

(4) 睇盼则人从其目之所视,喜怒则人随其心之所虑。(《昌言》)

(1)(2)是对女子双眼含情脉脉似斜视状的情态描写,这是《楚辞·山鬼》用法的继承。江渭清曾说:"汉代赋家多采楚地的方言。"(3)(4)是指常规的动作斜视。

第九章　楚方言词个案研究

二是，"睇"所出现的语义场在原基础上又增加了"游睇""流睇""睇盼"几种。

三是，秦汉时期"睇"字还出现了一例如《汉语大字典》归纳的第三种用法：田黎切，同"眱"，表迎视的意思，从而"睇"有了"望"的用法。

（5）亲所睇而弗识兮，铄幽冥之可信。（张平子《思玄赋》）

"睇"在秦汉时期，既有楚方言用法的继承，也用作单纯的"斜视"。

魏晋时期，"睇"字在其基本意义"斜视"的基础上，发展出了引申义"看、望"，且规模宏大，相关语义场更丰富。《广雅》："睇，见也。"这一引申义首先出现在陶渊明的《闲情赋》中："仰睇天路，俯促鸣弦。"分析前期出现的意义可知，这里的"睇"确实是"看、望"的意思。首先，根据上文可知，这里的"睇"没有涉及女子情态的描写；其次，不能解释为常规动作的"斜着眼看"。

"睇"表"看、望"义在魏晋大规模兴起，出现频率远远超过前期的"斜视"，表"女子含情脉脉似斜视状"的"睇"仅出现一次。"睇"的出现不仅次数多，由其构成的合成词，有"肆睇""仰睇""遥睇""望睇""瞻睇"，还有"睇"作为动词表"看、望"的单独运用，如：

（6）仰睇天路，俯促鸣弦。（陶渊明《闲情赋》）

（7）肆睇鱼梁，追二德之远。（《晋书·习凿齿列传》）

（8）羡西门之嘉迹，忽遥睇其灵宇。（《全三国文·述征赋》）

（9）望云睇景，乘虚四起。（《全晋文·良马赋》）

（10）左瞻皇姑，右睇帝家。（《全晋文·元皇后诔》）

南北朝，是"睇"的基本义"斜视"和引申义"看、望"分庭抗礼的时期，二者在每一时期的发展程度都保持在平衡状态。当然，随着时代的发展，用法越来越丰富。《广韵·齐韵》："睇，视也，土鸡切。"

表示基本义"斜视"用法的例子如下：

（11）谁家妖冶折花枝，蛾眉目曼睇使情移。（《玉台新咏》）

（12）及坐，含睇调笑，逸态绝世。（《酉阳杂俎·怪术》）

（13）玄鬓发朱颜，睇盼有光华。（《太平御览》）

（14）凝情眄坠珥，微睇托含辞。（何逊《咏舞妓诗》）

这一时期,在描写男女艳情的作品中,"睇"主要描写女子双眼含情脉脉的情态上,其中曼睇、含睇等语义场是对《楚辞》的直接借用,而睇眄、款睇等则是新形成的。

表示引申义"看、望"用法的例子如下:

(15) 睇三茅之灵秘,怀九转之仙记。(《全梁文·玄览赋》)

(16) 徒令睇望久,不复见王孙。(左偃《郊原晚望怀李秘书》)

(17) 高城望远看回睇。(《河传仙吕调》)

这一时期,"睇"的引申义"看、望"继魏晋出现后继续发展,表示无任何情态描写的一般动作"看"。另外出现了"瞻睇""瞰睇""躬睇""极睇""遥睇""结睇""远睇""近睇"。这个时期最显著的特点是"睇"单独作动词,作谓语,如例(15)。

隋唐五代时期大量出现的"凝睇",用于男女眉目传情。白居易《长恨歌》"含情凝睇谢君王"开其端。白居易还有《与牛家妓乐雨后合宴》:"歌脸有情凝睇久,舞腰无力转裙迟。"单纯表示"看",还出现了"高睇""遐睇""微睇""仰睇""俯睇""转睇""绝睇""延睇""默睇""注睇""危睇""旅睇""斜睇""常睇"等合成词。

宋辽金时代出现:"睇想""北睇""空睇""回睇""偷睇""返睇""南睇""睇睨""明睇""还睇""引睇""送睇"等合成词。尤其是"北睇"使用最多,多出现在靖康之难以后的作品中,反映了文人怀念故国,渴望恢复中原的情绪。

在元朝时期,"睇"字继承其中古时期出现的"看、望"意,继续发展,在《元诗选初集》中大量出现,如戴良的"前睇苏堤绕,旁窥葛岭横"(《泛西湖洲中作》)、元好问的"风淵睇遥席,云岫思幽窗"(《登高临大江》)。

近古时期,随着市民文学的兴起,"睇"用于男女之情的情况又多了起来。明朝时,描写男女爱情以及鬼怪神仙的文学作品增多。"睇"表示"含情地看",是楚方言用法的继承。这主要出现在《情史》《艳异编》《媚史》《娇红记》《夏商合传》等俗文学中。如《艳异编》,"凝睇"出现9次,"睇而笑曰""斜睇"各出现一次,都表示男女之情。只有两例"睇"

是指一般地看。虽然这一时期在《徐霞客游记》《尧山堂外纪》中"睇"表示"看"的出现频率也较高，但在总量上少于通俗文学。这个时期新的合成词有"睇视""睇笑""详睇""睇念""侧睇"等。在白话作品中，首次是作为口语出现的，如《拍案惊奇》卷十五："知闻识趣的朋友，怎没一个来瞅睇你瞅睇？"有时用作名词。如《二十四尊得道罗汉传》："莫道世间人睇矇，眼前便是赏音人。"

在清朝时期，一方面，"睇"字在粤语文学作品《俗话倾谈》中频繁出现，表示"看、望"的意思，属粤方言，例如：

（18）忽闻得一人曰："我等且去瓜园一游，行吓瓜地，闻吓瓜花，睇吓瓜仔。你话如何呢？"

（19）钱友曰："你唔驶笑我，我虽然系矮细一肚计，随便驶老明衰夹滞，不久有好戏过佢睇。"

（20）慎氏勃然大怒，曰："你话唔信，我就死过你睇吓！"

另一方面，和明朝相比，"睇"的基本义"斜着眼看""含情地看"用法使用频率远远超过引申义"看、望"的用法频率，可以看作一种复古现象。相关语义场"含睇、凝睇、斜睇、流睇、秋波微睇、回眸一睇、睇眄、星眸斜睇、不屑一睇"等大量出现在诗和词中。另外增加了"旁睇""下睇""熟睇""瞪睇""睇眼""停睇"。特别是"停睇"出现了6次。

（21）"媪停睇熟视曰：'郎君得非石家小秀才乎？'"（《对山余墨》）

（22）儿啼正急，闻声辍止。停睇不瞬，如审顾状。（《聊斋志异·于去恶》）

（23）瞻顾女郎，停睇不转。（《聊斋志异·江城》）

（24）瞥睹女，驻足停睇。（《淞隐漫录》卷六）

《聊斋志异》一共有4例，另两例略去。"停睇"意思是"定睛、注目"，"睇"用作名词。《汉语大词典》未收。在清代，还有一个重要特点，就是"睇"在白话作品中，能作造句成分，可带"着""了"。

（25）你睇佳节当前，不得学得男子，四方游玩。（《绣鞋记》第二回）

（26）搴帘一睇，遽倒生怀。（《夜雨秋登录》三集卷三）

（27）归途见溪中浮一叶，睇之，乃鲜荷。（《庸闲斋笔记》卷十）

（28）方见尤氏在妆台前斜睇着菱花宝镜，在那里插戴珠兰。（《载阳堂意外缘》第三回）

在"睇"字出现的 428 篇次中，除去粤方言中出现的，表引申义"看、望"的意思仅占四分之一。

在民国作品中，"睇"字除在广东方言作品中继续出现外，基本义"斜视"已大致覆盖了引申义"看、望"的用法，在民国出现的 28 例中，表示"看、望"动作的"睇"的用法已基本消失，除沿用"凝睇""含睇""愁睇"外，增加了"飞睇亭"，据说是古圆明园中一处亭子。在民国书面语里，"睇"已成为描写女子情态的专用词。

在现代汉语中，据 CCL 语料库检索系统，"凝睇"出现 17 次，"睇视"7 次，"斜睇"1 次，"遥睇"1 次，"睇读"1 次，"睇着"3 次，"微睇"1 次，"睇睇"1 次，"静睇"1 次，"含睇"，"上睇下瞰"，"睇目"，"睇了"，"睇祷"，"停睇"，"可睨可睇"1 次。明显是粤方言的有："睇楼团"5 次，"有得睇"1 次，"睇正野"1 次，"睇咪野"1 次。与清代用法近似。

"睇"字在现代汉语中的应用，主要体现在广州方言中，其使用区域在粤语区：睇小、睇化（看透世事，对什么事都采取无所谓态度）、睇死（看死）、睇册（看书）、睇先（先看）、睇住（看着）、睇到、睇波（看球赛）、睇相（看相）、睇脉、睇破（识破）、睇衰（蔑视）、睇紧、睇症（医生治病）、睇落（看上去）、睇人戏（看粤剧）、睇老婆（相亲）。苏文擢《粤东方言续考》："独吾粤有睇字，外省皆以看字代之矣。"李荣主编《现代汉语方言大词典》释义如下：

【睇】广州 ①看；瞧：睇书、睇戏、睇打球、睇东睇西、睇热闹；②探望；访问：我去睇外公外婆、睇朋友；③观察并判断：睇得上眼、睇唔上眼、睇得佢高、睇佢起佢；④照料；看守：请个人来睇细路、睇屋；⑤靠；依赖：呢件事全睇你了；⑥监视；看押：睇住佢；⑦诊治；被诊治：睇病、睇脉、睇医生；⑧看（风水）；算（命运）：睇风水、睇山；⑨提醒对方注意可能发生的事或将要发生的某种不好的情况：睇腰骨。

【睇】东莞 ①使视线接触人或物：睇书、睇戏；②观察并加以判断：我睇佢呢个人；③诊治。

由上可见，"睇"字在粤方言中已经成为日常生活中一个家喻户晓的基本词汇，并且广州电视台新闻频道还开设有《新闻天天睇》栏目，仅此，"睇"字在广州方言中的大众熟识度就可想而知。

在现代汉语中，粤方言区虽然是"睇"字使用的中心区域，但也并非唯一区域，客家方言、台湾丝弦腔、梅县腔、海陆丰腔、宝安腔中也都存在少量"睇"字的使用。学者刘永济，晚年号知秋翁，室名易简斋，晚年更名微睇室，用的是古义。

以上通过对古楚方言词"睇"语义的历史演变的探讨，我们可以归纳出其演变的基本规律："睇"在先秦通语中表示"斜着眼看"的意思，在上古楚方言中是"含情地看"。汉代继承了先秦的用法。由于屈赋的影响大，汉代作家也用"睇"对女子情态作动静态描写；在中古时期，魏晋时首次出现了"睇"的引申义，"看、望"，在南北朝及唐宋时期，"睇"的引申义"看、望"继魏晋出现后继续发展；而"含情地看"则由"凝睇"这个双音节词表示。在近古时期，"睇"字的基本义"斜着眼看"用法经历了一个曲折的变化过程，在元朝时期的文学作品中使用频率低于引申义"看、望"，在明清时期基本呈递增趋势。这是由于明清时期大量描写艳情的俗文学作品的出现。"睇"字开始在粤方言作品中出现。到了民国，基本义"斜视"已大致覆盖了引申义"看、望"的用法，已成为在书面语中表示"斜视""流盼"意义的专用词。因为民国提倡白话文，"睇"有文言成分，故被"看"取代。在现代汉语中，"睇"字表"看、瞧"的基本义广泛活跃在粤语地区，粤方言继承的是南北朝以及唐宋"一般地看"的用法。在现代书面语中"睇"仍然保留着"斜视""含情脉脉"的意义。"睇"语义变化图示如下：

斜着眼看—含情地看——一般地看—粤方言"看"
（倾视）　（小斜视）

第八节 父

通语之"父",是对男子的美称,多用于人的字。《春秋·隐公元年》:"三月,公及邾仪父盟于蔑。"《穀梁传·隐公元年》:"仪,字也。父,犹傅也,男子之美称也。"尧时有"巢父"。晋皇甫谧《高士传·许由》:"尧让天子于许由,(由)不受而逃去。尧又招为九州长,由不欲闻之,洗耳于颍水滨。时其友巢父牵犊欲饮之,见由洗耳,问其故。对曰:'尧欲招我为九州长,恶闻其声,是故洗耳。'巢父曰:'子若处高岸深谷,人道不通,谁能见子?子故浮游欲求闻其名誉,污吾犊口!'牵犊上流饮之。"北魏郦道元《水经注·颍水》:"(其)县南对箕山,山上有许由冢,尧所封也。故太史公曰:'余登箕山,上有许由墓焉。'山下有牵牛墟。侧颍水有犊泉,是巢父还牛处也,石上犊迹存焉,又有许由庙,碑阙尚存。"《文选》注引《古史考》:"许由夏常居巢,故一号巢父。"此许由、巢父为一人。"巢父"即居巢男子。还有一个"董父"。《左传·昭公二十九年》:"昔有飂叔安,有裔子曰董父,实甚好龙,能求其嗜欲。以饮食之,龙多归之。乃扰畜龙,以服侍帝舜。帝赐之姓曰董氏,曰豢龙。""董父"即董姓男子,今天叫作"董郎"。最有名的是"夸父"。《山海经·大荒北经》:"大荒之中,有山,名曰成都载天。有人珥两黄蛇,把两黄蛇,名曰夸父。后土生信,信生夸父。"《山海经·海外北经》:"夸父与日逐走,入日。渴欲得饮,饮于河、渭。河、渭不足,北饮大泽。未至,道渴而死,弃其杖,化为邓林。"并形成"夸父国""夸父山"。汉代出使西域的张骞的随从叫"堂邑父"。又作"甫"。许慎《说文解字》:"甫,男子之美称也。"《诗经·大雅·烝民》:"仲山甫之德,柔嘉维德。"孔子的字为仲尼父,也作尼甫。唐代大诗人杜甫,字子美。今人陈独秀字仲甫。颜之推《颜氏家训·音辞篇》说:"甫者男子之美称,古书多假借为父字。北人遂无一人呼为甫者,亦所未喻。唯管仲、范增之号,

第九章　楚方言词个案研究　◆◇◆

须依字读耳。"王国维《观堂集林·女字说》："男子字某父,女子曰某母,盖男子之美称莫过于父,女子之美称莫过于母。"《王力古汉语字典》将"对男子的美称"的义项置于"方矩切"下,厘定今音读fu上声。

在古代楚国方言中,"父"是对老年男子的尊称或对有技艺的人(专门从事某种职业)的尊称。扬雄《方言》卷六："艾,长老也。周晋秦陇谓之公,或谓之翁;南楚谓之父,或谓之父老。"《史记·冯唐列传》："'文帝辇过问唐曰:"父老何自为郎?"后又曰:"父知之乎?"'""父老"一词后来成为通语中的常用词,专表"一国或一乡的长者"。《方言》卷三："楚东海之间亭父谓之亭公。卒谓之弩父。"应劭《风俗通义》："汉家因秦,大率十里一亭。亭,留也。盖行旅宿会之所馆。亭吏旧名负弩,改为长,或谓亭父。"历代文献多见此词,基本上是古楚国疆域内的作者和楚疆域内的纪事。有"教父"。马王堆汉墓帛书《老子甲本释文》："故人之所教,夕议而教人。故强良者不得死,我将以为教父。"朱谦之《老子校释》："'教父'即'学父',犹今言师傅。"有"歌父"。盛弘之《荆州记》："临贺冯乘县有歌父山。传云,有老父少不娶妻而善于讴歌,闻者莫不洒泪,年八十余而声愈妙。及病将死,因命乡里六七十人舆上穴中。邻人辞归,老父歌而送之,声震林薄,响遏行云,余音传林,数日不绝。"临贺冯乘县即今湖南江华瑶族自治县,是为故楚地,"歌父"是唱歌的老人,用楚方言义。有"渔父"。《楚辞·渔父》："屈原放逐,在江、湘之间,忧愁叹吟,仪荣变易。而渔父避世隐身,钓鱼江滨,欣然自乐。""屈原既放,游于江潭,行吟泽畔,颜色憔悴,形容枯槁。渔父见而问之曰:'子非三闾大夫与?何故至于斯?'"屈原慨叹举世皆浊我独清,众人皆醉我独醒。渔父就劝他随波逐流,与时推移,但屈原要留清白在人间,终于赴水而死。《楚辞》中的"渔父"就是捕鱼的老人。不只是屈原用过"渔父"。《史记·伍子胥列传》："至昭关,昭关欲执之,追者在后,至江,江上有一渔父乘船,知伍胥之急,乃渡伍胥。伍胥既渡,解其剑曰:'此剑直百金,以与父。'父曰:'楚国之法,得伍胥者赐粟五万石,爵执珪,岂徒百金邪!'不受。"这也是发生在楚地的事。有"缴父"。《列仙传》卷上："赤将子舆者,黄帝时人,不食五谷而啖百草花。至尧时为木工,能随风雨上下。时时于市中卖缴,亦谓

· 329 ·

之缴父云。"有"饮牛之父"。《独异志》卷上:"其人赍粮乘槎而往,及至一处,见有人饮牛于河,又见织女,问其处,饮牛之父曰:'可归问蜀颜君平,当知之。'"有"田父"。《史记·项羽本纪》:"项王至阴陵,迷失道,问一田父,田父绐曰'左'。左,乃陷大泽中。以故汉追及之。"不知为什么这个农夫不喜欢项羽,故意指错路,项羽的人马陷于沼泽之中,最后败亡。事发的地点是阴陵,即今安徽定远,属于楚邑,"田父"是司马迁用的楚国方言。唐人亦用。杜甫《从驿次草堂复至东屯二首》:"峡内归田客,江边借马骑。非寻戴安道,似向习家池。峡险风烟僻,天寒橘柚垂。筑场看敛积,一学楚人为。""短景难高卧,衰年强此身。山家蒸栗暖,野饭谢麋新。世路知交薄,门庭畏客频。牧童斯在眼,田父实为邻。"诗描写的楚地楚人。《寒食》:"田父要皆去,邻家闹不违。地偏相识尽,鸡犬亦忘归。"《遭田父泥饮美严中丞》:"田翁逼社日,邀我尝春酒。"题目用"田父",诗中用"田翁"。杜甫祖籍襄阳,出生于河南巩县,属于楚人,受的是北方文化的教育,"田父""田翁"的使用反映了楚文化与北方文化的交流与融合。元人冯子振小令《鹦鹉曲》有渔父、樵父、耕父、愚父、农父、蜂父、伧父、田父、钓叟纶父、园父、槎父、白头父、钓鱼父、跨牛父、船父、村父、津父、邻父、牧羊父、倚阑父、驿亭父、褐衣父。如"侬家鹦鹉洲边住,是个不识字渔父。嵯峨峰底移家住,是个不喞溜樵父。朱门空宅无人住,村院快活煞耕父。年年牛背扶犁住,近日最懊恼杀农父"。冯子振是湖南湘乡人,一说湖南攸县人,是楚人书楚语。后世有"师父",指传授技艺的人。《西游记》作"师父",如第二十七回:"行者道:'师父,你教我回哪里去?'唐僧道:'我不要你做徒弟。'"现代汉语方言还有一些遗存。李荣先生主编的《现代汉语方言大词典》"对有技艺的人的尊称"全部记作"师父",如扬州、成都、贵阳、柳州、西宁、银川、绩溪、崇明、上海、苏州、温州、南昌、南宁平话、广州、建瓯、福州。福建下洋称"大工"为"师父公",山东临朐、山西襄汾称教师为"师父"。后来,"父"的对从事某种行业的人的尊称义由"师傅"替代,如《红楼梦》第五回:"这个去处有趣,我就在这里过一生,纵然失了家也愿意,强如天天被父母师傅打呢。""师父"写成"师傅",有人认为是为了避"父亲"之"父"的讳。

追日的"夸父"和屈赋的"渔父"的"父"都读fu的上声。"夸"是美、大的意思,"父"取通语的"男子的美称"义。"夸父"用今天的话说就是"大帅哥"。"渔父"之"父"是古代楚国方言,是对有技艺的人或老者的尊称,相当于现在"师傅"的意思。《现代汉语词典》中"渔父""田父"之"父"都注上声,"夸父"之"父"也应该音上声。

"父"另见第五章楚方言词与楚地简帛第一节(四)。

第九节 行[①]

中国大辞典编纂处《汉语辞典》(商务印书馆1991年版):"行货háng huò谓市中货物之粗劣者。王安石诗'于今于货正当时'。"中国社会科学院语言研究所词典编辑室《现代汉语词典》(商务印书馆1996年版):"行货háng huò。加工不精细的器具、服装等商品。"罗竹风主编《汉语大词典》(汉语大词典出版社1994年版)中"行货('行'音háng)①商品、货物。②东西、家伙。③次货"。徐中舒主编《汉语大字典》(湖北辞书出版社、四川辞书出版社1990年版):"行(一)háng《广韵》胡郎切⑽器物质量粗劣不坚牢。"《王力古汉语字典》(中华书局1996年版)"行háng器物质量粗劣,不坚实。"陈复华主编《古代汉语词典》(商务印书馆2000年版)"行háng,质量差,粗糙而不结实"。权威的现代汉语字、词典都将"行货"的"行"注音háng。但是我们考察古文献和现代汉语方言,将"行"读xíng的不在少数,《汉语大词典》所列义项也不全面,有讨论的必要。

一 先秦两汉故训

先秦两汉"行"字单用。

不坚牢、不结实;次品。《周礼·地官·胥师》:"察其诈伪饰行㥦

[①] 邵则遂:《"行货"的音义》,《培训与研究》2002年第1期。

者而诛罚之。"郑玄注:"郑司农云:'傂,卖也。愿,恶也。谓行且卖奸伪恶物者。'元谓饰行傂愿,谓使人行卖恶物于市,巧饰之,令欺诳买者。"陆德明《经典释文》:"行,遐孟反,又如字。傂,胡刚反。"孙诒让《正义》:"段玉裁云:'行,今俗所谓行货不精者也'。"扬雄《方言》二:"毳",郭璞注:"皆物之行敝也。"(《玉篇》注引作"行弊")刘台拱补校:"物以攻致为贵,故弊者曰行;物以粗细为贵,故粗者曰行。行犹敝也,故曰行敝。"《淮南子·缪称训》:"周政至,殷政善,夏政行。"高诱注:"行,尚粗也。"《潜夫论·浮侈》:"以完为破,以牢为行,以大为小,以易为难。"《九章算术·盈不足章》:"醇酒一斗,值钱五十,行酒一斗,值钱一十。"《新唐书·韩琬传》:"贞观、永徽之间,农不劝而耕者众,法施而犯者寡,俗不偷薄,器不行窳。"注:"不牢曰行。"俞樾《群经平议》卷十:"往来行言"条:"行言者,轻浮之言。《九章算术·盈不足章》目:'醇酒一斗,值钱五十;行酒一斗,直钱一十。''行'与'醇'对。《说文·酉部》:'醇,不浇酒也'。是'行'为浇薄也。《潜夫论·浮侈》篇曰:'以完为破,以牢为行'。'行'与'牢'对,亦不坚固之意。小人之言,轻浮无根,故谓之言,曰行来者,正见其无定也。"

二 宋元明清书证

"行货"成词于宋代。

次货。褚人获《坚瓠三集·老蛇皮》:"王介甫安石乃进贤饶氏之甥,锐志读书,舅党以介甫肤理如蛇皮,目之曰行货,亦欲求售耶?介甫寻举进士,以诗寄之曰:'世人莫笑老蛇皮,已化龙鳞衣锦归,传语进贤饶八舅,如今行货正当时'。"

商品、货物。施耐庵《水浒传》三回:"(鲁达)见这市井闹热,人烟辏集,车马轿驰,一百二十行经商买卖物行货都有。"元张国宾《合汗衫》三折:"问甚将着行货,做甚买卖,有甚资财。"臧本宫天挺《范张鸡黍》二折:"本待要求善价而沽渚,争奈这行货儿背时也。"

东西、家伙。元薛昂夫《朝天曲》:"传国争符,伤身行货。"《水浒传》三十七回:"我这几日没道路,又赌输了,没一文,正在沙滩上闷坐,岸上一伙人赶着三头行货来我船里。"兰陵笑笑生《金瓶梅词话》十回:"妇人听了,瞅了他一眼说道:'怪行货,我不好骂你'。"十四回:"你这行货子,只好家里嘴头子罢了。"五十一回:"那一日我不在屋里,三不知把那行货包子偷的往他屋里去了。"七十六回:"他只要哄着小的,把他行货子放在小的屁股里,弄的胀胀的疼起来。"又,"他那老婆,也是个不长俊的行货子!"贾凫西《木皮词》:"况且马豦兜,三苗,崇伯,共工,这些厉害行货,乘机动起刀兵,弄一个落花流水,我已闭眼长了,有力没得使,岂不悔之晚矣!"蒲松龄《聊斋俚曲集·禳妇咒》十六回:"江城说您那行货子,你那么打他,可怎么我听的他还合你极好呢?"又作:"行子""行行子""杭杭子""夯杭子"。《聊斋俚曲集·墙头记》二回:"我这个行子真正呆,多亏了娘子你还乖,指望不的我张二怪。"四回:"这个行子好可恶,几时的事他还记着。"《聊斋俚曲集·增补幸云曲》:"二姐道:'不是好衣服,你也拿几件来么?'万岁说:'我家里那梅香做溅布的还嫌这行子哩。'"西周生《醒世姻缘传》六回:"傻孙!买这夯杭子做什么?"二十九回:"狄周口里不言,心里骂道:'这样浑帐杭杭子!明日等有强盗进门割杀的时候,我若向前救一救也不是人!'"七十五回:"寄姐说:'我只要汗巾,不要这包着的杭杭子!'"曹雪芹、高鹗《红楼梦》六十三回:"李氏摇了一摇,擎出一根(签)来,一看,笑道:'好极!你们瞧瞧这行子,竟有些意思。'"文康《儿女英雄传》三十八回:"那媳妇子又不懂这句文话儿,'你老说叫我弄什么行子'。"十五回:"你先搁下,我告诉你话。酒果子我那边都弄好了,回来在那边招呼着送过来,你可在这里好好儿的张罗张罗。那几个小行行子靠不住。"

三 现代汉语方言

在现代汉语方言中,北方和南方的"行"或"行货"都有表示不结实、次货、东西、家伙的意思。

1. 河北 陈刚《北京方言词典》(商务印书馆1990年版):"行活

háng huò质量低劣的手工业产品。"徐世荣《北京土语辞典》（北京出版社1990年版）"行活háng huò指粗劣的手工制作"。吴小如《札记》："行货，北方亦有此语，'行'读为杭，皆指物之质地不坚牢。"曹禺《北京人》一幕："你瞧，他们拦着门口，就把这些行子塞在我手里，非叫我拿进来不可。"

2. 甘肃武威 李鼎超《陇右方言·释言》："今谓货不良曰'行货子'，读'行走'之'行'。"

3. 山东 钱曾怡《济南方言词典》（江苏教育出版社1997年版）："行行子xaŋ^{53}xaŋ（•tsɿ）=行子①骂人话，犹家伙。这行行子不是东西！|这行行子好胡弄人！②东西：你买了什么行行子？|这行行子不值钱！|这行行子不好使！"

4. 东北 《东北方言词典》："行子货xaŋ•tsɿ xur'这种裤子纯粹是行子货，穿两天开线了。"

5. 河南 贺巍《洛阳方言词典》（江苏教育出版社1996年版）"行儿xiue^{31}"不结实，样子货：这鞋太行儿了，穿不了几天就坏了。

6. 湖北 朱建颂《武汉方言词典》（江苏教育出版社1995年版）："行货"形货xin^{213}•xo—〉[口货①]so^{55}•xo=蹩脚货=赖货。劣质产品：花钱买了个行货|这行货么样用得？天门：行货。xin•xo不牢固，易损坏的物品。例："那是个行货（如竹制品），你在高头（上面）蹦么什？"《松滋县志》（民国本）："器物楮窳曰行货。"（松滋今音。xin•xo）利川毛坝：不结实、不经用的木器、竹器叫行货，音。xin•xo（向开和同志告知）。竹山：不结实、中看不中用的器物叫行货，音。xin•xo（张开斌同志告知）。高进智《湖北常用方言词典》（湖北人民出版社1994年版）："藿行先。exo。xin不好看的事物；次货；难看的制品。"

7. 湖南 杨树达《长沙方言考》："今长沙谓不坚牢之货曰行货子，犹'行苦'之遗言也。"

8. 贵州 汪平《贵阳方言词典》（江苏教育出版社1994年版）："行xin^{35}不结实、易断、易垮：这棵扁担太行了|这个房子行得很。"

9. 云南 姜亮夫《昭通方言疏证》："行，音如行走之行。昭人谓物之不坚牢者曰行。"此书附录《特殊用字举例》有"行货"一词。云南腾冲：行，不结实，音。xin：这张桌子行得很，坐的时候要小心点。

10．四川　王文虎、张一舟、周家筠《四川方言词典》（四川人民出版社1987年版）："行"（形）（器物）不结实：这张桌子做得好行。|这把椅子行得很。"梁德曼、黄尚军《成都方言词典》（江苏教育出版社1998年版）："形①xin^{11}不结实书架做得这么行。咋个搁书嘛？一搁就要垮了。②纺织品薄而不结实：这起布太行了，不能缝衣服。"清张慎仪《蜀方言》卷下："物不坚牢曰行。"

11．江苏　王世华、黄继林《扬州方言词典》（江苏教育出版社1996年版）"行xin^{35}器物不坚实、不牢固。这段木料太细，做条腿太行‖《新唐书·韩琬传》：'器不行窳。'注：'不牢曰行。'"江苏镇江行xin^{35}不结实。"走私货表面好看，骨子里行得很。"

12．上海　许宝华、陶寰《上海方言词典》：（江苏教育出版社1997年版）："行打hã^{53} tã^{53}=行hã^{53}东西不好，不结实：行打货。"叶祥苓《苏州方言词典》（江苏教育出版社1993年版）："行：行= hã^{53}东西不结实：现在葛物事做得行，一用就坏。"

13．浙江　1915年《象山县志》引《唐律》注："不牢谓之行。"章炳麟《新方言·释言》："行者，粗恶之义，今吴越谓器物楷窳为行货。"李荣《温岭方言的连续变调》《方言》1979年第1期）"行货"hoɔ^{31}hã^{35}；门市货mən^{31} sʅ^{31} hu^{55}质量高的货品。质量次的货品叫行hoɔ^{31}货。

14．广东　黄雪贞《梅县方言词典》（江苏教育出版社1995年版）："行货hoŋ^{11}fo^{53}货物的价值：一宗行货一宗钱。"

四　余论

"行货"之"行"或单字"行"，北京、山东济南、广东梅县、浙江温岭的读音相当于普通话的háng（音同杭）。河南洛阳，甘肃武威，湖北武汉、天门、松滋，湖南长沙，贵州贵阳，云南昭通，四川成都，江苏扬州、苏州，上海的读音相当于普通话的xíng（音同形）。南方多读xíng（形），古音属二等，北方多读hang（杭），古音属一等。

取其不结实、次品的"行",自古就有两读,如陆德明《经典释文》,一音下孟反,一音户刚反。明张存绅《雅俗稽言》(《明清俗语辞书集成》,日本汲古书院1974年版)"行窳"条:"行窳"音"杭禹"。孙锦标《通俗常言疏证》(同上)"一份行货一分钱"条,"行"音"杭"。臧晋叔《元曲选》(中华书局1989年版)《合汗衫》"音释"部分"行音杭"。《汉语大字典》《汉语大词典》认为是读háng(杭)。《康熙字典》《中华大字典》将"行"的"不牢"义项置于户庚切下,说明编者是主张读xíng(形)的。对于这种分歧,清王引之的《经义述闻》"饰行"条说得好:"今京师人谓货物不牢曰行货,与聂氏胡刚反之音正合,高邮人言之则下庚反,皆古之遗语也。""行货"之"行",现代方言读为xíng(形),或读为háng(杭)都是对古音的继承,北方多继承户刚切,南方多继承下庚切,正是楚方言的读音。

属于南方文献、魏晋时成书的《列子》中,"太行山"作"太形山"。杨伯峻《列子集释》:"太形王屋二山。张湛注:'形当作行。太行在河内野王县,王屋在河东东垣县。'王重民曰:'《御览》四十引"形"作"行",当为引者所改。'《释文》:'太形'作'大形',云:'音泰行。(张)注同。'"野王县为今河南沁阳,古属楚地。

朱建颂《"黔""糁""浇""行""嬷"读音考》(《华中师院学报》1984年第1期):"'行货'有两读:háng huò,指一般的商品,中性;xíng huò,指质差的东西,贬义。"朱先生很早就提出"行货"之"行"在现代方言中有两读,眼光敏锐,很有见地。但我们认为:"行货"有两读,不是因义而有异读,而是因地域而有别。从《国语辞典》起,字典、词典只注音háng(杭),《现代汉语词典》"行货"所注音义是根据北京话,掩盖了汉语方言很多地区读xíng(形)的事实,是不全面的。兹浅见如下:

行货 háng huò,又音 xíng huò ①不结实的物品;②次货、次品。而就"行"作单音形容词来讲,表示"不结实"义,是楚方言词,具楚方言语音特征。

第十节 桯

一 古楚方言里的"桯"

（一）古楚方言义

1."床前几"

扬雄《方言》卷五："榻前几。江沔之间曰桯。"[1]江沔之间是古楚国地区，今汉水上游地区。许慎《说文解字》："桯，床前几。[2]从木呈声。他丁切。"段玉裁《说文解字注》："谓之桯者，言其平也。"段注解释了为什么许慎《说文》将"床前几"定为"桯"之本义。《说文》："呈，平也。从口壬声。"直贞切。段注："平也。从口。壬声。直贞切。十一部。壬之言挺也。故训平。"据此，桯者从木从呈，取"呈"之"平义"，"呈"亦声。

此后"桯"为各种字书收录，《玉篇》《集韵》等也都将"桯"解释为"床前几"。段注："古者坐于床而隐于几。孟子：'隐几而卧。'内则：'少者执床与坐，御者举几。'"隐几，古代即是"凭几"，即依靠着几或伏于几面。说明"床前几"是凭倚之具，为长者、尊者所设；长者坐于床上，几放在身前或身侧，相当于"靠背"。是故"床前几"有别于"踞几"、"按几"和"茶几"之几。《礼记·曲礼》："必操几杖以从之。"疏："杖，所以策身。"按，杖即今所谓拐杖。几、杖均为操持所用，杖为拐杖，此几恰为床前几。

《桯史》是宋代朝野见闻笔记。《桯史》之"桯"的音义一直是一个争论不休的问题，笔者认为此处"桯"为"床前几"。前人观点如下：

陈振孙《直斋书录解题》："《桯史》，十五卷，岳珂撰。桯史者，犹言柱记也。引《说文》：'桯，床前几也。'"余嘉锡《四库提要辩证》："当是用晏子凿楹纳书事。"《考工记》注："读桯为楹。"胡玉缙《四

---

[1] 华学诚：《扬雄〈方言〉校释论稿》，高等教育出版社2011年版，第405页。
[2] （汉）许慎：《说文解字》，中华书局1983年版，第121页。

库全书总目提要补正》:"陆氏藏书志有元刊本,并载嘉定七年自序云:'亦斋有桯焉,介几间,棐表可书,……。'"是《桯史》取义,自序甚明,提要所据本,岂缺此序耶?瞿氏目录引《直斋书录》云:"《桯史》,犹言柱记也。《集韵》:'训桯与楹同,大约取楹书之义。'说虽不误,而亦未能引自序以明之。"《荀学斋日记·壬集下》云:"桯,床前小几也。此因李卫公书名而用之,取几案间私史之义,不过与笔记箧衍等类耳。"

笔者赞同陈振孙的观点,认为《桯史》之"桯"犹"床前几"也。此观点源于《桯史序》,岳珂在其序言中表明自己书名的由来。《桯史序》说:"亦斋有桯焉,介几间,棐表可书,余或从搢绅间闻闻见见归,倦理铅椠,辄记其上,编已,则命小史录藏去……遂以为序。""亦斋"为岳珂号,"介几间"即伏于几间,"桯"即"几","桯"指床前几。宋朝关于"桯"字的用例最多(135例),但其实大都出自"桯史"一词。另有,宋本《广雅》:"桯,几也。"《广韵》:"桯,床前长几。"

就读音而言:《桯史》之"桯",有汀、刑两个读音。《说文》:"他丁切",所以现代词典大都以"汀"音收录。这一点笔者认可高锟在1987年《读书》上发表的《也谈〈桯史〉的"桯"》一文观点。他认为,"作床前几讲的桯,读音有二;刑、汀。'晴'、'柽'只是方音,不能作为所有人都必须遵守的共同读音"。

"桯"表"床前几"义在古代语例中所见甚少,有如下两处可见其义的沿用:

净几桯然 宋释惠洪《冷斋夜话》:"四更,宝公塔路还合妙斋,月戾虚幌,净几桯然,童仆憨寝甫斯。"

垣壁桯杌 谈迁《北游录·纪闻》:"余则垣壁桯杌之是徇,余之愦愦,不其甚乎。"谈迁是谈及所听传闻多得自垣壁桯杌之间,即市井、乡间的闲谈。

2. 床前横木
(床两边最受力的两根长木)王念孙《广雅疏证》云:"《广雅》'桯,

几也。'床前长几谓之桯，犹床边长木谓之桯。"王氏所言"桯"的"床前几"与"床边的长木"相关。唐慧琳《一切经音义》："桄桯，上音光，床中下间横桄也，《考声》作横……下体丁反，《韵诠》云：'碓桯也'，即床两边长汀[杠]也，亦名床榩。"

（二）今南方方言义

结合许宝华、宫田一郎主编的《汉语方言大词典》(P.5259)和李荣先生主编的《现代汉语方言大词典》，可以将"桯"的南方方言定义归纳为"床器"。此义为古楚方言义在现代方言中的沿用，可以看出方言的流动性和延续性。可以从一些具体的方言词看出这些意义的用例情况。

1. 桯凳。置于床前的长凳。亦泛指长条形的木凳。

①江淮官话。江苏盐城。[tɕʰin³¹ tʰən³⁵]章太炎先生《新方言·释器》："今淮南谓床前长凳为桯。"②吴语。上海嘉定[tsʰən³⁴⁻³⁵ tən³⁴⁻⁴⁴]。1930年《嘉定县续志》："桯，俗作具之一。……〈事物绀珠〉：'凳有春凳靠凳，春凳与桯凳同。'"③吴语。浙江杭州。章太炎先生《说文》授课笔记："桯，今春凳。音汀。"

2. 〈名〉矮小的凳子。吴语。上海[tsʰən³⁴⁻³⁵ tən³⁴⁻⁴⁴]。

3. 床桯。〈名〉床两边的横木。

①西南官话。湖北天门市[tsʰuaŋ³⁵ tʰin⁵⁵]。如："他就近坐在床桯上。"湖北应城[tsʰuaŋ³⁵·tʰin]。《矿区风流》作者徐元芳，湖北应城人，在《矿区风流》中多用应城方言。其书中曾多次提到"床桯"，如："钱伯发坐在儿子的床桯上说：'维持会的一碗饭不能吃呀！'""她说笑着上楼来到望财的卧室，半头观音二奶奶已经坐在床桯上。"湖北仙桃[tsʰuaŋ⁵⁵ tʰiŋ⁵⁵]。如："他坐在床桯上，显出很自在的样子。"。四川云阳[tsʰuaŋ⁵⁵ tʰiŋ⁵⁵]。

②江淮官话。湖北红安[tsʰaŋ³⁵·tin]。"坐在床桯上面看电视。"

③吴语。浙江永康[ziao¹¹⁻¹¹³ tin³¹]。"永康儿歌·摇喔摇：'摇喔摇，打葡萄；葡萄干，诱团孙；团孙勿百燎；买根大糕条。大糕条放抽屉，老鼠寻转遍；放碗介，猫舔舔；放床头，老鼠翻九楼；放床桯，老鼠来迎灯。'"

④湘语。湖南长沙[tɕyan¹³ tin³¹]。

⑤赣语。湖南常宁[tɕyan¹³ tiŋ⁵⁵]。

（三）相关同源词

"桱""荡"：床前几。

"桱""荡"。徐锴曰："桯即横木也。桱，劲挺之皃也。今东方关东江淮谓杉木长而直为杉桱是也。"《玉篇》："桱，桯也，又木名。"符定一《联绵字典》："桱，古零切；桯，他丁切。荡也。《说文·木部》：'桱，桱桯也。东方谓之荡。'段玉裁注：'桱荡皆床前几之殊语也，而方言不载。'定一案：'桱谐巠声，桯谐呈声，圣呈谐声同'。"符定一亦认为"桱、桯"作"床前几"讲时叠韵相通。

桯 tīng；桱 jìng（见透邻纽，叠韵）：床前几。桯；荡 dàng（当透邻纽，耕阳旁转）是故"桯""桱"实同一词，"桯""荡"属同一语源。

二 雅言里的"桯"

（一）古雅言义

1. 直木

（1）屋柱。先秦楚简·上博七武王践阼 8 号简"桯名隹"。中"桯"简文本为 。简文学者刘洪涛《试说〈武王践阼〉的机铭》一文中提到："〈上海博物馆藏战国楚竹书（七）〉著录的〈武王践阼〉篇（下文称"简本"），其内容与〈大戴礼记〉的〈武王践阼〉篇（下文称"今本"）大致相同。简本所记武王于其上为铭的器物有席、机、槛、镒、桯、枳、卣七种，根据简本与今本的文字对应关系，可知这七种器物分别相当于今本的席、机、鉴、盥盘、楹、杖和户。""桯名隹"中"名"同"铭"，"隹"同"唯"，就简本与《大戴礼记·武王践阼》对应关系知"桯"即"楹"，"屋柱义"。

西汉《马王堆三号汉墓帛书》中有相应例证。《老子乙本卷前古佚书·十六经·正乱》："视蚩尤共工，屈其脊，使干其籥，不死不生，慇为地桯。"此例从句义上分析，"桯"应当指"屋柱"。王力主编的《中国古代文化常识》对此进行了权威性的注释和解说："看看蚩尤共工部族的下场，他们得俯首做奴隶，他们得吃自己的粪，他们求生不得求死不能，在地底下给我当墓室的柱子。"①《五十二病方》:"桯若以虎蚤,抉取若刀,而割若芇。"②此例,"桯"义众说纷纭,但笔者认同裘锡圭先生的观点:"桯"字,当释"柱"。

(2)古时车盖柄下部较粗的一段。西汉刘歆《周礼·东官考工记》:"轮人为盖。达常围三寸。桯围倍之。六寸。信其桯围以为部广。部广六寸。部长二尺。桯长倍之。四尺者二。"郑玄《考工记注》:"引郑司农曰:'桯,盖杠也。'"贾公彦《周礼义疏》云:"此盖柄下节。"《吴郡志》:"阴八行旧为屋七百五十桯。文粹'桯'作楹是也。"《集韵》:"怡成切,音盈。与楹同。"《小品方》:"故桯船竹茹。"《农政全书》:"耙桯长可五尺,阔约四寸,两桯相离五寸许。"

(3)几、凳的腿。由"桯"之"柄下节"义,即起"支撑"作用,由此延伸出也具有"支撑"作用的"几、凳的腿"。宋代林逋《宋诗钞·和靖诗钞·平居遣兴》:"有甚余闲得解嘲,高慵时把几桯敲。"明代高濂《遵生八笺·起居安乐笺下卷》:"今置木凳,长二尺,阔六寸,高如常,四桯镶成。"

2. 横木

《仪礼·即夕》:"迁于祖用轴。"注:"轴,輁轴。輁状如长床,穿桯前后而关轴焉。"此处是"桯"为"横木"义在文献中出现的首例。李建勋《全唐诗·田家三首》"犬吠隈篱落,鸡飞上碓桯。"《太平广记·集异记》:"因至坏屋中,碓桯古址,有箭两只,所中箭处,皆有血光。"《吴郡志》:"前如桯而樛者曰辕。"元代文献的例证比较特殊,"桯"作"横木"讲皆出自"门桯",而且"门桯"共出现9次,均为剧本用词。《全元杂剧》(7例)如:《两军师隔江斗志》"未入门桯,先纳降牌。"嘉靖至万历间江瓘《名医类案·医案论衡》:"逢尘掩定血止,痛定两日便屦坚,古人用门桯尘者郎此也。"万历年间张应俞《杜骗新书·妇人骗》(4例):"你取银四两,作二锭伏在外客房中,覆大桯下……从桯下出……村老依言,藏入大桯去……桯下一人出……"清曹寅《西堂新种牡丹雨夜置酒限沉香亭三字诗之二》:"马蹄更漫嘲寒劣,溅洗门桯百宝香。"西周生《醒世姻缘·小珍珠偿命今生》:"这小珍珠用自己的裹脚,拧成绳子,在门背后

---

① 王力:《中国古代文化常识》,世界图书出版公司2009年版,第141页。
② 王力:《中国古代文化常识》,世界图书出版公司2009年版,第67页。

上桯上吊挂身死。"

"桯"作为单音名词取"横木"义时,双音化产生了两个比较特殊的词,双音词本身即是"横木"义的一种,可以直接用来为"桯"释义。

碓桯 源顺《倭名类聚抄》:"孙愐云:'桯,碓桯也。'"《狩谷棭斋笺注》:"《广韵》:'桯,碓桯也'。按,碓桯,明俗呼碓衡,或呼碓梢。碓衡,《考声》:'谓磨上横木也。'"案:"碓"为舂米工具,"衡"即"横","碓衡"即"磨上横木"。那么"碓桯"即"磨上横木"。

门桯 多用于元代杂剧中,其义为"门槛"。《看钱奴买冤家债主》:"疾忙把公孙弘东阁门桯驀,休等他汉孔融北海樽席待。"关汉卿《窦娥冤》:"怎不容我到灯影前,却拦截在门桯外?"万历汤显祖《牡丹亭·冥判》:"阎浮界,阳世栽埋,又把俺这里门桯迈。"其"桯"亦为"槛,门槛"。"门槛"即"门框下部挨着地面的横木(或长石等)"。

(二)今北方方言义

1.直木。此义源古雅言义,有所继承并发展。

(1)桯儿。徐世荣《北京土语词典》①:"器物的直杆或花草细长直立的茎。"北京土语[tʰiə]。如:"锥桯儿。""这花长出了一根桯儿。"

(2)桌桯。桌子下边的横木。胶辽官话。山东临朐。[th in213]"这桌桯结实着呢。"

2.单衣。此义源自地方志,但在北方方言中有保存,今河北尚有地区使用。

桯衣。旧时无襟的单衣。冀鲁官话。河北[tʰiɛn³¹·i]。清光绪十年《畿辅通志》:"禅衣有裹者,赵魏之间谓之袏衣,无裹者谓之桯衣。"

3.编织草鞋的绳子。此义文献不载,但是存在于中原音系,属今北方方言。道桯。中原官话。江苏徐州"这双草鞋是几道桯?六道桯的。"[tʰ in³¹³]

(三)相关同源词

1."楹""樘(樽)":屋柱。

"楹。"《说文》:"柱也。从木。盈声。"《释名》曰:"楹,亭也。亭亭然孤立,旁无所依也。按礼言东楹西楹。非孤立也。自其一言之耳。"

---

① 徐世荣:《北京土语辞典》,商务印书馆1985年版,第396页。

第九章 楚方言词个案研究

《考工记》:"盖杠谓之桯。桯即楹。如栾盈,史记作栾逞。"《春秋传》曰:"丹桓宫楹。《楚辞·卜居》:"将突梯滑稽,如脂如韦,以洁楹乎。或作桯。"《诗·商颂·殷武》:"旅楹有闲。"《礼记·明堂位》:"刮楹达乡。"《春秋·庄公二十三年》:"丹桓宫楹。""桯";"楹"(同音 yíng)是故"桯""楹"实同一词。

樘。《说文》:"衺柱也。"徐铉曰:"俗作撑。"王延寿《鲁灵光殿赋》:"枝掌杈牙而斜据。"杜甫《登慈恩塔诗》:"始出枝撑幽。"司马相如《长门赋》:"饰文杏以为梁,离楼梧以相撑。""桯""樘"同音。是故"桯""樘"实同一词。

2."靪""茎""莛""栭":器物之下节。

"靪。"《广韵》:"他丁切。"又《集韵》:"汤丁切,并音汀。"据此,"桯""靪"为同音字,可假借。《猿听经》:"我将他香棹轻推椅靪摇。"《元代语言词典》:"靪,②支撑人和物的杆状部分。"恰与"桯"之"几、凳腿"义相关。所以"靪"此处为"桯"的同音通假字。又《牡丹亭》:"趿的鞋靪断,"此列"靪",作"鞋跟"讲,亦属器物之下节,与"桯"义相近。

"茎。"《说文》:"茎,枝柱也。谓众枝之主。"黄晖《论衡校释》:"《论衡》:'其下之南,有若盖之茎者,正何所乎?''茎'即考工记之'桯','桯'、'茎'亦声相近。"《考工记》之"桯"盖杠也,《后汉书》:"抗仙掌以承露,擢双立之金茎。"《一切经音义》:"茎,小枝也。"《周礼》:"桃氏为剑,腊广二寸有半寸……以其腊广为之茎围,长倍之。"《百喻经》:"芽、茎、枝、叶一切都失。"《抱朴子》此篇多次出现"茎",且均译作"支柱",如:求其根茎。又,有茎蒂连缀之。

"莛。"《说文》:"茎也。"《汉书·东方朔传》:"以莛撞钟。"《汉书注》:"莛,谓槁莛也。"

"桯"tīng;"茎"jīng(见透邻纽,叠韵);"桯"、"莛"(同声叠韵):杆子或器物末端的短木。是故"桯"、"茎"、"莛"实同一词。

"栭。"《康熙字典》:"〈类篇〉耒下木也。"《六言杂言》:"耙栭耙齿耙纤,牛泰牛鞭牛栏。"又《农证全书》:"耙桯长可五尺。"此"耙栭"

· 343 ·

与"耙桱"所指相同。"桱";"朾"（同音，tīng）：器具末端的短木。

3."经"、"莛"：横木。

"经"。王念孙《广雅疏证》云："'桱'，之言经也，横经其前也。"《说文》："经，织也。从糸。巠声。""桱"tīng；"经"jīng（透见邻纽，叠韵）：横木。是故"桱"，"经"属同一语源。

"莛。"《庄子·齐物论》："举莛与楹，厉与西施，恢诡谲怪，道通为一。"《司马注》："莛，屋梁也。"且"桱""莛"（同声叠韵）：横木。是故二者为同一词。

4."鞓"：鞋带。

"鞓"《元杂曲》："教我空踏断草鞋双带鞓。"此列中"鞓"作固定草鞋的编带，跟"桱"义相近。又"桱""鞓"同音，故此义二字属同一语源。

5."裎"：单衣。

扬雄《方言》："禅衣无袍者，谓之裎衣。"又《集韵》："丑郢切，音逞。深衣也。"桱"音"柽"，《正韵》："丑成切。"恰与"桱衣"中"桱"之河北音[tʰiəŋ³¹·i]相符。是故"桱""裎"实属同一词。

"桱"的同源词从使用范围来看，多出现于雅言中。实质是雅言中"桱"与相关同源词常出现混用情况，据此笔者认为这是北方方言中"桱"字不常出现的原因。此观点可以在后文现代方言分布中直观看出。

三 现代方言分布及用例分析

表 9-1

现代方言	义	义源	分布	例	反映
吴语	置于床前的长凳	床器	浙江杭州	桱凳	古楚方言义
			上海嘉定		
	矮小的凳子		上海		
西南官话	床两边的横木	床器	湖北天门	床桱	
			湖北应城		
			湖北仙桃		
			四川云阳		

续表

现代方言	义	义源	分布	例	反映
吴语	床两边的横木	床器	浙江永康	床桯	古楚方言义
江淮官话			湖北红安		
湘语			湖南长沙		
赣语			湖南常宁		
冀鲁官话	旧时无襟的单衣	无	河北	桯衣	雅言义
北京土语	器物的直杆或花草细长直立的茎	直木	北京	桯儿	
胶辽官话	桌子下边的横木	直木	山东临朐	桌子的桯结实着呢	
中原官话	编织草鞋的绳子	无	江苏徐州	六道桯的	

1. 楚方言与雅言的相互影响

"桯"之"古楚方言义"和"古雅言义"已广泛融入现代方言义中，形成了现在的南方方言和北方方言。如：现代南方方言直接沿用了古楚方言义"床前几"和"床前横木"，同时又由此义引申出"凳"义；北方方言基本保留了"桯"的"直木"义。

2. 现代方言分布

"桯"广泛运用于南方方言（今楚方言）区，如：四川、湖南、湖北、云南等。北方方言仅有个别例证。如："桯衣"、"桯儿"和"~道桯"。

3. 词的构成

"桯"在现代方言中有单独成词，如："六道桯"和"这桌子的桯很结实"。但大多数是作为词的语素，如："桯桩""桯凳""床桯"等。

4. 特殊含义

"桯"的"横木"义最为特殊，本为古雅言用义，但唯独作"床前横木"讲时，被大量使用于现代南方方言中。并且，"床前横木"此义按王念孙所言与"床前几"关联。据此，笔者认为"桯"之"床前横木"义亦属古楚方言义范畴。

第十一节 箬

一 "箬"的词义演变

（一）"箬"字本义探源

许慎《说文解字》曰："楚谓竹皮曰箬。""箬"在东汉许慎看来出自古楚语，其义为"竹皮"。《史记·高祖本纪》中记载："高祖为亭长，乃以竹皮为冠，令求盗之薛治之，时时冠之，及贵常冠，所谓'刘氏冠'乃是也。"应劭曰："以竹始生皮作冠，今鹊尾冠是也。"韦昭曰："竹皮，竹箁也。今南夷取竹幼时织以为帐。"师古曰："竹皮，笋皮，谓笋上所解之箨耳，非竹箁也。今人亦往往为笋皮巾，古之遗制也。韦说失之。"段玉裁在《说文解字注》中对"箬"做了进一步解释："今俗云笋箨箬是也。脱而陊地，故竹篆下垂者像之。从竹，若声。若，择菜也。择菜者绝其本末。此形声包会意也。而勺切。五部。"在段玉裁看来，"箬"是一个形声兼会意的字，笋壳脱落犹如择菜时去其头尾。除此之外，与"箬"同样表竹皮之义的还有"箨""箁"两字，亦为形声兼会意。"箨"从竹，择声，其会意与"箬"相似，而"箁"从竹，咅声，犹如箨解之剖声。许慎认为楚方言的"竹皮"是"箬"字的本义。

（二）先秦两汉时期的"箬"

"箬"最早出现于《石鼓文·乍原》：

　　□□□猷，乍遵（原）乍□。□=□=，道遮迮（遖—就）我嗣（治）。□□□除，帥皮（彼）阪□。□□□莽（草），为卅（三十）里。□□□微，徽=（秩秩）卣（卣—攸—所）罟。□□□栗，柞棫其□。□□橪（棕）桦，霈=（祗祗）鳴□。□=□=，亞箬其华。□=□□，为所斿（遊）墅（累）。□□蟄道，二日尌（樹）□，□□五日。

第九章 楚方言词个案研究 ◆◇◆

被誉为"中国九大镇国之宝"的石鼓文,现为我国最古老的石刻文字,唐初时被发现于天兴(今陕西宝鸡)三畤原。从唐代至今,对于石鼓的国别及年代探讨似乎从未间断过。韦应物、韩愈等均认为石鼓是周宣王时期的作品。到了宋代,程大昌等认为石鼓应为成王时刻。对于石鼓的国别及年代考证较为可信的当属郑樵,他认为石鼓当为秦惠文王之后的作品。到了清代,震钧在《石鼓文集注》和《天咫偶闻》中认为石鼓诗文内容与《史记·秦本纪》所记载的"文公三年,以兵七百人东猎。四年,至汧渭之会"等史实相符,提出石鼓应为秦文公刻。至近代,学术界对于石鼓的国别及年代问题仍然争论不休,最为著名的当属王国维和郭沫若,王国维先生从文字学角度考证认为石鼓应为秦德公刻,而郭沫若在《石鼓文研究》中则对"襄公说"进行了进一步的论证,并提出了石鼓"建畤说"的看法。到了现代,香港易越石先生从《虞人》鼓的内容出发,研究其中的"吴人"即是春秋时"吴国人",认为石鼓应为秦哀公时作品,徐畅先生从之。直至今日,对于石鼓年代及其国别仍然未有定论,但大多学者均认为石鼓应为秦物,早于始皇。

该鼓记录了秦文公治道植树和在树木间设网捕鸟之事,但由于该鼓曾被盗,皇祐年间向传师搜得时顶部已缺,故成了一个碓臼。王国维曾曰,"'亚箬'与'猗傩'音义俱近,亚箬其华犹言猗傩其华。"强运开"《说文》:竹,冬生草也,象形,下垂者箁箬也。箁下云,竹箬也。箬,楚谓竹皮曰箬,窃疑箁箬即指竹叶而言。竹叶下垂,故曰象形,至以竹皮为箬,盖楚人方言而已,非箬乃竹皮之专称也,鼓言亚箬其华,正状华之茂者枝叶繁生参差下垂也。是王氏国维之说固自可从耳。""箬"应为"箬竹"。元李衎《竹谱详录·箬竹》:"箬竹,又名篛竹,出江浙及闽广,处处有之。叶类篆竹,但多生傍枝。干如箭竹,高者不过五七尺。江西人专用其叶为茶罨,云不生邪气,以此为贵。"由此可知,"箬"字在春秋战国时期已出现于雅言之中,其义是"箬竹"。

近些年,随着考古工作的深入,出土文物越来越多,1975年12月在湖北省云梦县出土的睡虎地秦墓竹简就是其中之一。《睡虎地秦墓竹简·日书甲种》中有这样两段话(此处参照吴小强《秦简日书集释》,改为简体字):

① "人卧而鬼夜屈其头，以箬鞭击之，则已矣。"
② "鸟兽虫豸甚众，独入一人室，以箬鞭击之，则止矣。"

这两段话均出自《日书》甲种的"诘"篇，用于表现秦代的祛邪之术。这里的"箬鞭"是"竹子"还是"用竹皮编制的鞭子"呢？吴小强将例①中的"箬鞭"释为"用竹皮做的鞭子"，将例②中的"箬鞭"解释为"竹鞭"。"箬鞭"其实就是用箬竹做的鞭子。宋人吴仁杰《两汉刊误补遗》卷二："笞用竹鞭。"笞刑中所用的就是竹鞭，作为古代"五刑"之一的笞刑，开始于战国时期，是以竹、木板责打犯人背部、臀部或腿部的轻刑。直至汉景帝的时候，还固定下了笞刑的刑具是竹板以及长度厚度。故笔者认为，这里的"竹鞭"应该就是古代的竹鞭刑（笞刑）中所用的竹子，且为竹子的一种，即箬竹。

从现有的文献看来，楚方言中的"箬"最早出现于楚简，《上海博物馆藏战国楚简书〈二〉》中《容成氏》有：

> 舜听政三年，山陵不尻（处），水潦不洞（通），乃立禹以为司工（空）。禹既已受命，乃卉服、箬箬帽，芙蘩，□足□□□面干皴，胫不生（之）毛。□溼湝流，禹亲执枌（畚）耜，以陂明都之泽，决九河之滨（阻），于是乎夹州、徐州始可处。禹通淮与沂，东注之海，于是乎竞州、莒州始可处也。禹乃通蔞与易，东注之海，于是乎州始可处也。禹乃通三江五湖，东注之海，于是乎荆州、扬州始可处也。禹乃通伊、洛，并里〈瀍〉、涧，东注之河，于是乎豫州始可处也。禹乃通泾与渭，北注之河，于是乎叙州始可处也。禹乃从汉以南为名谷五百，从汉以北为名谷五百。

徐灏注笺："箬之言剖也，言其箨解也。"朱骏声《通训定声》："箬，苏俗谓之笋壳。"这里的"箬箬"出自楚语，应理解为"竹皮"，当属同义复用，而"箬箬帽"即为"竹皮帽"，且应与汉高祖刘邦的竹皮冠一致，此处"箬箬"正是"竹皮"之义。

由此看来，"箬"最初在雅言中所表示的应为"箬竹"之义，而表"竹

第九章　楚方言词个案研究

皮"之义则为古楚方言。

（三）魏晋南北朝时期的"箬"

秦汉后，"箬"主要出现于古楚方言区的作品之中，由于受到了通语的影响，这时的"箬"既能表示"竹皮"，又能表示"箬竹"。清代杰出学者桂馥作《说文义证》："楚谓竹皮曰箬者。王彪之《闽中赋》：'缃箬素笋。'《郭文举别传》：'卖箭箬易盐米。'《易林》：'折箬蔽日。'《舆地志》：'箬溪悉生箭箬，南岸曰上箬，北岸曰下箬。皆村名。'"桂馥在此并未将"箬"表竹皮义与箬竹义分开，王彪之《闽中赋》中的"箬"应为"竹皮"，而后两例中的"箬"应为箬竹，乃非竹皮。梁沈约《宋书》中亦有："百年少有高情，亲亡服阕，携妻孔氏入会稽南山，以伐樵采箬为业。以樵箬置道头，辄为行人所取，明旦又复如此，人稍怪之，积久方知是朱隐士所卖，须者随其所堪多少，留钱取樵箬而去。或遇寒雪，樵箬不售，无以自资，辄自搒船送妻还孔氏，天晴复迎之。"此例"箬"为竹皮。

这时的"箬"除了表示"竹皮""箬竹"之义外，还可以表示"箬叶"。顾野王《玉篇》："箬，竹大叶，重文作篛。"那么何为"竹大叶"呢？李衎《竹谱详录》："箭竹，浙间及两广皆有之，凡二种。一种叶小如四季节，一种叶大如篛竹，二种皆细小而劲实，通干无节，可作箭用，故名。谢灵运《山居赋》云'两箭殊叶'，注曰'箬箭，大叶；笋箭，细叶'者是也。"戴凯之《竹谱》曰："箭竹，高者不过一丈，节间三尺，坚劲中矢，江南诸山皆有之，会稽所生最精好，故《尔雅》云'江南之美者有会稽之竹箭焉。'"由此可见，所谓竹大叶，实际就是箬箭的叶子，而从特征和生长地域上来看箬箭即我们今天所说的箬竹，竹大叶也就是箬叶了。萧子显《南齐书》（卷五八）形容扶南人生活亦有云："海边生大箬叶，长八九尺，编其叶以覆屋。"

《齐民要术》是北魏时期中国杰出农学家贾思勰所著的一部综合性农书，也是世界农学史上最早的专著之一。"箬"在《齐民要术》中也多次出现：

①覆瓮多用荷、箬，令酒香。燥复易之。

②以竹箬交横帖上，八重乃止。无箬，菰、芦叶并可用。

③"裹蒸生鱼:方七寸准。——又云:五寸准。——豉汁煮秫米如蒸熊。生姜、橘皮、胡芹、小蒜、盐,细切,熬糁。膏油涂箬,十字裹之,糁在上,复以糁屈牖箬粗咸反之。——又云:盐和糁,上下与。细切生姜、橘皮、葱白、胡芹、小蒜置上。箬箬蒸之。——既奠,开箬,褚边奠上。"

汪维辉先生在其著作《〈齐民要术〉词汇语法研究》中将以上所出现的"箬"均释为"竹笋外壳",笔者有不同意见。例①讲述的是鄢酒的酿造过程,其覆瓮的物品应为箬竹之叶,而非竹笋外壳。箬叶与荷叶有共同的功效,即可以令酒更加清香,而竹笋外壳在这方面的功效却很小,且竹笋外壳与鲜箬相比,易燥易碎,故覆瓮之物应为鲜箬叶。例②中的"箬"同样应为"箬竹之叶",既然菰叶和芦叶可以替代,那么就应与粽叶相似,且叶子较大,故应为箬叶。例③用来裹物的也应是"箬叶",柳宗元《柳州峒氓》:"青箬裹盐归峒客,绿荷包饭趁墟人。"陈耆卿主纂《嘉定赤诚志》:"叶云:'箬叶以裹物不溃润。'"罗愿《新安志》云:"箬竹罗生,叶大可以苴裹。"李时珍《本草纲目》有记载:"箬竹柔而韧,男人取叶作笠,及裹茶盐,包米粽,女人以衬鞋底。"

(四)隋唐五代时期的"箬"

隋唐五代时,"箬"表"箬竹的叶子"之义更为普遍。最为著名的莫过于唐朝诗人张志和的《渔歌子》:"西塞山前白鹭飞,桃花流水鳜鱼肥。青箬笠,绿蓑衣,斜风细雨不须归。"除此之外,《船子和尚拨棹歌·续机缘集》亦写道:"短蓑箬笠凭谁问,独傍芦花浅水眠。"《汉语大词典》中对于"箬笠(箬帽)"解释为:"用箬竹叶及篾编成的宽边帽,即用竹篾、箬叶编织的斗笠。"当然,在我国古代亦有用笋皮做成的斗笠,例如唐代高适的《渔父歌》:"笋皮笠子荷叶衣,心无所营守钓矶。"然而,从斗笠的颜色上,我们不难判断出"青箬笠"仍然是"用竹篾、箬叶编织的斗笠"。李时珍《本草纲目》释名:"箬,草名。一曰辽叶,生南方平泽,根茎皆似小竹,叶与籜似芦荻。叶面青背淡,柔而韧,新旧相代,四时常青。男人取叶作笠,女人以衬鞋底。"作为我国著名的边塞诗人,高适是沧州(今河北省景县)人,其生活之处并无箬竹,故只能以笋皮作笠,并不稀奇。据笔者统计,仅"箬笠"一词在隋唐五代就出现了70次,其中许

第九章 楚方言词个案研究

浑《丁卯集》出现16次,《全唐诗》出现31次。另有唐朝著名御酒"箬下春",刘禹锡曾曰:"骆驼桥上苹风急,鹦鹉杯中箬下春。"这个时候,带"箬"的地名和官职名也开始增多,例如"小箬"(地名)、"箬库丞"(官职名)、"茭箬典军"(官职名)。在此之前,仅南朝《舆地记》中提及过"上箬"和"下箬"(地名)。

（五）宋元时期的"箬"

宋元时期,"箬"仍然以表"箬竹的叶子"之义为主。《广韵》曰:"竹箬也。"陆游曾作诗曰:"囊盛古墨靴纹皱,箬护新茶带胯方。"由此可见,人们用叶为茶罨,使茶保持新鲜。除此之外,还有"箬蓬""箬笼"等。

虽然"箬"在这个时期以表"箬竹的叶子"为主,然竹皮、竹叶之古义仍然存在。韩彦直为陕西绥德人,任温州知州时著《桔录》:"乡人有用糖熬桔者,谓之药桔。入箬之灰于鼎间,色乃黑,可以将远。又桔微损,则去皮以肉瓣安灶间。用火熏之,曰熏柑。置之糖蜜中,味亦佳。"这里的"箬之灰"即"笋壳之灰"。

"箬"之所以表"箬叶"之义增多,而表"竹皮"之本义很少,笔者认为其可能被同样表"竹皮"之义的"箨"取而代之。"箬"与"箨"在上古同属铎部,发音相近,且意义相同。"箨"最早见于《山海经》:"甘枣之山,其下有草,葵本而杏叶,黄花而荚实,名曰箨。可以已瞢。"这里的"箨"是一种草名。《文选·谢灵运〈于终南山往北山经湖中瞻眺〉》:"初篁苞绿箨,新蒲含紫茸。"李善注引服虔曰:"篁,丛竹也。箨,竹皮也。"服虔是东汉人,由此可见,"箨"至少在东汉就有竹皮之义了。通过文献检索,笔者发现,"箨"在秦汉时期作品中仅出现两次,至魏晋南北朝时期,箨的出现次数增加到28次,隋唐五代共78次,宋元时期达167次,到明清之际,"箨"在文献作品中共出现356次,且多出现于古楚方言区的作品之中。

（六）元明清时期的"箬"

明清之际,"箬"表"竹皮"之用法在一些典籍中仍能见到,例如:

①制度俱依法了,用银匙或银筋或竹筋拌匀,不可犯手抄,入净

干磁器内，不可大，恰好盛得十盏料满者，仍用少炒盐，掺在面上，不可用箬箬作掩面，只用两层油单，夹一层厚表纸，紧紧扎定，必依法，然后可全脆青。(《医方类聚》卷一百九十八)

②别去新篁方解箨，重来芳树欲过头。萧萧竹影遮红药，细细波纹映白鱼。才过轻雷收笋箨，旋斟新水试茶芽。(王慧《凝翠轩诗》)

③造茶始干，先盛旧盒中，外以纸封口。过三日，俟其性复，复以微火焙极干，待冷贮坛中。轻轻筑实，以箬衬紧。将花笋箨及纸数重封扎坛口，上以火煨砖冷定压之，置茶育中。切勿临风近火。临风易冷，近火先黄。(《茶录》)

④用笋箨包九里光草。煨熟捻入眼中。(《普济方卷》)

明清之际，"箬"在词义和词性上都发生了较大的变化，从词义上来看，"箬"从表"竹皮""箬竹""箬叶"引申到还可以表一般性植物的叶子，例如《普济方卷》："茶箬一握、绵胭脂十个、白梅四十九个、右件并烧灰和匀。米饮调下二钱。空心服。""茶箬"即茶叶，这种说法在现在的闽语中仍然存在。除此之外，现在的中国台湾部分地区还将"树叶"说成"树箬"。在词性上，明清之际，"箬"还可以作为量词使用，例如何良俊撰《四友斋丛说》卷第十五："衡山先生于辞受界限极严。人但见其有里巷小人持饼饵一箬来索书者。欣然纳之。遂以为可涴。"彭养鸥《黑籍冤魂》："这几日正是穷得过不去，灶内无柴，釜中无米，还要吃鸦片。忽然有人来请他去出诊，拿这请封，买了些柴米。剩下的钱挑了两箬鸦片，勉强过了瘾。"

综上所述，从先秦到明清，"箬"的词义发生了较大的改变。最终，"箬"具有了以下几个义项：(1)竹皮，即笋壳；(2)箬竹；(3)箬叶；(4)代指一般性植物的叶子；(5)作量词。

二　"箬"的现代分布

"箬"在现当代文学中出现的次数并不多，其多表"箬叶"之义。现列举三例以供说明：

①县前街上，几乎是五步一哨；蓝衣的是纠察队，黄衣的是童子团，

第九章 楚方言词个案研究 ◆◇◆

大箬笠掀在肩头的是农军。（茅盾《蚀》）

②每到小溪边去散步时，必携同朋友五岁大的孩子，用箬叶折成小船，装载上一朵野花，一个泛白的螺蚌，一点美丽的希望。（沈从文《绿魇》）

③端阳，正是初夏，天气多少热了起来。穿了单衣，戴着箬笠，骑马去看戚友，在途中，偶尔河边停步，攀着柳条，乘乘凉。（吴伯箫《马》）

时至今日，我国很多地方方言中仍然保留着"箬"的说法，笔者分别查阅了许宝华、宫田一郎主编的《汉语方言大词典》和李荣主编的《现代汉语方言大词典》，整理情况如下：

表9-2

《汉语方言大词典》			《现代汉语方言大词典》		
分布地区	用例	"箬"的含义	分布地区	用例	"箬"的含义
江西瑞金	箬叶	箬竹	安徽绩溪	箬皮、箬芜	箬竹
安徽绩溪	箬皮	箬竹	浙江宁波	箬壳	箬竹
江苏丹阳	箬壳	笋皮	福建雷州	菜箬	叶子
浙江杭州	箬壳	箬竹			
上海	箬壳	笋皮	福建厦门	竹箬 粽箬 弓蕉箬 箬脉	叶子
^	箬草鞋	笋皮	^	^	^
^	箬塌鱼	箬叶	^	^	^
^	箬帽	箬叶	^	^	^
湖南长沙	箬笠壳	箬叶	浙江杭州	箬壳	箬竹
浙江金华	箬帽	箬叶	浙江金华	箬篷	箬叶
安徽休宁、福建浦城、福建南平、福建顺昌、福建建阳、福建建瓯、福建崇安、福建仙游	箬笠	箬叶	江苏丹阳	箬帽	箬叶
^	^	^	江苏苏州	箬叶	箬竹
^	^	^	江西于都	箬壳	笋皮
^	^	^	^	箬叶斗笠	箬叶
福建厦门	箬甲、箬仔、箬丝、箬网、箬身、箬枝、箬秆、箬柄、箬落归根、箬稿、箬筋、箬脉	叶子	福建福州	树箬、茶箬	叶子
^	^	^	浙江温州	箬竹	箬竹
^	^	^	^	箬篷 箬糕 箬笠	箬叶

除此之外，笔者自己还搜罗了一些带"箬"的词语（括号内为"箬"

· 353 ·

◆◇◆ 周秦两汉楚方言词研究

的含义），例如华箬竹（箬竹）、箬席（箬竹）、箬笠壶（箬叶）、箬籽（箬竹）、箬子米果（箬叶）、柳叶箬（箬竹）、箬笼（箬叶）、箬下酒（箬竹）、箬下春（箬竹）、箬篓（箬竹）、箬兰（箬竹）、笋壳箬（笋皮）、箬箕（箬竹）、箬包船（箬叶）、桑箬（叶子）、蚕子箬（叶子）。

与此同时，在搜集过程中笔者还发现了不少以"箬"命名的地名，这些地名中有的自古就有，有的后来才出现，"箬"作地名时多表箬竹之义，现一一列出：箬田（江西九江）、下箬寺（浙江长兴）、箬岭关（安徽歙县）、箬洋（福建闽侯）、箬岗（浙江义乌）、箬横（浙江台州）、箬山（山名，浙江台州）、白箬铺（湖南望城）、箬寮（浙江丽水）、箬坑（安徽黄山）、小箬（福建闽侯）、箬阳（浙江金华）、箬溪（浙江长兴）、大箬岩（浙江温州）、箬岙（浙江温州）、摘箬山（浙江舟山）、箬糖（浙江衢州）、箬隆（浙江永嘉）。

为了更加直观地看"箬"字在现代方言中的分布情况，特附上"箬"字方言分布图，如图9-3所示：

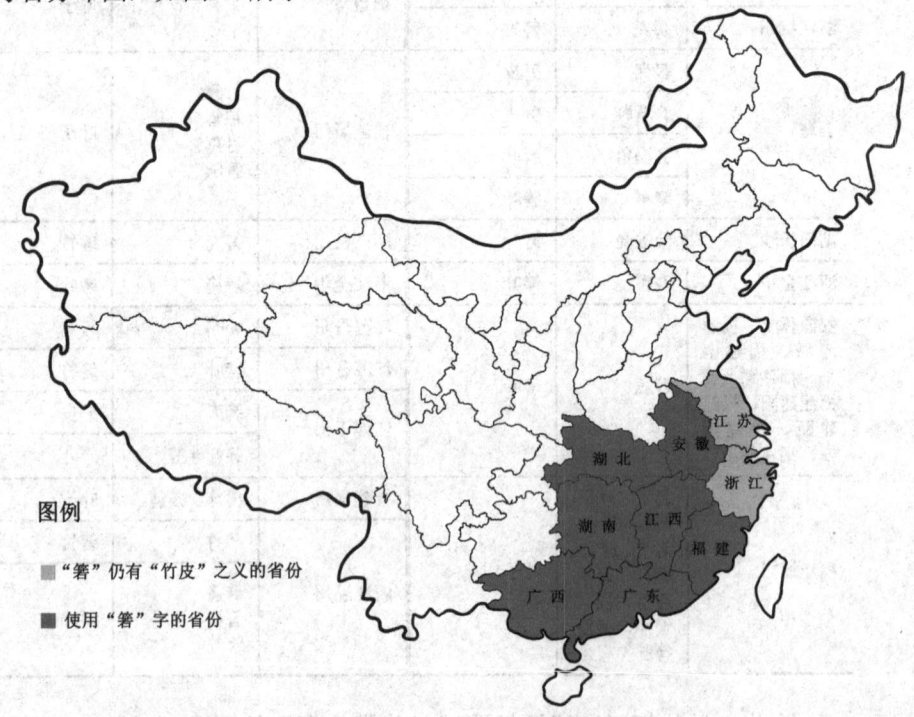

图9-3 "箬"在现代汉语方言中的分布

结合现代带"箬"字的词语和"箬"字在方言中的分布,我们可以得出以下两点结论:

第一,从地域分布上看,"箬"的使用主要集中在古楚方言区。其中,浙江、福建、江苏、湖北、安徽一带使用较为频繁。其他方言区"箬"的使用频率相对较低,但也基本属于古楚方言区。

第二,从词性和词义上来看,现代的"箬"在方言中大多用作名词,主要表"箬竹""箬叶"之义。"箬"表"竹皮"之义在今虽然很少,然仍存在,例如在浙江、江苏等地仍有"笋壳箬"的说法,其代指的即为笋壳。除此之外,浙江杭州仍有"竹箬儿"之说,表"笋成竹时脱下的外壳"。而"箬"表一般性植物叶子的说法在福建、台湾为较为普通,例如台湾部分地区的"树箬"、福建雷州的"菜箬"等,作量词仅在台湾部分地区可见,如"一箬树箬"。

"箬"作为古楚方言词,是"竹皮",在江浙一直传承到现在。雅言中,是"箬竹",进而表"箬叶""叶子"等义。其词义演变经历了一个漫长的过程。在演变中,"箬"既保存了最原始的含义,又演变为多个义项。每一个词语都是一部文化史,只有深刻地了解了词义的演变规律,才能厘清相关文化的丰富内涵。

第十二节 梦

洪兴祖《楚辞补注》[①]将"梦"训为"草泽":"楚谓草泽曰梦。"但是,《汉语大字典》释"云梦泽"为"古泽名";《汉语大词典》释"梦"为"湖泽";《王力古汉语字典》[②]:"楚人称泽为梦。……云梦,泽名。"即《汉语大字典》、《汉语大词典》和《王力古汉语字典》将"梦"释为"水泽",与洪兴祖所释"梦"义有异。

---

① 洪兴祖:《楚辞补注》,中华书局2008年版,第214页。
② 王力:《王力古汉语字典》,中华书局2000年版,第117页。

故训"梦"有三义,分别为"草中"、"泽中"和"水泽":

"梦"有"泽中"义。《楚辞·招魂》:"与王趋梦兮课后先。"王逸注:"梦,泽中也。楚人名泽中为梦中。一曰草中也。"西晋杜预注《左传·宣公四年》"祁夫人使弃诸梦中"的"梦"为"泽名"。《集韵·送韵》:"梦,莫凤切。一曰艹中曰梦,通作瞢。"

今人首先提出"梦"是"草中"义的是朱季海《楚辞解故》[①]:"'与王趋梦兮课后先'注:……言己与怀王俱猎于梦泽之中,……季海曰本古写卷子本《文选集注卷第六十六骚四》:《招魂》一首引王逸曰:'梦,草中也,楚人名草中为梦中',又曰:'言己与怀王俱猎,趋于梦草之中'……是今本凡草作泽者,皆宋人妄改。……'楚人名草中为梦中'者,正读莽如梦,……草中字乃借梦字为之耳。盖荆楚转语。"张正明《楚文化史》[②]:"楚人所谓'梦',前人以为是'草泽'。其实'梦'是荒野,并不都是草泽。楚王爱到'梦'中去打猎,可见'梦'是丛林、草泽、丘陵都有的,是极好的猎场。"

我们认为朱、张二位先生的意见值得重视。

需要梳理"梦"在古楚方言区的词义演变情况。

在古楚方言中,"梦"有"草中""草泽""水泽"义。其中,"梦"在先秦时期楚语文献中表示"草中"义。《楚辞·招魂》:"与王趋梦兮课后先,君王亲发兮惮青兕。"刘良注:"楚人名草中为梦。""梦"指"楚王的游猎草场,楚王在荒原中打猎"。《左传·宣公四年》:"楚斗伯比……生子文焉。祁夫人使弃诸梦中,虎乳之。……夫人以告。遂使收之。楚人谓乳谷。"这里的"梦"表"草中",指虎在草中喂养婴孩。《墨子·明鬼》:"期年,燕将驰祖,燕之有祖,当齐之社稷,宋之有桑林,楚之有云梦也,此男女之所属而观也。""梦"是男女约会的场所,表"草中"。明刘基《郁离子·常羊学射》:"若欲闻射道乎?楚王田于云梦。"刘基《郁离子·云梦田》:"楚国多贫民,请以云梦之田贷之耕以食,无使失所。"

---

① 朱季海:《楚辞解故》,上海古籍出版社 2011 年版,第 276 页。
② 张正明:《楚文化史》,上海人民出版社 1987 年版,第 128 页。

"梦"在其他文献中有"草泽""水泽"义。《周礼·夏官·职方》:"正南曰荆州,其山镇曰衡山,其泽薮曰云梦。"宋玉《高唐赋》:"昔者,楚襄王与宋玉游于云梦之台,望高唐之观。"《尔雅·释地》:"宋有孟诸,楚有云梦。"《淮南子·坠形训》:"何谓九薮?曰越之具区,楚之云梦。"《淮南子·坠形训》:"南方曰大梦,曰浩泽;西南方曰渚资,曰丹泽。""梦"指"水泽"。

可见,"梦"在楚方言地区的词义有:"草中""草泽""水泽"。

一 "夢"与"萌、瞢、梦、䒒(莽)、茫、蒙(濛)的关系

"梦"的"草中"义来源于"夢"。

《说文》:"夢,灌渝。从艸梦声。读若萌。"许楗《读书文记》案:"即《尔雅》'其萌虇蕍'之萌。古'梦'、'蒙'同音,齐人谓'萌'为'蒙'。'灌渝'即'虇蕍',亦即'权舆'。《尔雅·释诂》:'权舆,始也。'《大戴礼》'孟春,百草权舆'是艸之始曰权舆,引申为凡为始之称。"《玉篇·草部》:"夢,草,可为帚也。""夢"有"草萌芽"义。

"夢"与"梦"和"萌"通。

萌 《马王堆汉墓帛书·十六经·观》:"寺(待)地气之发也,乃梦(萌)者梦(萌)而兹(孳)者兹(孳),天因而成之。"又《行守》:"逆节梦(萌)生,其谁骨当之。""梦"通"萌",表"萌发"。王逸《九思·伤时》:"风习习兮酥暖,百草萌兮华荣。"《广雅·释草》:"夢,蘖也。"王念孙疏证:"犹萌也。"故"梦""夢"通"萌",都有"草木发芽"义。

瞢/梦 《汉书·叙传》:"班氏之先,与楚同姓,令尹子文之后也。子文初生,弃于瞢中。"颜师古注:"瞢,云瞢泽也。"《广韵·去送》:"瞢,云瞢泽,在南郡。亦作梦。"《集韵·送韵》:"梦,莫凤切。一曰艸中曰梦,通作瞢。"故"夢"与"瞢"、"梦"音近义通,表"草中"义。

楚方言有"䒒(莽)"。

䒒(莽) 《方言》卷三:"苏,芥,草也。江淮南楚之间曰苏,……南楚江湘之间谓之䒒。"《方言》卷十:"䒒,草也。……南楚曰䒒。"

《楚辞·九辩》："愿徼幸而有待兮，泊莽莽与野草同死。"《楚辞·九叹》："遵野莽以呼风兮，步从容于山廋。"《楚辞·九章》："滔滔孟夏兮，草木莽莽。"朱熹《集注》："莽莽，茂盛貌。"《楚辞·九章》："穆眇眇之无垠兮，莽茫茫之无仪。"《左传·哀公元年》："吴日敝于兵，暴骨如莽，而未见德焉。"《山海经·中山经》："又东北一百五十里，曰朝歌之山……有草焉，名曰莽草，可以毒鱼。"《说文·茻部》："茻，众艸也，从四屮。凡茻之属皆从茻。读与冈同。模朗切。"朱骏声《说文通训定声》："经传草茻字皆以莽为之。"《说文·茻部》："莽，南昌谓犬善逐菟艸中为莽。从犬从茻，茻亦声。谋朗切。"朱季海《楚辞解故》①："《说文·艸部》：'蒙，灌输。从艸，梦声。读若萌。'许君楚人，是汉世梦声字楚音或读入阳部，又《茻部》：'茻，众草也，从四屮，读与冈同。'是汝南读梦，茻声韵悉同，但有平上之异耳。"楚人称"草"为"茻"，在楚地的读音与"萌"音近。

茫 《尔雅·释名》："望，茫也，远视茫茫也。"《周礼·职方氏》："其泽薮曰望渚。"古音"孟"如"芒"。《淮南子·俶真训》："不以曲故是非相尤，茫茫沉沉，是谓大治。"高诱注："茫茫沉沉，盛貌。"《文选·陆机·叹逝赋》："咨余命之方殆，何视天之茫茫。"李善注："茫茫犹梦梦也。"《文选·陆机·吊魏武帝文》："悼穗帐之冥漠，怨西陵之茫茫。"吕延济注："茫茫，草木貌。"故"茫茫"通"梦梦"，表"草木貌""盛貌"。

蒙/濛 三国魏曹植《封二子为乡公谢恩章》："既荣本干，枝叶并蒙。""蒙"表"茂盛"。陆德明《经典释文》："楚有云蒙。""梦"通"蒙"。洪兴祖《楚辞补注》②："'梦'音'蒙'，又去声。"《楚辞·九辩》："愿皓日之显行兮，云蒙蒙而蔽之。"《楚辞·九思》："云蒙蒙兮电倏烁，孤雌惊兮鸣呴呴。"《楚辞·哀时命》："雾露蒙蒙其晨降兮，云依斐而承宇。"《楚辞·七谏》："何青云之流澜兮，微霜降之蒙蒙。""蒙濛"通"蒙濛"，表"茂盛貌"。天门方言说"梦梦子雨"。

---

① 朱季海：《楚辞解故》，上海古籍出版社2011年版，第276页。
② 洪兴祖：《楚辞补注》，中华书局2008年版，第214页。

第九章 楚方言词个案研究

从字形上看，"夢"表"草萌芽"义时，与"萌"相通；"夢"表"草（中）"义时，与"茻（莽）"、"薔"、"梦"相通；"夢"表"草泽"义时，与"茫"相通；当"夢"表"水泽"义时，与"蒙/濛"相通。故"夢""萌""茻（莽）""薔""梦""茫""蒙/濛"音近义通，都有"草"的核心义，存在同源关系。

湿地是常年积水和过湿的土地，指沼泽等带有静止或流动水体的成片浅水区。水量丰沛之处草叶繁茂，水量增大多变为草泽，积水量多则变为水泽。

下面看"夢"同类型的词的演变例证：

黄树先《比较词义再探》指出"草"与"湖"有联系。

"薮"表示"草"和"水少而草木丰茂的沼泽"。《诗·郑风·大叔于田》："叔在薮，火烈具举。"《诗·小雅·伐木》传："以薮曰湑。"疏："薮，草也。"字或作"楀"。《周礼·夏官·职方氏》："其泽薮曰具区。"郑玄注："大泽曰薮。"

"苴"有"草"和"长草的沼泽"义。《说文·艹部》："苴，履中草。"《管子·七臣七主》："苴多騰蟆，山多虫螟。"戴望校注："苴，古通菹。"

"菹"指"草"，也有"沼泽"义。《礼记·祭统》："水草之菹。"注："水草之菹，芹茆之属。"《孟子·滕文公》："驱蛇龙而放之菹。"赵注："菹，泽生草者也，今青州谓泽有草者为菹。"

"髳""跠"有"草木繁茂"义，"洷"表"水田"义。《尔雅·释古》："覭髳，茀离也。郭璞注：'谓草木之丛茸翳荟也。茀离即弥离。弥离犹蒙茏耳。'""蒙茏"指"草木繁密处"。《广韵·东韵》："明母平声，莫红切。"《字汇·足部》："跠，同髳。跠，草木丛貌。""髳"在现代汉语桂林方言中读为[moŋ21]，表"草木茂盛"义。"洷"，《集韵·混韵》："洷，水盈貌。母本切。"桂林方言称"[mən24]"为"泉眼、泉水"；称往外渗水的田或靠泉灌溉而距泉水不远的田为"洷水田"。桂林童谣："灶房无柴上山砍，水缸无水洷中挑。"

从语音上看，"夢"有平、去两类声韵。《广韵·东韵》："莫中切，《说文》曰不明也。"《淮南子·精神训》："是故其寝不梦，其智不萌；其魄不抑，其魂不腾。"《广韵·送韵》："梦，莫凤切。"《淮南子·缪称训》："是故体道者，不哀不乐，不喜不怒，其坐无虑，其寝无梦，物来而名，事来而应。"

《周礼·职方》："其泽薮曰望诸。"（古音孟如芒）。《释名·释姿容》："望，茫也，远视茫茫也。""望"音同"茫"，"孟"音如"芒"。"望""茫""孟""芒""䒾（莽）"为阳部字；"蒙""濛"为东部字；"梦""夢""瞢"为蒸部字。

古楚方言蒸部与东部、阳部字通。

《马王堆汉墓帛书·十六经·观》中，"萌"为阳部，"梦"为蒸部，"梦""夢"通"萌"。刘信芳《楚系简帛释例》①中"梦梦"通"茫茫"。

杨建忠《秦汉楚方言声韵研究》②："在战国时期的楚方言中，……冬、东都与阳部有接触，东也与蒸部接触，……当时冬介乎东、侵之间，且冬似乎较近于东而远于侵。"谢荣娥《秦汉时期楚方言区文献的语音研究》③指出东冬合韵带有楚方音色彩。楚方言中存在幽部与东部相通、冬部与阳部相叶、东部与蒸部相叶的现象。

二 "云"与"䢵、郧"的关系

"云梦"之"云"即"䢵（郧）"，在江北，今之安陆、竟陵之地。刘信芳《楚系简帛释例》④："䢵，简文字形从邑，云声。……鄂君启节：'逾夏，内䢵。'《左传·昭公十四年》：'使斗辛居郧。'斗辛又称'郧公辛'，见《左传·定公四年》。《汉书·地理志》江夏郡竟陵'郧乡，楚郧公邑'，师古注：'音云。'《水经注·沔水》：'巾水又西径竟陵县北，西注扬水，谓之巾口，水西有古竟陵大城，古郧国也。郧公辛所治，谓郧乡矣。'《通典》一百三十八：'安陆郡安州，今理安陆县，春秋䢵

---

① 刘信芳：《楚系简帛释例》，安徽大学出版社2011年版，第347页。
② 杨建忠：《秦汉楚方言声韵研究》，中华书局2011年版，第144页。
③ 谢荣娥：《秦汉时期楚方言区文献的语音研究》，高等教育出版社2011年版，第115页。
④ 刘信芳：《楚系简帛释例》，安徽大学出版社2011年版，第66页。

子之国。䢵或作郧，䢵、郧、溳皆音云。云梦之泽在焉。'"

"䢵、郧"皆从"邑"。人必居之高地，与"梦"之"草地"义近。城、村必依水而建，后来演变为"水泽"义。《左传·桓公十一年》："郧人军于蒲骚。"杜预注："郧国在江夏，云杜县东南有郧城。"杨伯峻注："据《括地志》及《元和郡县志》则当在今安陆县。"《说文·邑部》："郧，汉南之国。"朱骏声《说文通训定声》："郧，字亦作䢵。今湖北德安府安陆县。"周代诸侯国"䢵（郧）"在今湖北安陆市。云梦县在魏晋南北朝以前属安陆县。南北朝后，安陆县南境设置云梦县。1935 年《湖北县政概况》记载安陆地势较高，县以南古为云梦泽。此外，今湖北十堰市"郧阳区"，原名"郧县"，呈"八山半水一分田，半分道路和庄园"的高地格局。

江北为"云"，江南曰"梦"，云亦湿地。《左传·定公四年》："楚子涉睢济江，入于云中。"杜预注："入云梦泽中。"杨伯峻注："传说云梦泽跨江南北，此江南之云梦。"北宋沈括《梦溪笔谈》："旧《尚书·禹贡》云'云梦土作乂'，太宗皇帝时得古本《尚书》，作'云土梦作乂'，诏改《禹贡》从古本。予按孔安国注：'云梦之泽在江南。'不然也。据《左传》：'吴人入郢……楚子涉睢济江，入于云中。王寝，盗攻之，以戈击王……王奔郧。'楚子自郢西走涉睢，则当出于江南；其后涉江入云中，遂奔郧，郧则今之安陆州。涉江而后至云，入云然后至郧，则云在江北也。《左传》曰：'郑伯如楚，王以田江南之梦。'杜预注云：'楚之云梦，跨江南北。'曰'江南之梦'，则云在江北明矣。元丰中，予自随州道安陆入于汉口，有景陵主簿郭思者，能言汉沔间地理，亦以谓江南为梦，江北为云。予以《左传》验之，思之说信然。江南则今之公安、石首、建宁等县，江北则玉沙、监利、景陵等县。乃水之所委，其地最下，江南二浙，水出稍高，云方土而梦已作乂矣。此古本之为允也。"刘信芳《楚系简帛释例》[①]："是古䢵地有竟陵、安陆之说，据鄂君启节，䢵在古夏水北岸。"

从地理环境上看，云梦县土壤呈微酸性，适合多种植物生长。当地属

---

① 刘信芳：《楚系简帛释例》，安徽大学出版社 2011 年版，第 67 页。

副热带季风气候区过渡性气候带,降水主要集中在夏季,冬季较少。全县土壤成土母质,以第四纪(258 万年前)松散沉积物、河湖相冲沉积物为主,侧面印证了"云""梦"由"草中"到"泽中"的词义发展。

三 "梦"与南方少数民族语言的关系

吴安其先生在《汉藏语同源研究》中指出:"梦"[①],腊乙坪话 mpei^5〈古苗语*mpei^C,大坪江话 bei^5〈古勉语*mpei^C,布努语瑶里语 mpja^5。

《汉藏语同源研究》对原始苗瑶语核心词的古音构拟[②]如下:

"树",原始苗语*ntjuŋ^C,布努语 ntaŋ^5,畲语 tɔŋ^5,勉语 djaŋ^5〈*ntjɛŋ^C。巴哼语文界话 pja^1。原始苗瑶语*kruŋ,*pjo-ɣ。

"种子"原始苗语*ʔnum^A,布努语 naŋ^1,巴哼语 e^{7}noŋ^1,勉语 ɲi:m^1〈*nim^A。原始苗瑶语*C-num-ɣ。

"叶子",原始苗语*mblum^A,布努语 ntiɫaŋ$^{2'}$,巴哼语文界话 qa^{B}mpɦjo^2,畲语 pjɔŋ^2,勉语 no:m^2〈*nom^A。原始苗瑶语*m-lom-l。

《苗瑶语族方言词汇集》[③]中表示"草""茅草"的苗瑶语读音如表 9-3:

表 9-3

汉意	黔东苗语	湘西苗语	川黔滇苗语	滇东北苗语	布努瑶语	勉瑶语	标敏瑶语
草	naŋ^2	qo^{1}ŋoŋ^1	ntao^2	ɴquɯ^1	ve^3 yaŋ^3	mie^3	mia^3
茅草	naŋ^2 qe^1, qe^1	qo^{1}ɲu^1, qo^1 dzhɯ^{37}	ŋaŋ^1	ɴquɯ^1 tshai^7	ka^1 ntaŋ^2(ŋku^1)	ga:n^1	guan^1

*注:qe^1 和 tshai^7 表示"干",qo^1 是前缀,不具有词汇意义。

由以上材料可知,苗瑶语"梦"与"树"、"种子"、"叶子"、"草"的声母都是鼻音,存在同源关系。

《汉藏语同源研究》对侗台语核心词的古音构拟[④]如下:

---

① 吴安其:《汉藏语同源研究》,中央民族大学出版社 2002 年版,第 274 页。
② 吴安其:《汉藏语同源研究》,中央民族大学出版社 2002 年版,第 288 页。
③ 中央民族学院苗瑶语研究室编:《苗瑶语方言词汇集》,中央民族学院出版社 1985 年版,第 86 页。
④ 吴安其:《汉藏语同源研究》,中央民族大学出版社 2002 年版,第 249 页。

"树",彬桥话 mai⁴〈*maiᴮ,贞丰仡佬语 mo⁴²tai⁴²〈*m-taiᴮ。原始侗台语*m-taγ。

"种子",泰语 ma²let⁸ 或 let⁸,侗语 pan¹,通什话 fan¹〈*panᴬ,峨村话 pe²⁴,拉基语 pjɔ⁴³。原始侗台语*p-len。

"叶子",彬桥话 bau¹〈*²baiᴬ,通什话 beu¹〈*²beiᴬ。原始侗台语*k-bar。

《壮侗语族语言词汇集》中记录壮侗语"树"①的发音为:壮 fai⁴,布依 fai⁴,kɔ¹ fai⁴,傣西 kɔ¹ mǎi⁴,傣德 ton³ mai⁴,仫佬、水、毛难 mai⁴,侗 məi⁴;记录壮侗语"草"②的发音为:壮 ŋɯ³,布依 ŋa¹,ŋie³,侗 ŋa:ŋ³',临高 bot⁷。

可见,壮侗语、台语中"树""种子""叶子""草"的发音或与"梦"的发音部位相近,都是唇音(如贞丰仡佬语、壮语、布依语的"树";泰语、侗语、通什话、峨村话、拉基语的"种子";彬桥话、通什话的"叶子";临高语的"草"等),或与"梦"的发音方法相近,都是鼻音(如布依语、侗语的"草"等),存在同源关系。

综上,在南方少数民族语言中,"夢"与表"草、树、种子、叶子"义的词有同源关系。

第十三节 逞

一 "逞"字本义溯源

东汉许慎《说文解字》曰:"逞,通也。从辵,呈声。楚谓疾行为逞。丑郢切。"何谓通,《说文·辵部》:"通,达也。《易经·系辞上》:往来无穷谓之通。通即通达。通畅,即两点之间无阻碍。"傅云龙《古语考补正》曰:"通,达也,是其本义。"在许慎看来,逞的本义是通达,与行走有关。在楚方言中,逞是疾行即快步走的意思。在段玉裁的《说文解

---

① 中央民族学院:《壮侗语族语言词汇集》,中央民族学院出版社1985年版,第85页。
② 中央民族学院:《壮侗语族语言词汇集》,中央民族学院出版社1985年版,第69页。

注》中记载:"逞,通也。方言曰逞,快也。自山而东或曰逞,江淮陈楚之间曰逞。又曰,逞,疾也,楚曰逞。又曰,逞,解也。从辵,呈声,丑郢切,十一部。楚谓疾行为逞,本方言。"从这段文字记载中,易知段玉裁是赞同许慎观点的,他认为:逞的本义是通达,在方言中是快的意思。楚方言区称逞为快步行走之义,是楚地方言。段玉裁的话指明了"逞"是楚方言词,并且印证了其本义。无论是其本义还是其在楚方言中的意义,二者本质上都与行走有关,因此有密切的联系。清代顾山贞《客滇述》:"山岸泥滑,马不能逞。"这句话中的"逞"为疾行,即跑得快之意。

二 "逞"与"骋"的关系

根据王念孙的《广雅疏证》,"逞"与"骋"含义相通。《说文解字》曰:"骋,直驰也。"王力《王力古汉语字典》认为"骋"的本义是纵马奔驰。在楚方言的代表文献《楚辞》中:"乘骐骥以驰骋兮,来吾道夫先路!""朝骋骛兮江皋,夕弭节兮北渚。""乘骐骥而驰骋兮,无辔衔而自载。""步及骤处兮,诱骋先,抑骛若通兮,引车右还。""涉丹水而驼骋兮,右大夏之遗风。""骋骐骥于中庭兮,焉能极夫远道。""宁浮沅而驰骋兮,下江湘以□回。""山中槛槛余伤怀兮,征夫皇皇其孰依兮,经营原野杳冥冥兮,乘骐骋骥舒吾情兮,归骸旧邦莫谁语兮,长辞远逝乘湘去兮。""摇翘奋羽驰风骋雨游无穷兮。""乘六蛟兮蜿蝉,遂驰骋兮升云,扬彗光兮为旗,秉电策兮为鞭。"《老子》中:"五色令人目盲;五音令人耳聋;五味令人口爽;驰骋畋猎,令人心发狂;难得之货,令人行妨。""天下之至柔,驰骋天下之至坚。"在《淮南子》中:"于道者,不以人易天。外与物化,而内不失其情。至无而供其求,时骋而要其宿。大小修短,各有其具。万物之至腾踊肴乱,而不失其数。""成至德于天下者以其淖溺润滑也。故老聃之言曰:'天下之至柔,驰骋天下之至坚。出于无有,入于无间,吾是以知无为之有益。'""岂必处京台章华,游云梦沙邱,耳听九韶六莹,口味煎熬芳芬,驰骋夷道,钓射□□之谓乐乎?""其章光,爱其神明,人之耳目,曷能久熏劳而不息乎?精神何能久驰骋而不既乎?""五藏摇动而不定,则血气滔荡而不休矣。血气滔荡而不休,则

第九章 楚方言词个案研究

精神驰骋于外而不守矣。精神驰骋于外而不守，则祸福之至，虽如丘山，无由识之矣，使耳目精明玄达。""不为死。是故人主好鸷鸟猛兽，珍怪奇物，狡躁康荒，不爱民力，驰骋田猎，出入不时，如此，则百官务乱，事□财匮，万民愁苦。""抚四海之外，昭昭何足以明之？"故《老子》曰："天下之至柔，驰骋天下之至坚。""摩地，扶旋猗那；动容转曲，便娟拟神，身若秋药被风，发若结旌，骋驰若骛。""及其衰也，驰骋猎射以夺民时，罢民之力。"在《庄子》中："故其与万物接也，至无而供其求，时骋而要其宿，大小、长短、修远。"在上述所列的楚方言的代表文献中，尤其是《楚辞》和《淮南子》中出现了大量的"骋"，这些词的含义无一例外地都表示行动之快，均为奔跑，跑得快之意，而且是其本义。这与"逞能"的本义疾行是相同的。而根据《汉语大词典》，我们发现了"骋"和"逞"不仅本义相同，而且其引申义都有着惊人的一致性。除了本义，二者同样都具有如下几个引申义：①放纵，放任；②施展，显示；③开场，舒展；④夸耀，自负。我们和下文的语料作比较，相比于"逞"，在使用二者的本义时，会发现在楚方言的代表文献中，"骋"的出现频率要远远高出"逞"，但是含义是完全相同的。在华夏语言的代表文献中，《诗·小雅·节南山》："驾彼四牡，四牡项领。我瞻四方，蹙蹙靡所骋。"《孟子》："般乐饮酒，驱骋田猎，后车千乘，我得志弗为也。"在《诗经》和《孟子》中，"骋"的含义为"奔跑"，但是其出现的频率远低于楚方言的代表文献。根据《王力古汉语字典》，二者读音相同："丑郢切，上，静韵，徹。耕部。"由此我们可以得出如下两个结论：第一，"逞"与"骋"读音相同，含义相通，在使用的时候可以相互替换。而这也证实了王念孙在《广雅疏证》中的说法。第二，扬雄的《方言》中并没有记载"骋"的使用情况，许慎和段玉裁也没有给出说明。笔者推断，"骋"晚于"逞"进入楚方言中。

三 "逞"在楚方言和雅言中的反映

《楚辞》和《庄子》是楚方言的代表文献。接下来本书先梳理一下"逞"在这两部文献中的含义。

《楚辞》曰:"志憾恨而不逞兮,杼中情而属诗。"玉逸注:"逞,解也。"解就是解除的意思。"太公遇文王兮,身至死而不得逞。"逞为快意,满足之意。"逞志究欲,心意安只。"逞为快心,快意,满足之意。在《庄子》中,逞仅出现了一次。《庄子·山木》记载:"此筋骨非有加急而不柔也,处势不变,本是以逞其能也。"此处逞为施展,展示,显示之意。"逞其能"即展示他的能力。结合全句可以知道这是一个中性词。

下面我们结合雅言的代表文献《孔子》《左传》,再结合汉代有关的文学作品来梳理"逞"在雅言中的含义。

《论语·乡党》曰:"出,降一等,逞颜色,怡怡如也。"邢昺疏:"下阶一等则舒气,故解其颜色。"很明显。此处"解"为解除之意。《左传·桓公六年》:"今民馁而君逞欲,祝史矫举以祭,臣不可知也。"杜预注:"逞,快也。"逞即为快意,满足。"逞欲就是满足欲望。"《左传·隐公九年》:"(戒师)先者见获,必务进;进而遇覆,必速奔;后者不救,则无继矣,乃可以逞。"杜预注:"逞,解也。"同样,此处解为解除之意。《左传·襄公二十五年》:"今陈忘周之大德,蔑我大惠,弃我姻亲,介恃楚众,以冯陵我鄙邑,不可亿逞。"杜预注:"亿,度也;逞,尽也。"此处引申为骄矜,自负之意。

可见,在雅言中,逞主要有以下三种含义:①解除;②快意,满足;③骄矜,自负。通过比较我们发现楚方言词中的解除;快意,满足这两个含义都进入了雅言中。那么含义③是否就与别的含义无关呢?笔者认为,当一个人过分向别人展示,显示自我时,过分看重自我时,就容易变得骄傲自负。后者可看作前者词义的引申。词义发展的一个重要表现就是词义的引申,词义由具体转为抽象。这也进一步说明了:"逞"首先是楚方言词,是在随后进入雅言中的。

再看两例汉代文学作品中的例子。汉代王粲《为潘文则作思亲》:"嗟我怀归,弗克弗逞。"此处:"逞"为快意,满足之意。东汉张衡《西京赋》:"逞欲略敷,效获麋麖。"李善注引薛综曰:"逞,极也。"引申为骄矜,自负。

我们会发现,无论是上述梳理出的何种含义,都与其本义有了很大的不同。从词义的演变来看,自先秦时期本义"通",方言义"疾行",到后来的"解除";"快意,满足";"展示,显示"再到汉代的"骄矜自负"。我们可以看出词义的一词多义。虽然词义在演变中发生了很大的变化,但是这种变化并非毫无规律可循。笔者认为,逞,疾也,疾即快,而快可指动作快。即"疾行"。当然也可以引申为人的内心之快,内心之快即为"快心,快意,满足"。而骄矜自负与展示显示的关系前文中已经指出,此处不再赘述,表面上看,词义的演变似乎已经完全脱离了本义,实则不然。

四 楚方言词"逞"与现代汉语方言使用对比

首先笔者根据《现代汉语方言大词典》列表9-4如下:

表9-4

分布地区	用例	含义
哈尔滨	逞疯	逞强,逞威风
济南	逞能,逞强	显示(力量,才能)
徐州	逞孩子	纵容
金华	逞哪里去	沿着
扬州	逞能	显示
南京	逞能	显示
洛阳	逞能	显示
太原	逞能	显示
南昌	逞能	显示

从表9-4我们不难得出以下两点结论:第一,从分布地区来看,"逞"在现代汉语方言中集中分布在南方地区,与楚方言区有重合;第二,从词义上看,江浙地区继承了"逞"传统的"展示,显示"等义,可能是由于临海而产生了"从,沿着"之义。令人感到惊奇的是在西南官话地区,"逞"都有表示"按,压"的含义。而结合前文来看,这一含义在之前从未出现过。常德方言是西南官话,"逞能"、"逞风"、"逞倒"、"逞下去"、"逞开关"、"逞遥控"、"不要到处乱逞"等等,其使用频率很高,常常代替"按""压"这样的词。

在楚系简帛文字编中,笔者发现了以下记载:"游作遐,省作遥。""逞"出现在了楚系简帛中,由以上记录我们可以进一步印证扬雄的观点,进而说明"逞"是一个楚方言词。

五 结语

"逞"是一个楚方言词,本义为"通达",在楚方言中意为"疾行"。在周秦两汉时期,"逞"经过发展演变衍生出了多个含义,其中如"解除""满足""显示"意义均进入了雅言之中。在现代汉语方言中,"逞"的使用集中分布在南方地区,演变出了一些新义。

第十四节 揞

一 "揞"的出处

"揞"在《方言》中记录为楚方言:

《輶轩使者绝代语释别国方言》卷六:"揞、掩、错、摩,藏也。荆楚曰揞,吴扬曰掩,周秦曰错,陈之东鄙曰摩。"

二 揞字的发展及使用情况

"揞"字在现代方言中分布较广,南北方略有差异,其中南方地区保留该字较多。比如在太原方言中,"揞"字有三个意义:①用药面儿或其他粉末敷在伤口上。例:揞上些消炎粉。②用手心将粉状食物如白糖、炒面等送进口里。例:等下跟人说话,先把糖面揞进嘴里。③暂时吃上几口。例:你饿得不行了,先揞上些馍馍。在西宁方言中有"揞床"的说法,意思指在新婚晚上,顽皮的年轻人用舌尖舔破窗纸,向新房内偷视偷听,事后说些戏谑的俚语,如:王尕娃娶媳妇,今晚夕,我们揞个床去。在南方一些省份,"揞"字的用法偏多些。如绩溪方言里,"揞"字只有罩住的意思,如:揞知了,就是"捕蝉"的意思。宁波地区,继承了"揞"字的第二个读音的意思,意为抛、投掷。如:石头揞来揞去,当的心头痛。并且宁波方言中揞字还有丢弃的意思,如:毋渠东西辣辣揞勒畚斗里。宁波话里还有个词叫揞掉,意思是扔掉,如说:搬家会揞掉多关。温州方言里"揞"字有两个义项,一是隐藏不露,如:逮锅案里火种揞柴里,生得鸟爻;二是隐晦;隐瞒,如:该起事于性命关天,大家人沃着揞底毋吵。在黎川、梅县、南宁平话、广州、雷州方言中,揞字都有用手遮掩的意思。如南宁平话:揞住耳朵、揞嘴笑、揞住眼、揞住鼻等;广州话:雷公响,佢都揞住个荷包。还有个词叫揞青盲,捉迷藏的意思。建瓯方言中,意思是用手压住、摁住。雷州方言中揞字还有佔、包揽的意思,如:揞食;何多物都揞倒无肯放出。在海口话里,有三个义项,一是用手盖住,用手揞着;二是用药粉敷上,如:揞仔些药上伤口;三是用手掌;揞巴掌。广州话里有个词叫揞背手,意思是暗中贿赂。号脉、看脉在广州话里叫揞脉。揞埋是东莞话,意为捂住,如:揞埋佢,唔好畀人睇见。揞没苦眼是忻州方言里的一个词,用来形容帽檐低得遮住了眼睛。揞眼榖儿在忻州话里本义是牲口拉磨时戴眼罩挡其视线,比喻义是眼镜。

综上所述,"揞"可以肯定是楚方言词,扬雄《方言》把它们收录为楚方言大致也是没有问题的。现代社会中"揞"已经不再局限在楚地,而是更多地使用在楚地以外的地方,这是历史的变迁,也是历史的选择。"揞"作为楚方言在流传的过程中不断发展演变,使得它们保持了语言的活力,增强了语言的活力。

第十五节　搴

一　搴(攓)的出处

《輶轩使者绝代语释别国方言》卷十:"攓,取也。楚谓之攓。"

二 搴（攓）字的发展及使用情况

在《汉语大字典》里，攓（搴）字表述如下：

攓1　[qiān ㄑㄧㄢ]

[《集韵》丘虔切，平仙，溪。]

1. 拔取，取。《庄子·至乐》："列子行，食于道从，见百岁髑髅，攓蓬而指之曰：'唯予与汝知而未尝死，未尝生也。'"宋苏轼《〈攓云篇〉引》："余自城中还道中，云气自山中来，如群马奔突，以手掇开，笼收其中。归家，云盈笼，开而放之，作《攓云篇》。"清赵翼《子才过访草堂见示近年游天台雁荡黄山匡庐罗浮诸诗流连竟夕喜赋》之二："攓云黄海深，看桃台洞灼。"

2. 用手提起。《淮南子·人间训》："江水之始出于岷山也，可攓衣而越也。"一本作"攘"。

3. 简慢。《淮南子·齐俗训》："子之宾独有三过：望我而笑，是攓也。"高诱注："攓，慢也。"

4. 见"攓撅"。【攓撅】脱下衣服做工作；犹谋取。清梅曾亮《〈太乙舟山房文集〉序》："浩浩然随流平进，而不攓撅于升降也。"

搴

1. 拔取，采取。《晏子春秋·谏下九》："寡人不席而坐地，二三子莫席，而子独搴草而坐之，何也？"《史记·河渠书》："搴长茭兮沈美玉，河伯许兮薪不属。"南朝宋谢灵运《郡东山望溟海》："采蕙遵大薄，搴若履长洲。"明刘基《再次韵时闰九月九日菊》："愁见飞蓬垂雪领，笑搴落蕊入霞觞。"

2. 举；扛。宋 胡仔《苕溪渔隐丛话后集·本朝杂记上》："王初寮，作《宣德门成赏功制》云：'阁道穹隆，两观搴翔于霄汉；阙庭焕丽，十户开阖于阴阳。'"《西游记》第四二回："那行者搴着铁棒，呵呵大笑，自涧那边而来。"朱自清《航船中的文明》："士大夫虽也搴着大旗拥护精神文明，但千虑不免一失。"

3. 草名，即。《尔雅·释草》："搴，柜朐。"郝懿行《义疏》"上文搴。《释文》：搴，本亦作搴。然则即搴也。"

4.通"褰"。揭起,撩起。唐杜甫《大云寺赞公房》诗之四:"明霞烂复阁,霁雾搴高牖。"明李东阳《习隐》诗,"搴裳步花影,欲动愁阑珊。"清蒲松龄《聊斋志异·陆判》:"忽有人搴帘入,视之,则判官也。"

5.姓。《正字通·手部》:"搴,姓。汉将搴扬。"

通过扬雄《方言》和周祖谟的《方言校笺》,可以得出扬和周都认为"揞"在楚方言里本义是藏、掩藏的意思;"攓(搴)"在楚方言里本义是取的意思,而《汉语大字典》中则列出了这两个字的本义和引申义。根据扬雄《方言》里提到的"揞"和"攓(搴)"字作为楚方言的释义,下面将从秦汉楚地书面文献资料中寻找例证。

攓(搴)在先秦两汉楚人的作品里应用较广泛。就《楚辞》而言,里面就有如下几处应用。

> 搴:《楚辞·离骚》:朝搴阰之木兰兮,夕揽洲之宿莽。
> 《楚辞·九歌》:采薜荔兮水中,搴芙蓉兮木末。搴汀洲兮杜若,将以遗兮远者。
> 《楚辞·九章》:揽大薄之芳茝兮,搴长洲之宿莽。
> 《楚辞·七谏》:拔搴玄芝兮,列树芋荷。
> 《楚辞·七怀》:陶嘉月兮总驾,搴玉英兮自修。
> 《楚辞·九叹》:搴薜荔于山野兮,采撚支于中洲。

以上《楚辞》中"搴"的意思都为取、手取也。符合扬雄《方言》里"搴"字的楚方言释义。

> 《淮南子·俶真训》:"今万物之来,擢拔吾性,攓取吾情,有若泉源,虽欲勿禀,其可得邪!"
> 《淮南子·人间训》:"江水之始出于岷山也,可攓衣而越也;及至乎下洞庭,骛石城,经丹徒,起波涛,舟杭一日不能济也。"

以上这些楚人作品中"擥"字大都是采、取,用手拿的意思。

综合以上作品的分析,大致可以断定"揞"和"擥(搴)"都是楚方言字。

"搴"字在一些文学作品中还有保留,并与其他字组合成固定词语,形成固定含义。"搴芳",采摘花草。南朝宋谢灵运《山居赋》:"愚假驹以表谷,涓隐言以搴芳。"唐孟郊《湘妃怨》:"搴芳徒有荐,灵意殊脉脉。""搴陟",提衣涉水。唐皇浦冉《度汝水向太和山》诗:"落日事搴陟,西南一投峰。"搴帷,撩起帷幕。三国魏曹植《弃妇诗》:"搴帷更摄带,抚节弹鸣筝。"南朝梁何逊《嘲刘谘异议》:"妖女搴帷出,蹀躞初下床。"例如"搴手",犹言旗手。殷夫《前进吧,中国》诗:"目前的世界——一面大的旌旗,历史注定;一个伟大的搴手;你前进吧,中国。"这里取"搴"的第二个义项:举、扛的意思。"搴"字在现代方言中分布相对较少。如今"搴(擥)"字在广州方言中保留还较多,意思是:掀,揭。如:搴开被,搴开锅盖,搴开书来睇。湖北天门话"搴棉花",指摘取棉花花瓣。

综上所述,擥(搴)楚方言词,现代社会中"擥(搴)"已经不再局限在楚地。

第十六节 沤

一 "沤"的词义

《广韵》注"沤"有两个读音,分别为"乌候切,平侯,影。"和"乌候切,去候,影"。当"沤"的读音为前者,词义明晰,多为"水中浮泡";当"沤"的读音为后者,词义丰富,多取"浸泡"等义。本书仅探讨"沤"读去声时的词义。

先秦时期,楚方言词"沤"的本义为"浸泡"。《周礼·考工记》:"沤其丝七日。"郑玄注:"沤,渐也。楚人曰沤,齐人曰涹。"《诗·陈风·东门之池》:"东门之池,可以沤麻。彼美淑姬,可与晤歌。东门之池,可以

第九章　楚方言词个案研究

沤纻。彼美淑姬，可与晤语。东门之池，可以沤菅。彼美淑姬，可与晤言。"毛传："沤，柔也。"《春秋左氏传·哀公》："拘鄫人之沤菅者。""沤"为"浸泡"。

秦汉时期，"沤"仍取"浸泡"之义。《氾胜之书·种麻篇》："种枲太早，则刚坚、厚皮、多节；晚则皮不坚。宁失于早，不失于晚。获麻之法，穗勃勃如灰，拔之。夏至后二十日沤枲，枲和如丝。"《汉书·列传》："卷薜芷与若蕙兮，临湘渊而投之；棍申椒与菌桂兮，赴江湖而沤之。"颜师古注："沤，渍也，今沤麻也。"许慎《说文·水部》："沤，久渍也。"段注："言久渍者，略别于渍也。上统言，此析言，互相足也。"

魏晋南北朝时期，"沤"除了"浸泡"还有"壅埋堆积"之义。《广雅·释诂》："沤，渍也。"贾思勰《齐民要术·种麻》："获欲净，沤欲清水，生熟合宜。"《名医别录·下品》卷三："苎根寒。主治小儿赤丹。其渍苎汁治渴。根，安胎，贴热丹毒肿有效。沤苎汁，主消渴也。"《齐民要术》卷五："凡非时之木，水沤一月，或火煏取干，虫皆不生。"《齐民要术》卷十："桶子，大如鸡卵。三月花色，仍连着实。八九月熟。采取，盐酸沤之，其味酸酢；以蜜藏，滋味甜美。出交趾。""沤"为"浸泡"。

干宝《搜神记》卷十二："农夫止麦之化者，沤之以灰；圣人理万物之化者，济之以道：其然与；不然乎？""沤"为"壅埋堆积"。

隋唐五代时期，"沤"取"浸泡"义。《广异记·刘众爱》："爱反疑惧，恐或是人，因和网没沤麻池中。"秦系《题镜湖野老所居》："沤苎成鱼网，枯根是酒卮。"王建《送于丹移家洺州》："耕者求沃土，沤者求深源。"白居易《闲坐》："沤麻池水里，晒枣日阳中。"元稹《台中鞫狱，忆开元观旧事，呈损之，兼赠周兄四十韵》："阳坡自寻蕨，村沼看沤菅。"《四时纂要夏令》卷三："温泉而沤者最为柔。"

宋辽金时期，"沤"由"浸泡（使之变软）"引申为"掩埋堆积（使之变质腐败）"。《资治通鉴》卷二百五十九："百姓未入山时多沤藏者。"《碧岩录》卷六："久向灌溪，及乎到来，只见个沤麻池。"《全宋诗》卷一一八〇："菅麻已在沤，黍稷行可获。"《宋史·列传》："邕被围四十二日，粮尽泉涸，人吸沤麻水以济渴，多病下痢，相枕藉以死，然讫无

· 373 ·

一叛者。""沤"为"浸泡"。

《禾谱》记礼者曰:"仲夏之月,利以杀草,可以粪田畴,可以美土疆。盖耘除之草,和泥渥漉,深埋禾苗根下,沤罨既久,地草腐烂而泥土肥美,嘉谷蕃茂矣。"北宋僧人文莹《玉壶清话》卷十:"下必有海马骨,水火俱不能毁,惟沤之腐糟随毁者乃是……积薪焚之,三日不动,以腐糟才沤之,遂烂焉。"宋代朱辅《溪蛮丛笑》:"牛榔木多浆,猫猺餐饥缺食,则先以火窨地,掘根置窨中,压以石,又用火沤熟,捣作饼饵,名沤榔。""沤"为"掩埋堆积"。

元明清时期,"沤"仍保留"浸泡(使之变软)"之义,并由此引申出"掩埋堆积(使之腐烂)""烧柴草时燃烧不充分""长期憋闷在心里"等词义。《杨景贤·西游记》:"雨余匀罢芝麻地,咱去那沤麻池里澡洗。"《医方类聚·眼门》:"次用黄连一味为末,煎浓汁,热渫渍搭沤浸目上,渗半钱汁,口中觉苦,疼痛自消,昏翳渐退甚佳。"《永乐大典》卷五百四十:"候芙蓉花开,带青秸沤过,取皮可代麻荣。"《永乐大典》卷一万三千一百九十四:"沤剥缉绩以为布,此盖美妇功之能事也。"《菽园杂记》卷十四:"剥重皮沤水中,一时取起,以铁刀戛去粗皮,阴干。"徐荣《岭南劝耕诗》:"沤虆及分秧,爱此处暑晴。"《水石缘》第三十段:"有田可稼,有桑可蚕,有麻可沤。""沤"为"浸泡"。

李实《蜀语》"草伏火中未然曰沤"中,"沤"表示"烧柴草时燃烧不充分"。

李实《蜀语》:"气郁不伸曰沤"中,"沤"为"长期憋闷在心里"。

王祯《农书》卷三:"盖耘除之草,和泥渥漉,深埋禾苗根下,沤罨既久。"《本草纲目》卷三十:"结实至秋如青桃状,熟时沤烂皮肉,取核为果。"《本草纲目》卷三十一:"子似木瓜,八九月熟,里民取食之,味酢,以盐、酸沤食,或蜜藏皆可。"《儿女英雄传》第三十七回:"只是汗沤透了的东西,又轻易不活动,他那来回扣儿怎得还能上下自如?"《皇朝经世文新编续集·农政》:"至若雨水太多之时,积涝不能设法消散,则所植之物必至沤腐黄萎。"《歧路灯》第六十二回:"若是旧棺已沤损了,须用新棺启迁。"《歧路灯》第五十七回:"日头也不知几时就沤烂了,

第九章 楚方言词个案研究

再休想见它了。"《台湾诗钞》卷九:"牛衣曝前檐,鸡栅树后圃;菜花如雪白,沤田成沃土。""沤"为"长期浸泡掩埋,使之发酵或腐烂"。

综上可得"沤"的词义演变关系图:

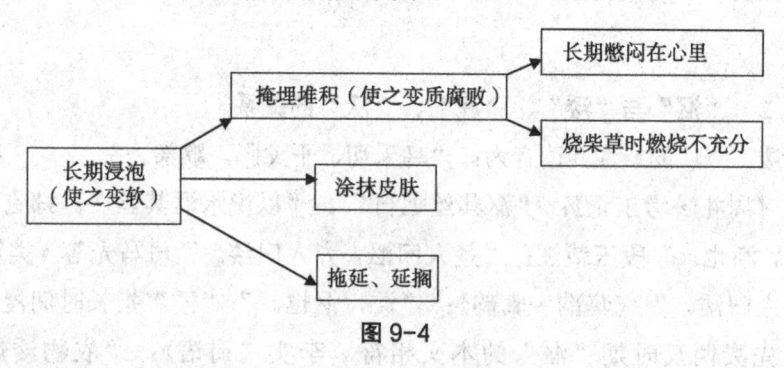

```
                          ┌─→ 长期憋闷在心里
          ┌─→ 掩埋堆积(使之变质腐败)┤
长期浸泡  │                └─→ 烧柴草时燃烧不充分
(使之变软)┼─→ 涂抹皮肤
          └─→ 拖延、延搁
```

图 9-4

通过以上材料看出,古楚方言区在丰富"沤"的词义方面做出了不小的贡献。笔者发现,"沤"在其词义演变过程中有两种明显的倾向性:一种为浸泡(使材料变软),另一种为掩埋(使材料变质)。其中,后者随着词义的发展,又分两种情况:即人们对材料进行某种处理后,使之变好为人所用(译为"发酵"),或使之变坏被人所弃(译为"腐烂")。这两种倾向决定着"沤"在古代汉语方言区和现代汉语方言区的使用情况。笔者对这两种倾向的使用情况作了历时统计,详见图9-5:

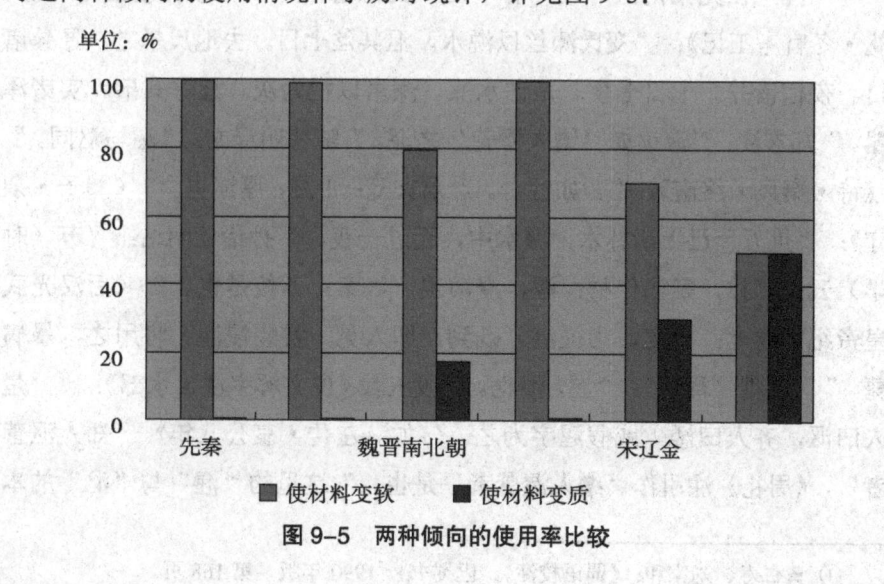

单位:%

[柱状图:先秦、魏晋南北朝、宋辽金三个时期,■使材料变软 ■使材料变质]

图 9-5 两种倾向的使用率比较

由图 9-5 可知，在先秦两汉时期，"沤"只有"浸泡"义。魏晋以后，"沤"的本义虽有所保留，但其使用频率呈下降趋势。反之，"掩埋（使材料变质）"义从魏晋开始逐渐为人所用，呈上升趋势。

二 "沤"与"漥"、"渥"、"沃"的关系

漥 《广韵》注其读音为："乌禾切，平戈影。歌部。"

《周礼·考工记》："沤其丝七日"、"以涗水沤其丝"。郑玄注："沤，渐也。"段玉裁注："楚人曰沤，齐人曰漥。"司马光等《类篇》："齐人曰漥。"《集韵·寘韵》："漥，沤也。""漥"指长时间浸泡，这与先秦两汉时期"沤"的本义相符。李实《蜀语》："衣物漥烂曰沤。……漥音倭。楚人曰沤，齐人曰漥。漥豆豉，漥酱。"[①]其中，"漥豆豉，漥酱"取"发酵"义。清代唐训方《里语征实》："衣物漥烂曰沤。"可见，"漥"在词义演变过程中与"沤"相似，也有两种情况：即人们对材料进行某种处理后，使之变好（如漥豆腐、漥豆豉、漥酱）或使之变坏（如漥蛆、漥烂）。

渥 《集韵》："于候切，去候影。侯部。"

"渥"在先秦两汉时期，有"沤"的意思，即"用液体浸泡"。《周礼·冬官考工记》："栾氏湅丝以涗水。沤其丝七日。去地尺暴之。昼暴诸日。夜宿诸井。七日七夜。是谓水湅。湅帛以栏为灰。渥淳其帛。实诸泽器。"郑玄注："渥读如'缯人渥菅'之渥。"陆德明释文："渥与沤同。"《诗·秦风·终南》："颜如渥丹。"郑玄笺："渥，厚渍也。"《墨子·杂守》："重五斤已上诸林木，渥水中，无过一茷。"孙诒让间诂："苏（时学）云：'林，疑当作材；渥，浸渍也。'案：苏校是也。"《后汉光武皇帝纪》卷七："夏，诏征湛。既到，即入见，赏赐浸渥。将用之，暴病薨。"《广雅·释诂》："渥，渍也。"段玉裁《说文解字注·水部》："'楚人曰沤，齐人曰漥。或假渥字为之。'如《左传·哀公八年》'郑人沤菅者'，《周礼》注引作'缯人渥菅者'是也。"这里的"渥"与"沤"的本

[①] 黄仁寿、刘家和：《蜀语校注》，巴蜀书社 1990 年版，第 168 页。

意一致。

元代王祯《农书》卷三："盖耕除之草,和泥渥漉,深埋禾苗根下,沤罨既久,则草腐烂而泥土肥美,嘉谷蕃茂矣"中,"渥"与"沤"都为"掩埋堆积(使之变质腐烂)"的意思。

在现代汉语方言中,"渥"有"淹"的意思。湖北随州、天门的"渥水",即"水淹了";

在浙江富阳,叶镜铭《富阳歌谣》:"新娘子淘淘渥杀咭"中的"渥杀"为"淹死"。

沃 《广韵》注:"乌酷切,入沃影。药部。"

《韩非子·初见秦》:"(秦)决白马之口以沃魏氏,是一举而三晋亡。"在《马王堆汉墓帛书·养生方》中,"沃"也有"浸泡"义。如:

取乌(喙)三果(颗),干姜(薑)五,焦□□,凡三物,甫□□投之。先置□罂(罌)中,即酿黍其上,□汁均**沃**之,有(又)以美酒十斗**沃**之,勿挠,□□□堃(涂)之。十一□孰(熟)矣,即发,勿釃,稍□□清汁尽,有(又)以□□酒**沃**,如此三而□□。以餔食饮一音(杯)。已饮,身(体)养(痒)者,靡(摩)之。服之百日,令目明耳蒽(聪),末皆强,□□病及偏枯。

北魏贾思勰《齐民要术·种胡荽》:"凡种菜,子难生者,皆水沃,令芽生,无不即生矣。"《广雅·释诂》:"沃,渍也。"《齐民要术·造神曲并酒》:"大率中分米:半前作沃馈,半后作再馏黍。纯作沃馈,酒便钝;再馏黍,酒便轻香:是以须中半耳。"唐代卢仝《月蚀诗》:"勃然发怒决洪流,立拟沃杀九日妖。"宋代洪迈《夷坚丙志·沈见鬼》:"沈出见之,三人长揖,求汤沃饭。"明代冯梦龙《智囊补·明智·东院主者》:"主沃粟为糜,毁木为薪。"《西游记》第二十二回:"这个揪住要往岸上拖,那个抓来就将水里沃。"《聊斋志异·甄后》:"遂命侍者以汤沃水晶膏进之。刘受饮讫,忽觉心神澄澈。"这里的"沃"与"沤"的本义一致,取"浸泡"义。

在现代汉语方言区，"沃"也有"浸泡"义。浙江杭州的"沃面"，指"菜汤面"；河南淮阳的"沃草个子"，"沃"指"按入水中浸泡"；福建建瓯的"沃茶饭"，即"茶泡饭"，通常指当天隔餐剩饭泡成的饭，用凉茶或热茶冲泡均可。①

"沃"和"渥"的"浸泡"义仍集中在古楚方言区，其中，浙江地区保留最为丰富。

实际上，"溦"、"沃"和"渥"的本义并非"浸泡"。

"溦"的本义为"混浊"。《楚辞·刘向〈九叹·远逝〉》："荡湲溦之奸咎兮，夷蠢蠢之溷浊。"王逸注："溦，浊也。"

"沃"的本义取"浇；灌"。《周礼·夏官·小臣》："大祭祀，朝觐，沃王盥。"贾公彦疏："大祭祀……先盥手洗爵乃酌献，故小臣为王沃水盥手也。"《素问·痹论》："胞痹者少腹膀胱，按之内痛，若沃以汤。"王冰注："沃，犹灌也。"

"溦"与"沃"在词义演变过程中与"沤"有通用之处，故取"浸泡"义。

"渥"与"沤"的情况类似，有多种读音。《广韵》注"渥"的另一个读音为："于角切，入觉影。"即"wò"。当"渥"读"wò"时，多取"沾湿，沾润"及其引申义。如《易·鼎》："鼎折足，覆公餗，其形渥，凶。"王弼注："渥，沾濡之貌也。既覆公餗，体为渥沾。"《诗·小雅·信南山》："益之以霡霂，既优既渥，既沾既足，生我百谷。"当"渥"读"òu"时，取"沤"义。

为直观看出"沤"与其他三个词的通用情况，笔者依词义做了分类统计，如表9-5所示：

---

① 李荣：《现代汉语方言大词典》，江苏教育出版社2002年版，第1907页。

表 9-5

不同词义的分类统计

词义	浸泡				腐烂				发酵			
时间 \ 词	沤	溞	沃	渥	沤	溞	沃	渥	沤	溞	沃	渥
先秦	4	0	2	3	0	0	0	0	0	0	0	0
秦汉	2	0	8	3	0	0	2	0	0	0	0	0
魏晋南北朝	11	0	22	4	2	0	0	0	2	0	2	0
隋唐	9	0	29	0	0	0	3	0	0	0	4	0
宋辽金	9	2	43	38	3	0	2	1	0	0	5	0
元明清	15	1	104	67	9	2	3	1	6	0	16	0

综上，"溞""沃""渥"不仅在"浸泡"义上是"沤"的通假字，而且在词义演变关系上存在相似性。由表 9-5 可看出，秦汉以后，"沃"取"浸泡"义的用例明显多于古楚方言词"沤"，而且"沃"在词义演变的程度上也优于"沤"，这种现象很可能与楚方言词"沤"的地域局限性有关。

三 "沤"在现代汉语方言区的使用情况

"沤"在现代汉语方言区仍保留其在古楚方言区的本意，但多数情况下使用"掩埋使之变质腐败"的意思。在此各举一例：河南作家魏巍《谁是最可爱的人·依依惜别的深情》："温井里有一个瞎老妈妈，自她的女儿被日本人抢走，她的一双眼睛就被那年年月月的泪水沤瞎了。""沤"取"浸泡"义。湖南作家周立波的《暴风骤雨》第一部十八："从韩老六的地窖里起出的二百六十石粮食：苞米、高粱、粳米和小麦……取出的粮食有些发霉了，有些苞米沤烂了。""沤"取"变质腐败"义。

笔者以许宝华、宫田一郎主编的《汉语方言大词典》为基础，将"沤"在现代汉语方言区和古代汉语方言区的词义做了对比，整理如下：

表 9-6

现代汉语方言区用例			古代汉语方言用例	
用例	地区	含义	用例	含义
沤芽菜	广东广州	发豆芽	沤麻	浸泡
沤药	广东惠州、梅县、潮州	水渍药		
沤糟	福建漳平永福	腐烂	沤罨 沤烂	腐败 腐烂
沤臭	福建厦门	腐烂		
沤肉	福建厦门	腐肉		
沤脓	福建厦门	腐臭		
沤风	福建厦门	臭味		
沤淤	湖南耒阳	积肥		
沤凼	湖南长沙	沤肥		
			以盐、酸沤食	发酵
沤坏	广东增城	发霉		
沤㳂	广东汕头	霉烂		
沤丢	广东汕头	霉烂		

可见，在现代汉语方言中，"沤"的部分词义与其在古楚方言区"浸泡"的本义相符。在广东等地，"沤"仍沿用"浸泡"义。"腐败、腐烂"等引申义在广东、福建、湖南等古楚方言区应用广泛。由表 9-6 可以看出，"沤"在现代汉语方言区新增了古代汉语没有的"发霉、霉烂"义，可以说是现代汉语方言对古楚方言词"沤"的继承与发展。

第十七节　颔

《方言》卷十："颔，颐，颔也。南楚谓之颔。秦晋谓之颐。"唐代玄应、慧琳《一切经音义·根本毗奈耶杂事律》："颔车，……释名云：颔车，辅车也，或作颐。南楚谓颐为颔，从页含声。"故"颔"为古楚方言词。

第九章　楚方言词个案研究

一　"颔"的本义探寻

历来，训诂材料多以"颔""颐""颌"互训，使我们无法对"颔"的古楚方言义有更明确的认识。《说文·页部》："颔，颐也。"段玉裁注："依方言，则缓言曰颔，急言曰颌。颌当读如合也。"东汉马融《长笛赋》："寒熊振颔。"李善注引方言："颔，颐也。"玉篇引方言："颔，颐，颌也。"三国魏张揖《广雅·释亲》："颐、颐，颔也。"王念孙疏证："颔之言合也。"《一切经音义·孔雀王神咒经》："颔车，公荅反。方言：'颔，颌也。'亦云辅车。"华学诚《扬雄方言校释汇证》[①]："颔：……沈彤释骨云：'耳下曲骨载颊在颔后者曰颊车、曰曲颊、曰巨屈。'说文'颔'与'颐'同训'颔'，盖从口内言之，若从口外言，则两旁为颔。颔前为颐，不容相假，故内经无通称者。颐：……释名云：'颐，养也，动于下，止于上，上下咀物以养人也。或曰颔车。颔，含也，口含物之车也。'"笔者比对了《汉语大词典》[②]和《汉语大字典》[③]中有关"颔""颐""颌"的各项词义，发现三者虽然指代的位置相似，但各义项仍有互相涵盖之嫌。比如《汉语大词典》将"颔"解释为"下巴"，《汉语大字典》将"颔"解释为"下巴"和"面黄"。"颐"在《汉语大词典》中为"下巴"，但在《汉语大字典》中指代"脸颊"、"腮"、"下巴"和"牙床骨"。两本字典在解释"颌"时都用《方言》第十："颌、颐，颔也。南楚谓之颌。"做例证，但《汉语大词典》的释义为"腮颊"，《汉语大字典》解释为"构成口腔上下部的骨骼和肌肉组织"。《方言》将"颔""颐""颌"互训，说明三者在古楚方言区并无太大差别，但从两本字典中我们还是无法准确判断"颐""颌""颔"的古楚方言义。那么，"颔"究竟指代什么部位呢？

先秦时期，《楚辞·离骚》："苟余情其信姱以练要兮，长顑颔亦何伤。"洪兴祖补注："顑颔，食不饱，面黄貌。"《黄帝内经·素问译解》："脾热病者，先头重、颊痛、烦心、颜青、欲呕、身热。热争则腰痛，不可用

[①] 华学诚：《扬雄方言校释汇证》，中华书局2006年版。
[②] 罗竹风：《汉语大词典》，汉语大词典出版社1986年版。
[③] 徐中舒：《汉语大字典》，四川辞书出版社、湖北辞书出版社2010年版。

俯仰，腹满泄，两颔痛。"《庄子·列御寇》："夫千金之珠，必在九重之渊而骊龙颔下，子能得珠者，必遭其睡也。"故"颔"有"面黄"、"腮"和"下巴"义。

秦汉时期，《释名·释形体》："（颐）或曰辅车，言其骨强所以辅持口也；或曰牙车，牙所载也；或曰颔车。颔，含也，口含物之车也。"1973年发掘于湖南省长沙市马王堆汉墓的《马王堆汉墓帛书·阴阳十一脉灸经》："肩眽（脉）：起于耳后，下肩，出臑外廉，出臂外，腕上，乘手北（背）。是动则病：嗌痛，颔穜（肿），不可以顾，肩以（似）脱，臑以（似）折，是肩眽（脉）主治。其所产病：领（颔）痛，喉痹，臂痛，肘痛，为四病。"所以，"颔"有"下巴"和"腮颊"义。

综上，《方言》卷十"颔，颐，颔也"中的古楚方言词"颔"的本义是"下巴"和"腮颊"。

那么，"颔"在秦汉后的词义演变又如何呢？

魏晋南北朝时期，《北史·列传》："孝绰又云：'徐郎燕颔，有班定远之相。'"《黄帝针灸甲乙经》卷七："热争则腰痛不可用俯仰，腹满，泄，两颔痛。"《北史·列传》："帝尝问绰于颖，颖曰：'虞绰粗疏人也。'帝颔之。"《文选》卷十一："虬龙腾骧以蜿蟺，颔若动而躨跜。"善曰："杜预左氏传注曰：'颔，摇头也，牛感切。'"故"颔"在此阶段除了延续本义外还引申出"点头""摇头"义。隋唐五代至元明清时期，"颔"也基本延续这种词义格局。

此外，"颔"也有部分表示"下巴"或"腮颊"的合成词，例如：

颔雪 宋陆游《次韵范参政书怀》："心光焰焰虽潜发，颔雪纷纷已太迟。""颔雪"指"颔下的白须"。

颔颐 唐白行简《李娃传》："生愤懑绝倒，口不能言，颔颐而已。"唐段安节《乐府杂录·觱篥》："曲终汗浃其背，尉迟颔颐而已。""颔颐"表示"动动腮巴"，即点头以示默认、承诺。

颔颏 元无名氏《小尉迟》第二折："恼的我不邓邓忿气盈腮，可怎生另巍巍把咱单搦，不由我这胡髯乍满颔颏。"清黄六鸿《福惠全书·刑名》："上下齿、颔颏。""颔颏"有"下巴"义。

二 颔与頷、頤、颐、颐、领的关系

頷 qīn 或 hàn 《广韵》:"去金切,平侵溪。"又"钦锦切,上寝溪"。又"五感切,上感疑"。《左传·襄公二十六年》:"逆于门者,頷之而已。"杨伯峻注:"頷《说文》引作頜,云'低头也',即今点头。"《列子·汤问》:"巧夫頷其颐,则歌合律。"唐殷敬顺释文:"又五感反。頷犹摇头也。"王重民曰:"《文选·郭璞〈游仙诗〉》注、《御览》七百五十二并引'頷'作'领'。頷领二字形义均相近,浅人多见领,少见頷,作领者皆后人所改也。《左传·襄公二十六年》:'逆于门者领之而已',《说文》引作'頷'。汉书扬雄传:'領颐折额。'宋祁曰:'领一作頷。'说文:'頷,低头也。'玉篇:'頷,曲颐也。'案古语以曲为钦,低与曲皆有摇动之义。頷释为低头,頷颐释为曲颐。盖頷字从页,皆随文以立义也。頷自是正字,作领者讹。释文云:夫音符。頷,驱音切,曲颐也。又五感反。頷犹摇头也。颐音夷。"唐韩愈《送无本师归范阳》:"天阳熙四海,注视首不頷。"章炳麟《新方言·释言》:"今吴越谓低头曰頷倒头,淮南曰頷住。頷音渠锦切。"故"頷"有"低头、摇头"义。

頷: 頷(篆文)　　领: 領(篆文)

可见,'頷'与'领'字形相似。由于二者字形、字音和词义均相近,很容易在历代传抄过程中造成互讹,故当"领"取其引申义"点头"时与"頷"取"低头、摇头"义时互为通假字。

頤 hàn《广韵》:"胡感切,上感匣。"又"胡男切,平覃匣"。《汉书·王莽传》:"莽为人侈口蹶頤。"颜师古注:"頤,颐也。"宋罗泌《路史·后纪》:"方庭甚口,面頤亡髦。"故"頤"有"下巴"义。

"頤"在历代用例虽少,但仍存在与"领"互通的情况。《山海经·山经柬释》:"又东三百里,曰阳山,其上多玉,其下多金铜。有兽焉,其状如牛而赤尾,……其名曰领胡。"郝懿行:"说文云:'领,项也;胡,牛頤垂也。'此牛颈肉垂如斗,因名之领胡与?"明代《七修续稿》卷四:"殊不知胡皱乃牛领下之垂皮,对之酸酒,杨言其味之恶也。"清代《日知录》卷三十二:"说文:'胡,牛颔垂也。'徐曰:'牛颔下垂皮也。'"由上述材料可知,"领"是"頤"的通假字。笔者发现,"领"在历代典籍中出现的频次远远高于"颐",尤其到了明代,"颐"不仅无一次用例,反而出现了"颐"与"颔"的通用情况,故"颐"很有可能被同样表示"下巴"的"颔"所取代。

顑 kǎn《广韵》:"苦感切,上感溪。"《灵枢经·杂病》:"顑痛,刺手阳明与顑之盛脉出血。"《医宗金鉴·刺灸心法要诀》"顑"注:"顑者,俗呼为腮,口旁颊前肉之空软处也。"故"顑"有"腮颊"义。《灵枢经·癫狂》:"骨癫疾者,顑齿诸腧分肉皆满。"这里的"顑"有"下巴"义。

"顑"在历代经常与"颔"同义连用,由于用例不多,鲜有证据证明二者互通。《楚辞·离骚》:"苟余情其信姱以练要兮,长顑颔亦何伤。"洪兴祖补注:"顑颔,食不饱,面黄貌。"《说文·页部》:"顑,食不饱面黄起行也。"唐韩愈《送无本师归范阳》:"欲以金帛酬,举室常顑颔。"《红楼梦》第七十八回:"杏脸香枯,色陈顑颔。"严复《有如三保》:"慢饿死者,饮食不蠲,顑颔不饱,阴消潜削,乃成羸民,疾疫一兴,如风扫箨,男女老少,争归北邙是也。""顑颔"表示"面黄肌瘦貌"。

颐 yí《广韵》:"与之切,平之以。"宋沈辽《德相惠新茶复次前韵奉谢》:"玉川七椀兴,令人解颐靥。"宋上官融《友会谈丛·沧州节度使米信》:"供奉者形质么么,颐颊尖薄,克肖猢狲。"清蒲松龄《聊斋志异·莲香》:"李晕生颐颊,俯首转侧而视其履。"清袁枚《续新齐谐·叶氏姊》:"颐颊间时有伤痕,彻夜呼号,侍婢皆不得眠。"故"颐"有"腮颊"义。《易·噬嗑》:"颐中有物,曰噬嗑。"《急就篇》卷三:"颊颐颈项肩臂肘。"颜师古注:"下颔曰颐。"唐韩愈《送侯参谋赴河中幕》:"君颐始生须,我齿清如冰。尔时心气壮,百事谓己能。"叶圣陶《倪焕之》:"画的是一个少女,一手支颐,美妙的眼睛微微下垂,在那里沉思。"故"颐"有"下巴"义。

汉无名氏《杂事秘辛》:"朱口皓齿,修耳悬鼻,辅靥颐颔,位置均适。"《一切经音义·大般若波罗蜜多经》:"颐颔,上以伊反,下含感反。方言颐颔互名也。文字集略云颏也,说文辅车骨也,从页页头也。"唐段成式

《酉阳杂俎·诺皋记》："王大笑曰：'驸马竟未能忘情于小女颐颔间乎？'"宋俞文豹《吹剑三录》："《易·颐卦》曰：'舍我灵龟，观尔朵颐，凶。'灵龟，心也。颐颔肥拥如朵下垂也。从事口腹而失其良心，故凶也。"清沈宗骞《芥舟学画编·相势》："又将耳根一笔，细细对定，落准其颐颔相接之处。"以上"颐""颔"同义连用表示"腮颊"。清赵翼《吴门喜晤王述庵司寇值其八十大庆作诗称祝兼简钱竹汀宫詹》："喜公寿骨倍崚嶒，颐颏增长一寸半。""颐颏"表示"腮颊"。唐柳宗元《龙城录·上帝追摄王远知易总》："远知战悸对曰：'青邱元老，以臣不逮，故传授焉。'老人颐颔。""颐颔"引申为"点头"，表示同意。

颔 hé《广韵》："胡感切，上感匣。"《黄帝内经·灵枢译解》："贯心以上挟咽，出颐颔中，散于面。"宋王安石《韩持国从富并州辟》："一从舍之去，霜雪行满颔。"故"颔"有"腮颊"义。《东观汉记》卷十六："相者指曰：'生燕颔虎颈，飞而食肉，此万里侯相也。'"《文选·扬雄〈长杨赋〉》："皆稽颡树颔，扶服蛾伏。"李善注引如淳曰："叩头时项下向，则颔树上向也。"故"颔"有"下巴"义，与"颐"音近义近。唐郑还古《博异记·狄梁公》："公因令扶起，即于脑后下针寸许，仍询病者曰：'针气已达病处乎？'病人颔之，公遽抽针，而瘤赘应手而落。"故"点头"为"颔"的引申义。

三 "颔"的现代分布情况及其意义在方言区的演变关系

笔者发现《汉语方言大词典》将"颔"解释为"脖子"，其古方言例证正是《方言》卷十："颔，颔也。南楚谓之颔。"结合上文我们可以看出"颔"在先秦两汉并非指"脖子"，那么在现代汉语方言区，"颔"是否会有"脖子"的义项呢？《汉语方言大词典》指出福建厦门方言及广东潮州、潮阳、揭阳、海康方言中的"颔"有"脖子"义，但其例证都是"颔"的合成词，并无单独字的用例。笔者通过对比《现代汉语方言大词典》和《汉语方言大词典》中"颔"的合成词，试图找出"颔"在现代汉语方言区的含义。详见表9-7：

表 9-7

《现代汉语方言大词典》			《汉语方言大词典》		
用例	地区	含义	用例	地区	含义
颔下	广东雷州	下巴和脖子相连接的部分			
颔颏	浙江温州	腮			
颔胿	福建厦门	脖子的前部	颔胿腺	福建厦门	甲状腺
颔颈	福建厦门	脖子	颔颈	台湾	脖子
			颔肌	福建泉州	脖子
			颔后	广东揭阳	脖颈
			颔胿	福建厦门	脖子
颔颈珠	福建厦门	喉结	颔珠	福建厦门	喉结
			颔归	台湾；福建漳平	喉咙
			颔喉	浙江温州	嗓子
颔巾	福建厦门	系在脖子上的布块或织物	颔巾	广东潮阳	小的围巾
颔环	福建厦门	项圈	颔圈	福建厦门	项圈
颔链	福建厦门	项链	颔领	广东潮州、揭阳；台湾	衣领
颔垂	福建厦门	围嘴	颔垂	福建厦门；台湾	围嘴
			颔布	广东潮州	围嘴

由以上材料可知，"颔"仍保留"腮"的古楚方言义，在现代汉语方言区也出现了表示"脖子"的"颔胿"，部分合成词还具体到了"脖子"的某个部位，如"颔珠"、"颔归"、"颔喉"和"颔胿腺"。

为什么在现代汉语方言区"颔"会出现"脖子"的义项呢？福建厦门方言"花瓶颔"指"器物上像脖子的部分"，笔者认为这里的"颔"指代下巴和脖子模糊不清的器物的"脖子"。人们在使用后期渐渐模糊了"颔"的指代部位，造出了大量合成词来避免因"颔"的表义模糊性造成的歧义，如福建厦门方言指代"脖子"的"颔管"和"颔颈"，四川汉源方言表示"口水"的"颔口水"。"颔"的"下巴"义则渐渐归并到中原官话区。随着这种合成词的广泛应用，"脖子"就成了"颔"在现代汉语方言区的新义项。

随着楚国疆域的扩张,"颔"的地名使用情况又如何呢?笔者通过百度地图检索出如下地名:

广西省钦州市钦北区的"猪颔麓"、广东省佛山市顺德区的"狮颔口"等。可见,"颔"用于地名时同样保留着"下巴"的古楚方言义。

第十八节 浦

楚国是周朝时期南方民族在中国南方建立的一个诸侯国;"古楚语",是指先秦便已存在、而秦以后依然存在的楚方言。楚语词汇的组成可为四个部分:独创的方言;古语词;少数民族语言的同源词;音译词。今人认为古楚语与古越语有紧密的联系,如白耀天先生[1]认为"步"虽为汉字,却也是越人谓"渡口""船舶停泊处""竹筏"的译写字,康忠德先生[2]认为"步"是汉语词汇的同时是古越语"虚"的音译,"埠"是有音无字的古越语词汇,由"虚(墟)"演化而来。笔者认为"浦""步""埠"是吴楚方言词,与古越语中表示"渡口"、"竹筏"及"虚"是同源关系,非音译关系。

一 "浦""步""埠"文献用例

(一)"浦"

许慎《说文解字》:"浦,濒也。从水甫声。"《诗经·大雅》:"率彼淮浦。""淮浦"即淮河的入海口附近。《楚辞·湘君》:"望涔阳兮极浦。"王逸注:"涔阳,江埼名,近附郢。极,远也。浦,水涯也。"《楚辞·涉江》:"入溆浦余儃佪兮。"王逸注:"溆浦,水名。"《春秋左氏·襄公》:"战于康浦。"《玉篇》:"水源枝注江海边曰浦。"《风土记》:"大水有小口别通曰浦。"南朝宋谢灵运《从斤竹涧越岭溪行》:"逶迤傍隈隩,

---

[1] 白耀天:《"步"考》,《广西民族研究》2007年第3期。
[2] 康忠德:《释"步""埠"》,《民族语文》2010年第5期。

苔递陟陉岘。"《说文》："隁，山曲也。"《尔雅》："隩，隁也。"郭璞："今江东呼为浦。"其中"江东"，顾炎武在《日知录》卷三十一中提到"盖大江自历阳斜北下京口，故有东西之名"。江东吴属古楚范围内。

古代汉语中的"浦"多为"水边、江河入海口"等义，从古代文献中我们不难找到带有"浦"的地名，笔者对此作了简单的统计。

先秦有极浦、醴浦、溆浦、夏浦、合浦、巴浦、丹水之浦、江浦、康浦、淮浦、浦阳江、云梦之浦等；秦汉有横浦、九江之浦、盐浦、回浦、浦水、浦西、湘浦、胥浦、营浦、南浦等；魏晋有荔浦、安浦、海浦、刑浦、章浦亭、浦里塘、查浦、湖浦、洞浦口等；南北朝有宁浦、新浦、浦阳、丹浦、板桥浦、中郎浦、沙门浦、华容之浦、汀洲浦等；隋唐五代有犀浦县、东润浦、南浦州、太湖浦、南浦溪、青泥浦、桃花浦、杏花浦、蔡浦、大荻浦、茄子浦等；宋金辽有扬浦、雁浦、石桥浦、丰浦、小官浦、杜浦、顾会浦、上海浦、右浦、独树浦等；元明清有坂浦、定浦、夏首浦、樊浦、白云浦、汉浦、南浦等。

以上统计中，极浦、醴浦、溆浦、夏浦等词均出自《楚辞》，根据书中内容可推断其为楚地地名。如《楚辞·九歌》："望涔阳兮极浦，横大江兮扬灵""捐余玦兮江中，遗余佩兮醴浦"。《楚辞·涉江》："入溆浦余儃佪兮。"《楚辞·哀郢》："背夏浦而西思兮，哀故都之日远。"此外，合浦即今广东合浦县；丹水之浦在今丹江，为陕西南部、河南西部；"横浦"即今广东北江翁源浈水；回浦为今之浙江省临海市；荔浦现位于广西壮族自治区桂林市；营浦，湖南省道县历史曾用县名，隶属于长沙国零陵郡。刑浦、蔡浦、丰浦、茄子浦、太湖浦、剑浦、漳浦、青浦、小官浦、夏首浦、樊浦、石桥浦等皆分布在今江浙一带。

春秋时期楚国疆域西北到武关（今陕西商县东），东南到昭关（今安徽含山北），北到今河南南阳，南到洞庭湖以南，后沿称这一地区为楚。吴地指今浙江、江苏两省。由此看来"浦"作地名，大都分布在古吴楚地域，故"浦"视为吴楚方言。

（二）"步""埠"

《说文解字》"步，行也。从止ᗡ相背。凡步之属皆从步。"薄故切。

第九章 楚方言词个案研究 ◆◇◆

《汉语大词典》中"步"其中一个义项解释为"同埠,停船的码头"。"埠"其语义,一是停船的码头;二是大城市。也就是说"步埠"二词都表示"码头、渡口",通过文献可知,二词还存在共用的现象,而"埠"在汉语文献中出现较晚,笔者认为"埠"可能是流行于民间的俗字,直到明代才被各类字书所收纳。二字在不少文献中出现了表示与水相关的义项,并作地名。

北魏郦道元《水经注》卷三十九《赣水》:"赣水迳豫章郡北为津步,步即水渚也。""赣水北出,际西北,历度支步。"王象之《舆地纪胜》:"度支步在郡城外,西临江,在今新建县西北五里,是晋度支校尉立府处。守敬《述异记》水际谓之步。吴、楚间谓浦为步,盖语讹耳,今俗又讹作埠。"其中赣水为赣江旧城,是江西省最大的河流。

南朝梁人任昉《述异记》记载:"水际谓之步。上虞县有石骆步,吴中有瓜步,吴江中有鱼步、龟步,湘中有灵妃步。按吴楚闲谓浦为步,语之讹耳。"任昉"吴楚间谓浦为步,语之讹耳。"文中记叙了"石骆步、瓜步、鱼步、龟步、灵妃步"等地名,并释"水际谓之步",即水边义。梁人任昉认为"吴楚间谓浦为步","步"是"浦"的语讹,说明"步"是当时的吴楚方言,并与"浦"意义相关联。

南北朝《汉魏南北朝墓志汇编》:"王讳思,字永全,河南雒阳人也……岁次丁亥三月庚申朔廿五日甲申窆于瀍涧之滨,山陵东埠。"《水经注》卷三十二:"肥水即今肥河,北流经瓦埠湖,从寿县北、八公山南入淮。"其中肥水即淝水,在今安徽省,源出合肥市西北将军岭,瓦埠湖,是安徽省淮河流域最大的湖泊。

唐朝柳宗元《铁炉步志》:"江之浒,凡舟可縻而上下者曰步。永州北郭又步曰铁炉步。""吴人呼水际为步。"韩文《罗池庙碑》云:"步有新船。"若瓜步之类是也。即宋代学者认为"步"是当时吴方言。其中永州为原湖南省零陵地区,潇、湘二水汇合处,雅称"潇湘"。

《唐六典·淮南道》:"《方舆纪要》云:滁河源出庐州府合肥县东北七十里废梁县界,东流过滁州全椒县南六十里,又东至滁州东南三汊河,又东至江宁府六合县为瓦梁河,东南流至瓜埠口而入大江。"其中"瓜埠"同"瓜步"。

北宋吴处厚《青箱杂记》："岭南谓村市为墟，水津为步。"由此可见"墟""步"二者有区别，前者表集市义，后者表示渡口、码头的意思。其中岭南，原是指中国南方的五岭之南的地区，相当于现在广东、广西及海南全境。《宋史》卷三百四十二："坐责监寿麻步场。"《梦溪笔谈》卷十二："寿州麻步场买茶三十三万一千八百三十三斤，卖钱三万四千八百一十一贯三百五十。"其中地名"麻步场"为浙江省平阳县麻步镇。《宋朝事实》卷十八："端拱元年，以郎步镇置建平县。"其中"郎步镇"即现今"郎溪县"，北宋端拱元年（988）置建平县。1914年因与热河省建平县（今属辽宁省朝阳市）同名，取县境主要河流名改为郎溪县。据《桐川志》："建平县前有郎溪，以居民郎姓得名。其地为郎埠镇。""郎埠"，又作"郎步"。

宋苏舜钦《寄王几道同年》诗："步头浴凫暖出没，石侧老松寒交加。"宋范成大《虎牙滩》诗："步头可檥船，安稳睡残夜。"宋陆游《晚秋村舍杂咏》诗："步头横画舫，柳外出朱桥。"宋陆游《枕上》诗："待旦欲寻梅市路，小舟先向步头横。"此文中，"步头"皆释为"渡口、船只停泊的地方"。清翟灏《通俗编·地理》："俗问渡处曰埠头。据诸书当做步字，而《宋史》皆从俗作埠。"

《王力古汉语字典》把"浦""步""埠"归为同源词。"浦"义为"水涯"，"步"义为"水际"。"浦"为滂母鱼部，"步"为并母鱼部。"步"即"浦"的音转。后来表"水滨"义的"步"写作"埠"。"埠"为"步"的俗字，明初被《通雅·地舆》收录。水边高地往往被建为码头，形成村落，发展成为城市。"浦"在有的地方就写作"步""埠"了。此外，笔者另发现一字——"埗"。《康熙字典》载："埗，同'埠'。方言。码头。"陈残云《四季飘香》："埗头上，一个人也没有，只拴着两条准备直摇县城的泥船。"粤剧《黄花岗》："你到埗时将孤儿告诉党人，你们的生活有保障。""埗"从土，步声；"埠"从土，阜声。"步""阜"古音相通，故"埗""埠"为义符相同，而声符不同的异体字。

二 "浦、步、埠"地名实例考证

笔者使用百度地图对全国地名中带有"浦"字的地名做了检索及分类

第九章 楚方言词个案研究 ◆◇◆

统计，"浦"字作地名主要在浙江省、上海市、南京市、江苏省、广西壮族自治区。

上海市有 30224 处，如浦南村、双鹤浦、浦秀北路、浦东、黄浦区、周浦、浦西等；苏州市有 8317 处，如浦镇东街、胜浦镇、浦庄、张浦镇、兴浦路、汉浦新村等；福建省有 4676 处，如浦下新村、浦中、浦上、浦尾巷、沃浦头、浦边、金浦支路等；南京市有 4579 处，如浦园北路、浦乌路、浦口区、浦六南路、浦珠中路、浦云路等等。

用百度地图搜索"步"，发现"步"作地名主要集中在广西壮族自治区、湖南省、浙江省、江苏省、广州市。

其中广西贺州市有 13878 处，如步头镇、八步区、石步、平步、六步、定步、必步、利步等；湖南省有 4535 处，如步仙镇、向步、步园、步平山、潭步坑、落步塘等；浙江省有 3735 处，如百步东路、步云乡、杨步庄、前步桥、步云路、步二村、步峰路等；江苏省有 3671 处，如步月路、横步路、连步岗、环步岗村、乌步村、千步泾、广步村等；广东省有 2893 处，如步羌塘、车步、龙步新村、招步新村、瓦步新村、鹿步北街、沙步等。

值得注意的是，"步"作地名，以广西贺州市最多。广西壮族自治区原是古越族人的主要居住地，后因越族没有文字，借用了汉文中的"步"作地名。如"石步"，坐落在广西桂平市，其本义为小河中供人渡涉的踏脚石，后用作地名；"步头镇"位于贺州市东南部，该镇水利资源丰富，为贺江航道埠头，俗称"步头"。

用百度地图搜索"埠"，结果会发现"埠"作地名主要集中在浙江省、安徽省、江西省、江苏省、湖北省。

其中，浙江省有 3974 处，如崔家埠、吴家埠村、上家埠村、周家埠、黄家埠村、顾家埠村、大青埠岭等；安徽省有 2902 处，如万年埠、埠南、埠里乡、田埠东路、横埠、探埠、瓦埠湖、杭埠路等；江西省有 3684 处，如埠上、下洋埠、乌猪埠、小涌埠、大塘埠镇、埠前村等；江苏省有 1745 处，如埠西桥、北荡埠、姚家埠、埠新东路、周家埠、朱家埠村、强埠村等；湖北省有 1639 处，如埠河、温家埠、孙家埠、窑头埠、李埠、朱家埠村、石头埠、仓子埠、大埠等。此外江汉平原方言今把用于洗菜、挑水而筑的岸边高地称为"埠头",武汉市华中师范大学附近的地铁站也被称为"广埠屯"。

通过百度地图搜索的关于"浦、步、埠"的资料,可看出"浦、步、埠"地名现今主要分布的地域范围,再结合此三字在历史文献中所呈现的地域分布,皆属古楚地域范围,故"浦、步、埠"三字为古吴楚方言无疑。

三 "浦、步、埠"为壮侗语同源词

我国自古以来就是各民族之间大杂居小聚居,相互交错居住。在分布区域间各族语言互相影响,相互接触、融合,有些词语有共同发生的关系,笔者称之为"同源词"。

先秦时期,楚庄王称霸中原,统一了南方众多诸侯国和部族,生活在洞庭湖以南的百越就是其中之一。在长期的同化过程中,楚越在文化和语言上必然存在一定的联系,这也是笔者寻求同源词的基础。

1. 古越族主要分布在北起江苏省,南迄越南的近海地带。《吕氏春秋·贵因》:"如秦者立而至,有车也;适越者坐而至,有舟也。"《论衡校释》卷第二十四:"孔子占之以为吉,曰:'越人水居,行用舟,不用足,故谓之吉。'"《北史》卷八十二:"犹恐拯溺迟于援手,救跌缓于扶足,待越人之舟楫,求鲁匠之云梯,则必悬于乔树之枝,没于深泉之底。"受自然环境的影响,形成了越人行用于舟的文化特征。其中"舟"是用各种竹子编排约束而成,也称"竹筏"。白耀天先生在《"步"考》(2007)一文中谈到,"竹筏"在壮语、布依语、德宏傣语谓"pe²",临高语谓"be²",西双版纳傣语谓"pe²"。p、b,上古都属重唇音,其原初音当是"be²"。越人称竹筏为"be²",后将停靠竹筏的地方和往来的摆渡处也称为"be²"。这与汉字中表示水滨义的"步、埠"读音相近,意义相通,所以笔者认为二者为同源词。

2. 晋代沈怀远《南越志》记载:"越之野市为虚,多在村场。先期召集各商或歌舞以来之。荆南岭表皆然。"韦树关先生(2003)[①]指出:南方

---

① 韦树关:《释"圩(墟、虚)"》,《民族语文》2003年第2期。

汉语方言中表示"集市"意义的圩（墟、虚）原本读作"*huɯ¹"，借自古越语"*fɯ⁴"。而古越语中的"*fɯ⁴"是由"*bɯ¹"演变而来，其本义为"码头"。"埠"本义为"停船的码头"，后引申为"大城市"。且"埠"与南方汉语方言中表示"集市"义的"*bɯ¹"和古越方言中表"码头"义的"*huɯ¹"的读音相近，意义相通，故二者也存在同源的关系。

综上所述，壮侗语中表示渡口的 be² 和表示集市的"*bɯ¹"与吴楚方言中表示水涯的"浦""步"同源，与表示大城市的"埠"也存在着同源关系。

通过对历史文献、现代方言以及当今各地作地名的使用情况的探究分析，笔者认为"浦、步、埠"作为吴楚方言词一直沿用至今，且主要集中在江浙沿海地区。此外，根据三字所释之义，进一步归纳整理出其在壮侗语中的同源词——"be²和*hɯ¹"，体现了壮侗语和古楚方言有发生学的关系。

第十九节 陵

"陵"本义为大土山，其义项随着汉语的发展演变而扩大，后引申为"上升""侵犯""衰微""超越"等义。除以上义项外，"陵"还可作地名，经考证，"陵"表"高地"义作地名为楚地特色。在先秦时期，楚方言中"陵"已与通语合流。本书将从先秦文献、出土楚简、现存地名等角度探寻表古楚国地名的"陵"。

一 先秦文献表楚地名

《尔雅·释地》："邑外谓之郊，郊外谓之牧，牧外谓之野，野外谓之林，林外谓之坰，下湿曰隰，大野曰平，广平曰原，高平曰陆，大陆曰阜，大阜曰陵，大陵曰阿，可食者曰原，陂者曰阪，下者曰隰。"许慎《说文解字》曰："陵，大阜也。从阜夌声。"[1]段玉裁《说文解字注》："《释

---

[1] （汉）许慎：《说文解字》，中华书局 1963 年版，第 304 页。

地》、《毛传》皆曰：大阜曰陵。《释名》曰：陵，隆也，体隆高也。 引申之为乘也，上也，躐也，侵陵也，陵夷也。皆夌字之叚借也。《夂部》曰：陵，越也。一曰：夌，徲也。夌徲，即陵夷也。"[1]"陵"的本义为大土山，即土堆积丰厚而形成的最高的部分，表"高地"之义。

"陵"在先秦典籍中出现频率较高，在先秦时期主要用法有四，一表"高地"义；二表"侵犯"义；三表"衰微"义；四表"凌驾"义。

"陵"最早出现于《尚书》，并出现4次。《尚书·虞书·尧典》："汤汤洪水方割，荡荡怀山襄陵，浩浩滔天。"《尚书·虞书·益稷》："洪水滔天，浩浩怀山襄陵，下民昏垫。""陵"在此取其本义，表"高地"。《尚书·夏书·禹贡》："岷山导江，东别为沱，又东至于沣，过九江，至于东陵，东迆北会于汇，东为中江，入于海。""陵"在此仍取本义。《尚书·周书·毕命》："世禄之家，鲜克由礼，以荡陵德，实悖天道，敝化奢丽，万世同流。""陵"，动词，为"侵犯"义，在此用例中首次出现了"陵"的引申义。综上，"陵"在《尚书》中的用例主要沿用其本义，即高地；其次出现了"东陵"一地名；再者，引申义"侵犯"出现。

"陵"有"高地"义。《周易·同人卦》："九三伏戎于莽，升其高陵，三岁不兴。"《周易·震卦》："六二，震来厉，亿丧贝，跻于九陵。"《周易·渐卦》："九三，鸿渐于陵。"《诗经·小雅·天保》："天保定尔，以莫不兴；如山如阜，如冈如陵，如川之方至，以莫不增。"

"陵"有"侵犯、欺凌"义。《周易·贲卦》："象曰：永贞之吉，终莫之陵也。"《左传·哀公七年》："鲁弱晋而远吴，冯恃其众，而背君之盟，辟君之执事，以陵我小国。"《国语·晋语》："大罪伐之，小罪惮之，袭侵之事，陵也。"

"陵"有"衰微"义。《楚辞·离骚》："其后周室衰微，战国并争，道德陵迟，谲诈萌生。"

"陵"有"超越、凌驾"义。《韩非子·亡徵第十五》："境内之杰不事，而求封外之士，不以功伐课试，而好以名问举错，羁旅起贵以陵故常

---

[1] （汉）许慎著，（清）段玉裁：《说文解字注》，上海古籍出版社1981年版，第731页。

第九章 楚方言词个案研究

者，可亡也。"《礼记·檀弓上》："丧事，欲其纵纵尔；吉事，欲其折折尔。故丧事虽遽，不陵节；吉事虽止，不怠。"

"陵"有"坟墓"义。《国语·齐语》："昔者，圣王之治天下也，参其国而伍其鄙，定民之居，成民之事，陵为之终，而慎用其六柄焉。"后人注："陵为之终"，以为葬地。《孔子家语·楚王将游荆台》："禁后世易耳，大王万岁之后，起山陵于荆台之上，则子孙必不忍游于父祖之墓，以为欢乐也。"

其中值得注意的是，"陵"表"高地"义时常作地名使用，如"东陵""召陵""西陵""鄢陵""郢陵""夷陵"等，且分布在楚地。

"陵"作地名最早出现于《尚书》，颜师古曰："澧水在荆州。'东陵'，地名"。故"东陵"应该在长江流域一带。

《春秋穀梁传·定公四年》："三月，公会刘子，晋侯，宋公，蔡侯，卫侯，陈子，郑伯，许男，曹伯，莒子，邾子，顿子，胡子，滕子，薛伯，杞伯，小邾子。齐国夏于召陵侵楚。"颜师古《汉书志·郊祀志》注："召陵，楚地也，在汝南。召，读曰劭。"召陵在今河南漯河。

《战国策·顷襄王二十年》："顷襄王二十年，秦白起拔楚西陵，或拔鄢、郢、夷陵，烧先王之墓。"《战国策·秦策三·蔡泽见逐于赵》："楚地持戟百万，白起率数万之师，以与楚战，一战举鄢、郢，再战烧夷陵，南并蜀、汉，又越韩、魏攻强赵，北坑马服，诛屠四十余万之众，流血成川，沸声若雷，使秦业帝。"这一段描述了秦国名将白起攻打楚国的场景，从中可知西陵、鄢陵、郢陵、夷陵均为楚国之地。

《春秋公羊传·宣公十一年》："夏，楚子，陈侯，郑伯，盟于辰陵。"唐李吉甫《元和郡县志》载："汉高祖置县时，初名辰陵，后以地当辰水之阳，改名辰阳。"在汉代以前便有"辰陵"一名，汉时因辰陵在辰水的北边，改名为"辰阳"，按照辰水现在的分布，"辰陵"应该位于今湖南怀化一带。

《楚辞·哀郢》："当陵阳之焉至兮，淼南渡之焉如？"

《孙膑兵法·擒庞涓》："孙子弗息而击之桂陵，而擒庞涓。"《古本竹书纪年辑证·魏纪》："王劭按《纪年》云：梁惠王十七年，齐田忌败梁于桂陵。案：《义证》又谓《水经注》所说桂阳即桂陵，非是，以桂阳为桂与阳二地，王劭乃误据《水经注》之说，改桂阳为桂陵。"桂陵即桂阳，其位于湖南省南部。

《吴越春秋·勾践伐吴外传》第十："吴王大惧，夜遁。越王追奔攻吴，兵入于江阳松陵，欲入胥门，来至六七里，望吴南城，见伍子胥头巨若车轮，目若耀电，须发四张，射于十里。"松陵概指今苏州。

《战国策·秦二·齐助楚攻秦》："楚兵大败于杜陵，故楚之土壤士民非削弱，仅以救亡者，计失于陈轸，过听于张仪。"南宋姚宏注："杜陵，楚邑。"

《战国策·齐楚》卷十四："鲍本楚，今之南郡、江夏、零陵、桂阳、武陵、长沙、汉中、汝南，皆其分也。江陵故郢都，西通巫、巴，东有云梦之饶。"《山海经·海内经》："南方苍梧之丘，苍梧之渊，其中有九嶷山，舜之所葬，在长沙零陵界中。"零陵、武陵、江陵均楚国之地。

《战国纵横家书·朱己谓魏王章》："今不存韩，贰二周安陵必贻弛，楚赵大破，燕齐甚卑，天下西舟而驰秦，而入朝为臣不久矣。"按《魏记》注，召陵有安陵，应属楚。

《楚辞·大招》："名声若日，照四海只。德誉配天，万民理只。北至幽陵，南交阯只。西薄羊肠，东穷海只。"东汉王逸注：幽陵，犹幽州也。幽州位于河北省境内。幽州未属楚地，为何屈原将"幽州"称为"幽陵"，此应为楚人命名习惯。屈原以幽陵代指幽州，且王逸为楚地之人，只有楚地之人葆有用"陵"作地名的习惯。

《战国策·中山·昭王既息民缮兵》："王乃使应侯往见武安君，责之曰：'楚，地方五千里，持戟百万。君前率数万之众入楚，拔鄢、郢，焚其庙，东至竟陵，楚人震恐，东徙而不敢西向。'"鲍本后志："竟陵属江夏。起此二十八年取鄢，二十九年取郢。补曰：竟陵在郢州长寿县南，今复州亦其地。焚其庙，即所谓烧夷陵先王之墓也。"

张澍稡集补注本《世本八种》卷五："秦流王迁于房陵，思故乡，作山木之讴，闻者莫不陨涕。"应劭曰："筑水出汉中房陵，东入沔。"颜师古曰:"房陵,汉中县。"汉中在春秋时期属楚地,故房陵也属楚地。

张澍稡集补注本《世本八种》卷一:"澍桉三国志,宋衷,南阳章陵人。"《越绝卷》第八:"浙江南路西城者,范蠡敦兵城也。其陵固可守,故谓之固陵。"方如金、熊锡洪(2001)提到"越楚之间的交通有水陆两种。……水路方面是在越胜吴之后,利用吴国战俘兴建的吴塘(今湖塘),沟通了由山阳小城出水偏门经三山,出湖塘,向西边接固陵的通道,从而到达楚国"。[1]从中可知"固陵"位于越楚交界地带。

以上"东陵、召陵、西陵、鄢陵、郯陵、夷陵、辰陵、陵阳、桂陵、松陵、杜陵、零陵、武陵、江陵、安陵、幽陵、竟陵、房陵、固陵"之"陵"作地名时主要分布在楚地,且作为地名用词,"陵"为楚方言地名。

因此在先秦时期,"陵"在通语中可表"高地""侵犯""衰微""凌驾""坟墓"之义,但其表"高地"义作地名则为楚地特色。

二 楚地出土文献之"陵"

"陵"表"高地"义作楚国地名不仅在传世文献中找到了证据,而且在楚地出土简帛中也得到了印证。本书对《楚地出土战国简册(十四种)》[2]中出现的有关"陵"的地名进行考察,情况如下所示:

《包山2号墓简册·文书》:"子左尹命漾陵宦大夫察邨室人某瘇之典才(在)漾陵之参釸。"漾(羕、鄴)陵在今河南沈丘县。

《包山2号墓简册·文书》:"䓳陵司败墼非受昌(幾)。"

《包山2号墓简册·文书》:"丙晨(辰)之日不察长陵邑之死。"长陵在今河南息县。[3]

《包山2号墓简册·文书》:"上新都人蔡■訟新都南陵大宰彎瘖、右

---

[1] 方如金、熊锡洪:《越楚关系述略》,《广西民族学院学报》(哲学社会科学版)2001年第5期。
[2] 陈伟等:《楚地出土战国简册》(十四种),经济科学出版社2009年版,第52、53、54、55、56、57、58、59、60、61、62页。
[3] 刘信芳:《楚系简帛释例》,北京师范大学出版集团、安徽大学出版社2011年版,第100、62—63、77—78、78、78—79、81、77—78、108—109、109、58—59、56、61—62页。

· 397 ·

司寇正陳得、正史赤。"南陵在今河南南阳。①

《包山2号墓简册·文书》："大司马卲（昭）鄢（陽）敗晉币（師）於襄陵之哉（歲）享月。"襄陵在今河南睢县。②

《包山2号墓简册·文书》："【鄢】莫囂䖒、左司馬殹、安陵莫囂縊獻爲鄢貣（貸）、越異之黃金七益（鎰）以翟（糴）穜（種）。"安陵在今河南偃城县。③

《包山2号墓简册·文书》："郎陵攻尹產、少攻尹惑爲郎陵貣（貸）越異之黃金七益（鎰）以翟（糴）穜（種）。"郎陵在今河南永城县。④

《包山2号墓简册·文书》："易（陽）陵連囂達、大辻尹足爲陵貣（貸）越異之黃金四益（鎰）以翟（糴）穜（種）。"易（陽）陵在今河南许昌西北。⑤

《包山2号墓简册·文书》："大司马卲（昭）鄢（陽）敗晉币（師）於鄭陵之哉（歲）夏柰之月之庚午之日。"鄭陵在今河南睢县。⑥

《包山2号墓简册·文书》："秦陵之戲里人石紳貣徒莔（蘆）之王金不賽。"

《包山2号墓简册·文书》："囗南陵公邸㝵敬陵之行僕皀於鄢。"

《包山2号墓简册·文书》："子陵尹誩（囑）之。"子陵在今湖北荆门。

《包山2号墓简册·文书》："偖陵君之人登（鄧）定。"偖陵在今河南漯河。⑦

---

① 胡九皋等修，刘长谦等纂：《光绪续修江陵县志》，江苏古籍出版社2013年版，第476页。
② 胡九皋等修，刘长谦等纂：《光绪续修江陵县志》，江苏古籍出版社2013年版，第476页。
③ 胡九皋等修，刘长谦等纂：《光绪续修江陵县志》，江苏古籍出版社2013年版，第476页。
④ 胡九皋等修，刘长谦等纂：《光绪续修江陵县志》，江苏古籍出版社2013年版，第476页。
⑤ 胡九皋等修，刘长谦等纂：《光绪续修江陵县志》，江苏古籍出版社2013年版，第476页。
⑥ 胡九皋等修，刘长谦等纂：《光绪续修江陵县志》，江苏古籍出版社2013年版，第476页。
⑦ 胡九皋等修，刘长谦等纂：《光绪续修江陵县志》，江苏古籍出版社2013年版，第476页。

第九章 楚方言词个案研究

《包山 2 号墓简册·文书》："壬申，坪陵令偈。/坪陵君之州加公钜新。"坪陵在今新蔡县。①

《包山 2 号墓简册·文书》："葴陵人邶䵼。"葴陵在今湖北宜城县。②

《包山 2 号墓简册·文书》："武陵戬尹之人翏足。"武陵在今湖北竹溪。

《包山 2 号墓简册·卜筮祷祠记录》："獬禱東陵連囂。"东陵在今湖北、安徽交界处。③

《葛陵 1 号墓简册·卜筮祭祷》："☐月酢（酉）之日西陵执事人台（以）君王☐。"西陵在今湖北红安以南，长江以北，古云梦以东，古东陵以西。④

《葛陵1号墓简册·簿书》："🅇陵陳𧵩之述（遂）䢐旬☐。"

从出土的简帛用例我们可以清楚地看到，楚简中存在一批含有"陵"的地名，如漾陵、长陵、南陵、襄陵、安陵、易陵、敬陵、子陵、倍陵、坪陵、武陵、东陵、西陵等，其中安陵、武陵、东陵、西陵在先秦文献与出土楚简中均为互证。

从以上地名的分布地域来看，楚简里含有"陵"的地名主要分布在今河南、湖北两省，绝大多数都在楚国境内。可见"陵"在楚国常作为地名专用词，究其缘由，大概跟楚人所生活的环境有关。众所周知，楚国疆域主要分布于南方，而南方多丘陵、山地，丘陵、山间的平地宜建造屋场、耕田种植，因此楚人多居住在丘陵、山间的平地，语言的产生与交际受自然环境影响，楚人对其生活的丘陵、山地赋予了抽象的认知符号在"陵"这一地名上，这也是为什么屈原和王逸将"幽州"称为"幽陵"的原因。楚人对"陵"命名的缘由来自其生活的环境，如"夷陵"，以"水至此而夷，

---

① 胡九皋等修，刘长谦等纂：《光绪续修江陵县志》，江苏古籍出版社 2013 年版，第 476 页。
② 胡九皋等修，刘长谦等纂：《光绪续修江陵县志》，江苏古籍出版社 2013 年版，第 476 页。
③ 胡九皋等修，刘长谦等纂：《光绪续修江陵县志》，江苏古籍出版社 2013 年版，第 476 页。
④ 胡九皋等修，刘长谦等纂：《光绪续修江陵县志》，江苏古籍出版社 2013 年版，第 476 页。

山至此而陵"而闻名。

三 现存地名中的"陵"

从上述先秦传世文献与出土简帛可知，"陵"表"高地"义作楚国地名十分常见。我们通过高德地图与百度地图对"陵"进行了检索，结果如下。

湖北72处，实际地名46个：武汉：西陵、黄陵、黄陵桥、黄陵巷；荆州：潺陵、江陵、芦陵、皇陵、周家陵、金陵塔、江陵洲子、江陵洲、高陵、高陵岗、张陵垱、黄陵公、黄陵庙、黄陵山；恩施：信陵、武陵、金陵寨；宜昌：慕陵岗、西陵、夷陵、兰陵溪、关陵庙、西陵峡、万家陵、坝陵桥；天门：竟陵；襄阳：春陵、丁陵沟、春陵；荆门：白陵、子陵、子陵铺、白陵寺、金陵村；黄冈：柳陵、季陵沟、秀才陵、杜家陵、陵园、古坟陵；咸宁：陵家湾；潜江：社陵口。

湖南97处，实际地名73个：长沙：株陵、南唐陵、株陵塘、高陵坪、高陵、朱陵洲、金陵；永州：汉春陵、舜陵、珠陵、金陵；常德：潺陵、阳陵碑、巴陵湾、紫陵、岗陵、武陵湾、武陵渔、黄陵、黄陵桥、官陵湖、武陵、金陵桥；湘西：迁陵；邵阳：醴陵、平陵、铜陵堂、百陵湾、枫木陵；郴州：季陵窝、香陵寺、春陵江、茶陵洲；衡阳：春陵、春陵、林陵、朱陵、茶陵碧、朱陵渡、朱陵冲、春陵水、珠陵塘；株洲：昭陵、醴陵、陵子塘、茶陵、炎陵、鳢陵坡、茶陵坑、沙陵陂、安陵塘；岳阳市：巴陵坳、江陵、延陵、黄陵港、城陵矶、兰陵岭、兰陵、陈家陵、巴陵石；怀化：沅陵、鸿陵；湘潭：茶陵坪、金陵、巴陵屋场、东陵、武陵；娄底：延陵坳；张家界：沅陵峪、武陵源、金陵；益阳：安陵坪、双陵坪。

河南120处，实际地名95个：郑州：陵后、陵上、陵岗、鄢陵府、董陵、陵凹、八陵、宁陵；开封：鄢陵府、子陵岗、宁陵屯、西韩陵、韩陵、老韩陵、韩陵寨、西陶陵岗、陶陵岗、雅陵岗、翟陵岗、翟陵、东石陵岗、石陵岗、西石陵岗、夏陵、江陵岗、后巴陵岗、前巴陵岗；洛阳：陵洼、石陵村；平顶山：陵头；安阳：韩陵、北五陵后街、北陵阳、陵阳、南陵阳；新乡：平陵、黄陵；焦作：东延陵、张延陵、邵延陵、贾延陵、薛延陵、韩平陵、抄平陵、周平陵、史平陵、钦平陵、宋陵、方陵、方陵堤上、江陵堡、大金陵、小金陵、紫陵、西紫陵、三陵；濮阳：翟忠陵、翟中陵、程中陵、程忠陵、李中陵、武忠陵、李忠陵、武中陵、后武陵、中武陵、前武陵；许昌：鄢陵、安陵；漯河：召陵、巨陵、巨陵后；三门峡：陵上；南阳：严陵、陵园；商丘：西陵、金陵寨、宁陵；信阳：长陵；周口：陵前、陵西、南陵、道陵岗、王陵、秣陵、陵头岗、庙陵岗、强陵岗、东阜陵、西陵阜、高陵、刁陵、双陵寺、南冯陵；驻马店：葛陵。

安徽 58 处，实际地名 25 个：合肥：铜陵坝、李陵；芜湖：姚陵碑、南陵；蚌埠：陵楼；铜陵：穆陵、东陵；安庆：罗家陵；黄山：陵光头、陵家、方家陵、武陵；滁州：武陵、皇陵、皇陵队；六安：陵波；亳州：谯陵；池州：陵阳、陵家冲、南陵山；宣城：东陵塘、永陵、宛陵口、陵峰、南陵坑。

浙江 62 处，实际地名 32 个：杭州：严陵、严陵坞、陵上、小陵、大陵、金陵、黄金陵、前陵；宁波：武陵、武陵桥、子陵；嘉兴：平陵庙；湖州：广陵桥、乌陵山；绍兴：西陵、牛陵、广陵、江口陵、松陵、禹陵、富陵、朱陵、前盛陵、中盛陵、盛陵；金华：仙陵、仙芝陵；衢州：棠陵邵、陵塘、金陵头、黄陵；丽水：武陵。

江西 32 处，实际地名 25 个：南昌：荆陵、梁陵、钟陵；九江：八角陵、岚陵张家、岚陵、武陵山、陵头、火烧陵、马场陵、兰家陵；鹰潭：武陵邱家、陵家；赣州：武陵山、武陵、长陵；吉安：朱陵、铜陵、陵头、南陵仙；宜春：中陵、朱陵、南陵、陵和；抚州：大陵。

广西 47 处，实际地名 33 个：南宁：武陵、亚陵、金陵、大陵、陵桂、丹陵外、丹陵内；柳州：金陵、流陵、流陵洞、黄陵；桂林：陵陂；梧州：思陵、黄陵、孟陵；钦州：西陵、那陵、屯陵、奇陵；贵港：绥陵、鱼陵塘；玉林：陵宁、陵城、下陈陵、陈陵、上陈陵、大陵；百色：陵岭；来宾：石陵；崇左：大陵、思陵、驮陵、陇陵。

福建 28 处，实际地名 15 个：福州：紫陵山、东陵底；厦门：上陵；

莆田：武陵；三明：武陵；泉州：延陵、陵兰、湖陵；漳州：铜陵、云陵、龙陵；南平：金陵；龙岩：武陵坑；宁德：陵板、赤陵洋。

上海 12 处，实际地名 2 个：金陵、陵塘海。

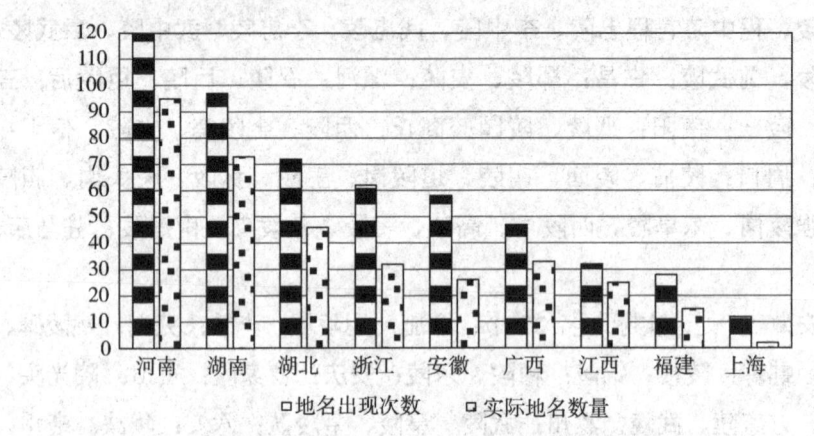

图 9-6 "陵"表"高地"义作地名的省份分布

从分布来看，"陵"表"高地"义作地名时主要分布在长江中下游地区，与古楚地疆域基本一致。其中，河南、湖南、湖北、浙江、安徽使用较为频繁。

据清《光绪续修江陵县志》记载："吾邑古为郢，秦分南郡郢县，地置江阳县，西汉改名为江陵，为南郡首治，江陵得名由此始。自晋以后莫之或易，山有东西龙马之峥嵘，水有三湖三海之壮阔，地有息壤地肺海眼之瑰异。"[1]清朝官修县志记载"江陵"作地名最早出现在西汉，其境内山多水富，是最古老的楚国地名之一。又据 1990 年出版的《江陵县志》描述："江陵，因'以地临江'，'近州无高山，所有皆陵阜'而得名。"[2]

同治九年《醴陵县志》："醴陵本禹贡荆州之域，周成王封鬻熊四世孙熊绎于楚居丹阳，其后兼并长沙等处，属南境，春秋战国皆楚地。"[3]《后

---

[1] 胡九皋等修，刘长谦等纂：《光绪续修江陵县志》，江苏古籍出版社 2013 年版，第 476 页。
[2] 湖北省江陵县县志编纂委员会：《江陵县志》，湖北人民出版社 1990 年版，第 1 页。
[3] 徐淦修，江普光纂：清同治九年《醴陵县志》，《中国方志丛书》，成文出版社 1975 年版，第 47 页。

第九章　楚方言词个案研究　◆◇◆

汉书郡·国志》:"秦置十三城,临湘、攸、茶陵、安成、酃、湘南、衡山、连道、益阳、昭陵、下隽、罗、醴陵。""醴陵"自秦产生,先秦时期归属长沙管辖,为古老的楚地之名。

其中值得注意的是许多古老的地名已经被替代,如房县,其原本称"房陵",清同治年间《房县志》:"境内有房山,石室如房,县以名焉。秦置房陵县,属汉中郡。明洪武十年,降州为县,始称房县,属襄阳府。"[①]房陵取名源于"高地"义,且最早于明朝易名为"房县"。

岳阳,古称"巴陵"。光绪《巴陵县志》:"岳州府,禹贡荆州之域为三苗国地。春秋时属楚,亦为糜罗二国地。战国属楚。秦为长沙郡地。汉属长沙国。后汉因之。三国属吴。晋始置巴陵县,属长沙郡。梁兼置巴州,隋平陈郡废改巴州曰岳州大业初,又改罗州寻,曰巴陵郡。"[②]岳阳之"巴陵"一名由晋代开始产生。清朝官修地理总志《嘉庆重修一统志》第二十二册有关巴陵县的记载:"岳州府,古迹巴邱故城,即今府治,本名巴邱。"[③]《三国志·吴·孙权传》:"建安十九年,使鲁肃以万人屯巴邱,注,巴邱,今曰巴陵。"《水经注》:"巴邱山有巴陵故城,本吴之巴邱邸阁城也,城跨岗岭,滨阻三江。"巴陵为岳州府最古之称,巴陵城内有巴邱山,且跨岗岭、阻三江,巴陵同江陵一样,因其地山高险要、江河丰富而命名,二者均是水陆要害之地,也必然为操兵之地。"巴陵"曾易名为"巴邱"大概是因为"邱"与"陵"常作地名,且楚地多丘陵、山地,互相替换通名不足为奇。直到民国二年,"巴陵"才改名为"岳阳"。[④]

今天的湖北天门古称"竟陵",因"山陵至此终止"得名。"竟陵"最早可以追溯到夏商,战国时为楚国东方之城,五代时为避皇帝名讳"竟

[①] 杨廷烈纂修:清同治四年《房县志》,《中国方志丛书》,成文出版社1880年版,第95—97页。

[②] 杜贵墀、郑桂星:清光绪十七年《巴陵县志》,《中国地方志集成》,江苏古籍出版社2002年版,第458—459页。

[③] 穆彰阿等撰:《嘉庆重修一统志》四部丛刊续编本第二十二册卷三百六十,上海古籍出版社2008年版。

[④] http://www.yueyang.gov.cn/yyly/6976/6981/content_353031.html.

陵"为"景陵",雍正四年因避康熙皇帝陵寝名之讳,于是将"景陵"改为"天门"(因县城西北处有天门山而得名)。①"竟陵"命名缘由亦源于"高地"义,后又因避皇帝名讳改为今日的"天门"。

四 民族语言中的"陵"

藏缅语族、苗瑶语族、壮侗语族主要分布在我国的南部,其语言与楚方言或多或少会有一些接触。黄树先先生(1989)认为"从亲属关系来看,古楚语和藏缅语、苗瑶语、台语都有关系,可以看出古楚语在不同层次上的发展轨迹"。②

为了进一步确定"陵"表"高地"义时为楚方言地名,我们查阅了藏缅语族、苗瑶语族中有关"陵"表"高地"这种义项的词语。

《藏缅语语音和词汇》(黄布凡,1991:400):"坡"。

表9–8

藏文	西夏文	藏语夏河话	藏语泽库话	阿昌语	独龙语	格曼僜语	达让僜语	珞巴语
gjen	浪	la	ken	$pum^{55}zəŋ^{31}$	$goŋ^{55}$	$toŋ^{35}$	$xɑ^{31}gɯm^{55}$	tu gɯŋ

《汉藏语同源研究》(吴安其,2002:93—94)结合亲属语言来考察上古汉语的来母字,其认为"来"上古早期方言中当有读作 *m-rəg,藏缅语"来" *k-lok, *mroŋ,来自原始汉藏语的不同方言。"来"上古汉语早期的读法可能是 *g-ləg 或 *m-ləg。而来母字来自上古早期有成音节前缀的 *C-l- 或 *C-d-,中期变作 *Cr-,上古中期以后来母字读作 *C-r-,上古末期成为 *l-。通过对表 9-8 观察,我们发现藏缅语中的"坡"对应于楚语中"陵",二者在语义上有关联且发音部位也相似。

苗瑶语族中的"田"跟楚方言中的"陵"有音义对应关系。《苗瑶语古音构拟》(王辅世,毛宗武,1995:228):"田"。

养蒿　石门　青岩　宗地　文界　多祝　江底　湘江　槾子　三江

---

① 天门县地名领导小组办公室编:《湖北省天门县地名志》,湖北省天门县地名志编纂委员会1982年版,第2—3页。
② 黄树先:《古楚语释词》,《语言研究》1989年第2期。

第九章 楚方言词个案研究 ◆◇◆

li² lɦie² len² læin² lɦiẽ² nin² liːŋ² liŋ² giŋ² liaŋ²
苗瑶语"田"的拟音为*ljiːŋ。①《苗瑶语古音构拟》(王辅世，1994：76)对"田"的苗语拟音为*linᴬ。

"陵"，来蒸切，在上古为平声三等字，"陵"的上古拟音如下：

高本汉　　王力　　李方桂　　董同龢　　郑张尚芳
*li̯əŋ　　*liəŋ　　*ljəŋ　　*ljəŋ　　*ruɯŋ

水田和旱田一般位于山间平地或高地中，苗瑶语族所生活的地带多高山、丘陵，而该语族同南方其他内陆民族一样，均以种植稻谷为生，因此苗瑶语族中的"田"与楚方言中的"陵"有语义上的对应关系。在语音形式上，汉语中的"陵"与苗瑶语"田"的声母均来自同一发音部位，与苗瑶语"田"的韵类（有介音）有吻合之处，且与苗瑶语"田"的调类（阳平调）有直接对应关系。

除此之外，我们还观察到在壮侗语族所居住的地方，有关"陵"义的地名依然存在。

西双版纳存在大量的傣语地名，其中以"山"义构名的较多，如傣语地名"广帕浪"kɔŋ²phaa¹laŋ⁵，其含义为陡峭的岩石山；"广回南龙"kɔŋ²hoi³nam⁴loŋ¹，其含义为大河箐山。②

"逐渌（Coeglueg）"，"逐"是壮语"coeg"的谐音，指低洼地，"渌"是壮语"lueg"的谐音，指山麓，它们之间是意义相对的联合。③

靖西壮语中的地名"陇猛"，"陇"指山间平地；"猛"是壮语mbaengj的近音，指装粥用的竹筒。因村处一形似竹筒的山弄，故名。④又有"陇灵"，"陇"指山间平地，"灵"指岩溶洞、深水潭，因屯处山弄，山弄里有一岩溶洞而得名。

从上述壮侗语族地名来看，有许多表"山"义与"陵"语音形式相近

---

① 王辅世、毛宗武：《苗瑶语古音构拟》，中国社会科学出版社1995年版，第705页。
② 戴红亮：《西双版纳傣语地名研究》，博士学位论文，中央民族大学，2004年。
③ 高鲜菊：《现代壮语地名构词法分析》，《广西民族大学学报》（哲学社会科学版）2008年第12期。
④ 韦良元：《广西靖西县壮语地名初探》，硕士学位论文，东北师范大学，2014年。

的地名存在于壮侗语族生活的区域，其来源多与壮侗语族生活在山地有关。

综上，藏缅语族中的"山坡"、苗瑶语族中的"田"以及壮侗语族中的"山"的音义与古楚国地名"陵"的音义相同或相近，我们认为"陵"表"高地"义与苗瑶语、壮侗语有关联。

本书通过对先秦文献的考察，厘清了楚语"陵"表"高地"义作地名，并通过楚地出土简帛、现存地名以及民族语言多角度佐证"陵"表"高地"义为楚国地名专用词，现在许多南方地名仍在沿用。

第二十节 坂

长坂坡位于湖北省宜昌市当阳，因明代《三国演义》中广为传颂的"长坂坡之战"而为后世熟知。据《当阳县志》记载："长坂坡历代为兵家必争之地，明万历年间经史学家考证鉴定，确立为古战场遗址。"[①]长坂坡现为湖北省著名历史文化景观之一。

《三国演义》以西晋史实著作《三国志》为创作基础，但《三国志》中这一地域的指称皆为"长坂"，未见地名"长坂坡"。因此"长坂坡"应为后起之名。本书从这一地名演变入手，对坡义地名词"坂"作多语言角度的探讨。

一 "坂"与"阪"

《广韵》曰："坂，同阪。大陂不平。"东汉许慎《说文解字》中未收录"坂"，但有："阪，坡者曰阪，一曰泽障，一曰山胁也。"清朱骏声《说文通训定声》曰："坡者曰阪，从阜反声，字亦作坂。"王力《同源字典》指出"阪""坂"同源。由上可见："坂""阪"皆有坡义。下面将对"坂""阪"作语义考察。本书使用的语料库为陕西师范大学历史

---

① 湖北省当阳市地方志编纂委员会编：《当阳县志》，中国城市出版社1992年版，第716页。

文化学院开发的《汉籍全文检索系统》①。

"坂"在先秦时期的文献资料中,仅见两例,分别为《竹书纪年辑证》、《国语》中的地名词"蒲坂关""蒲坂",二者皆指虞舜都城所在之地。《竹书纪年辑证》中同样有"蒲阪""蒲阪关"的记载,在这一时期,"坂""阪"已可混用而无语义差别。在汉语中,"坂"从先秦开始使用至今,仅表坡义,语义稳定而无变化。

与"坂"仅见两例不同的是,"阪"在先秦时期已广泛运用于各类典籍之中,其使用情况大致有两种:一是依赖上下文语境,以坡义入词句,如"立于阪上""犹渊之与阪"等。一是作为通名构成地名词语,如:垆阪、湛阪、阴阪等。以后者更为常见。下面将对"阪"作语义探讨。

"阪"最早出现在《诗经》之中,共计 5 处,如《诗经·郑风·东门之墠》:"东门之墠,茹藘在阪。"《诗经·秦风·车邻》:"阪有漆,隰有栗。既见君子,并坐鼓瑟。阪有桑,隰有杨。既见君子,并坐鼓簧。"《诗经·小雅·伐木》:"伐木于阪,酾酒有衍。"《诗经·小雅·正月》:"瞻彼阪田,有菀其特。"根据向熹的《诗经词典》,"阪"在《诗经》中的用例皆使用本义山坡、斜坡。但"瞻彼阪田"之"阪"其词义有不同见解。

东汉许慎曰:"坡者曰阪,一曰泽障也,一曰山胁也。""阪"的词义除了本义表坡,也具有水域义及山中峡谷之义。东汉郑玄注曰:"阪田,崎岖墝埆之处也。"按照东汉王充《论衡·率性》:"夫肥沃墝埆,土地之本性也。""墝埆"取土地贫瘠之义,结合"有菀其特"指草木长势茂盛的语境,此处作贫瘠之义理解不妥。唐李贤《后汉书》注云:"墝埆谓险要之地。"根据这一注释,"阪,崎岖墝埆之处也","阪"即指崎岖险要之处。另《尚书·周书·立政》:"夷、微、卢烝;三亳阪尹。""夷、微、卢烝"指在夷、微、卢三地分别设立君主。"三亳"在我国历史上指成皋、轩辕、降谷三地。从句式结构上看,"夷、微、卢"与"三亳"为地名对应,而"阪尹"应与"烝"同为官职名称,皆为名词活用为动词。郑玄注曰:"三亳者,汤旧都之民服文王者,分为三邑,其长居险,故言

---

① 陕西师范大学历史文化学院:《汉籍全文检索系统》,2003 年第 3 版。

阪尹。""阪"取险峻、险要之意。明清王夫之《尚书稗疏·卷四下》中认为"阪尹"为夏故都的官名[1]。清孙星衍综合二者的观点，在《尚书今古文注疏》中指出"阪尹"已由表示身居险要之处的官员固化引申为官职名称[2]。笔者较为赞同孙星衍的看法，此处的"阪"应为"险峻、险要之地"。

《春秋左传·哀公十六年》中有这样的记载："麋人率百濮聚于选，将伐楚。于是申息之北门不启。楚人谋徙于阪高。"清洪亮吉在《春秋左传诂》中说道："按蜀志张飞传：'曹公追先主一日一夜，乃于当阳之长坂。'今长坂在当阳南，北去江陵城百五十里，地形高险，或即楚人所欲迁也。"[3]他认为"阪高"可能就是当阳长坂，因其地形高险而被称为"阪高"，"阪"指险要之地的释义与"三阪尹"之"阪"一致。据此，"坂（阪）"可以厘定为楚方言地名词。

汉末药学著作《名医别录》可见四处"阪"的用例，皆出自《名医别录·上品》卷第一，如：

（1）麦门冬，味甘，平。久服，轻身不老不饥。生川谷及堤阪。

（2）枸杞，根大寒，子微寒，无毒。生常山及诸丘陵阪岸上。

（3）车前子，味咸，无毒。生真定丘陵阪道中。

（4）茵陈，味苦，平。生丘陵阪岸上。

枸杞、车前子皆生于丘陵阪岸，"岸"在许慎《说文解字》中的释义为："岸，水厓而高者"，即水边高起之地、水边的陆地。且枸杞、车前子喜温暖湿润气候，对水分需求较多。另外，茵陈主要分布在我国低海拔的河岸地区。因此"丘陵阪岸""丘陵阪道"皆应靠近水边。另外，麦门冬为沿阶草属多年生常绿草本植物，喜温和湿润的气候，适宜湿润的土壤环境，需水分较多。引文中麦门冬生"川谷堤阪"，"川"像流水之形，许慎《说文解字》曰："泉出通川为谷。从水半见，出于口"，又曰："堤，滞也。""堤"的含义后由"水停滞、淤积的地方"引申为在江河湖海边

---

[1] 王夫之：《尚书稗疏》卷四下，《影印文渊阁四库全书》本，台湾商务印书馆1983年版，第57页。
[2] 孙星衍：《尚书今古文注疏》，中华书局1986年版，第474页。
[3] 洪亮吉：《春秋左传诂》，中华书局1987年版，第383页。

修筑的用以挡水的建筑物。由"川""谷""堤"的词义可见,麦门冬的生长环境也应靠近水边。

综合"阪岸""川谷""堤阪"的释义以及枸杞、茵陈、车前子、麦门冬的习性,可得知其生长环境皆靠近水边,因此这里的"阪"应为近水的"河岸、堤岸"。笔者认为"阪"表"河岸、堤岸"的这一义项是受其另一同源字"陂"的影响。《说文解字》曰:"陂,阪也。一曰沱也。"邵则遂、王薇认为:"陂由山坡、斜坡引申出倾斜、山崖、堤岸等义项。"[1]在历代文献中同时可见"阪岸""陂岸"的说法,但以"陂岸"所见较多。

综上所述,"坂""阪"皆有坡义,但"坂"具有表坡的独一性,"阪"的表义范围广,除了坡义,兼具险要之地、山中峡谷、河堤诸义。根据检索数据,可归纳出以下几点:第一,在先秦两汉时期,"阪"的使用频率要远远高于"坂",在这一时期"阪"的词义已发展得较为丰富全面,但"坂"才开始使用,并且仅表山坡、斜坡。仅在表示山坡、斜坡这一义项时"坂""阪"可互换使用且不影响文意。"阪""坂"二字为同源字,"阪"为本字,而"坂"为后起字,笔者认为这也正是先秦时期"阪"较"坂"常见的原因所在。第二,从魏晋时期开始至明清时期,"坂"得到了迅速的发展,具有较强的生命力,它在各类文献中开始大量出现,甚至取代之前被记载为"阪"的各类词语。笔者认为"坂"较"阪"而言,语义单一,无须根据语境作词义判断。出于语言的经济性原则,"坂"的使用频率逐渐提高,渐渐取代"阪"。第三,在现代汉语中,皆直接以"坡"表示山坡、斜坡之义,后起地名也皆以"坡"字入地名,"坂""阪"除在方言中使用外,其坡义特征仅以地名词的形式得以保存。

二 "坂"与"长坂坡"

"坂"指山坡、斜坡,那么指称"当阳之长坂"的"长坂坡"在语义组合上即为"长坡坡",未免显得累赘重复。下面将从历时角度对"长坂"演变为"长坂坡"的缘由进行探究。

---

[1] 邵则遂、王薇:《论表"水域"义的古楚地名"陂"》,《长江学术》2012年第2期。

"长坂"一词最早出现在秦汉时期，可见两处记载。班固《汉书》第二十八卷："故曰蒲，秦更名。莽曰蒲城。"应劭曰："秦始皇东巡见长坂，故加反云。"这里的"长坂"指蒲坂，位于今山西省永济市境内。《全后汉文》卷六十九："登长坂以凌高兮，陟葱山之崚嶒。"此句出自东汉文学家蔡邕的《述行赋》，是蔡邕行至洛阳市偃师县时根据眼前之景所作。

魏晋时期，陈寿的史实性著作《三国志》以"长坂"指称今当阳长坂坡，使得在此时期之前用以指称任一具有长坡地形特征的"长坂"呈现出语义分化，即也可用于专指"当阳长坂"这一特定地域。南北朝时期"长坂"的使用频率有所增加，其中以指称今长坂坡的"长坂"共计14例。而以"长坂"指称普通地名的共计16例，且其中大部分出自郦道元的《水经注》。如《水经注》卷二十六："故言朱虚城西有长坂远峻，名为破车岘。"再如《水经注》卷六："侯甲水注之，水发源祁县胡甲山，有长坂，谓之胡甲岭。"

"长坂"的两种语义指向，自魏晋南北朝至宋辽金时期的文献资料中皆有分布。需要指出的是唐朝是诗歌发展的鼎盛时期，这一时期"长坂"主要被运用于诗歌作品之中，不指向具体处所，大都为泛指，尤其以"秋兰被长坂""骏马驰长坂"此二意境来寄寓诗人品行高洁、志向高远的较多，如《全唐诗》卷三〇杜淹《寄赠齐公》："冠盖游梁日，诗书问志年。佩兰长坂上，攀桂小山前。"又如《全唐诗》卷六七一唐彦谦《留别四首》："盐车淹素志，长坂入青云。老骥春风里，奔腾独异群。"

元朝时期，出现了"长坂坡"的首次使用，如《元刊全相平话五种·三国志平话卷下》："张飞言曰：'你不闻吾到当阳长坂坡，观曹操百万之军，吾叫一声，如同小卒。'"它通过附加通名"坡"的方式与只能借助语境才能得以区分不同语义指向的"长坂"区别开来，使指称明确。自这一时期开始至明清时期，"长坂坡"的使用频率逐渐增加，而"长坂"依旧保持两种语义指向，但多为指具有长坡特征的地域处所。

总之，在《三国志》出现之前，"当阳长坂"并不具有知名度，"长坂"可以用来指称任一长坡地形。但在《三国志》中对"当阳长坂"的相关记载，使得"长坂"肩负了双重的指向功能，即当阳之长坂、长坡地形。

第九章　楚方言词个案研究　◆◇◆

笔者认为，"长坂"指长坡占优势的原因是：从先秦至宋辽金时期，"当阳之长坂"仅表示长坂坡这一单一的处所，而表长坡的"长坂"，它的语义指向却是广泛的，因此，在长坂坡或长坡的两种语义较量中，表长坡的使用频率始终是在数量上占优势的。元朝时期"长坂坡"的使用首次出现，使得"长坂"的两种语义指向之一的"当阳长坂"逐渐由"长坂坡"替代，进而使得"长坂"表长坡的语义指向也更为常见。

"长坂坡"由于《三国志》而为后世广为知晓，它更多地被贴上了历史地名的标签，具有指代的典型性、单一性，因此后世几乎没有再使用它对其他处所进行指称。以"长坂"命名的地名几乎所剩无几，其原因应为：由于口语的推广以及"坡"在口语中的广泛运用，"坂"的使用频率逐渐降低，致使其表坡的语义特征逐渐隐晦、不明显，"长坂"较多的是作为地名沉淀于我国的历史文献之中。因此在选择"长坂"还是"长坡"对某一坡形地点进行命名时，大众会更容易选择通俗易懂的"长坡"，而不是"长坂"。为了验证这一看法，通过百度地图对"长坡"进行检索，发现全国目前正在使用的有"长坡"字样的地名共计 336 处，而以"长坂"命名的地名仅有 10 处，前者远远超过"长坂"类地名的使用数量，这也证明了在现代汉语中"长坡"比"长坂"具有更高的使用频率这一事实。

长坂坡较长坂而言，尽管其内部组合呈现出表"坡"的语义羡余，但由于汉语口语的广泛使用，长坂坡中的"坂"的坡义逐渐弱化而变得不明显，因此在地名约定俗成的过程中逐渐形成了加"坡"这一形式，使之表坡特征在字面上可视可察。总之，从"长坂"到"长坂坡"体现了汉语语言内部的平衡性与补偿性。

三　"坂"与汉语方言

"坂"自先秦使用至今，其义项在汉语共同语中皆为表坡。但在现代汉语方言中，"坂"出现了新的用法。

首先，利用百度地图进行检索，在我国地名分布中，带"坂"的地名共计 987 处。从行政区域的分布特点上看，以福建省居多，约占总数的 48%。其次，李如龙先生曾在《从汉语地名用字的分布看福建方言分区》一文中，共收集了以"坂"为通名的 165 个福建地名，其中闽南地区分布最为广泛，约占 60%[①]。又许宝华、宫田一郎《汉语方言大词典》："坂 ban214〈名〉山坳；坡上或坡下的平地。闽语。福建厦门[53]、大田前路[pu33]。"[②]李荣《现代汉语方言大词典》："【坂】厦门 puã 原指坡上或坡下的平地。厦门话多用做地名。"[③]根据以上两本汉语方言词典，"坂"在厦门话中具有山坳、坡上或坡下的平地两个义项。厦门处于闽南方言区内。结合以上可知，"坂"作为地名词语多集中于我国福建省的闽南地区。

以崔乃夫主编的《中华人民共和国地名大词典》为基础对我国闽南方言区内的"坂"字乡镇及其以上行政地名进行了统计，共得地名 30 余处。如李如龙先生指出的"闽南方言称坡地为坂"，这类"坂"表坡义的地名有：漳州市长泰县的溪坂、坂尾，华安县的黄枣坂；泉州市永春县的中坂、坂中，德化县的坂里等。

另外，在闽南方言中，"坂"也可表示地势平坦的地方，且多指溪边地势平坦处。这类的坂字地名有：溪坂洋，泉州市地名，因处九溪河谷、地势平坦，故名；大溪坂，泉州市地名，处溪畔较大平坦地，故名；草坂，漳州市地名，明建村于草木丛生、地势平坦处，故名；陈坂，漳州市地名，陈姓开基，处溪南平坦地，故名；过坂，厦门市地名，郭姓始居，地势平坦，名郭坂，今谐音为今名。

再者，在闽南地区的地名中，还存在一类"坂"字地名，其通名因谐音而被记作"坂"，这些地名皆不具备山坡及地势平坦处等得名理据，"坂"已虚化为村落通名，其义类似村、寨，如：漳州市华安县地名下坂，原名霞苑，方音中"苑"与"坂"谐音，而改为今名。这类的地名还有蔡坂、芹坂、泰坂等。

综合以上"坂"在闽南方言中的义项如下：（1）山坡；（2）地势平坦的地方；（3）村落通名；（4）山坳。

---

① 李如龙：《汉语方言研究文集》，商务印书馆 2009 年版，第 467 页。
② 许宝华、[日]宫田一郎主编：《汉语方言大词典》，中华书局 1999 年版，第 2294 页。
③ 李荣主编：《现代汉语方言大词典》综合本，江苏教育出版社 2002 年版，第 1655 页。

第九章　楚方言词个案研究

福建省境内多山峰峻岭，其地理特征素来被描述为"依山傍海""八山一水一分田"，"坂"类地名的广泛分布正是福建省多山多坡的反映。"坂"作为地名通名常见于闽南方言中，笔者认为形成这一分布特征的原因主要有两个方面：一是受方言的影响，在闽南方言中"坂"表示坡度不大而范围较大的坡地，其蕴含的山坡义与普通话保持一致；二是这也与闽南方言所处区域的地理特征相关，闽南方言区主要分布在福建省南部，在地域上包括厦门市、泉州市、漳州市及龙岩市的部分地区。根据洪长福等著的《闽南山地林火扑救技术研究》介绍：闽南地区山地较多，境内高丘海拔在250—500米之间、山地高度均在500米以上，具有明显的山脊、山沟和峰峦，起伏变化大，坡度多为≥25°的陡坡、急坡、险坡[1]，因此地形特征也是闽南方言较多以坡义"坂"作为地名通名的原因之一。

"坂"在闽南地名中的分布，既保存了其坡义特征，同时也使得"坂"的词义在方言范围内有所扩充和发展。

四　"坂"与少数民族语言

壮侗语族属于汉藏语系的范畴，壮侗语族壮傣语支中的诸语言被称为台语。李如龙先生在《闽南方言和台语的关系词初探》中，以泉州话作为闽南语的代表点，以傣语、壮语、布依语三种语言作为台语的代表点，他发现闽南语中的"坂[puã3]"与台语的以上三个代表点中表示村义的通名存在语音上的对应关系，认为其互为关系词[2]。按照李如龙先生的观点，下面将对闽南语及台语中的关系词"坂"进行语义考察。

傣族是我国少数民族之一，主要分布在云南省境内，云南可见大量傣语地名，在傣语中"村、村寨"义通名的语音形式为[ma:n3]，在字面上被记录为"芒""曼"。如：德宏州盈江县地名芒章，"章"傣语意为大象，"芒章"即有大象的地方。德芒市地名芒杏，"杏"傣语意为石头，"芒杏"即有石头的地方。临沧市耿马县地名曼湾，"湾"为傣语"碗"的谐音，即碗村；曼迈，"迈"在傣语中意为线，即线村。汉语标准地名形式

---

[1] 洪长福：《闽南山地林火扑救技术研究》，《森林防火》2011年第3期。
[2] 李如龙：《汉语方言研究文集》，商务印书馆2009年版，第338—339页。

为"专名+通名",傣语地名较汉语地名内部结构而言,呈倒装状态,即"通名+专名"。

西双版纳是我国著名的旅游胜地,也是最为人所知的傣语地名。根据李如龙先生:"闽南方言称坡地为坂;台语的'坂'指村子,也用来作村落的通名,西双版纳的'版'就是一例。"①"西双""版纳"在傣语中的意思分别是十二、千田,"纳"表示田,直译为"十二千田",但其在傣语中的原义却并不是各个读音语义的简单相加,而是理解为十二个田赋单位,也含有十二个行政区划的意思。笔者对于李如龙先生的西双版纳中的"版"为村落通名这一观点不太认同,认为应将"版纳"视为整体,它是由田赋单位逐渐过渡为表示行政区域"村、村寨"的通名。吴泽在其《来自神话传说的傣族地名》中也认为:芒与版纳译为"曼"同义,即寨子之义②。

壮族是我国人口最多的少数民族。壮语地名的内部结构与傣语保持一致,即通名在前、专名在后,但其表示村义的通名[ba:n3],因记音汉字的不同而不相一致,共有板、晚、慢、班四种形式。其中以"板"最为常见。张声震的《广西壮语地名选集》中共收集了以"板"为前置通名的地名403条③,如:都安县地名板东,"东"壮语意为森林,板东即林边村。板江,"江"为壮语鼓的谐音,因村形似鼓,故名。板韦,"韦"指姓氏,即韦村。板岜,在壮语中"岜"指石山,即石山边的村庄。以"晚、慢、班"为前置通名的地名如:武鸣县地名晚方、巴马县地名晚内、靖西县地名晚江;大新县地名慢先、慢那、慢小;巴马县地名班交、班血等。但是通过考察发现,"班"除了可以表示村落通名外,在壮语地名中它也具有山坡义,如:田林县地名班马,"班"是壮语斜坡banz的近音,"马"在壮语中指田,因村处斜坡上,故名;田东县地名班龙,"班"指斜坡,龙同汉义。

综合以上,壮语、傣语皆以"通名+专名"为地名的结构形式,这与汉语地名不尽相同。再从"坂"类地名在全国的分布情况来看,以"专名+通名(坂)"的标准形式最为常见,但其中也有少数偏离此标准的地名形式,

---

① 李如龙:《汉语方言研究文集》,商务印书馆2009年版,第338页。
② 吴泽:《来自神话传说的傣族地名》,《云南档案》2010年第12期。
③ 张声震:《广西壮语地名选集》,广西民族出版社1988年版。

第九章 楚方言词个案研究

这些地名的内部结构为标准形式的倒装,如坂美、坂斗、坂曹、坂陈、坂南掌、坂月、坂茂等。笔者认为这些与汉语不相一致的地名形式,应是受到壮语、傣语等台语的影响而产生的,是台语地名的作用力在我国整个地名系统中的扩张与渗透。

另外,壮语中表示村义的通名"板、班、晚、慢"是对壮语语音[ba:n3]的汉字记音,但其中较为特殊的是"班",它除了具有表示村落通名的功能外,还有山坡义。[ba:n3]与汉语地名中的坡义通名"坂"语音相近且词义一致,二字应是分布在不同区域的同源字。闽南语中的"坂"既保存了表坡本义,也指地势平坦之处,或虚化为村落通名,这与台语地名中的"版纳""班"的词义演化具有相通性。

汉语共同语地名中的"坂"与闽南语地名中"坂"就坡义特征而言,具有一致性。但闽南语中"坂"却在汉语共同语语义的基础上有所扩大和发展。虽然台语中并未直接以"坂"表示山坡,但是闽南语中的"坂"与台语中的"板""晚""班""慢""芒""曼"皆为重唇音声母,它们不仅在语音上具有对应关系,而且语义相同或相关,这是很值得注意的。

苗族为我国少数民族之一,主要分布在贵州、湖南、云南等省。其使用的语言为苗语,属于苗瑶语族中的苗语支。在黔东苗语和湘西苗语中均可见与"坂"互为对应联系的地名词语。

"苗族多居住在边远高寒的贫困山区,这一点在苗语地名上反应十分明显。山坡,苗语说 bil,常用'排'等字译写。"[1]"排"在苗语中的实际读音为[ba][2]。这类地名在《黔东南苗族侗族自治州地名志》中收录较多,举例如下:

排调镇：Bil Die（l 为地名的苗文记录,后同）,Diel 指汉族（后苗文意均来自《苗汉词典》[3]）,意为汉人坡。

排路乡：Bil hlet, helt 指铁,意为铁坡。

排告乡：Bil ghot, ghot 指旧（与"新"相对）,意为古老的山坡。

---

[1] 李锦平：《苗族语言与文化》,贵州民族出版社 2002 年版,第 224 页。
[2] 龙文全：《苗汉语关系词研究》,硕士学位论文,广西民族大学,2008 年。
[3] 张永祥主编：《苗汉词典》,贵州民族出版社 1990 年版,第 76 页。

由于苗族没有本民族自发创制的文字，再加上汉语文化的扩大和影响，大量的苗语地名以音译和意译的方式被汉化，在现今可见的地名资料中，纯粹的苗语记音地名已越来越少，官方命名的汉化标准地名尽管缩减了苗汉民族之间的交际障碍，但苗族的少数民族气息也因此渐渐消失在地名之中。例如，我国第一次地名普查的成果，仅少数地名资料对苗语地名有苗文记载，且由于汉语译写标准的不一致，汉字转写也不统一。如苗文"Vangx"既可译为"坡"，也可译为"岭、山岭"。译为"坡"的《贵州省凯里市地名志》中收录的开怀乡地名响草坡（Vangx Ghaib Senl）、平乐乡的高坡（Vangx Nangb Hxent）、格河乡的沙子坡（Vangx Vib Hxed），译为"岭"的如凯棠乡虎岭（Vangx Xed）、旁海镇的抬轿岭（Vangx Ghangt Jes）等①。根据《广雅·释丘》："岭，阪也。"②《宋本广韵·静韵》："岭，山坡也。"③因此，苗文中的"Vangx"事实上皆为山坡义。凯里市属于典型的黔东苗语，《苗瑶语方言词汇集》标注"Vangx"的读音为（po¹）④。

黔东苗语地名中的"Bil"与"Vangx"和汉语地名词"坂"具有音近义同的特点，应为坡义同源词关系。另外，与闽南语、壮语地名中的"坂"类关系词保持一致的是，苗语地名中的坡义词"Bil""Vangx"也可见大量虚化为村落通名的用例，如凯里市地名背后寨（Vangx Jib）、岩寨（Vangx Dox）、新寨（Bil Hxed）、小寨（Bil Xed）等，其词义演变具有相通性。

在湘西苗语中，《湖南省凤凰县地名录》的"苗语地名用字对照表"指出："帮——坡的陡面。"⑤其收录的以"帮[^{55}]"（记音来自凤凰方言调查，下"板[pan^{42}]"同）为前置通名的地名有帮增（苗语"增"的读音为"坟"意）、帮高丑（在苗语中，"高丑"意为黄茅草）等。另外，在湘西苗语中可见大量以"板"为通名的地名，"板[pan^{42}]"有两意，指山垄和坪。如板

---

① 凯里市人民政府主编：《贵州省凯里市地名志》，浙江省临安县印刷厂1989年版。
② 张揖：《广雅》卷九，国家图书馆出版社2014年版，第7页。
③ 陈彭年：《宋本广韵》，中国书店1982年版，第298页。
④ 中央民族学院苗瑶语研究室主编：《苗瑶语方言词汇集》，中央民族学院出版社1987年版，第152页。
⑤ 凤凰县人民政府主编：《湖南省凤凰县地名录》，凤凰县人民政府1983年版，第240页。

畔("板"指山垄,"畔"的苗语意指一种乔木)、板河("河"苗语意为雾,因此村在山垄里,早晨多雾得名)、板斗若("板"指坪,"斗若"指板栗)等。

据《王力古汉语字典》,"垄"指"田间分界的土堆"[①],即田垄。山垄,应也有堆起义,指起伏的山,其凸起的部位,即山坡。又宋范成大《吴船录》卷下:"郡东山垄重复,中间有平地,四向皆有小冈环之。"注曰:"小曰丘,大曰垄。"湘西苗语中,"板[pan^{42}]"可指山垄,"坪、平地处"之义应为由"山垄"具有四周有平地的地理特征引申而来。湘西苗语中"板"指山垄、山坡、平地的语义关系,与闽南话中的"坂"指山坡及地势平坦之处也具有内部的一致性。

黔东苗语地名中的"Bil[ba]""Vangx"以及湘西苗语中的"帮[pan^{55}]""板[pan^{42}]"与汉语地名词"坂[pan^{214}]"语音语义皆相近相关,应为同源词无疑。苗语所属的苗瑶语族与台语所属的壮侗语族,皆为汉藏语系的分支,"坂"类关系词在这两大语族的少数民族语言中具有相通的表义所指及词义演变,且皆与闽南语相关联。这些少数民族语言中的"坂"类关系词,不仅具有区域性语言及民族地名研究的价值,更是语言亲属关系研究的珍贵材料。

五 "坂"与域外语言"大阪"

在我国可见大量以日本地名"大阪"命名的商铺,如大阪章鱼丸子、大阪铁板烧、大阪回转寿司等。大阪位于日本近畿地区,是日本最重要的政治经济枢纽。据记载,大阪古称大坂,19世纪明治维新时期开始更名为大阪。日语中坂、阪可用于同一地名表述的情况与我国保持一致。下面讨论日语中的"大阪"一词。

汉字是日语文字系统的重要组成部分,日本内阁 1981 年颁布的《常用汉字表》共包括 1945 个汉字,其中可见"坂"。"坂(阪)"在相关日语词典中可见,如《日汉同形异义词词解》:"坂,①〔名〕坡,坡道,斜坡

---

① 王力主编:《王力古汉语字典》,中华书局 2000 年版,第 172 页。

②〈转〉(年龄的) 陡坡、大关。"①另外,《汉日词典》中收录有:"坂(阪) bǎn〈书〉坂(さか)。こう配。如丸走~/丸いものが坂をころげ落ちるようだ〔速いことのたとえ〕。"②又《现代汉日辞海》:"[坂](阪、岅) bǎn ①坂.〈~田〉(-tián) 傾斜地にある、地味のやせた土地の畑.〈~上走丸〉坂で玉を転がす;勢いがつき、止まらないたとえ;(《漢書・蒯通傳》) ②〔名〕姓。"③

由上可见,日语词典对"坂(阪)"的解释皆引用了我国的典籍资料,如《汉书·蒯通传》以及成语坂上走丸、如丸走坂,通过这些可以断定日语中的"坂""阪"皆为汉借词,且日语中的"坂""阪"也皆有坡义。

根据日本史书记载,神武天皇因见今大阪附近区域水流湍急、浪花翻滚,而将其命名为"浪速"。后由于地形变化,此地高地特征明显且山地、坡道较多,故后更名为"大坂"。周光倬《日本地理》中有介绍:"日本诸岛为环太平洋褶曲之一的部分构成。高山隆起,排列似带,与群岛之主峰相连……岛上山谷纵横,平原罕见。但因受海洋水蒸汽及雨雪之破坏,侵蚀作用极大,而地形尤为崎岖。"④另外,他还指出日本的国土约70%处于山地丘陵地带,大阪位于日本本州岛,而本州岛的山地约占其面积的63.6%。因此也足以可见大阪(大坂)具有以山坡地形命名的理据特征。

陈达夫的《日语地名词典》共收集了两万余条地名,词典中"坂"类地名有田原坂、权之助坂、清水坂、富塊坂、馬坂沢、鳥坂、潮見坂等共159处;而"阪"类地名有阪合、阪町、吉阪峠、四阪岛、下阪本、松阪市、东大阪市等共计24处。⑤"坂"的使用范围要远远大于"阪"。根据地名条目的释义得知,日本的"坂"字地名有很大一部分已通过并入其他行政区划地名的方式而成为不再使用或很少使用的历史地名,如南大坂(旧村名)、下宇坂(以前是下宇坂村)、尸坂(并入广岛市前为村)等,根据这

---

① 秦吾明主编:《日汉同形异义词词解》,中国建材工业出版社2005年版,第298页。
② 吉林大学汉日词典编辑部主编:《汉日词典》,吉林教育出版社1995年版,第42页。
③ 日本大东文化大学主编:《现代汉日辞海》,北京大学出版社1999年版,第92页。
④ 周光倬:《日本地理》,南京书店1931年版,第3页。
⑤ 陈达夫主编:《日本地名词典》,商务印书馆1996年版。

第九章 楚方言词个案研究

一现状可知"坂"的使用频率在逐渐降低，甚至有的"坂"字地名已因废除而不再使用。日语中"坂""阪"皆表山坡，但"坂"使用地位的下降，以及由"大坂"到"大阪"的更名，令人费解。

汉字是音、形、义融为一体的文字，通过字面，我们可以透视语义，因此在对事物进行命名时，人们往往会对具有不好意味的字眼予以回避，中国人的避讳心理自古有之。日本是一个深受汉语汉文化影响的国家，在汉字文化的熏陶下，日本对汉字的音、形、义的理解也越来越为透彻、清楚，因此在使用汉字时，他们不仅考虑汉字的字形和读音，也注重汉字表达的意义。与中国人一样，语言避讳在日本也极为常见。"大坂"改称"大阪"始于明治维新时期。在日本历史上，与此同期的重大事件是武士制度的废除。

武士产生于日本平安时代，他们最早是封建领主保护自己的利益并用以扩张势力的私人武装力量，后来慢慢地演变为一种专门的军事制度，之后由于朝廷对武士势力的重用，武士获得了很高的社会地位。由于武士具有世代继承俸禄的特权，到明治维新时期，武士们每年领取的俸禄几乎已经占国内总财政收入的三分之一，这一庞大的开支使得政府无力承担而对武士制度予以取消。也是从这一时期开始，武士逐渐没落、衰亡。这样的社会事件给当时的日本社会带来了一定的动荡。据日本历史记载，取消武士供养制度，武士们由于生存特权的被剥夺而极为愤慨与不满，明治维新时期日本福冈发生了武士暴动就是例证。另外，与此同一时期，日本历史上的最后一次内战西南战争爆发，主要原因之一就是武士特权的废除。"大坂"也正是在这一时期被改称"大阪"，从字面上看，"坂"在汉字构成上由土字旁即"土"和"反"两部分构成，"土"又与"士"形近。根据日汉词典，日语中包含"士""反"的相关词项及其汉语表义如下：

[士人]武士　[反く]反抗

[士魂]武士精神　[反する]违反、背叛

[士民]指武士和平民　[反骨、反对、反抗]反抗

[士族]指武士门第

综合以上日语词汇可知，整个"坂"的字面意思容易让人联想为武士

· 419 ·

反对、反抗当朝的统治。在明治维新时代，正是取消武士社会地位、消除武士制度的时代，在这一敏感时期，当朝统治者对武士的忌讳是可想而知的。笔者认为"大坂"的改名便是出于这个原因。这一推测也在日本留学生伊藤亚由美处得以证实：在日本，"大坂"的更名原因广为人知，也正是从明治维新时期开始，日本用于指称重要的地名一律用"阪"，而不选择具有不好意味的"坂"。《日汉常用专名词典》中收录有日本主要地名[①]，在对其进行统计后得到关于"坂""阪"的地名共计 13 个，其中含有"阪"的共计 9 个，含有"坂"的仅 4 个，这本著作中的日本主要地名也证明了以"阪"指称重要地名这一说法。

总而言之，两个坡义地名词之间的更换，既考虑到了语义的因素，也兼顾了语音的一致，因此，以"阪"代"坂"不仅表现了日本与中国相同的汉字避讳心理，更体现了日语与汉语汉字的历史渊源。

---

① 周敏西主编：《日汉常用专名词典》，商务印书馆 2010 年版，第 231—253 页。

第十章 结语

楚方言是华夏语言中最大的次方言，是南方汉语的代表，楚地简帛语言中有突出的反映，楚方言区传世文献如《楚辞》《淮南子》《老子》《庄子》《列子》有大量楚方言词，它们对通语的影响也最大。特别是屈赋使用的词，如"渔父"之"父"、"宿莽"之"莽"、"纫"、"诼"、"灵"（巫）、"睇"、"兮"、"娃"、"棘"、"梦"等，被后世文人袭用。大部分楚方言词在汉代已融入汉民族共同语。据本研究，部分楚方言词早在先秦就已进入通语文献，如《诗经》《论语》《孟子》已有例证。但扬雄为什么还要厘定为楚语呢？这应该是周秦輶轩使者的记载。严君平所见的"千言"，林闾翁的"梗概"，都被扬雄所继承，并又经他调查核定。根据郭璞注，对晋代共同语影响最大的要数楚方言。在唐宋，楚方言还有一定的影响。经元明清的大变革，楚方言已日益式微。楚方言词的演变，有一定的规律可寻。以地名词为例，"陵"（大土山）、"潭"（深水）等在先秦就出现在北方文献中，"梦"（泽）、陂（大山坡）、"闾"（里闾）一直是楚地专名，没有扩散。"陂（斜坡地）"后发展出湖泊义，但仍只在原楚国疆域内使用。也有十分之一二保留在现代南方方言中。如："睇""謇""曼""坛""挦"等。

本书通过总结前人的研究成果，把先秦两汉典籍中记载的楚方言词搜寻出来，归纳它们的词义，尽可能在传世文献中找到用例，并在楚地出土简帛、楚铜器铭文中寻找例证，与现代汉语方言和南方少数民族语言进行比较，对部分楚方言词作出了新的解释。编撰《楚方言词典》，续写《古楚方言词历时演变研究》是作者今后的主要任务。

参考文献

白耀天：《"步"考》，《广西民族研究》2007年第3期。

鲍厚星：《长沙方言词典》，江苏教育出版社1993年版。

岑仲勉：《楚辞注要翻案的有几十条》，《中山大学学报》（社会科学版）1961年第2期。

辰苏文：《关于〈屈原赋〉复音词的初步探索与分析》，《承德师专学报》1983年增刊。

陈立中：《论汉代南楚方言与吴越方言的关联性》，《中南大学学报》2004年第2期。

陈立中：《论扬雄〈方言〉中南楚方言与楚方言的关系》，《湘潭大学社会科学学报》2001年第5期。

陈其光：《苗汉同源词谱》，《中央民族学院学报》1990年增刊。

陈勤建：《中国鸟文化》，学林出版社1996年版。

陈士林：《〈楚辞〉"女嬃"与彝语》，《民族语文》1991年第2期。

陈士林：《楚辞"兮"字说》，《民族语文》1992年第4期。

陈伟：《楚地出土战国简册》（十四种），经济科学出版社2009年版。

陈元胜：《楚辞"羌"辨》，《许昌师专学报》1997年第1期。

崔重庆：《楚辞中"之"、"其"、"而"、"以"诸虚词的使用特点》，《求是学刊》1983年第6期。

大西克也：《帛书〈五十二病方〉的语法特点》，湖南出版社1994年版。

戴红亮：《西双版纳傣语地名研究》，博士学位论文，中央民族大学，

2004年。

邓晓华：《古南方汉语的特征》，《古汉语研究》2000年第3期。

邓晓华：《古音构拟与方言特别语音现象的研究》，《语文研究》1993年第4期。

丁邦新、孙宏开：《汉藏语同源词研究》，广西民族出版社2000年版。

丁启阵：《秦汉方言》，东方出版社1991年版。

丁兴潢：《文字学上中国古代方言钩沉》，《学风》1935年第5期。

董达武：《周秦两汉魏晋南北朝方言共同语初探》，天津古籍出版社1992年版。

董洪利：《〈楚辞〉中第一人称代词"余"和"予"的用法》，《北京大学学报》（哲学社会科学版）1983年第4期。

董琨、冯蒸：《音史新论》，学苑出版社2005年版。

董同龢：《上古音韵表稿》，《历史语言研究所集刊》，中央研究院历史语言研究所1944年第十八本。

董同龢：《与高本汉先生商榷"自由押韵"说——兼论上古楚方音特色》，《历史语言研究所集刊》，中央研究院历史语言研究所1939年第七本第四分。

杜道生：《方言用古地名说》，《志学月刊》1944年。

杜贵墀、郑桂星：《清光绪十七年巴陵县志》，《中国地方志集成》，江苏古籍出版社2002年版。

段德森：《楚辞语"羌"、"謇"、"些"、"只"琐言》，《吉安师专学报》1997年第5期。

方如金、熊锡洪：《越楚关系述略》，《广西民族学院学报》（哲学社会科学版）2001年第5期。

高鲜菊：《现代壮语地名构词法分析》，《广西民族大学学报》（哲学社会科学版）2008年第2期。

高永伟：《新英汉词典》，上海译文出版社2009年版。

葛剑雄、吴松弟、曹树基：《中国移民史》，福建人民出版社1997年版。

耿振生：《20世纪汉语音韵学方法论》，北京大学出版社2004年版。

龚维英：《〈离骚〉释"帝"》，《辽宁师院学报》1982 年第 1 期。
郭沫若：《殷周青铜器铭文研究》，人民出版社 1954 年版。
郭在贻：《训诂丛稿》，上海古籍出版社 1985 年版。
国家文物局古文献研究室：《马王堆汉墓帛书［壹］》，文物出版社 1980 年版。
国家文物局古文献研究室：《马王堆汉墓帛书［叁］》，文物出版社 1983 年版。
韩致中：《新荆楚岁时记》，上海文艺出版社 2001 年版。
何格恩：《说文里所见的方言》，《岭南学报》1934 年第 2 期。
何耿镛：《汉语方言研究小史》，山西教育出版社 1984 年版。
何光岳：《楚灭国考》，上海人民出版社 1990 年版。
何光岳：《楚源流史》，江西教育出版社 2005 年版。
何光岳：《荆楚的来源及其迁移》，《求索》1981 年第 4 期。
何浩：《楚灭国研究》，武汉出版社 1989 年版。
何宁：《淮南子集释》，中华书局 1998 年版。
胡厚宣：《甲骨文商族鸟图腾的遗迹》，中华书局 1964 年版。
胡吉宣：《玉篇校释》，上海古籍出版社 1989 年版。
胡九皋等修，刘长谦等纂：《光绪续修江陵县志》，江苏古籍出版社 2013 年版。
胡平生、李天虹：《长江流域出土简牍与研究》，湖北教育出版社 2004 年版。
湖北省江陵县县志编纂委员会：《江陵县志》，湖北人民出版社 1990 年版。
华学诚：《扬雄方言校释汇证》，中华书局 2006 年版。
华学诚：《周秦汉晋方言研究史》，复旦大学出版社 2003 年版。
黄布凡：《藏缅语族语言词汇》，中央民族学院出版社 1992 年版。
黄建荣：《王逸、洪兴祖的方言训释比较及其影响》，《云梦学刊》2003 年第 5 期。
黄侃：《黄侃论学杂著·蕲春语》，上海古籍出版社 1980 年版。
黄侃：《说文笺识四种》，上海古籍出版社 1983 年版。
黄灵庚：《〈离骚〉释词二十六则》，《淮北煤炭师范学院学报》1985 年第 2 期。
黄仁寿、刘家和：《蜀语校注》，巴蜀书社 1990 年版。
黄尚军：《四川方言与民俗》，四川人民出版社 1996 年版。

黄生撰，黄承吉合按，包殿淑点校：《字诂义府合按》，中华书局 1984 年版。
黄树先：《比较词义探索》，巴蜀书社 2012 年版。
黄树先：《古楚语释词》，《语言研究》1989 年第 2 期。
黄耀堃：《音韵学与简帛文献研究》，《古汉语研究》2005 年第 2 期。
贾学鸿：《楚辞还须楚语解——〈天问〉篇"帝向竺之"破例》，《江汉论坛》2005 年第 6 期。
姜可瑜：《〈史记·陈涉世家〉"夥涉为王"考辨》，《文史哲》1987 年第 6 期。
姜亮夫：《楚辞通故》，云南人民出版社 1999 年版。
姜亮夫：《敦煌写本隋释智骞楚辞音跋》，《中国社会科学》1986 年第 4 期。
姜亮夫：《屈原赋校注》，人民文学出版社 1957 年版。
姜书阁：《屈赋楚语义疏（上）》，《求索》1981 年第 1 期。
姜书阁：《屈赋楚语义疏（下）》，《求索》1981 年第 2 期。
康忠德：《释"步""埠"》，《民族语文》2010 年第 5 期。
李大明：《敦煌写本〈楚辞音〉释读商兑》，《西南民族学院学报》1999 年第 3 期。
李方桂：《上古音研究》，商务印书馆 1980 年版。
李海霞：《〈诗经〉和〈楚辞〉连绵词的比较》，《浙江大学学报》1999 年第 29 卷第 3 期。
李金陵：《谈谈"楚语"的地域》，《安徽大学学报》1984 年增刊。
李敬忠：《〈方言〉中的少数民族语词试析》，《民族语文》1987 年第 3 期。
李零：《楚国族源、世系的文字学证明》，《文物》1991 年第 2 期。
李圃：《古文字诂林》，上海教育出版社 2004 年版。
李翘：《屈宋方言考》，芬薰馆刻本 1925 年版。
李荣：《现代汉语方言大词典》，江苏教育出版社 2002 年版。
李恕豪：《扬雄〈方言〉与方言地理学研究》，巴蜀书社 2003 年版。
李恕豪：《扬雄〈方言〉中仅见于楚地的方言词语研究》，《语言历史论丛》2002 年第 1 期。
李水海：《老子〈道德经〉楚语考论》，陕西人民出版社 1990 年版。

李水海：《上古楚语历时考释》，《无锡教育学院学报》1998年第3期。

李新魁：《"钬"字考述》，《中国语文》1983年第2期。

李学勤：《新出简帛与楚文化》，载湖北省社会科学院历史研究所《楚文化新探》，湖北人民出版社1981年版。

李毅夫：《上古韵宵部的历史演变》，《齐鲁学刊》1985年第4期。

李玉：《秦汉简牍帛书音韵研究》，当代中国出版社1994年版。

李玉：《秦汉之际楚方言中的ML-复辅音声母》，《语言研究》1991年增刊。

李裕民：《楚方言初探》，《山西大学学报》1986年第2期。

李裕民：《马王堆汉墓帛书抄写年代考》，《考古与文物》1981年第5期。

李昭莹：《扬雄〈方言〉同源词研究——以秦晋方言和楚方言为例》，硕士学位论文，台湾大学，1997年。

梁江晓：《谈楚辞中的语气词"羌"与"睿"》，《九江师专学报》1984年第1期。

廖明君：《生殖崇拜的文化解读》，广西人民出版社2006年版。

廖序东：《论屈赋中人称代词的用法》，《中国语文》1964年第3期。

林语堂：《汉代方音考》，《语丝》1925年第4期。

林语堂：《前汉方音区域考》，《语言学论丛》，开明书店1933年版。

林语堂：《西汉方音区域考》，《贡献》1927年第2期。

林语堂：《周礼方音考》，《语言学论丛》，开明书店1933年版。

刘宝俊：《〈马王堆出土帛书老子〉乙本卷前古佚书用韵研究》，《语言研究》1996年增刊。

刘宝俊：《冬部归向的时代和地域特点与上古楚方音》，《中南民族学院学报》1990年第5期。

刘川民：《〈蜀语〉引〈方言〉考》，《川北教育学院学报》1996年第1期。

刘海章：《楚语与荆楚方言》，《荆门大学学报》1998年第2期。

刘利：《屈赋与王逸注之代词比较》，《徐州师范学院学报》1988年第3期。

刘唯力：《从平江幕阜山方音看〈楚辞〉的楚音》，《云梦学刊》1987年第3期。

刘文典：《论隋唐间之楚音》，辅大语文学会讲演集抽印本。

刘文锦：《关中汉代方言之研究》，《语历所周刊》1929 年第 85 期。

刘先枚：《楚言榷论》，武汉大学出版社 2012 年版。

刘先枚：《简论楚国语言》，载湖北省社会科学院历史研究所《楚文化新探》，湖北人民出版社 1981 年版。

刘晓南：《屈辞湘方言小笺》，《古汉语研究》1994 年第 3 期。

刘信芳：《楚系简帛释例》，安徽大学出版社 2011 年版。

刘兴策：《试论"楚语"的归属》，《华中师范大学学报》（哲学社会科学版）1988 年第 4 期。

刘赜：《楚语拾遗》，《武汉大学学报》（人文科学版）1930 年第 2 期。

刘志成：《楚方言考略》，《语言研究》1991 年增刊。

龙晦：《马王堆出土〈老子〉乙本前古佚书探原》，《考古学报》1975 年第 2 期。

龙文玉、麻荣远：《苗语与楚语——兼答夏剑钦同志》，《学术月刊》1983 年第 7 期。

卢烈红：《训诂与语法丛谈》，湖北人民出版社 2005 年版。

罗常培、周祖谟：《汉魏晋南北朝韵部演变研究》，科学出版社 1958 年版。

罗常培：《〈方言校笺〉序》，载周祖谟《方言校笺》，中华书局 1993 年版。

罗常培：《明清学者对于方言研究的贡献》，《史语所集刊》1932 年第 2 本 4 分册。

罗江文：《谈两周金文合韵的性质——兼及上古"楚音"》，《楚雄师专学报》1999 年第 4 期。

罗昕如：《湘方言词汇研究》，湖南师范大学出版社 2006 年版。

罗昕如：《湘南土话词汇研究》，中国社会科学出版社 2004 年版。

罗耀宏：《侗水语关于汉语"官"的称呼来源于楚语"莫敖"考》，《民族语文》1991 年第 4 期。

骆鸿凯：《楚辞章句征引楚语考》，《师大国学丛刊》1931 年第 2 期。

吕琨荧：《〈楚辞·离骚〉通假字例释》，《唐山教育学院学报》1986 年第 3 期。

马继兴、李学勤：《我国现已发现的最古医方——帛书〈五十二病方〉》，《文物》1975 年第 9 期。

马王堆汉墓帛书整理小组：《马王堆帛书〈六十四卦〉释文》，《文物》1984 年第 3 期。

马王堆汉墓帛书整理小组：《马王堆帛书〈式法〉释文摘要》，《文物》2000 年第 7 期。

马王堆汉墓帛书整理小组：《马王堆汉墓帛书〈相马经〉释文》，《文物》1977 年第 8 期。

马王堆汉墓帛书整理小组：《马王堆汉墓出土帛书〈春秋事语〉释文》，《文物》1977 年第 1 期。

马王堆汉墓帛书整理小组：《马王堆汉墓出土帛书〈战国策〉释文》，《文物》1975 年第 4 期。

马王堆汉墓帛书整理小组：《马王堆汉墓出土医书释文（一）》，《文物》1975 年第 6 期。

马王堆汉墓帛书整理小组：《马王堆汉墓出土医书释文（二）》，《文物》1975 年第 9 期。

马王堆汉墓帛书整理小组：《五十二病方》，文物出版社 1979 年版。

马王堆汉墓帛书整理小组：《长沙马王堆汉墓出土〈老子〉乙本卷前古佚书释文》，《文物》1974 年第 10 期。

马学良：《〈方言〉考源》，商务印书馆 1984 年版。

毛宗武：《汉瑶简明分类词典（勉语）》，四川民族出版社 1992 年版。

梅祖麟：《古代楚方言中"夕"字的词义和语源》，《方言》1981 年第 3 期。

穆彰阿等撰：《嘉庆重修一统志（四部丛刊续编本）》，中华书局 1986 年版。

潘悟云：《汉语历史音韵学》，上海教育出版社 2000 年版。

彭丹：《评"〈诗〉有楚声"说》，《江汉论坛》1981 年第 2 期。

齐冲天：《声韵语源字典》，重庆出版社 1997 年版。

钱超尘：《马王堆医帛书抄定年代考》，《陕西中医》1982 年第 5 期。

钱玄：《秦汉帛书简牍中的通借字》，《南京师范大学学报》（社会科学版）1980 年第 3 期。

潜思荃：《〈诗〉有楚声论》，《江汉论坛》1980 年第 4 期。

裘锡圭：《中国出土古文献十讲》，复旦大学出版社 2004 年版。

戎辉兵：《〈马王堆汉墓帛书·(老子)乙本卷前古佚书〉校读札记》，《东南文化》2005 年第 2 期。

单周尧：《"鸟"字古音试论》，《中国语文》1992 年第 3 期。

邵则遂：《"沓"、"遝"、"踏"、"搭"之交合义解》，《中南民族大学学报》(人文社会科学版) 2011 年第 5 期。

邵则遂：《"下马"、"马脚"探源》，《长江学术》2008 年第 3 期。

邵则遂：《〈本草纲目〉释名之误》，《光明日报·国学》2008 年 12 月 15 日。

邵则遂：《〈楚辞〉楚语今证》，《古汉语研究》1994 年第 1 期。

邵则遂：《〈说文〉中的荆州方言词》，《湖北教育学院学报》1989 年第 1 期。

邵则遂：《陈士元〈俗用杂字〉中的应城方言词》，《语言研究》2008 年第 4 期。

邵则遂：《浅谈扬雄方言研究后继乏人的原因》，《光明日报·国学》2007 年 10 月 11 日。

师为公：《〈庄子〉若干词语的方言训诂》，《铁道师院学报》1988 年第 1 期。

时建国：《从临沂汉简、长沙帛书通假字再证古声十九纽》，《西北师范大学学报》1993 年第 6 期。

史存直：《汉语音韵学论文集》，华东师范大学出版社 1997 年版。

史鉴：《战国时期语言文字的变迁》，《语文建设》1995 年第 3 期。

宋子然：《释"涉之为王沉沉者"》，《四川师范大学学报》(社会科学版) 1989 年第 4 期。

孙毕：《章太炎〈新方言〉研究》，华中师范大学出版社 2006 年版。

孙雍长：《〈楚辞〉中词的尾缀问题》，《中国语文》1982 年第 2 期。

孙雍长：《〈老子〉韵读研究》，《广州大学学报》2002 年第 1 期。

孙玉文：《"鸟""隹"同源试证》，《语言研究》1995 年第 1 期。

孙玉文：《汉语变调构词考辨》，商务印书馆 2015 年版。

孙玉文：《汉语变调构词研究》，北京大学出版社 2000 年版。

孙玉文：《试论跟明母谐声的晓母字的语音演变（一)》，《古汉语研究》2005 年第 1 期。

孙玉文：《先秦联绵词的语音研究》，《语言学论丛》第 26 辑，商务印书馆 2002 年版。

孙玉文：《扬雄〈方言〉折射出的秦汉方音》，《语言学论丛》第 44 辑，商务印书馆 2011 年版。

谭步云：《楚地出土文献语词数考》，《中山人文学术论丛》第 2 辑，广东高等教育出版社 1999 年版。

谭步云：《先秦楚语词汇研究》，博士学位论文，中山大学，1998 年。

唐兰：《〈老子〉乙本卷前古佚书引文表》，《考古学报》1975 年第 2 期。

唐兰：《马王堆出土〈老子〉乙本卷前古佚书的研究》，《考古学报》1975 年第 1 期。

天门县地名领导小组办公室编：《湖北省天门县地名志》，湖北省天门县地名志编纂委员会 1982 年版。

田范芬：《宋代荆楚南路诗人用韵考》，硕士学位论文，湖南师范大学，2000 年。

田恒金：《东汉时期汉语音系特征考释》，《南开语言学刊》第三辑，南开大学文学院、南开大学汉语文化学院、南开大学外国语学院、南开大学出版社 2004 年版。

田玉隆：《楚语和苗语词汇音义对照举隅》，《贵州民族研究》1984 年第 3 期。

涂良军：《云南方言词汇比较研究》，云南大学出版社 2001 年版。

汪启明：《〈陈宋淮楚歌寒对转考〉补订》，《汉语史研究集刊》第 1 辑，巴蜀书社 1998 年版。

汪启明：《汉小学文献语言研究丛稿》，巴蜀书社 2003 年版。

汪启明：《先秦两汉齐语研究》，巴蜀书社 1998 年版。

王福堂：《汉语方言语音的演变和层次（修订本）》，语文出版社 2005 年版。

王健庵：《〈诗经〉用韵的两大方言韵系——上古方音初探》，《中国语文》1992 年第 3 期。

王力：《汉语史稿》，华书局 1980 年版。

王力：《汉语语音史》，中国社会科学出版社 1985 年版。

王力：《同源字典》，商务印书馆 1999 年版。

王力:《王力古汉语字典》,中华书局 2000 年版。

王力:《王力语言学论文集》,商务印书馆 2000 年版。

王廷洽:《荆楚国名考释》,《民族论坛》1995 年第 1 期。

王均等:《壮侗语族语言简志》,民族出版社 1984 年版。

韦良元:《广西靖西县壮语地名初探》,硕士学位论文,东北师范大学,2014 年。

韦树关:《释"圩(墟、虚)"》,《民族语文》2003 年第 2 期。

尉迟治平:《从"风、雷、雨、电"论夷语、楚语、羌语和雅言》,《语言研究》1996 年增刊。

魏启鹏、胡翔骅:《马王堆汉墓医书校释》,成都出版社 1992 年版。

魏启鹏:《马王堆汉墓帛书〈黄帝书〉笺证》,中华书局 2004 年版。

闻一多:《闻一多全集》,开明书店 1948 年版。

吴安其:《汉藏语同源研究》,中央民族大学出版社 2002 年版。

吴小奕:《释"熊"》,《语言研究》2004 年第 1 期。

吴小奕:《释古楚语词"灵"》,《民族语文》2005 年第 4 期。

(汉)许慎撰,(清)段玉裁著:《说文解字注》,上海古籍出版社 1981 年版。

萧兵:《老子的文化解读》,湖北人民出版社 1994 年版。

肖仁福:《裸体工资》,《安徽决策咨询》2000 年第 9 期。

谢成侠:《关于长沙马王堆汉墓帛书〈相马经〉的探讨》,《文物》1977 年第 8 期。

谢纪锋:《〈说文〉读若声类考略》,《河北师范学院学报》1986 年第 4 期。

谢荣娥:《秦汉时期楚方言区文献的语音研究》,高等教育出版社 2011 年版。

谢荣娥:《上古楚语研究述评》,《长江大学学报》(社会科学版)2005 年第 4 期。

邢公畹:《汉台语比较手册》,商务印书馆 1999 年版。

邢公畹:《三江侗语》,南京大学出版社 1985 年版。

徐淦修,江普光纂:《清同治九年醴陵县志》,成文出版社 1975 年版。

徐莉莉:《论〈马王堆汉墓帛书〉(肆)的声符替代现象及其与"古今字"的关系》,《华东师范大学学报》(哲学社会科学版)1997 年第 4 期。

徐明庭等:《湖北竹枝词》,湖北人民出版社 2007 年版。

徐时仪:《略论〈一切经音义〉与词汇学研究》,《陕西师范大学学报》(哲学社会科学版)2009年第3期。

徐时仪:《玄应〈众经音义〉引〈方言〉考》,《方言》2005年第1期。

徐通锵:《历史语言学》,商务印书馆2001年版。

许宝华、宫田一郎:《汉语方言大词典》,中华书局1999年版。

薛恭穆:《〈楚辞〉的语序特点》,《宁波师专学报》1979年第2期。

薛恭穆:《〈楚辞〉解诂》,《杭州大学学报》1982年第3期。

薛恭穆:《〈楚辞〉中形容词副词的后缀》,《中国语文》1980年第6期。

严学宭:《民族研究文集》,民族出版社1997年版。

严学宭:《论楚族和楚语》,《严学宭民族研究文集》,民族出版社1997年版。

杨伯峻:《列子集释》,中华书局1979年版。

杨光荣:《藏语汉语同源词研究——一种新型的,中西合璧的历史比较语言学》,民族出版社2000年版。

杨建忠:《秦汉楚方言韵部研究》,博士学位论文,南京大学,2004年。

杨捷:《〈楚辞〉楚语楚声说质疑》,《沈阳师范学院学报》1997年第2期。

杨荣祥:《荆州方言词语考释札记》,《荆州师专学报》1988年第3期。

杨树达:《积微居小学述林》,中华书局1983年版。

杨素姿:《先秦楚方言韵系研究》,硕士学位论文,中山大学,1996年。

杨廷烈纂修:清同治四年《房县志》,成文出版社1880年版。

杨锡璋:《南方古印纹陶与汉语南方语言》,《华夏考古》1990年第4期。

杨学政:《揭秘原始性崇拜密码》,云南人民出版社2008年版。

姚永铭:《〈一切经音义〉与词语探源》,《中国语文》2001年第2期。

易祖洛:《〈楚辞〉方言今证》,《语言文字研究专辑》(下),上海古籍出版社1986年版。

殷寄明:《汉语同源字词丛考》,东方出版社2007年版。

应雨田:《湖南安乡方言》,中国社会科学出版社1994年版。

俞敏:《后汉三国梵汉对音谱》,《俞敏语言学论文集》,商务印书馆1999年版。

虞万里:《榆枋斋学术论集》,江苏古籍出版社2001年版。

喻翠容、罗美珍：《傣仂汉词典》，民族出版社 2004 年版。

喻遂生：《〈老子〉用韵研究》，《西南师范大学学报》（人文社会科学版）1995 年第 1 期。

喻遂生：《两周金文韵文和先秦"楚音"》，《西南师范大学学报》（人文社会科学版）1993 年第 2 期。

袁庆述：《〈楚辞〉楚语札释十例》，《求索》1983 年第 1 期。

藏缅语语音和词汇编写组：《藏缅语语音和词汇》，中国社会科学出版社 1991 年版。

张步天：《洞庭地区古代方言初探》，《益阳师专学报》1992 年第 3 期。

张济川：《藏语词族研究——古代藏族如何丰富发展他们的词汇》，社会科学文献出版社 2009 年版。

张琨：《汉语音韵史中的方言差异》，《音韵学研究通讯》1984 年。

张丽霞：《扬雄〈方言〉词汇嬗变研究》，硕士学位论文，山东师范大学，2002 年。

张儒：《关于竹书、帛书通假字的考察》，《山西大学学报》（哲学社会科学版）1988 年第 2 期。

张树铮：《关于方言沟通度和方音理解的几个问题》，《中国语文》1998 年第 3 期。

张树铮：《汉语水泽词语的地理分布初探》，《古汉语研究》1994 年第 2 期。

张双棣：《淮南子校释》，北京大学出版社 1997 年版。

张伟权：《汉语土家语词典》，贵州民族出版社 2006 年版。

张伟然：《楚语的演替与湖北历史时期的方言区域》，《复旦学报》（社会科学版）1999 年第 2 期。

张新武：《先秦人对语法现象的解释》，《新疆大学学报》（哲学社会科学版）1986 年第 1 期。

张永鑫：《〈离骚〉"灵脩"臆说》，《江苏师院学报》1981 年第 4 期。

张振兴：《方言研究与社会应用》，商务印书馆 2013 年版。

张正明：《楚史》，湖北教育出版社 1995 年版。

张正明：《楚文化史》，上海人民出版社 1987 年版。

张自烈：《正字通》，中国工人出版社 1996 年版。

赵诚：《临沂汉简的通假字》，《音韵学研究》第二辑，中国音韵学研究会、中华书局 1984 年版。

赵国华：《生殖崇拜文化略论》，《中国社会科学》1988 年第 1 期。

赵和平：《〈方言〉音义关系例释》，《沙洋师范高等专科学校学报》2001 年第 1 期。

赵彤：《战国楚方言音系》，中国戏剧出版社 2006 年版。

赵振才：《从民族名称看赫哲族的起源》，《求是学刊》1980 年第 1 期。

赵振铎：《论先秦两汉汉语》，《古汉语研究》1994 年第 3 期。

赵振铎：《扬雄〈方言〉里的同源词》，《语文文字学术论文集——庆祝王力先生学术活动五十周年》，知识出版社 1989 年版。

郑伟：《古代楚方言"翟"的来源》，《中国语文》2007 年第 4 期。

郑张尚芳：《上古音系》，上海教育出版社 2003 年版。

中央民族学院苗瑶语研究室：《苗瑶语方言词汇集》，中央民族学院出版社 1987 年版。

中央民族学院少数民族语言研究所第五研究室：《壮侗语族语言词汇集》，中央民族学院出版社 1985 年版。

周爱东：《"粔籹"考》，《农业考古》2012 年第 6 期。

周采泉：《马王堆汉墓帛书〈老子甲本〉为秦楚间写本说》，《社会科学战线》1978 年第 2 期。

周法高：《读〈骞公"楚辞音"之协韵说与楚音〉》，《图书月刊》1945 年第 3 卷第 5、6 期合刊。

周勤：《应劭对汉语音义关系的认识》，《黔西南民族师范高等专科学校学报》2004 年第 3 期。

周长楫：《〈诗经〉通韵合韵说疑释》，《厦门大学学报》（哲学社会科学版）1995 年第 3 期。

周长楫：《浊音清化溯源及相关问题》，《中国语文》1991 年第 4 期。

周振鹤、游汝杰：《方言与中国文化》，上海人民出版社 1986 年版。

周祖谟：《古音有无上去二声辨》，《问学集》（上），中华书局 1966 年版。

周祖谟：《汉代竹书和帛书中的通假字与古音的考订》，《音韵学研究》第一辑，中国音韵学研究会、中华书局1984年版。

周祖谟：《齐梁宋隋时期诗文韵部研究》，《周祖谟学术论著自选集》，北京师范学院出版社1993年版。

周祖谟：《骞公"楚辞音"之协韵说与楚音》，《辅仁学志》1940年第2期。

周祖谟：《魏晋宋时期诗文韵部研究》，《周祖谟学术论著自选集》，北京师范学院出版社1993年版。

周祖谟：《周祖谟语言学论文集》，商务印书馆2001年版。

朱建颂：《方言与文化》，华中师范大学出版社2008年版。

朱建颂：《汉语方言讲话》，华中师范大学出版社1990年版。

朱建颂：《武汉方言概要》，华中师范大学出版社2010年版。

朱维德：《关于先秦汉语书面语与当时口语的关系问题》，《衡阳师专学报》（社会科学版）1984年增刊。

朱熹：《楚辞集注》，上海古籍出版社1979年版。

朱晓农：《北宋中原韵辙考》，语文出版社1989年版。

朱晓农：《音韵研究》，商务印书馆2006年版。

朱正义：《周代"雅言"——〈关于方言古词论稿〉节选》，《渭南师专学报》1994年第1期。

祝敏彻：《〈释名〉声训与汉代音系》，《湖北大学学报》（哲学社会科学版）1988年第1期。

后 记

本课题获得国家社科基金一般项目资助后，本人即与当时的汉语言文字学硕士研究生一起投入工作，他们是：王薇、唐磊、都林、朱远璋、吴敏、王亚男、马艺萌、李小凡、谭楚阳等，都付出了辛勤的劳动，特别是马艺萌、朱远璋、吴敏三位贡献尤多，当时还在读本科的王平夷同学也参与了工作，在此谨致谢意。其研究成果不断发表，分别是：

1. 《浅谈扬雄方言研究后继乏人的原因》，《光明日报》2007年10月11日。
2. 《古楚方言同源词"圆"》，《语言研究》2013年第1期。
3. 《说"箸"》，《湖北社会科学》2013年第10期。
4. 《古楚方言词"桯"源流探析》，《湖北社会科学》2014年第11期。
5. 《论"睇"语义的历时演变》，《长江学术》2015年第2期。
6. 《楚方言同源词"溇"》，《汉语学报》2015年第2期。
7. 《"父"的通语义与楚方言义》，《文献语言学》2015年第1辑。
8. 《论"翕"》，《湖北师范学院学报》（哲学社会科学版）2016年第3期。
9. 《"鸟"的隐喻义在民族语言中的反映》，《民族语文》2016年第6期。
10. 《论"瀑"》，《文献语言学》2017年第5辑。
11. 《论坡义地名词"坂"》，《长江学术》2017年第1期。
12. 《古楚方言词"殺，牯"》，《语言研究》2017年第4期。
13. 《古楚方言词"粔籹"和"沈沈"》，《汉语学报》2018年第2期。

现在辑成专书出版，以就正于方家。拙著得到陶喜红院长支持帮助，谨致谢忱！

邵则遂
2022年11月于武汉中南民族大学文学与新闻传播学院